개벽사상과 종교공부

개벽사상과 종교공부

K사상의 세계화를 위하여

초판 1쇄 발행 / 2024년 2월 2일

지은이 / 백낙청 김용옥 김용휘 박맹수 방길튼 이은선 이정배 정지창 허석
펴낸이 / 염종선
책임편집 / 김새롬 신채용
조판 / 신혜원
펴낸곳 / (주)창비
등록 / 1986년 8월 5일 제85호
주소 / 10881 경기도 파주시 회동길 184
전화 / 031-955-3333
팩시밀리 / 영업 031-955-3399 편집 031-955-3400
홈페이지 / www.changbi.com
전자우편 / human@changbi.com

ⓒ 백낙청 김용옥 김용휘 박맹수 방길튼 이은선 이정배 정지창 허석
ISBN 978-89-364-8015-8 03150

K사상의
세계화를 위하여

개벽사상과 종교공부

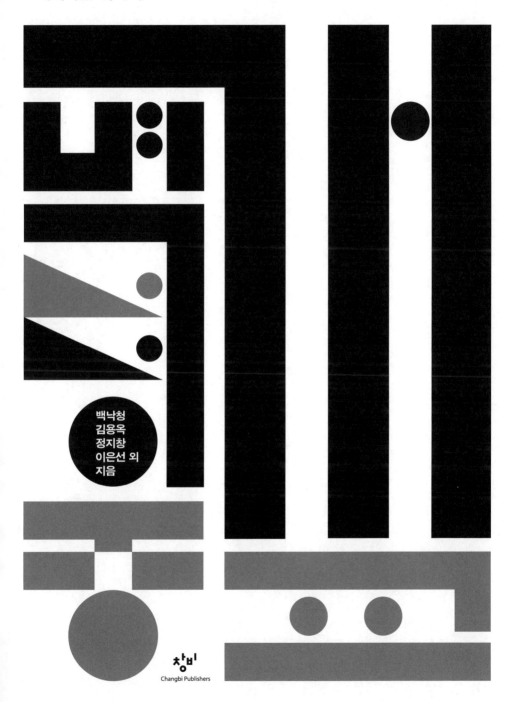

백낙청
김용옥
정지창
이은선 외
지음

창비
Changbi Publishers

서문

　지난 2023년 한해 동안 나는 유튜브 방송 백낙청TV에서 개벽사상을 공부하는 세편의 좌담을 진행했다. 동학·천도교편으로 시작하여 원불교편, 기독교편으로 이어갔는데 본서 제목의 '종교공부'가 거기서 나온 것이다. 그러나 종교학 공부는 아니고 개벽사상과 개벽운동을 탐구하며 심화하는 것이 주된 목표였다.

　따라서 종교들에 대한 섭렵은 극히 한정된 범위에 머물렀다. 처음부터 개벽종교를 표방하고 있는 동학과 원불교에 그리스도교가 추가되었을 뿐이다. 그리스도교의 경우 오늘날 서방세계의 주류 종교이자 국내에서도 막강한 영향력을 지녔기에, 한반도의 개벽사상 연마에 있어서도 빠져서는 곤란할 것이 분명했다. 하지만 이때도 천주교가 빠진 채 좁은 의미의 기독교 곧 개신교 신학자들과의 회화로 국한되었으며, 교단을 대표한다기보다 한반도의 개벽사상에 특별한 관심을 가진 두분을 모셨다. 그밖에 국내의 중요 종교로 불교가, 세계적 차원에서는 이슬람과 힌두교가, 또한 그리스도교 중에서도 동방정교가 빠진 것이 눈에 띌 터이고 나로서도 아쉬움이 없지 않다. 하지만 유교와 불교를 비롯하여 여러 종교가 거론되고 종교의 일반적 성격에 대한 뜻있는 논의가 포함되었다는 점은 자부할 수 있을 것 같다.

아무튼 세편의 녹음을 풀어서 책으로 묶으면서 계간 『창작과비평』 2021년 가을호의 '특별좌담'을 서두에 배치하기로 했다. 나의 유튜브방송 개국 이전에 실행된 이 좌담은 당시 도올TV와 창비TV가 동시에 방영했고, 백낙청TV가 동학편을 내보내기 전에 재방영하기도 했다. '특별좌담'은 도올 김용옥의 신간 『동경대전』(전2권)을 소개하면서 개벽사상과 개벽운동을 비롯한 여러 사상적·역사적 과제들을 폭넓게 논의했던바, 지금도 일독을 권하고 싶은 글이라 생각했고 나 개인으로서는 개벽사상 공부를 본격화하는 고마운 계기이기도 했기 때문이다.

여기서 말하는 개벽은 물론 후천개벽인데, 태초의 천지개벽에 대해서는 다들 막연하게나마 알고 있지만 그것이 아닌 후천개벽이 무엇인지는 모르는 분도 많을 것이다. 하늘과 땅이 처음 열린 '선천개벽' 같은 물리적 현상이 아니라, 사람의 정신과 마음에 일어나는 근본적 변화와 더불어 새로운 세상이 열리는 대변혁을 '후천개벽'으로 규정하고 추진한 것은 유독 한반도에서 시작된 현상이요 사건이다.

한반도 후천개벽운동의 출발점을 이룩한 수운 최제우 선생 자신은 『용담유사』에서 '다시개벽'이라는 표현을 한 차례 썼을 뿐 '후천개벽'을 언급한 바는 없다. 그러나 후천개벽을 명시적으로 내건 해월 최시형, 증산 강일순, 소태산 박중빈 등이 수운의 '다시개벽' 구상을 (각기 조금씩 다르게) 이어간 것은 널리 인정되는 사실이다. '개벽'은 중국 고전에 일찍이 언급되었고 뒤에 '선천·후천'의 구별도 등장하지만 '후천개벽'이라는 표현은 찾아볼 수 없다고 하는데, 이 사실이야말로 동아시아에서도 한반도 고유의 사상적 기여가 이룩되고 독특한 변혁운동이 벌어졌다는 방증일 듯하다.

이 점에 주목하는 것은 국수주의나 '한반도 예외주의'와 거리가 멀다. 요는 한반도에서 발상한 이런 사상과 운동이 나머지 세계를 위해서도 얼마나 도움이 되는 성격이냐는 것이며, 만약에 그 세계적인 쓸모가 확인된다면 세계 도처에서 벌어지는 개혁운동과 혁명운동을 우리의 눈으로 보고 판단하는 기준을 확보함과 더불어, 한반도 내부에서 진행되는 여러 변혁적 흐름을 일관된 잣대로 평가하는 데도 긴요할 것이다.

자본주의 시대라는 근대를 사는 우리가 '근대적응과 근대극복의 이중과제'를 안고 있으며 그 과업이 어느 곳에서 수행되든 '개벽'의 차원에 도달함으로써만 원만한 성공을 기할 수 있다는 것이 나의 지론이다. 이는 본서의 좌담에 참여한 대부분의 동학들로부터 상당한 동조를 얻은 입장이기도 하다. 각자가 어떤 뜻으로 실제 어느 정도까지 동조를 했는지 독자들이 판단할 일이지만, 아무튼 19세기 후반에 (편의상 1876년 일본과의 강화도조약을 분기점으로) 자본주의 세계시장에 편입된 한반도에서, 그리고 자본주의 세계체제의 말기국면을 살고 있는 현대인으로서, 사람다운 삶을 쟁취하는 데 가장 효과적인 노선이 무엇이고 덜 효과적인 노선은 무엇이며 해독이 되는 노선이 무엇인지를 판별하는 기준이 필요한 것만은 분명하다.

한반도 특유의 사상적 자원이 있더라도 그 세계화를 위한 부단한 노력이 지속되어야 함은 물론이다. 책의 부제로 'K사상의 세계화를 위하여'를 택한 까닭인데, 가령 K팝 등 대중문화의 경우라면 실제로 상당 수준의 세계적 보급과 인정이 확보되어 있지 않다면 그냥 '한국산 팝'이 아닌 'K팝'이라는 이름을 붙이는 게 어울리지 않는다. 하지만 문학이나 사상의 영역에서는 그 자체로 아무리 훌륭하더라도 언어의 장벽을 넘어 세계의 인정을 받기까지 시간이 걸리게 마련인지라 아직 세상이 충분히 알아주지 않는 성과에 대해서도 장차 그리될 것이고 그리되어 마땅하다는 주장을 내놓을 수 있다. 언젠가 세계적인 담론으로 자리 잡으리라는 근거가 확실하다면 말이다. 그렇더라도 앉아서 좋은 번역을 통해 널리 알려지기만을 기다리거나 이룩된 사상적 성과를 설명만 하는 것이 아니라, 해당 성과에 대한 주장의 타당성을 끊임없이 점검하면서 실제로 더 큰 이익을 세상에 주기 위해 보강할 점에 대한 연마를 멈추지 않아야 한다. 이는 모든 사상 작업의 기본이기도 하다.

본서 제1장 「다시 동학을 찾아 오늘의 길을 묻다」에 'K사상의 출발'이라는 부제를 단 것을 두고, 한반도가 세계에 내놓을 고유의 사상적 자산은 훨씬 전부터 쌓이기 시작했다는 반론도 가능하다. 멀리는 원효나 최치원에서, 늦춰 잡아도 조선시대에 중국과는 여러모로 구별되는 유학 전통이 성립됐고 유·불·도 회통의 노력도 병행했다는 점에서, 특별히 동학을 'K사상의 출발'로 잡는 게 부적절하지 않느냐는 의견일 테다. 하지만 앞서 지적했듯이 동아시아문화권 내에서도 완연히 구별되는 사상적 돌파가 그때 획기적으로 이루어졌고 21세기 지구인의 운명에 중대한 영향을 미칠 역사가 출범했다는 점에서 예의 부제가 의미있다고 생각한다.

'K사상'의 자랑은 그것이 남다른 실천의 역사와 함께해왔다는 사실이다. 수운의 동학 자체가 새로운 사상이자 거대한 사회운동의 출발점이었고 갑오년(1894)의 동학농민혁명은 비록 끔찍한 희생을 낳았지만 조선왕조를 뿌리째 흔들어놓으면서 이 땅을 침노한 일본제국과의 기나긴 국민전쟁의 시작을 알렸다. 그에 따른 엄청난 수난과 상처를 치유하기 위해 증산은 해원상생의 '천지공사(天地公事)'를 수행했고, 여기에 동학을 승계한 천도교의 활약, 기독교·불교 인사들의 분발이 합쳐져 국권을 빼앗기고 10년이 채 안 되어 3·1운동(내지 3·1혁명)이라는 세계사적 대사건을 일으킨 것이다. 식민지통치를 그로써 끝장내지는 못했지만 나라 안팎에서 다양하고 끈질긴 독립운동을 전개해나갔다. 물론 조선인의 독립운동이 자력으로 국권을 회복하고 한반도 전역에 통일된 새 나라를 건설하기에는 모자랐다. 그 결과 남북의 분단과 전쟁을 겪어야 했고, 한국전쟁이 정전협정으로 끝난 상태가 장기화하면서 한반도 전역에 걸쳐 '분단체제'가 자리잡아 오늘도 존속하고 있다. 하지만 분단체제 아래서도 4·19혁명과 5·18민주항쟁, 1987년의 6월항쟁 등 민주주의와 개벽세상을 향한 싸움이 멈추지 않았고 2016~17년의 대항쟁으로 '촛불혁명'이 시작되어 지금도 진행 중이라는 것이 나와 본서 좌담 참여자들의 인식인 것이다.

그런 사상적·역사적 작업에 유튜브 토론을 통해 다소나마 공헌하고자 한 것이 이 책의 모태를 이룬 기획이었고 이는 여러 동학들과의 값진 협업 덕분에 가능했다. 나는 네개의 좌담에서 모두 사회를 맡았지만 가급적 대등한 토론자로 참여하고자 했는데, 다만 능력의 부족에다 진행자라는 처지에 따른 제약도 없지 않아서 스스로 생각기에 충분한 기여는 못했던 것 같다. 이에 서문을 빌미로 나의 주안점 한두 가지를 독자에게 귀띔해드리고 싶다.

하나는 수운, 증산, 소태산 등이 각자 뚜렷한 특징과 성향의 사상가들이지만 크게 보아 한반도의 후천개벽사상이라는 하나의 흐름을 이루었고, 그 전통이 소태산에 이르러 한층 세계화된 'K사상'에 도달했다는 주장이다. 이는 소태산에 와서 후천개벽이라는 한반도 특유의 흐름과 불교라는 오래전부터 세계종교의 반열에 올라 있던 사상의 융합이 이루어짐으로써 세계사적으로 의미있는 새 길이 열렸다는 인식인데, 독자들이 알게 되겠지만 참여인사들에게서 만장일치의 지지를 받은 주장은 아니다. 하지만 나로서는 그간의 종교공부를 하면서 도달한 결론으로 쉽게 철회할 생각은 없다.

다른 하나는 영문학도로서 개인적 전공에 끌린 탓이기도 하지만, 동아시아인도 아니요 종교인도 아닌 영국 소설가 D. H. 로런스를 토론에 끌어들이고 싶어 했고 얼마간 그렇게 되었다. 첫째 로런스가 서양작가 치고는 드물게 현대 문명을 발본적으로 바꾸려는 사상적·예술적 노력을 선보였고 그 노력은 스스로 주장했듯이 매우 '종교적인' 성격이었으며 그에 따른 성취가 우리의 개벽사상과 의미있게 만날 수 있다고 보았기 때문이다. 아울러 한반도에서 진행되는 움직임과 그런 성과 간의 상통성, 차이점을 면밀히 검토하는 것이 'K사상의 세계화'에 요긴한 공부라고 믿기 때문이다. 물론 이런 검토가 로런스에 국한될 필요는 없고 그래서도 안 될 것이다. 졸저 『서양의 개벽사상가 D. H. 로런스』(창비 2020)의 독자들은 영문학에서 윌리엄 블레이크라든가 독일의 사상가로 카를 맑스와 프리드리히 니체, 마르틴 하이데거 등도 중요한 참조점으로 (미흡하게나마) 활용되고 있음을 기억할 것이다.

K사상을 수반하는 역사적 실천이 촛불혁명으로까지 이어졌음을 자랑했지만, 촛불혁명이 과연 지금도 진행 중인지, 그렇다면 윤석열 정권의 탄생과 그 행태를 어떻게 이해할 것인지, 그것이 '변칙적 사건'에 불과하다면 '변칙' 이후의 재출발을 어떻게 달성할 것인지, 이런 문제들은 '종교공부'의 과정에서 본격적으로 다룰 수는 없는 성질이었다. 참석자 각기의 인식이 간헐적으로 내비쳐진 정도다. 하지만 이것이 'K사상의 세계화'와 무관한 정치권만의 문제가 아니라는

인식은 기본적으로 공유하고 있었으며 독자들도 그런 인식을 갖고 읽어주었으면 한다.

책을 내면서 고마움을 전할 사람들이 많다. 먼저 좌담의 녹취를 풀어서 책으로 내는 일은 결코 기계적인 작업이 아닌데, 가독성을 높이며 독자에게 부담감을 주지 않을 분량의 책을 만들고자 (물론 당사자들의 동의를 얻어) 일부 대목을 들어내고 문장의 군더더기를 줄이는 까다로운 작업을 창비 인문교양출판부의 김새롬씨가 주로 맡았다. 동시에 읽는 재미를 더하고 공부에 도움이 될 사진과 참고자료들을 별도로 추가해주었다. 한때 창비에서 함께 일했던 신채용형이 일관된 교정작업을 해주었고 인문교양출판부의 이하림 차장 등 실무진의 노고도 컸다. 백낙청TV의 좌담을 가능케 해준 기획위원과 촬영진 여러분, 책의 조판에 힘써준 신혜원님과 디자인을 맡아준 신나라님, 마케팅 담당인 강서영, 한수정, 조부나 님들에게도 두루 고마움을 표한다. 좌담이 진행되던 시기에는 백낙청TV의 기획위원장을 맡았다가 최근에 창비사 사장이 되어 어려운 출판환경에서 고생이 많은 염종선 발행자에게도 각별한 감사와 위로의 말을 전하고 싶다.

끝으로, 이 책은 나의 개인 저서가 아니라 좌담 참석자들과의 협업이 낳은 결과물이다. 김용옥, 박맹수, 정지창, 김용휘, 방길튼, 허석, 이은선, 이정배 님들에게 깊은 감사를 드린다.

2024년 2월
백낙청 삼가 적음

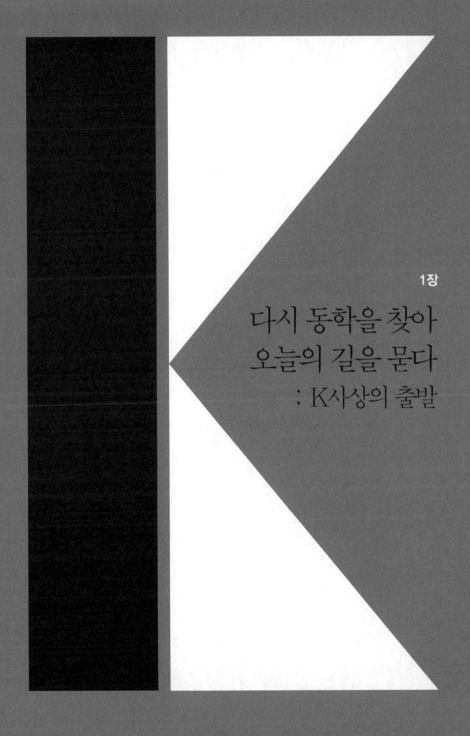

1장

다시 동학을 찾아
오늘의 길을 묻다
: K사상의 출발

백낙청

사회. 『창작과비평』 명예편집인. 서울대 명예교수. 저서로 『민족문학과 세계문학 1/인간해방의 논리를 찾아서』(합본 개정판) 『백낙청 회화록』(1~8권) 『서양의 개벽사상가 D. H. 로런스』 등이 있음.

김용옥

철학자. 생물학, 신학, 한의학 전공. 저서로 『동경대전』(전2권) 『용담유사』 『도올주역강해』 등이 있음.

박맹수

역사학자, 원불교 교무, 원광대 총장. 저서로 『생명의 눈으로 보는 동학』 『동학농민전쟁과 일본』(공저) 『개벽의 꿈 동아시아를 깨우다』 등이 있음.

2021년 7월 23일 후즈닷컴 스튜디오

———

*이 좌담은 『창작과비평』 2021년 가을호에 실린 것이다.

대화를 시작하며

백낙청 먼저 오늘 좌담에 함께해주신 두분께 감사의 말씀을 드려야겠습니다. 도올(檮杌) 선생은 원래 에너지가 넘치시지만 그래도 정말 살인적인 스케줄을 소화하고 계신데 좌담에 와주셔서 감사드리고요. 박맹수 선생은 원불교 교무로서 법명이 윤철(允哲)이고 학산(學山)이 법호지요.

지금 원광대 총장직까지 수행하고 있어 누구보다 바쁘실 텐데 나와주셔서 감사합니다. 창비에서 이런 좌담을 기획하게 된 계기는, 도올 김용옥 선생께서 두권짜리 『동경대전』(통나무 2021)을 내셨죠. 그

---

* 이 좌담에서는 '동경대전'이라는 동명의 두 저술이 언급되고 있는바, 그 구분을 위해 자료 및 자료 해설문을 제외한 본문에서 김용옥의 저서는 『동경대전』으로, 수운 최제우의 동학 경전은 「동경대전」으로 표기하고, 그밖의 동학 경전도 「대선생주문집」「용담유사」 등으로 표기했으며, 원불교 경전도 이에 준하여 「대종경」「정전」「해월신사법설」 등으로 표기했다. ─편집자

| 왼쪽부터 박맹수, 백낙청, 김용옥 |

야말로 대작인데, 이를 계기로 우리가 동학을 재인식하는 건 물론이고 동학이 대결했던 사상적인 유산이라든가 시대현실을 살펴보고 이어서 오늘의 상황까지 좀 폭넓게 논의해보고자 합니다. 본격적인 시작에 앞서 두분도 인사겸 간단한 소회랄까, 이 좌담에 기대하시는 바를 짤막하게 말씀해주시죠.

박맹수 저는 1955년생인데요, 대학생 시절에 『창작과비평』과 '창비신서'의 세례를 받으면서 사상형성을 한 시기가 있었습니다. 그리고 대학원에 진학하고 나서 도올 선생님이 하바드대 유학 마치고 와서 쓴 『동양학 어떻게 할 것인가』(민음사 1985)를 읽고 받은 지적 자극은 과장해서 말하면 세세생생 잊을 수 없을 정도였고요. 세계적 석학으로 꼽히는 두분을 모시고 말석에 끼게 된 것을 과분한 영광으로 생각합니다. 평소 궁금하고 듣고 싶었던 내용을 많이 여쭈어서 우리 후학들에게 큰 지침이 될 수 있는 자리로 만들었으면 좋겠다는 바람을 가지고 왔습니다.

김용옥 저는 우선 우리가 이 한자리에 앉아 있다는 것 자체가 우리 사회의 본질적 진화를 의미한다고 봐요. 과거에 만나지 않았던 사람들이 이렇게 만나고, 의사소통을 하고, 그리고 대중을 향해서 심오한 주제를 진지하게 이야기한다는 것 자체가 우리 문명의 생명력, 그 창조적 전진을 의미한다고 생각합니다. 무엇보다도 백선생님께서 도올은 정통적인 학문 수련을 받은 사람인데 우리나라 학계에서 상당히 배척하는 인상이 있고, 이런 자리를 통해서라도 어떤 역사적인 자리매김을 다시 해야 한다고 말씀하셔서 저는 눈물겨울 정도로 감사했습니다. 역사적 평가는 역사 그 자체의 몫이겠지만, 지금 제가 느끼는 이런 감격이 『창비』를 읽는 젊은 문학도·사상학도들에게 참신한 영감(靈感)을 던질 수 있기를 바랍니다.

『동경대전』과 동학

백낙청 제가 도올께 그런 말씀을 드린 건 사실이에요. 도올 선생은 추종자도 많고 독자도 많지만 주류 학계에서는 일부러 담을 쌓다시피 하고 있는데, 창비가 힘이 큰 데는 아닙니다만 이렇게 함께 논의하는 자리를 통해 조금 돌파할 수 있지 않을까 합니다. 『동경대전』1, 2권은 각기 '나는 코리안이다'와 '우리가 하느님이다'라는 부제가 달렸고 김용옥 '지음'이라 되어 있습니다. 단순한 번역과 주석서가 아니고 독자적인 내용을 많이 담은 책이라는 뜻이지요. 우선 1장 「서언」을 읽으면서 저는 소설 읽는 것처럼 재밌었어요. 「동경대전」 초판본을 입수해 비정(批正)을 하고 여러 새로운 사실을 밝혀놓았는데, 하여

| 도올 김용옥의 『동경대전』 |

간 그 경위가 너무 재미있었습니다. 이 책을 쓰시기까지의 긴 과정에서 가장 기억에 남는 순간이나 지금의 소감을 간략히 말씀해주시면 좋겠습니다.

김용옥 저같이 고전학 수련을 받은 사람한테는 초판본이라는 것이 매우 중요합니다. 특히 제가 수학한 동경대(토오꾜오대)의 중국철학과는 아주 엄밀한 훈고학적인 훈련을 시키는 곳이었기 때문에, 저는 초판본의 문헌학적 의미에 관해 다각적인 인식이 있었습니다. 그런데 「동경대전」을 공부하려고 보니까 초판본이 없었어요. 문제의 초판본은 2009년에나 발견이 되는데, 제가 평생 동학의 스승으로 모신 표영삼(表暎三) 선생님도 인제경진초판본을 결국 못 보고 돌아가셨습니다. 후학으로서 입수된 초판본을 봤을 때 그 감동은 이루 말할 수 없었죠. 눈물이 쏟아져 나오고, 내가 너를 얼마나 찾았는데 이렇게 늦게 나타나느냐고 원망도 했죠. 우선 이 초판본에 대해서는 철학적 해석은 둘째 치고, 하드웨어적인 사실이 중요합니다. 초판본이 나타나기 전까지 이것은 무비판적으로 그냥 목판본으로 알려져 있었어요.

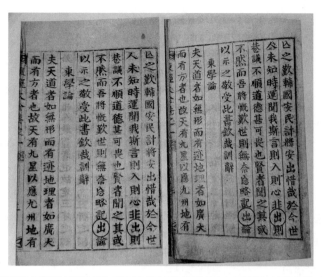

| 동경대전은 목활자본이다 | 같은 페이지의 천안 독립기념관 판본과 국립중앙도서관 판본을 비교해보면 '출出' 자의 위치가 뒤바뀌어 있다. 이는 목판본 인쇄가 아니라 각각의 활자를 옮겨 끼워 인쇄한 목활자본 인쇄임을 증명한다.

팔만대장경을 보면 쉽게 알 수 있지만 목판인쇄라는 것은 우선 경판이라 불리는 나무판을 만들어야 하고, 그 위에 글이 적힌 창호지를 뒤집어 붙여서 한 글자 한 글자 끌로 파내야 하니까 엄청난 공력과 시간이 들어가는 겁니다. 그런데 「동경대전」은 거의 모든 판본이 목판본이 아니라 목활자본이었습니다. 이 사실이 굉장히 중요해요. 목판본과 달리 목활자본은 각판을 준비할 필요가 없고, 개별 활자를 수시로 움직일 수 있습니다. 목판본처럼 전체를 나무판 위에 새기는 것이 아니라 계속 해판을 하며 두세개의 인판만으로도 전체를 인쇄할 수 있습니다. 그러니까 목판본이 없이도 매우 간편하게 단기간에 인쇄가 가능한 것이지요.

그런데 여태까지 목판본이라고 주장해왔던 사람들은 이런 단순한 사실에 무지합니다. 그리고 수정되어야만 하는 오류를 오류라고 받아들이지 않고 있습니다. 그러나 이것은 과학이거든요. 사계의 전문가들을 총망라해 의견을 듣고 우리나라 과거 인쇄사의 상식에 비추어 고증해야만 하는 과학적 사실인데도 생각을 바꾸려고 하지 않아요. 답답할 뿐입니다.

박맹수 후학으로서 서너가지 큰 인상을 받았는데요. 우선 앞으로 동학사상 및 한국학 연구가 도올 선생님의 『동경대전』 이전과 이후로 나뉠 정도로 일대 사건이라는 점입니다. 판본학의 어떤 전범이랄까 모범을 이 역작을 통해서 보여주셨습니다. 이를 문헌비평이나 사료비판이라 할 수도 있는데, 이 부분에 대해서는 후학들이 잘 따를 거라고 봅니다.

또 하나는 선생님의 동학 연구는 반세기 이상에 걸치죠. 고려대 학부 시절부터 이미 박종홍(朴鍾鴻)·최동희(崔東熙)·신일철(申一澈)과 같은 1세대 동학 연구자분들의 세례를 받아 문제의식을 가지고 계셨고, 반세기간 그 화두를 놓지 않고 이번에 집대성하신 겁니다. 선생 개인에게도 대단한 학문적 성취고 우리 한국사의 커다란 성취라는 말씀을 드리고 싶습니다. 끝으로 제 전공은 근대 한국사상사에서 동학부터 증산교, 원불교, 민중운동인데, 동학이란 다른 말로 하면 조선학이고 국학이고 한국학입니다. 그런데 이를 연구하고 그 문제의식으로 한국사회를 진보시키려 했던 우리의 수많은 선배들이 피를 흘리고 희생됐죠. 이번에 『동경대전』이 나옴으로써 조선학을 하려고 했고 조선을 제대로 세우려 했던, 피흘리며 돌아가신 수백만 영령들을 위한 참된 진혼곡을 올려주셨다는 인상을 받았습니다.

백낙청 멋있는 말씀이네요. 제 짧은 지식의 범위 안에서도 『동경대전』은 도올의 저서 중에서도 특별한 것 같아요. 판본학 이야기가 나왔습

| 1세대 동학 연구자들 | 왼쪽부터 박종홍, 최동희, 신일철

니다만, 판본학이라는 건 비단 한국학이나 동양학뿐 아니라 서양에서도 굉장히 중시합니다. 영문학에서도 판본학의 전통이 상당히 탄탄한데 우리나라에는 그게 참 드물다는 생각을 해왔습니다. 도올 선생의 다른 책들에서도 판본 얘기가 나옵니다만 이번처럼 선행 연구를 하나하나 실명으로 시시비비를 가린 예는 없었던 것 같아요. 그래서 참 새로운 작업을 하시는구나 하는 생각이 들었습니다. 나는 비평적인 안목이 없는 문학자들은 사실 판본학도 제대로 못한다고 봐요. 옳은 감정(鑑定)이 나오기 어렵거든요. 그런 점에서도 참 감명 깊게 읽었습니다.

김용옥 한가지 말씀드릴 건 『동경대전』 제1권은 「대선생주 문집(大先生主文集)」(동학의 창시자 수운의 일대기를 기록한 책)이 중심이 되어 있습니다. 그런데 「대선생주 문집」에도 판본학적 문제가 얽혀 있습니다. 모든 사람들이 「도원기서(道源記書)」라는, 필사본으로 전해져온 책을 동학의 역사를 말해주는 가장 권위있는 책으로 받아들이고 있어요. 「대선생주 문집」은 제가 새로 발견한 문헌이 아니라 원래 있었던 것인데, 사계의 연구자들이 「대선생주 문집」에 대한 인식이 부족했습니다. 일반적으로 가장 권위있다고 맹신되어온 「도원기서」보다 「대선생주 문집」이 더 오리지널한 것이라는 사실에 엄밀한 인식이 미치지 못했습니다. 「도원기서」의 전반부가 원시자료인 「대선생주 문집」을 바탕으로 재구성된 것이라는 사실을 모르고 있었다는 말이죠. 「대선생주 문집」은 후대에 만들어진 「도원기서」보다 훨씬 더 리얼한 인간 수운을 말해주고 있습니다.

그래서 이 「대선생주 문집」에 나타난 수운의 모습을 『동경대전』 1권에 놓음으로써 사람들이 그의 저서를 알기 전에 그 인간을 알 수 있게 해준 겁니다. 『맹자(孟子)』의 「만장 하(萬章下)」에 이런 말이 있거든요. "독기서(讀其書)" 책을 읽는다면서 "부지기인(不知其人)" 그 책을 쓴 그 사람을 모른대서야 "가호(可乎)" 그게 될 말이냐. 사실 「동경대전」을 읽으려면 수운이라는 인간을 먼저 알아야 한다, 이를 정확한 텍스트를 통해 알려줘야겠다, 이러한 독서법적 작전이 이번 『동경대전』 프로젝트의 핵심을 이루는 것입니다.

박맹수 제가 부연설명을 드리자면 도올 선생님이 「대선생주 문집」을 처음부터 끝까지 완벽하게 번역 주석을 하셨습니다. 그전에도 여러 이본들을 대여섯분이 검토한 적이 있어요. 이번에 도올 선생님이 엄청나게 비판한 김상기(金庠基) 선생님이 1960년대에 최초로 하셨고, 그뒤에 국사편찬위원장을 하셨던 이현종(李鉉淙) 선생님, 그리고 조동일(趙東一)·표영삼 선생님이 하셨고, 말석에 박맹수·윤석산(尹錫山) 등이 있습니다. 이런 기존의 연구를 도올 선생님이 개벽을 시켜버렸습니다.(웃음) 찬성이나 지지·공감을 떠나 굉장히 논쟁적인 문제제기를 하셨기 때문에 「대선생주 문집」의 이번 주석 번역이야말로 동학의 개벽을 일차로 이뤄내셨다 하겠습니다.

백낙청 내가 듣기로는 학산님께서 동학을 연구해온 젊은 후학들을 데리고 세미나도 하셨다는데, 도올이 확 뒤집어버리고 개벽해버린 점에 대해 반응이 어때요?

박맹수 책이 나오자마자 4월 중순부터 강독모임을 구성해서 이 잡듯이 읽고 있습니다. 반응은 아주 극과 극, 천양지차입니다. 이거야말로 전범을 보여주었다는 열렬한 의견이 3분의 2고요, 좀 까다로운 연구자들은 논쟁이 필요하다고 합니다. 제 개인적으로는 거시적으로 엄밀한 판본 검토와 정치한 주석 작업을 통해 동학 연구에 있어 하나의 새로운 프레임을 제시한 부분에는 전면적으로 공감하고 있습니다만, 세부적인 데는 조금 논란이 있겠다는 생각입니다. 하나만 예를 들면 인제경진판이 경진년(1880)에 인제에서 간행된 건데, 선생님도 말씀하셨지만 간기(刊記)가 없습니다. 간행 연도나 장소가 없죠. 그런데 계미중춘판은 1883년 음력 2월에 나왔다는 명확한 간기가 있어서 역사학적으로는 좀더 신빙성을 둘 수 있고 강조할 필요가 있다는 의견입니다.

김용옥 1880년판이 초판본이고, 계미중춘판은 1883년에 목천에서 간행됐어요. 초판은 백부를 찍었는데 여러 조직에서 나누어 가졌기 때문에 초기부터 민간에서 구하기가 어려웠습니다. 그에 비해 1883년 목천판은 좀더 많은 부수가 인출되었습니다. 그리고 중춘판 이후로 목천이 경전 간행의 중심지가 되면서 계미년에 간행된 판본들이 권위를 가지게 된 것입니다. 그런데, 초판본에 간기가 없다는 건 무슨 말이냐? 이것은 당시 사람들이 이걸 독립된 하나의 경전으로 간행한다는 의식이 없었다는 것이죠.

최초의 인출자들이 기획했던 것은 수운의 글과 삶 모두를 포괄하는 대규모의 문집이었습니다. 그러나 당시 상황으로 그러한 포괄적인 문집을 간행하기가 어려웠습니다. 돈과 시간이 없었죠. 그래서 수운의 행장(行狀)에 해당하는 「대선생주 문집」을 빼버린 거예요. 그래서 「동경대전」은 어떤 의미에서는 잡저(雜著)라고 할 만한 몇개의 논문을 모은 간략한 서물이 되고 만 것이죠. 거기에 시나 편지, 의례 절차에 관한 글을 보탰고요.

3년 후에 목천판을 낼 때는 「동경대전」을 경전으로서 정본화하자는 생각에 내용을 첨가하면서 분량과 체재를 갖추었고, 그때 비로소 간기를 집어넣은 것이죠. 1883년의 목천판, 경주판에서 내용이 첨가되었다는 사실은 우리로서는 고마운 일이지요. 그런데 그 사실을 빙자하여 「동경대전」의 초고가 구전에 의한 것이라는 터무니없는 가설을 세우는 어리석은 학인들이 많아요. 첨가라고는 하나 기본을 이루는 경전은 변화가 거의 없습니다. 모든 판본이 하나의 모본(母本)을 가지고 있었다는 것입니다.

그리고 경진판과 목천판을 비교하면서 경진판이 더 부실하다고 생각한다는 것은 어리석은 판단입니다. 두 판본에서 겹치는 텍스트를 두고 면밀하게 대조를 해보면 경진판의 내용이 훨씬 더 정확하고 엄밀합니다. 다시 말해서 초판본의 권위는 절대적이라는 것이죠. 이것은 저의 사견이 아니라 사계 대가들의 일치된 견해입니다.

'플레타르키아'와 민주주의

백낙청 『동경대전』에서 또 큰 대목을 형성하는 게 독자적으로 쓰신 「조선사상사 대관(朝鮮思想史大觀)」이라는 논문입니다. 제가 보기에 그 키워드는 '플레타르키아'(pletharchia)라는 말이에요. '플레타르키

간행시기	간행 내용
1863년 9월 26일	수운은 해월에게 도통을 전수하고 『동경대전』 『용담유사』의 출판을 당부.
1864년 4월 8일	대구 감영에 수감 중이던 최제우, 면회 온 최시형에게 높이 날고 멀리 가라는 말을 하면서 『동경대전』 『용담유사』의 출판을 마지막으로 당부.
1864년 4월 15일	수운, 대구 남문 밖 관덕당 앞뜰 장대에서 참수 및 효수당함.
1880년 5월 9일	해월은 강원도 인제군 남면 갑둔리 김현수의 집에 각판소를 설치.
1880년 6월 14일	인제경진초판본 100여부 인출 종료(간기 빠짐, 『대선생주 문집』은 포함되지 않음).
1880년 6월 15일	인제경진초판 출간고천식(스승께 고하는 봉고奉告제례).
1883년 2월	목천접, 충청도 목천군 구내리 김은경의 집에서 『동경대전』 100부 간행. 현존 목천계미중춘판.
1883년 5월	공주접의 발의로 강원도·영남지역이 합심하여 목천에서 『동경대전』 재간행. 경주에서 최제우가 도를 받았다 하여 '경주판'이라 이름짓고 존숭의 뜻을 표함. 현존 경주계미중하판, 목활자본.
1888년 3월	인제접 김병내의 주도하에 『동경대전』 인제무자계춘판·『용담유사』 목활자본 출판. 무자판 『용담유사』는 현존하지 않음.

| 『동경대전』 간행 약사 |

아'와 민주주의 문제는 오늘 우리가 끝 대목에서 더 다루고 싶은 주제입니다만, 여기서 도올 선생께 질문하고 싶은 건 왜 하필이면 이어려운 희랍어를 가져오셨을까 하는 점입니다.

김용옥 우선 사람들에게 신선한 느낌을 주지요. 새로운 생각을 전하기 위해서는 새로운 말을 만드는 게 훨씬 유리하지요.(웃음) 하이데거(M. Heidegger)도 그런 작전을 많이 폈죠. '플레타르키아'에서 '플레토스'(plēthos)는 다중을 가리킵니다. 여기에 '아르키아'를 붙였습니다. '데모크라티아'(demokratia)에서 '크라티아'는 다스린다는 의미이지만, 사실 데모스(demos)가, 다시 말해서 민(民)이 직접 주체가 되어 다스린다는 건 역사에서 거의 존재하지 않았거든요. 결국은 소수가 다스리는데 민의 뜻을 반영하고, 다수의 삶의 개선을 위해 노력하는 사람들이 정치를 한다는 겁니다. 저는 플레타르키아의 핵심 내용은 '민본'으로 보았습니다. 서구의 '민주'는 정치사적 사건의 의미에만 치우쳐 민본의 총체적 의미를 파악하기에 좀 부적절하거든요. 실상 희랍어에서 이 데모크라티아는 굉장히 나쁜 말이에요. 경멸적인 냄새가 배어 있지요.

백낙청 반대하는 사람이 욕하느라 만든 말이죠. 우중(愚衆)이 다스린다는 의미로.

김용옥 그런데 이 민주주의라는 말 때문에 다들 우선 동양 사상을 깔봅니다. 너희들은 민주주의 전(前) 단계의 왕정구조의 정치 형태밖에 없다는 거죠. 인류가 제대로 된 민주주의라는 걸 해본 적도 없는데 말이죠. 그래서 '데모크라티아'라는 말 자체가 엉터리다, 그런 느낌이 들었어요. 그리고 미국의 대표적인 정치학자 로버트 달(Robert Dahl)도 미국 헌법이 과연 민주적이냐 하는 문제를 제시했고, 오늘날에도 선거인단 같은 문제로 추태가 벌어지는데, 미국 헌법을 만든 사람들 자체가 미국사회가 앞으로 어떻게 갈지에 대한 정확한 비전이 없었다는 거예요. 미국 헌법이 아주 편협한 문헌이라는 거죠.

그러니까 불교학의 대가인 에드워드 콘즈(Edward Conze)가 지적한 대로, 민주주의 그 말 자체가 매우 독단적인, 나쁜 신이 되어버렸다는 생각에 저는 동의합니다. 민주주의는 편견을 자아내는 명언종자(名言種子)라는 것이죠. 민주라는 명언종자의 업식(業識)에 집착되어서 그 말 한마디로 모든 건강한 담론이 불식되어버린다는 것이죠. 그래서 민주라는 언어의 폭력으로부터 벗어나는 것도 중요합니다. 우리 동양 사상에도 서양보다도 더 지고한 이념의 민본사상이 있어왔다는 것을 강조한 것이죠. 서구처럼 왕권을 제약하는 의회를 만든다

플레타르키아: 우리 민족 고유의 "민본"의 원리

내가 생각기에 민주란 뭐 대단한 이상이 아니다. 한 사회를 지배하는 권력의 정당성(legitimacy)이 보다 더 많은 다수의 합의(consent)를 지향하는 모든 정치형태를 추상적으로 지칭하는 것이다. 따라서 나는 민주(民主)보다는 민본(民本)이 보다 더 현실적이고 구체적이고 정직한 개념이라고 생각한다. 다시 말해서 권력의 정당성의 뿌리(本)에 관한 논의라는 것이다. 권력의 정당성이 신적인(Divine) 것, 하늘적인(Heavenly) 것에 뿌리를 둔 것이 아니라, 민적인(Civil) 것, 땅적인(Earthly) 것에 뿌리를 둘 때만이 합법성이 보장된다는 것이다. 나는 이 민본성이라는, 보다 해석의 여지를 남기는, 구체적이고 현실적인 이 개념을 기술하기 위하여, "플레타르키아(pletharchia)"라는 조어를 사용키로 하였다.

"플레토스(plēthos)"는 "데모스"보다는 보다 광범위한, 계층적 제약이 없는 그냥 다중(多衆)을 가리키며, "아르케(archē)"도 "지배한다"는 의미보다는 "본원"이라는 의미로 사용한 것이다. 그것은 정체의 권력이 민중의 권위와 합의에 뿌리를 둔다는 프린키피움(principĭum) 즉 원리를 의미하는 것이다. 나는 이 플레타르키아라는 개념으로써 아사달 신시로부터 오늘날 촛불에서 보여준 민중의 혁명 역량에 이르기까지 우리 민족의 역사를 연속적으로·단절적으로 전관(全觀)하려는 것이다.

— 김용옥 「조선사상사대관」, 『동경대전1』, 통나무 2020, 272면

든가 하는 제도적 방식으로 민본을 실현하지 못했을지라도, 우리의 정치 형태 내부는 좀더 세밀하게 볼 필요가 있다고 생각했습니다. 그런 의미에서 '플레타르키아'라는 말을 만든 거죠.

백낙청 그 취지에는 공감합니다. 세계가 민주주의라는 걸 제대로 해본 적이 없다는 말씀도 맞고요. 그런데 저는 미국 헌법을 만든 사람들이 미국의 장래에 대해 아무 비전도 없었다고 생각하지는 않고, 민주주의는 분명 안 하겠다는 의식을 가지고 만들었다고 생각해요. 다수가 지배할까봐 삼권분립도 철저히 하고, 대통령 간접선거 하고, 상·하원 분리시켜놨잖아요? 민주주의를 할 수 없게 설계를 잘했고 그게 한동안은 잘 작동했다고 봅니다. 그런데 이제는 옛날식으로 진짜 책임있는 엘리트들이 하는 과두정치조차 아니고 돈 위주로 돌아가는 과두정치가 됐어요. 그러면서도 옛날하고 다른 건 오히려 지금은 민주주의를 내걸고 있다는 거죠. 그래서 제대로 된 민주주의가 실현 안 됐다는 것은 동감인데, 플레타르키아에서 '아르키아'(archia)가 '원리'라는 의미 아니에요? '다중원리'라는 의미니까 '민본원리' 내지 '민본성'으로 번역해도 같은 말인 것 같습니다. 다만 과거에는 이를 실현할 여러 메커니즘이 부족했고 또 상하질서가 엄격한 가운데 민본사상이라고 하면 민주가 아니라 군주나 정부가 백성이라는 양떼를 잘 이끌어주고 위해주려는 그런 체제였지요. 그걸 확 뛰어넘은 게 동학이라고 봅니다. 그러니까 굳이 '플레타르키아'라는 말을 안 쓰더라도 우리 동양에 원래 민본원리가 철저했는데 유교국가는 수직적인 민본주의였으나 동학에 와서 비로소 수평적인 민본주의로 바뀌었다, 그렇게만 말해도 충분하지 않나 싶어요.

김용옥 저도 선생님 말씀에 전적으로 동감이고요, 그래서 요새는 '플레타르키아'라는 말은 많이 쓰지 않습니다.(웃음) 민본이라는 말만 해도 민주라는 말보다 더 깊은 의미를 전할 수도 있습니다. 물론 민주의식의 양보를 의미하는 것은 전혀 아니고요.

박맹수 2004년에 『도올심득 동경대전』(통나무)에서 이 용어를 우선 쓰셨잖아요. 후학의 입장에서 그 글을 읽고 느꼈던 소감은 용어의 정확성을 떠나서 민본성이라는 관점으로 동학의 핵심을 잡아내려고 하는 것만큼은 독보적이라는 것입니다. 이번에는 민본의 뿌리를 맹자의 사상에서, 우리 조선에서는 정도전(鄭道傳)의 『조선경국전(朝鮮經國典)』에서 찾으셨습니다. 이것이 동학으로 이어져왔다고 볼 때, 선생님이 쓰신 것처럼 동학은 '땅적인 것'이죠. 조금 공부해보면 바로 실감이 오는데, 역시 동학의 본질을 드러내려면 민본성에 주목을 해야 하고, 그런 점에서 '플레타르키아'라는 용어를 통해 조선사상사의 민본의 역사와 전통이 동학에서 꽃피워졌다고 보는 관점은 여전히 유효하다고 생각합니다.

백낙청 도올도 얘기하셨지만 단군 신시(神市)의 홍익인간(弘益人間), 세상을 널리 이롭게 한다는 게 민본사상이에요. '플레타르키아'라는 말로 전부 포괄해버리기에는 동학에서 그 민본사상이 평등사상과 결합하는 전환점이 너무 중요한 것 같아요. 그전에는 위에 있는 사람이 밑에 있는 백성을 잘 돌봐준다는 것이었고, 사실 다산(茶山) 정약용(丁若鏞)이나 실학자들도 기본적으로는 그랬죠. 그런데 동학에 와서는 종전의 수직적인 플레타르키아에서 수평적인 플레타르키아로의 일대 전환을 이룩합니다. 요즘에는 수평주의 자체가 새로운 신(神)이 되어버린 면이 없지 않지만 동학은 그와는 다른, 도력의 상하를 존중하는 수평적 민주주의였습니다. 민주주의 문제 또한 또다른 의미의 민주주의를 우리가 개발하고 개념을 발전시켜야겠지요.

김용옥 제가 말씀드리고자 했던 것은 '플레타르키아'라는 개념에 의거해서만 정치 현상을 보지 않아도 좋지만, 더 중요한 것은 우리다운 새로운 기준을 가지고 민주주의를 새롭게 규정해나가야 한다는 것입니다. 오늘날 아무리 훌륭한 제도에서 뽑힌 대통령도 세종만 한 인물이 없다고 말할 수도 있거든요. 세종은 철저한 민본사상에 기초한 정치를 했단 말이에요. 세종처럼 다양한 인재를 출신에 관계없이 적재적소에 쓴 지도자를 세계사에서 만나기 어렵습니다. 민중을 위한 글자까지 새로 만들었고, 민중이 일상에서 쓰는 본초한약도 철저히 향약(鄕藥)을 중심으로 집대성했습니다. 19세기 초에 민중을 위해 씌어졌다고 하는 정약전(丁若銓)의 『자산어보(玆山魚譜)』가 한글 한 글자 없이 순한문으로 쓰인 것과 너무도 대비되거든요. 당대 지식인들의 모든 언어체계, 그 특권이 붕괴되는 거대한 도전을 세종은 왕이면서도 스스로 감행했습니다. 오늘날의 어떤 정치인도 그와 비슷한 발상조차 못하고 있어요. 그런 의미에서 우리 민본 전통이라는 걸 깔보고 과소평가해선 안 됩니다.

수운, 서양 문명과 치열하게 대결하다

백낙청 제가 이번에 「동경대전」, 또 「조선사상사 대관」을 읽으면서 실감했던 한가지는 수운 선생이야말로 철저히 서학과 대결하고 서양과 대결했던 분이라는 점입니다. 서학이 처음 들어왔을 때 다산의 작은형 정약종(丁若鍾) 같은 사람은 거기에 푹 빠지지 않습니까. 반면에 정약용은 처음에 빠졌다가 나오잖아요. 그뒤로 늘 서학을 염두에 두고 작업을 했겠지만 그의 치열성은 유교 경전 재해석에 투입됐고 서학과는 그렇게 치열하게 정면으로 맞붙진 않은 것 같아요. 다른 한편 혜강(惠岡) 최한기(崔漢綺)에 이르면 서양에 대해 지식도 훨씬 많고 개방적이지만 치열하게 대결하고 싸워야 할 대상이라는 인식은 비교적 희박했던 것 같고요. 그런데 수운 선생은 정말 치열하게 대결했다

像 法 主 世 濟

| 수운 최제우 | 최제우는 서학을 비롯한 서양 문명과 대결해 1860년 대각에 이른 후 동학을 창시했다.

는 걸 실감했습니다. 도올의 지적에 제가 또 공감한 것은 이게 수운 이라는 한 개인이 구도(求道)의 과정에서 천주교나 서학과 씨름한 것 만 아니라, 이 대결과 극복이 그야말로 세계사적인 사건이라는 점이 에요. 그 부분을 독자를 위해서 설명을 해주시면 좋을 것 같아요.

김용옥 과거 조선왕조에서도, 우리나라 지식인들의 새로운 문명에 대 한 반응은 엄청 빠르고 본질적이었습니다. 그러니까 『천주실의(天主 實義)』(1603년 겨울에 간행된 이딸리아 선교사 마떼오 리치Matteo Ricci의 신학논 쟁서)만 해도 발간된 몇년 후에 바로 우리나라에 들어오고 분석의 대 상이 되거든요. 17세기 초에 이미 이수광(李睟光)·유몽인(柳夢寅)이 『천주실의』를 비판적으로 검토하고 있습니다. 한 세기가 지난 후에 성호(星湖) 이익(李瀷)은 비교적 중립적인 시각에서 소개합니다.

그러나 성호의 제자 중에 신후담(愼後聃)·안정복(安鼎福) 같은 사람 들은 매우 치열하게 마떼오 리치의 논리를 비판하고 나섭니다. 서학의 이러한 논리는 근원적으로 문제가 있다, 마떼오 리치는 그들의 상제관이 『시경(詩經)』 『서경(書經)』에 다 천명되어 있는 것이라 말하지만 우리의 유학은 이미 『시경』 『서경』 시대에 이런 문제들을 다 극복했기 때문에 냉철한 공맹(孔孟)사상이 나온 것이다, 어찌 천당 지옥을 이야기하는 통속불교의 아류에도 못 미치는 이런 유치한 이론을 가지고 조선의 정신문화를 공략한다 하느냐? 신후담이나 안정복은 자기 주변 사람들이 서학에 빠지는 걸 참 애처롭게 생각했거든요.

수운의 삶에 등장한 을묘천서(乙卯天書)라는 것도 서학을 접하게 되는 루트와 관련하여 다양한 가능성이 있지만 역시 『천주실의』와의 대결에서 기독교 신관의 문제점을 파악한 사건으로 보아야 할 것입니다. 수운도 처음에는 서학을 받아들여서 우리 민족을 개화시킬 수 있지 않겠나 하는 생각도 안 해본 사람이 아니에요. 굉장히 개방적인 사람이거든요. 그런데 아무리 수용하고 그것을 우리 민중의 현실에 적용해보려고 해도 이건 말이 안 된다, 이걸 가지고 우리 민중을 가르칠 수는 없다고 본 거죠. 당시 우리의 긴박한 문제는 양반과 상놈의 구별, 적서차별 같은 것이었죠. 이런 사회구조적 문제를 근원적으로 해결하기 위해서는 인간 평등관이 확보되어야 하는데 천주학은 이런 인간평등에 대한 제도적 노력은 하지 않고, 오직 제국주의적 침략의 앞잡이 노릇을 하고 있다고 수운은 예리하게 간파한 것이죠.

수평적 '플레타르키아'의 핵심인 인간평등관은 오로지 인간과 신의 평등이 전제되지 않으면 달성될 수 없다고 그는 서학의 문헌들을 읽으면서 통찰했습니다. 천주학의 수직구조를 간파했습니다. 19세기 중엽에 이미 이런 발견이 이루어졌다는 것은 인류의 정신사에 유례가 없습니다. 이를 해낼 수 있었던 것은 우리 민족이 이미 고조선 시대로부터 내세웠던 홍익인간의 이념, 신라시대의 화랑정신, 최치원이 말하는 현묘지도(玄妙之道), 고려제국시대의 자유자재로운 다양한 사유, 지눌의 돈오점수(頓悟漸修)와 정혜쌍수(定慧雙修), 그리고 조선조의 주자학이 내면화되어 퇴계의 이발(理發)사상으로 발전하는 과정, 영남유학에 깔려 있던 엄밀한 상식주의가 배경이 되었다고 보아야겠지요. 수운은 인류 5만년의 정신사를 융합시킨 상징체라고 저는 생각합니다.

백낙청 아까 치열하게 대결했다고 하신 안정복 같은 분들은 공맹사상이 다 해결하고 있는데 이제 와서 뭐 그러냐 하는 식이었죠. 치열성이 모자랐던 겁니다. 수운은 문제를 제대로 넘어서려면 공맹사상으로는 안 된다는 생각이 아주 철저했던 분 아닙니까.

박맹수 기존의 공맹지도를 넘어설 수밖에 없는 두가지 정도가 수운에게 깔려 있었던 게 아닌가 합니다. 하나는 역사적 사료에 따른 이야기인데 수운이 재가녀의 아들로 태어났잖아요. 재가한 여자의 아들은 『경국대전(經國大典)』에 따르면 문과에 응시할 수 없죠. 수운이 수양딸로 삼았다는 주씨 할머니의 증언에 의하면 잠들기 전에도 계속 책을 읽고 일찍 일어나서 또 책을 읽고, 저렇게 책을 많이 읽는 분은 처음 봤다고 해요. 재가녀의 자손으로서 자신의 능력을 펼칠 수 없던 개인적 고뇌가 기존의 유학을 뛰어넘는 하나의 동기로 작용한 것이 아닌가 합니다. 또 하나는 사상적 대결과 관련된 부분인데요, 열여섯살에 아버지 돌아가시고 집에 불나고 가정이 버틸 수 없으니까 처가살이를 하게 돼요. 그러다가 장삿길로 떠돌아다니게 된 게 아마 1840~50년대일 겁니다. 이때 조선사에 어떤 일이 일어나고 있었냐면 중앙정부 차원에서는 신유박해(1801)부터 기해박해(1839), 병오박해(1846)까지 천주교에 대한 대대적인 박해가 있었고, 향촌사회에서는 부녀자라든지 평민층에 천주교가 몰래 퍼지면서 전통적인 사

| 전북 정읍 황토현 전적지의 동학농민혁명군 동상 | 1894년 전라도 고부의 동학 접주 전봉준을 필두로 동학교도와 농민들이 합세하여 일으킨 동학농민혁명은 지배계층에 저항한 조선시대 최대의 민중항쟁이었다. 청과 일본의 개입으로 실패했으나 그 정신은 후에 3·1운동으로 계승되었다.

회의 분화가 일어났어요. 또한 수운이 전국 각지를 유랑하던 시기는 1811년 홍경래의 난 이래 농민봉기가 빈번히 일어났을 때이고 이후에도 1862년의 임술민란을 거쳐 1894년의 동학농민혁명에 이르기까지 이른바 '민란의 시대'라 불릴 정도로 민중봉기가 빈발하게 됩니다. 제가 대학원 시절 조선 후기의 천주교회사를 연구하는 친구와 같이 공부했는데 수운 선생의 구도행각, 장삿길 여정이 천주교의 비밀 신앙촌이 형성된 곳하고 완전히 겹치더라고요. 이미 널리 퍼져 있던 광범위한 서학 서적들을 섭렵했을 거라고 봅니다. 그게 동기가 되었다고 보고, 결정적으로 도올 선생 말씀하신 대로 젊은 시절엔 서학에 좀 끌렸던 것 같아요. 그게 어디서 확 바뀌느냐면 제2차 중영전쟁 당시 1858~59년 영·불 연합군의 베이징 침입. 한양의 양반들이 성경,

십자가 들고 도망갔다는 표현이 나올 정도로 엄청난 충격을 준 사건인데, 중국의 몰락 또는 중화주의의 한계를 실감하는 동시에 서양 열강에 대한 문제의식을 느끼면서 서학과의 결별도 일어난 게 아닌가 합니다.

김용옥 아편전쟁만 아니라 홍수전(洪秀全)의 태평천국(太平天國)운동도 그렇죠. 중국과 한국의 본질적인 차이를 논한다면, 태평천국과 동학의 차이가 지금까지도 계속 이어지고 있다고 말할 수 있습니다. 태평천국이라는 건 타락한 기독교가 무당신앙화된 민속종교의 한 형태입니다. 태평천국 내에 천부하범(天父下凡)이니 천형하범(天兄下凡)이니 하는 신들림의 풍속이 있었습니다. 천부하범은 양수청(楊秀淸)이, 천형하범은 소조귀(蕭朝貴)가 독점하고 있었죠. 권력 내부의 투쟁이 이런 샤머니즘의 폭력으로 진행되었습니다. 홍수전의 오리지널한 혁명적 통찰은 이러한 미신의 오염 속에 건강성을 상실합니다. 태평천국 집단은 처참하게 분열되고 말았죠. 수운은 이러한 통속종교의 폐해를 잘 알고 있었습니다. 우리 민족이 기독교를 도입하게 되면 이런 저질적인 종교현상이 민중에 확산되고 또다른 권력구조가 인간을 억압하게 된다는 것을 예언했습니다. 그는 자신의 신비체험조차 끝내 부정했습니다. 「대선생주 문집」에 신비로운 '조화'에 관한 하느님과의 대결이 생생하게 묘사되고 있습니다.

백낙청 도올 선생은 서양의 천주교만 아니라 유일신 신앙과 그 철학적 배경이 되는 플라톤 이래의 이원론적 철학을 넘어서는 것이 지금도 세계사의 과제라고 주장하시는데, 그 과제를 수운이 이미 수행했죠. 그건 단지 중영전쟁을 보고 서세(西勢)에 저항해야겠다는 차원의 문제는 아니었던 것 같아요. 서세의 위협을 가장 심각하게 느낀 사람은 나중에 위정척사파(衛正斥邪派)로 가지 않습니까. 그런데 수운은 처음부터 공맹이든 불도(佛道)든 선도(仙道)든 수명이 다했다고 보고 그 야말로 새로운 무극대도(無極大道)를 찾아 나섰던 거 아니에요? 그런데 유일신교 신앙의 경우에도 명제화된 신조(creed)와 사람들의 실제 신앙생활로서의 믿음(faith)을 구별해야 하지 않을까 합니다. 독실한 교인들은 사도신경(使徒信經, Apostles' Creed)을 다 외우고 신봉하고 그러실 텐데, 그렇게 외우는 신조하고 실제로 그 사람이 신앙생활을 어떻게 하느냐는 다를 수 있으니까요. 그러니까 서양 사람들이 엉터리 신조를 믿고 있다는 것만 가지고 간단히 처리될 문제는 아니라는 취지의 질문이에요.

김용옥 캘리포니아 클레어몬트 신학대학의 존 캅(John Cobb) 교수라고 있어요. 화이트헤드 철학에 기반하여 과정신학(process theology, 화이트헤드 A. N. Whitehead의 과정철학에서 발전한 신학)을 만든 사람 중 하나인데, 화이트헤드를 완전히 소화하고 복잡한 책들을 많이 썼어요. 그분과 대담한 적이 있는데, 제가 기독교의 문제점을 지적하니까 저한테 간결하게 이렇게 대답하더군요. 기독교 신학이니 화이트헤드 철학이니 하는 것이 있지만, 결국 궁극적 메시지는 '사랑'이 한마디로 귀결된다, 질투하고 징벌하는 하나님은 하나님이 아니다, 이런 말이었어요.

백낙청 저는 솔직히 그냥 사랑해라 한마디로 해결될 성질은 아닌 거 같아요.

김용옥 적확한 지적이십니다만, 제가 이 말씀을 드릴 때 중요한 것은 초기 가톨릭의 포교전략에 관한 것입니다. 우리나라에는 빠리외방선교회가 주축이 되어 포교가 이루어졌지만 그들은 자체적으로 만든 교리 이론서적을 가지고 있질 않았습니다. 그리고 빠리외방선교회는 매우 제국주의적 독단주의가 강했습니다. 하나님을 믿지 않는 문화는 모두 저열하며 박멸되어도 좋다고 생각했습니다. 초기 가톨릭이 들어올 적의 문헌들은 대부분 제수이트(Jesuit, 예수회)의 신부들이 만든 것인데 이들은 비교적 타 문화에 대해 관용적 자세를 지녔습니다. 제수이트가 내내 포교의 주축을 이루었다면 조상숭배, 즉 제사에 관한 터무니없는 금령들도 강요되지 않았을 것입니다. 물론 예수회 이론서들도 예수의 삶을 가르치지 않았습니다. 하나님, 천주의 존재 증명이 그 핵심 테마였습니다. 예수라는 사랑의 심볼은 사라지고, 만유의 창조자이며 지배자인 천주에의 복속만이 주 테마가 되었지요.

백낙청 그래서 서양의 유일신 신앙이나 주류 철학에 대해 비판을 하는 건 반드시 필요한데 실생활에서는 그들이 어떻게 삶을 살았느냐 하는 것을 살피는 게 필요하지 않겠냐 하는 게 한가지 생각이고요. 또 하나는 니체(F. Nietzsche)가 플라톤과 호메로스가 대척점에 있다고 했듯이 플라톤 이후의 철학이 못하는 걸 호메로스는 하고 있다는 건데, 서양의 문학이나 예술, 음악 전반을 본다면 철학의 한계를 보완하는 작업이 끊임없이 이루어졌어요. 그래서 로런스(D. H. Lawrence) 같은 사람은 플라톤 이래의 문학과 철학의 분리를 두고 '철학은 메말라버리고 소설은 흐물흐물해졌다'라고 말하지만, 진짜 훌륭한 작가들은 사유와 감정을 결합하는 작업을 죽 해왔습니다. 로런스는 그게 그냥 작품만 잘 써서 되는 일이 아니고 말하자면 다시 개벽을 해야 한다는 데까지 가게 됩니다. 영문학에서는 로런스 외에도 개벽사상가라는 명칭에 부합하는 사람이 윌리엄 블레이크(William Blake) 같아요. 이런 흐름도 우리가 동시에 감안해야지 서양을 너무 쉽게 정의하면 안 되겠다는 생각입니다.

김용옥 저도 지금 서양을 상당히 비판적으로 검토하고 얘기하고는 있지만, 말씀하신 대로 우리나라의 20세기는 서양을 배우자 하는 열풍

속에서 살아온 역사였습니다. 그 에너지가 철학적인 사유의 폭으로 만은 안 생겼을 거예요. 서양의 문학, 드라마, 영화 등을 통해서 상당히 질 높은 휴머니즘이 우리에게 유입됐기 때문에 우리가 아직도 서양에 높은 점수를 주는 거거든요. 그래서 특히 영문학을 공부하신 입장에서 말씀하시는 그러한 문명의 다면적 성격은 우리가 상당히 깊게 새겨봐야 할 문제죠.

박맹수 백선생님께서는 당신의 저서 얘기를 못하시는 거 같아요. 도올 선생님은 동양의 개벽사상가를 세계적으로 드러내는 『동경대전』 역작을 내셨고, 제가 볼 때 백낙청 선생님은 서양의 개벽사상가 로런스를 드러내셨습니다. 저희들의 무지를 깨는 의미로 어떻게 로런스에 주목을 하셨고 개벽사상가로 볼 수 있게 됐는지 말씀을 좀 해주시면 도움이 될 거 같습니다.

김용옥 개벽사상을 깊게 공부하는 사람들이 볼 때 개벽사상가라고 규정할 정도의 래디컬한 세계관이 로런스한테 과연 있겠는가, 백선생님께서 좀 과하게 평가하시는 것은 아닌가, 그런 생각도 배제하기는 어렵단 말씀이죠.

백낙청 서양에도 주류 철학이나 유일신교 내지는 그 폐해에 휩쓸린 문학이나 예술의 전통이 있고요. 그러다가 자본주의 시대로 들어와 산업혁명을 거치면서, 블레이크가 산업혁명과 프랑스혁명 시대의 시인인데 개벽에 준하는 변혁이 있어야 된다는 생각을 했습니다. 로런스는 그후에 1차대전을 겪고 서양 문명으로는 도저히 해결이 안 되겠다 싶어서 전세계를 돌아다니죠. 로런스에 대해서는 제가 『서양의 개벽사상가 D. H. 로런스』(창비 2020)에서 굉장히 정성을 들여서 설명해놨으니까 그걸 읽어주시면 될 것 같고요.(웃음) 개벽사상이라는 개념 자체에 동의 안 하면 몰라도 로런스를 그렇게 부를 수 있겠다는

소설가/개벽사상가 로런스

로런스의 개벽사상이라는 것이 있다면 그것은 천지개벽이 된 이후의 세상이 다시 개벽하는, '선천개벽'과 구별되는 '후천개벽'의 사건에 해당할 것이다. 이는 19세기 중엽 이래 한반도에서 하나의 큰 흐름을 이룬 사상이자 운동이다. 동학의 창시자 수운 최제우가 '다시개벽'을 말한 이래로 천도교, 증산도, 원불교 등이 모두 '후천개벽'을 내걸게 되었다.

그런 의미로는 서양 전통에서 예수의 복음 선포가 일종의 후천개벽 선언이었다. 하느님이 천지를 창조하셨고 인간의 역사에서 이스라엘 민족을 택하시어 율법의 시대를 주도하게 했지만, 그것과 차원이 다른 새 시대를 열고 '새 하늘 새 땅'을 선포한 것이 예수인 것이다. 로런스 자신도 잉글랜드의 비국교도 가정 — 구체적으로는 영국의 청교도혁명을 이끌었던 올리버 크롬웰과 같은 종파인 회중파(會衆派, Congregationalists) — 출신으로 『성경』에 익숙했고 그 흔적을 그의 작품 도처에서 만날 수 있다. 일찍이 이사야가 예언했던 '새 하늘과 새 땅'은 로런스가 즐겨 쓰는 표현이기도 했다. 이는 신약성서 마지막의 「요한계시록」에서 특히 도드라지는 표현인데, 로런스는 소설 『무지개』(*The Rainbow*, 1915)가 판매금지와 압수 처분을 당하고 제1차 세계대전이 한창이던 암담한 세월에도 새세상의 도래에 대한 신념을 거듭 피력했다. 〔…〕

로런스의 '사상'을 말하려면 더 많은 검토가 필요하다. 하지만 그리스도교의 '하느님 나라'와 '새 하늘 새 땅'의 비전에 비할 때 — 이에 대한 신학적 해석이 물론 다양하지만 — 로런스가 생각하는 새세상은 세상 자체의 종말과 심판, 또는 영혼의 구원, 그리스도의 재림(再臨)과 그가 다스리는 천년왕국보다는 '후천개벽'으로 일컬어지는 문명의 대전환에 가깝다.

— 백낙청 『서양의 개벽사상가 D. H. 로런스』, 창비 2020, 18~19면

생각은 충분히 하실 것 같아요. 세월이 흐르면 이해할 독자들이 많아
질 거라고 믿습니다.

천지는 아는데 귀신을 모르는 서양 철학

백낙청 도올 선생이 서양의 주류 흐름에 맞서는 사상가들을 네명가
량 언급하신 걸로 기억합니다. 스피노자(B. Spinoza)에 대해서는 그
가 초월적인 유일신앙처럼 말도 안 되는 얘기는 안 하지만, 데까르뜨
이원론이나 스피노자 일원론이나 표리를 이루고 있다고 비판하셨더
라고요(1권 261면). 니체에 대해서는 1권 280면 이하에 길게 나오는데,
니체가 그야말로 서양의 가치관을 완전히 뒤집어놓겠다고 나온 사
람 아니에요? '모든 가치의 전도' 같은 표현도 쓰고요. 그렇지만 로
런스가 보기에는, 저도 동의하는데, 니체는 기독교의 틀을 제대로 벗
어나지 못한 사람이에요. 그 틀 안에서 뒤집었다는 것이죠. 화이트헤
드에 대해서는 도올이 노자 강의 마지막 편(「노자 101: 노자와 수운과 화
이트헤드가 하나다」, 유튜브 도올TV 2021. 4. 21)에 노자와 수운과 화이트헤
드를 같은 급으로 이야기하시는데 과연 그런가 조금 의아했어요.

김용옥 화이트헤드가 『과정과 실재』(*Process and Reality*, 1929)의 제일
마지막 장인 「신과 세계」에서 신에 대한 이야기를 하는데, 화이트헤
드 전공자들 사이에서도 구태여 신이라는 개념을 설정해서 당신의
체제를 설명할 필요가 있느냐 하는 비판이 많이 있습니다. 저도 거기
에 어느정도 동의하고요. 다시 말해서 화이트헤드의 사유는 과정이
라는 현상 그자체에 대한 일원론적 사유임에도 불구하고 항상 이원
론적인 설명 방식을 취한다는 것이죠. 현실적 계기와 영원적 객체의

| 화이트헤드와 그의 저서 『과정과 실재』 |

이원성, 그리고 세계와 신의 대립적 성격 속에 교묘하게 변형된 플라토니즘이 들어 있다는 비판도 불가능하지는 않습니다.

백낙청 저는 신이라는 개념을 도입하느냐 안 하느냐 하는 문제보다도, 「동경대전」을 보면서 어떤 대목이 화이트헤드한테도 딱 적용된다고 생각했느냐면 상제가 서양인들 얘기하면서 "지천지 이무지귀신(知天地 而无知鬼神)"이라고 합니다. 천지는 아는데 귀신을 모른다. 상식적으로 생각하면 납득이 안 되는 말이지요. 서양이야말로 야훼라는 최고의 귀신을 받들고 있고, 또 유령이나 악귀도 많으니까요. 그런데 이 말속의 귀신은 도올도 강조하듯이 무슨 실체가 아니잖아요. 화이트헤드는 저도 굉장히 존경하고 많이 배웠는데, 역시 천지는 알고 귀신은 모르는 분이 아닌가 하는 생각이 들었어요. 화이트헤드가 『이성의 기능』(*The Function of Reason*, 1929)이라는 책에서 우주에 두 가지 상반된 힘이 있다고 하는데, 물리적 우주는 쇠퇴해가고 있고 반면에 생물학적 진화를 추동하는 상향 흐름이 있다고 했지요. 하지만 그건 어디까지나 있는 천지, 유(有)의 세계에 머문 분석이지요. 말할 수 있는 도는 늘 그러한 도가 아니다(道可道非常道)라는 노자식 개념은 없는 것 같아요. 하이데거의 경우는 제가 도올 선생 글이나 강의에서 언급하신 걸 많이 보았지만 조금 헷갈리더라고요. 어떤 때는 하이데거가 '존재자'(Seiendes, 복수는 Seiende)와 'das Sein' 자체를 구별한 것을 굉장히 중시하는가 하면, 또 어떤 때는 하이데거 역시 '유치무쌍한' 서양 철학의 일부라고도 얘기하시는데 그에 대해 여쭤보고 싶어요.

김용옥 저는 화이트헤드라는 이름을 젊을 때 듣고 흠모한 나머지 『과정과 실재』를 사서 평생을 읽었는데 아직도 전모가 파악되지 않습니다. 완고한 사실(stubborn fact)을 말한다고 하면서 정말 난해한 언어를 중첩해 가거든요. 도대체 왜 그렇게 어렵게 문장을 쓰는지 잘 모르겠어요. 그러나 화이트헤드는 항상 읽을 때마다 계발성이 있어요. 뭐 하나를 건지게 되지요. 그러니까 저는 화이트헤드를 서양 사상가로서는 성인의 반열에 오른 아주 희귀한 사람이라고 생각합니다.

화이트헤드는 전통적 의미의 초월을 말하지 않아요. 그러니까 심성의 깊이가 엄청나요. 존재의 문제를 존재 밖에서 추구하지 않아요. 그러니까 성인이라 말할 수 있지요. 인품도 훌륭했던 것 같습니다. 화이트헤드의 저술 중에서는 『관념의 모험』(Adventures of Ideas, 1933)이야말로 가장 계발성이 높은 작품이 아닐까 생각합니다. 서양인들 중에는 내가 보는 방식으로 화이트헤드를 보지 못하고 있는 사람들도 많아요. 화이트헤드 본인은 동양 사상에 대한 깊은 이해가 없었습니다. 그의 저서 곳곳에 동양 사상을 좀 깔보는 언급이 많아요. 그러나 그의 사상의 핵심은 동방 사유의 전통 속에서 조망할 때 더 큰 가치가 드러난다고 말할 수 있어요. 그래서 앞으로도 해석의 여지가 많은 훌륭한 사상가로 저는 인지하고 있습니다.

백낙청 20세기 최대의 철학자 중 한분이죠. 그런데 기본적으로 유(有)도 아니고 무(無)도 아닌 그런 경지에 대한 사색을 추구했다기보다는 역시 서양 철학자답게 유의 세계를 깊이 탐구한 분 같아요. 아까 스피노자 얘기가 나왔지만 요즘 스피노자가 다시 유행하는 것도 서양철학에서 그 문제를 돌파 못해서 같아요. 유의 세계를 철저하게 파헤치는 게 서양철학의 미덕이라면 미덕이고 거기서 과학이 나오는 건데, 스피노자야말로 유의 세계에 집착해 그것만 가지고 씨름을 하지 노자 또는 동학에서 탐구한 경지를 아예 배제하고 있는 것 같거든요.

김용옥 선생님의 말씀은 깊게 새겨봐야 할 명언인 것 같습니다. 서양 사상이 아무리 일원론적인 현상의 과정을 강조하고 어떠한 실체적인 세계나 초월적인 세계를 거부한다 할지라도, 어디까지나 현상적인 유의 세계에 대한 논리적 성찰이라는 것이죠. 논리라는 것은 어디까지나 관념성의 테두리를 벗어나지 않아요. 노자나 우리 동학에서 보여지는 포괄적인 사유, 즉 언어논리를 뛰어넘는 화해론적인 사유를 결하고 있다는 것이죠.

수운의 지적 성장과정에 영향을 준 주자학만 해도 단순히 주리(主理)·주기(主氣)와 같은 단면적 규정성으로 접근할 수 없어요. 주자는 형이상학적 세계와 형이하학적 세계를 동일한 화해론적 장 속에서 보고 있어요. 기 속에 리가 있고, 리 속에 기가 있는 것이죠. 『주자어류(朱子語類)』에 존재하는 수많은 논리적 모순이 이런 화해론으로부터 우러나온 명제라는 것을 사람들이 너무도 몰라요. 인도유러피안의 주부-술부적 사유와 주어가 철저히 무화되는 동방인의 술부 중심의 세계관이 결합된 고도의 철학체계라는 것을 사람들이 너무도 인지하지 못해요.

수운은 유무상생(有無相生)의 노자적 세계관과 주자가 말하는 이기론적 세계관의 모든 가능성을 온전하게 구현한 사상가라고 저는 생각합니다. 앞으로 우리가 우리의 사상을 구성한다고 하면 서양 사상가들의 논리에 의존할 필요가 없어요. 또다시 그들의 굴레 속으로 들어가게 되니깐요.

백낙청 그런데 저는 서양 사상가 중에서 하이데거는 좀 다르다고 봐요.

박맹수 제가 조금 끼어들까요? 독자 입장에서 보면 지금 왜 두분이 화이트헤드와 하이데거로 격론을 벌일까 궁금할 것 같거든요. 저는 결론적으로 보면 동학이 이들을 뛰어넘고 있다는 말씀을 하시기 위해서라는 생각이 드는데, 그럼 동학에서 그걸 뛰어넘는 논리가 뭐냐 할 때 불연기연(不然其然, '그렇지 아니함'과 '그러함'을 연속적·상호 개방적으로 사유하는 동학의 인식 논리)으로 보고 계신지 하는 궁금증이 하나 있습니다. 동학이나 원불교가 뛰어넘은 부분에 대해 좀더 설명을 해주시면 좋겠습니다.

백낙청 하이데거 얘길 하면 더 풀리는 면이 있을 겁니다. 하이데거가 존재하는 것들인 존재자를 '자이엔데'(Seiende)라 하고 '자인 그 자체'(das Sein selbst)와 구별하는데 이걸 우리가 '존재'라고 번역하면 '존재'나 '존재자'나 다 존재하는 것으로 들려요. 저는 이 지점에서 하이데거가 다른 철학자와 결정적으로 구별된다고 봅니다. 기존의 서양 철학을 비판하는 니체도 '존재'(Sein)라는 개념은 모든 것에 다 적용되는 개념이니 아무 내용이 없는 공허한 것이라고 말합니다. 그런데 하이데거는 이 Sein이야말로 존재하는 실체가 아니면서도 모든 것에 다 걸린다고 하지요. 이 말을 서양 사람들이 도저히 이해를 못해요. 신을 부정하면서 결국 Sein이라는 이름으로 더 신비한 최고의 존재자를 다시 만들어내는 것 아닌가 의심하기도 해요. 그런데 노자나 동아시아 사상으로 풀면 훨씬 알기가 쉽거든요. '자인 그 자체'라

는 것은 노자가 도법자연(道法自然), 곧 도가 자연에 바탕한다고 할 때
의 자연, 그러니까 '스스로 그러함'의 의미예요. 도올 선생이 누누이
강조하듯이 이때 자연은 영어의 *nature*와 같은 실체가 아니라 '스스
로 그러하다'를 명사화한 표현일 뿐인데, '스스로 그러함'이 모든 존
재자에 해당하면서 그 자체는 실체가 아니라는 그 점을 서양 사람들
은 이해하기 힘들어합니다.

김용옥 '도법자연'이라는 노자적 사유의 궁극을 이해 못하면 하이데
거의 '자인'(Sein)도 이해할 수가 없을 것 같습니다. 결국 이전의 어
떠한 서양의 사상가도 그걸 이해하는 차원에는 미치지 못했어요. 모
든 존재자의 '있음'은 아주 평범한 형이하자인 동시에 가장 심오한
형이상자라는 사실, 그 사실은 '스스로 그러하다'는 것, '스스로 그러
함'은 무칭지언(無稱之言, 말이 사라지는 말)이며 궁극지사(窮極之辭, 한계가
사라지는, 언어의 궁극에 달한 언어)라는 것, 이러한 포괄적 이해에 도달하
지 못했어요.

결국 관념의 폭력에 플라톤으로부터 화이트헤드까지 다 시달리고
있는 것이죠. 동학, 즉 우리 사상의 심오함을 파악해야 할 필요가 있
어요. 가장 큰 원인은 기독교가 서양인들과 서양을 흠모하는 모든 한
국인들에게 너무나 뼛속 깊이 구조적으로 이원적인 사유를 집어넣
어놨기 때문에 아무리 거기서 헤어나려 해도 안 되는 겁니다. 현재
우리 한국어 자체가 서양 언어화되어 토착적 사유를 상실시키고 있
는 것이죠.

백낙청 이해를 돕는 차원에서 제가 다른 식으로 풀어볼게요. 도올 책
에서 힌트를 받은 건데, 인도유럽어족의 언어에는 주부와 술부라는
게 명확하잖아요. 그러다보면 진리를 무엇이냐 아니냐, 맞냐 틀리냐
하는 명제상의 진위 문제로 한정하게 되고 실재하는 신에 대한 신앙,

그리고 이원론적 철학 등과 다 연관됩니다. 불교도 원래는 인도에서 나와서 인도유럽언어를 사용했지만, 도올 선생이 불교에서는 주부라는 걸 아예 해체해버렸다고 주장하셨잖아요(1권 291면). 주부를 이루는 명사가 연기(緣起)작용에 따른 허상이지 독자적인 실체성이 없는 거 아니에요? 인도유럽어족의 언어가 갖고 있는 철학적인 문제점을 주부를 해체하는 방식으로 처리한 거죠. 그런데 하이데거는 또 방식이 달라요. 하이데거는 온갖 술부 중에서 *be* 동사라는 술어의 독특성에 주목합니다. 우리한테는 없는 동사인데, 사실 영어의 *be* 동사, 독일어의 *sein* 동사는 '~이다'라는 뜻과 '있다'라는 뜻이 뒤섞여 있고 보어가 붙지 않으면 '~이다'는 아무런 내용도 없거든요. 그런데 하이데거는 *be* 동사가 갖는 그 특이성을 존재자나 실체가 아니고 그렇다고 니체가 말하는 것처럼 공허한 개념도 아닌 '스스로 그러함'과 같은 뜻으로 해석했다고 할 수 있습니다. 그 점은 노자와 통하지요. 다만 불교하고도 다르고 노자하고도 구별되는 하이데거의 특이함은 '스스로 그러함'도 역사성을 띤다고 본 것이에요. *be*라는 술부의 실제 의미가 역사적으로 달라진다고 하는 것이 원불교나 수운 선생이 말하는 시운(時運)에 대한 인식하고 통하는 면인 것 같습니다.

근대주의와 근대성

백낙청 「조선사상사 대관」 첫머리에 중대하게 제시하신 문제가 근대와 근대성입니다. 그것은 서양의 근대주의와도 관련이 있지만, 한국에서도 그러한 근대주의가 주류를 이루고 있습니다. 그전에 동학이 그것과는 다른 길을 제시했고, 그러면서도 위정척사 같은 완고한 입장과는 다른 길을 제시했습니다. 그런데 그 길이 일단 사라진 게 동학농민혁명의 패배죠. 그 결과로 개화파, 척사파의 양자 구도만 남다 보니까, 척사파에 훌륭한 분이 많았지만 그야말로 시운에 비추어서 게임이 안 되잖아요. 나라가 망하고 나니 척사파는 거의 근거를 잃고 그후로는 개화파도 대다수가 근대주의 일변도가 된 것 같아요, 우리 사회가. 다만 제 생각에 근대라는 개념 자체가 필요 없다고 말씀하시는 건 조금 지나치지 않나 합니다. 소위 5단계 역사발전론이라든가 '근대성'을 둘러싼 관념적 논의와 별도로 근대라는 역사적인 실체는, 서양에서 먼저 자본주의가 발달되면서 지금 전세계를 휩쓸고 있는 현실이 되었습니다. 지금 우리가 닥쳐서 살고 있는 그런 근대의 존재는 인정을 하고, 이걸 우리가 어떻게 대응하고 넘어설 것인가에 초점을 맞춰야 되지 않을까요.

김용옥 불교식으로 말하면, 하나의 언어적 방편으로서의 '근대'라는 것은 어떻게 설정을 해도 무방합니다. 그런데 근대적 인간이 뭐고, 근대적 제도가 뭐고, 근대적으로 우리가 산다는 게 뭐냐 하는 문제로 들어가면, 필연적으로 그것은 서양의 이성주의와 관련이 됩니다. 이성주의의 '이성'이라고 하는 것은 데까르뜨 이래로 죽 내려오는 과학 이성이고, 양화(量化)된 이성이고, 도구화된 이성입니다. 그리고 그것의 현실태는 우리 삶을 지배하는 자본주의 구조라는 말이죠.

그러니까 근대성을 아무리 다른 방식으로 이야기한다 해도 그 말을 하는 동시에 서양적 논리가 우위를 점해버립니다. 그렇게 되면 우리는 근대성 논의에 있어서 항상 방어를 해야 하고, 서구적 근대의 기준에 의하여 우리 역사의 반성을 촉구하게 되고, 그래서 '전근대'니 하는 우리 자생적 역사에 대한 비하도 생겨나게 됩니다. 근대라는 말이 사실은 알고 보면 너무나 저열하고, 우리에게는 한 맺힌 언어에

과연 동학이 우리민족 근대성의 출발인가?

세간의 정론은 동학을 명실공한 조선역사 근대성(Modernity)의 기점으로 꼽는다. 실학은 근대성의 맹아일 수는 있으되 왕정의 체제에 대한 근원적 부정을 포함하고 있지는 않다는 것이다. 동학운동을 바스티유 감옥을 무너뜨린 불란서혁명에 비유할 수는 없다. 민(民)의 주체성을 인정하는 왕권의 굴복이나, 인간의 자유와 평등, 그리고 재산권과 저항권을 보장하는 「인간과 시민의 권리들에 대한 선언」(the Declaration of the Rights of Man and of the Citizen, 1879년 8월 26일)과도 같은 어떤 제도적 장치를 획득해낸 사건은 아니기 때문이다.

그러나 우리가 갑오동학민중항쟁(1894)을 동학혁명이라고 부르는 이유는, 비록 그것이 정치사적으로는 좌절로 끝나고 만 사건이긴 하지만, 그 내면의 제도개혁과 인간개벽에 대한 요구의 본질은 불란서혁명이나 미국독립전쟁이 구현하려고 했던 정신적 가치를 뛰어넘는 것일 뿐 아니라, 그 제도개혁을 가능케 만드는 포괄적 세계관, 그리고 왕정의 축을 민주의 축으로 전환시키는 새로운 인간관을 체계적으로 제시했기 때문이었다. 그 자체로는 좌절로 끝나버린 정치적 사건이었다고는 하지만, 그것은 진실로 향후의 모든 혁명을 주도하는 단초를 제시한 사건이었다. 좌절 그 자체가 완성의 과제를 남겨준 혁명이었다.

다시 말해서 동학의 좌절은 완성되어야 할 혁명의 시작이었던 것이다. 동학의 선포로부터 2002년 대선, 그리고 2016~17년 촛불집회의 "혁명적 전복an overturning of the social order"에 이르는 1세기반의 조선의 역사야말로 개화(開化)라는 상투적 말로써 규정되어야 할 역사가 아니라, 세계사의 유니크한 실험무대로서의 근대적 혁명의 가장 온전한 점진적 과정으로서 이해되어야 하는 것이다.

> 그러나 이때 우리는 매우 곤혹스러운 문제에 봉착한다. 과연 우리는 동학의 출현을 어떠한 근거 위에서 근대성의 기점으로서 자리매김할 수 있을 것인가? 과연 동학이 우리민족의 근대성의 출발인가? 이때 우리는 반드시 근대성 그 자체에 대한 질문을 던져야 한다. 근대성이란 근대적 인간(Modern Man)을 규정하는 어떤 추상적 속성이다. 우리는 근대성을 구현한 인간, 즉 근대적 인간이 만들어가는 역사를 근대(Modern Age)라고 부르는 것이다.
>
> — 김용옥 「조선사상사대관」, 『동경대전1』, 통나무 2020, 248~49면

요. 이놈의 근대라는 걸 폭파시켜버리지 않는 한 우리 조선 대륙의 고조선으로부터 내려오는, 우리 고유의 사유가 살아날 수가 없다, 이게 제가 20대부터 아주 뼈저리게 투쟁했던 문제입니다. 백낙청 선생님의 말씀이 일단 서양의 근대를 방편적으로 인정하고 그것을 극복할 수 있는 길을 모색해보자라는 것을 의미한다면 저는 단호히 거부하겠습니다. 극복의 대상으로서 실체화하는 동시에 이미 우리는 서양의 술부가 되고 맙니다.

박맹수 어떻게 보면 한국사의 근 백년간의 병폐를 도올 선생님이 『독기학설』(통나무 1990)로 격파하셨습니다. 해방 이후 한국사학의 과제는 식민사학의 극복이었죠. 그 핵심적 내용은 우리에게 자본주의 맹아가 있었느냐 하는 문제였습니다. 그 맹아가 실학파에서 나왔다고 보고 개화파와 실학파의 연관성을 추구하는 연구들이 많았는데, 결국은 그게 서구적 틀이었습니다. 서구적 틀도 제대로 받아들인 게 아니라 일본을 통해서 굴절되고 잘못된 근대주의를 받아들인 것이고, 이를 통해 우리가 1960년대에 민족주의 사학을 연구하면서 불필요

한 실학논쟁도 일어나고 했습니다. 이제는 외재적 잣대로 우리 국학이나 한국학을 하는 시대는 끝났고, 내재적이고 자생적이며 주체적인 잣대를 통해서 어떻게 보면 격파된 새로운 근대를 추구해야 한달까요.

백낙청 그런데 우리가 근대주의를 제대로 격파 못하는 중요한 이유는 근대를 이야기할 때 우리말의 '근대'를 중심으로 생각하지 않고 서양의 모더니티(modernity)라는 용어를 표준으로 삼고 얘길 하기 때문인 것 같아요. 서양 언어가 우리보다 나은 점도 있고 못한 점도 있지만 이 지점에 서는 굉장히 저개발된 언어입니다. 우리말에는 근대가 있고 근대성이 있고, 근대와 현대가 다릅니다. 그런데 서양에서는 모더니티라는 말 속에 근대, 현대, 근대성, 현대성 다 들어 있어요. 그래서 그 개념을 가지고 이야기하다보면 헷갈리기 마련이고요. 자본주의가 만든 이 세상을 근대라고 규정하면 이 근대를 어떻게 할지는 그야말로 우리가 죽고 사는 문제인데 서양의 모더니티라는 개념을 가지고 어떤 때는 현대 얘기했다가 어떤 때는 근대 얘기했다가 또 어떤 때는 근대성 얘기했다가 하면서 핵심에 다다르지 못하고 소모적인 논의만 한단 말이에요. 게다가 우리가 본받아야 할 '근대성'은 무엇인지로 이야기가 되면 도올 선생 말씀대로 서양 따라가는 길밖에 안 된단 말이죠. 반면에 모더니티를 '현대성'으로 이해하면 오늘을 사는 인간이 오늘에 충실하다는 의미로 '현대적'이어야 한다는 게 당연하기도 하고요. 그런데 서양을 안 따라가는 건 좋지만, 서양에서 발생한 자본주의가 지금 전지구를 지배하고 있고 이게 거의 빼도 박도 못할 우리 현실이라는 데서 출발하지 않고 자꾸 멋있는 얘기만 해서는 안 되지 않겠나. 근대라는 건 지금 전지구를 거의 전일적으로 지배하고 있는 자본주의체제라고 봅니다. 그러나 전근대 내지 근대 이전은 나라마다 다 다릅니다. 동아시아의 전근대가 다르고 서구의 전근대가 다르며, 미국에 전근대가 있다면 그건 원주민 사회지요. 그러니까 각 나라의 전근대를 획일화하는 것은 거부해야 하지만, 자본주의에 의해 이미 상당부분 획일화되어 있는 근대라는 현실에서 논의가 출발해야 하지 않느냐는 얘기예요.

김용옥 우리의 삶 속에 이미 근대라는 개념이 들어와 있으니, '근대'라는 용어를 놓고 정밀하게 그 외연과 내연을 논의하자는 데는 수긍할 수 있습니다. 그러나 백선생님이 말씀하신 하이데거의 존재론으로 예를 들면, 하이데거가 존재자로서의 세계 인식을 비판하는 가장 원천적인 측면이 그의 테크놀로지 논의하고 물립니다. 소위 과학 이성, 그리고 과학기술이 가져온 인류 문명의 변화와 구조 속에서 '자이엔데'적인 모든 것이 도구화·개별화·실체화되어 논의되는데, 그것은 근원적으로 존재의 왜곡이라는 거죠. 그러니까 '존재'라는 시각에서는, 사실 근대라는 개념 자체가 사라지는 거예요.

무엇 때문에 우리가 구태여 '근대'니 '전근대'니 '포스트모던'이니 하는 따위의 소모적인 개념 논쟁을 하고 있느냐? 이거예요. 우리 삶의 양식의 통시적 변화가 있을 뿐, 그것을 어떤 개념 속에 끼워 넣을 필요가 있느냐는 것이죠. '근대'라는 개념 자체가 가치론적 강압성을 가지고 있어 정의로운 논의가 불가능합니다. 민주의 이상은 있을 수 있으나 근대라는 이상은 있을 수 없습니다. 암암리 근대와 자본주의를 등식화하시는데 근대는 근대고 자본주의는 자본주의입니다. 우리는 자본주의를 근대성이라는 개념이 없이도 본능적으로 다 구현해냈습니다. 자본주의는 인간의 욕망을 파고드는 사악한 죄악입니다. 왜 자본주의가 있는 곳에 근대의 승리가 있어야만 한다고 생각하십니까? 이미 근대는 사악한 것으로 판명이 났습니다. 근대는 너무

조작적입니다. 존재 그 자체로 돌아가야 합니다. 우리는 시간에 대한 개념적 폭력을 거부해야 합니다.

백낙청 하이데거를 열심히 읽는다든가 동학 공부만 열심히 한다고 해서 자본주의라는 현실이 사라지지 않거든요. 그래서 저는 근대에 한편으로는 적응하면서 근대를 극복해나가는 이중과제, 그 두개의 동시적인 과제라는 접근법을 주장해왔는데요. 어쨌든 하이데거의 '기술시대'론에 대해서도 저는 해석이 좀 다릅니다. 하이데거가 근대기술의 폭력에 대해선 굉장히 신랄하지만 기술도 진리를 드러내고 존재를 드러내는 하나의 방편이라고 봐요. 그런데 바로 그 점을 망각하게 만드는 게 근대기술 특유의 위력이고 폭력이라는 겁니다. 그러니까 그러한 사유 능력을 회복하는 게 중요한 거고요. 그래서 근대세계가 배제하는 사유와 지혜를 훨씬 먼저 더욱 선명하게 얘기한 노자한테서 배우고 우리 전통에서는 수운한테 배워야지요. 그리고 원불교의 개벽사상에서도 배우면서 극복해나가야 합니다. 아무리 개판 세상이라도 여기서 살아남아 그걸 극복하는 작업을 해야죠. 실제로 도올 말씀대로 사람들이 다 적응하면서 극복하는 삶을 살고 있지만, 그런 의식을 분명히 가지고 하는 사람은 참 드물어요.

김용옥 이중과제를 전제로 하지 않고도 우리 역사의 과제 상황을 통찰할 수 있는 길은 얼마든지 있지 않겠습니까?

수운과 원불교의 창시자 소태산

백낙청 지금까지 우리가 동학 얘길 많이 했고 또 더 할 겁니다만, 동학을 계승하는 종교들이 있잖아요. 천도교는 직접적으로 종통을 이어받은 교단이고, 원불교는 직접적인 계승관계는 아니지만 소태산(少太山) 박중빈(朴重彬) 대종사의 언행록인 「대종경(大宗經)」을 보면 수운 선생의 뒤를 이었다는 의식이 분명히 있어요. 이제 원불교 이야기를 해볼까 해요. 이건 학산님에 대한 배려이기도 합니다. 학산이 원광대 총장인데다가 원불교 교무인데 밖에 나가서 동학만 잔뜩 띄우고 돌아왔다고 하면 교단 내에서 정치생명이 좀 위태롭지 않겠어요?(웃음) 그래서 내가 과제를 하나 드리겠는데, 원불교와 동학의 상통점과 차이점을 좀 간략하게 요약해주시면 어떨까요.

박맹수 동학과 원불교의 차이는 교조인 수운 선생과 소태산 선생을 중심으로 비교해볼 필요가 있습니다. 수운 선생은 부친 근암공을 통해 전수된 가학(家學)·퇴계학(退溪學)적 전통이 아주 탁월하시죠. 그 퇴계학적 계보에 대해서는 도올 선생님께서 『도올심득 동경대전』(이 책의 내용은 모두 신간 『동경대전』 1권에 실렸음—편집자)에서 아주 명쾌하게 정리하시기도 했습니다. 어떻게 보면 학문적 기반이 소태산에 비하면 상당히 탄탄하셨죠. 그런데 2대 교조인 해월(海月) 최시형(崔時亨) 선생은 좀더 평민에 가깝고 큰 학문적 기반은 없는 편입니다. 반면에 원불교의 경우 소태산 선생은 농민의 아들이죠. 아버지가 빈농이었고, 깨달음을 이루기 전의 학문적 기반은 서당에 2~3년 다닌 정도입니다. 그걸 보강한다고 할까요, 2대 정산(鼎山) 송규(宋奎) 종법사가 흥미롭게도 퇴계학을 계승했습니다. 이렇게 보면 퇴계학이 동학으로도 원불교로도 이어진다는 것이 매우 흥미로운데, 아무튼 이렇게 교조의 학문적 기반에서는 차이를 볼 수 있습니다. 그리고 동학은 동(東)에서 서(西)로, 경주에서 발상이 되어 호남에서 혁명으로 이어졌습니다. 원불교는 반대로 호남에서 시작해 퍼져가는 지역적 기반의 차이도 있어요. 또 하나 시대상황을 놓고 보면 수운 선생은 아직 조선왕

| 소태산 박중빈 |

조가 명맥은 유지하며 희망이 있는 시대를 사셨다면, 소태산은 우리 민족사에서 가장 큰 절망의 시대를 사셨습니다. 제 표현으로는 태극기가 마음대로 휘날리는 날 한번을 못 보고 돌아가셨다, 그런 차이가 있습니다.

공통점은 제가 쓰는 말로 '개벽파'라는 것이죠. 동학부터 증산교·대종교·원불교 등 땅적인 것, 민중적인 것에서부터 새로운 세계를 열려고 했던 개벽파라는 전통을 볼 수 있습니다. 공통적으로 개벽사상을 강조하고 있고요. 또 흥미로운 것은 여성평등사상입니다. 이미 동학에서 수운 선생이 두 노비 중 한 사람은 수양딸, 한 사람은 며느리 삼은 전통이 있습니다. 또한 2대 교조 해월 선생이 1889년에 내칙(內則)·내수도문(內修道文)을 선포해서 여성들 가운데 도통한 수도자가 많이 나올 거라고 했고요. 원불교도 정식 출범하기 전에 남녀권리동일을 선언했고, 초기부터 최고의결기구에 남녀 동수가 참여하게 했습니다. 이렇듯 한국적 양성평등사상이 공통되게 일관됐다고 보입니다. 세번째는 제가 제일 좋아하는 측면인데요, 동학과 원불교는 모두 아래로부터의 사상이죠. 아래로부터의 운동, 도올 선생님이 말씀하신 그 민적인 것, 땅적인 것. 아마 이게 조선 후기, 일제강점기에 나타난 우리 한반도 역사의 터닝포인트가 아닌가 싶습니다. 역사에서 객체로 취급되어왔던 민초들이 역사의 주체로 자각하면서 깨어나기 시작한 것이 동학에서 원불교로 일관된다는 것이죠. 그리고 사상적 기반을 놓고 보면, 보통 유불선 삼교합일사상이 바탕에 깔려 있다고 얘기되죠. 종교학적·철학적 접근에서 전통의 계승과 극복의 바탕에 유불선 삼교합일사상이 있다고 합니다. 여기에 하나를 더하자면 서양 문명에 대한 수용과 이해가 동학과 원불교에서 공통되게 보입니다. 마지막으로 제가 꼽는 공통점으로서는 개벽의 기점과 출발을 조선 땅, 한반도에서부터 시작했고 그것을 강조한다는 점입니다. 역사학에서는 동학을 초기적 내셔널리즘의 원형이라고도 하는데, 수운 선생이 「용담유사(龍潭諭詞)」('龍潭諭詞'의 한자 표기에 관해서는 『동경대전』 1권 424~25면 참조―편집자)에서 "아국운수(我國運數) 먼저 한다"라는 말씀을 명확하게 밝히고 있습니다. 소태산 선생의 경우는 일제강점기 엄혹한 시절에 "금강이 현세계하니(金剛現世界) 조선이 갱조선한다(朝鮮更朝鮮)"고 했어요. 비록 식민지 지배하에 있지만 조선이 어변성룡(魚變成龍)이 되어간다는 표현, 이를 통해 한반도 땅을 토대로 해서 개벽을 추구하려고 했던 공통점이 있지 않나 생각합니다.

김용옥 역시 수운과 소태산의 가장 큰 차이점은 이 두 사람이 산 시대가 부과하는 문제의식의 차이와 상통한다고 봐요. 수운의 대각(大覺)은 1860년의 사건이었고 박중빈의 대각은 1916년의 사건이었으니까 56년의 시차가 있습니다. 수운은 왕조체제의 붕괴를 리얼하게 감지

| 정관평 방언공사 | 1918년 소태산 대종사와 제자들은 영광군 백수읍 길룡리 소재의 갯벌을 개간해 농토로 바꾸는 공사를 했다.

하면서 보편적인 보국안민(輔國安民)의 테제를 구상해야만 했으나 박중빈은 그러한 긴박한 정치사적 과제보다는, 이미 무너진 국가의 폐허 속에서 어떻게 살아나갈 것인가, 궁극적으로 삶의 진리가 무엇인가 하는 문제에 깊은 관심이 있었습니다. 그러니까 수운은 민족 전체의 운명을 대상으로 하는 혁명적 사상가였다면, 소태산은 작은 규모에서 출발하는 로컬한 공동체운동가였습니다. 사상적으로 보면 창조적 사유에 있어서는 수운이 더 치열하다고 볼 수 있습니다. 수운에게는 서학과의 대결이 있으나 소태산은 그런 대결이 없습니다. 소태산에게는 만유(萬有)를 한 체성(體性)으로, 만법(萬法)을 한 근원으로 보는 포용성이 두드러집니다.

그러나 소태산의 위대성은, 수운이 이론 정립의 생애 3년의 격렬한 체험을 우리 민족에게 남기고 순도한 것과는 달리, 작은 깨달음이지만 그걸 실제로 공동체운동으로 구현시키고, 인간세를 개혁하는 구체적 모델로 제시했다는 데 있습니다. 양자는 지향점이 달랐어요. 소태산의 정관평(貞觀坪, 영광군 백수읍 길룡리 소재의 갯벌을 개간한 땅. 1918년 1차 방언공사) 공사만 해도 당시로서는 유례를 보기 힘든 매우 획기적인 사업이었습니다. 일원상의 진리를 구체적으로 땅 위에 펼친 것이죠.

여성문제만 해도 소태산은 수운의 비전을 더 래디컬하게, 더 구체적으로 구현했습니다. 수운은 대각 후 여자 몸종 두명을 해방시키고 하나는 수양딸로 삼고 하나는 며느리로 삼았습니다. 소태산은 교역자로서 여성의 위상을 온전한 인간으로서 높여놓았습니다. 원불교의 역사는 실제로 이 정녀님들의 헌신적 노력으로 이루어진 것이죠. 원로 정녀님들의 말씀을 들어보면, 그토록 여성을 천대하던 시절에 제복 입고, 교육받고, 깨끗하게 절도있는 생활을 할 수 있었던 그 모든 것이 감격이었다고 해요.

결론적으로 원불교의 모습은 토착적 소박미에 있는데, 현재 원불교는 그 소박한 아름다움을 잃어버리는 방향에서 관념적인 장대함이나 권위주의적 허세를 과시하는 측면이 너무 강해요.

백낙청 반론권을 보장합니다.(웃음)

박맹수 소태산은 1891년에 태어나서 1943년 53세에 돌아가셨는데 28년간 공적 생애를 살죠. 대각을 한 1916년이 공적 생애의 기점인데, 그전의 삶에 대해서는 도올 선생님의 견해에 전적으로 공감합니다. 대각 이전에는 사회적 경험이나 학문적 경험 같은 기반이 거의 없었죠. 그런데 매우 흥미로운 것은 대각 이후의 사상적인 섭렵이라든지 사회활동, 시국관이나 법설 등을 분석해보면 그것은 수운이 못 따라온다, 저희는 그렇게 봅니다. 그건 「대종경」이라는 법설로 나와 있으니 대각 이후의 삶을 다시 볼 필요가 있다는 말씀을 드립니다.

백낙청 저는 학산 말씀 중에 일부는 동의하고 일부는 동의 안 합니다. 대각 이전에도요, 그의 경험이 그렇게 소박한 것만이 아니고 어떤 면에선 수운하고 굉장히 비슷해요. 수운이 주유팔로(周遊八路)로 10년간 행상 길을 돌아다닌 것보다 기간은 짧을지 몰라도 소태산 또한 구도를 위해 돌아다니거든요. 정확한 행선지가 알려져 있지 않지만, 그 시절이 그야말로 식민지 시기이고 또 갑오농민혁명이 실패하면서 특히 전라도 땅에서 무수히 사람이 죽었잖아요. 그 땅을 중심으로 여러해를 다녔으면 수운이 장사하면서 밑바닥 삶을 파악한 것하고 닮은 면이 있다고 봅니다. 그래서 학산은 대각 전에는 소박한 삶을 살았다고 인정하셨는데 나는 그렇지 않을 거다, 몇년 사이지만 볼 것 다 보고 겪을 것 다 겪었을 거라고 생각합니다. 김형수(金炯洙) 작가가 쓴 『소태산 평전』(문학동네 2016)에 그 시절의 일부가 매우 실감나게 그려져 있기도 하지요. 대각 이후의 법설이 얼마나 뛰어나냐 하는 건 우리가 따로 검토할 문제인데요. 「동경대전」을 보면 수운이 자신한테 배우겠다고 몰려온 제자들을 가르치니까, 사람마다 글씨는 왕희지같이 쓰고 시를 한번 지었다 하면 아주 뛰어났다는 얘기가 나옵니다. 사람이 도를 깨치면 비록 학문이 짧은 사람이라도 확 달라지는 게 있다고 봐요. 소태산도 느닷없이 달라진 게 아니고 대각을 함으로써 한마디 들으면 열마디를 알게 되고, 「금강경」「동경대전」 등 여러 종교의 경전을 죽 섭렵을 하잖아요. 주막집에 앉아 있는데 선비들이 벌이고 있는 쟁론을 저절로 다 알아듣겠더라 그런 얘기도 나오고요. 해탈한 사람은 우리가 좀 다르게 봐야 하지 않나 싶어요.

물질개벽과 정신개벽

백낙청 사실 원불교 안에서 지금 이 자리에 나와 계신 박교무님이나 소수를 빼면 동학 공부를 안 하고 동학을 몰라요. 『원불교 전서』(원불교 교서들을 아우른 종합 경전)에는 '불조요경'이라 해서 원불교 경전에 버금가는 것으로 보는 불경이나 조사(祖師)들의 글을 모아놓은 것들이 있어요. 저는 「동경대전」도 『전서』에 들어가야 한다고 봐요. 원불교의 개교표어가 '물질이 개벽되니 정신을 개벽하자'는 것 아닙니까. 저는 이것이 수운의 다시개벽과 이어진다고 봅니다. 물론 소태산은 대각하고 나서 자신이 깨달은 내용과 과정을 보니 석가모니 부처님이 밟으신 길을 따라간 것 같다, 불법을 주체 삼아서 새 회상을 만들겠다고 했지만, 그뒤 내놓은 개교표어는 불교적인 표어가 아니거든요. 물질이 개벽되니 정신을 개벽하자는 것은 다시개벽사상을 이어받은 것이고, 「정전(正典)」의 첫 단어가 '현하(現下)'예요. 그게 과거의 불교하고 다른 점이죠. 수운이 시국을 바라보면서 공부하고 깨쳤듯이 소태산도 시국에 대한 반응으로 개교를 한 겁니다.

김용옥 저는 원불교 사람들을 향해 개교표어의 문제점을 지적해왔습니다. 개교표어에 우선 물질과 정신의 이원론적 분열이 전제된다면 이것은 원불교의 일원상 진리에 위배된다는 거죠. 왜냐면 물질이 개벽되었으니 정신도 개벽하자는 건 물질 세상, 즉 기차나 자동차나 공장이 들어서며 우리의 물질적 환경이 변해가고 있는데 이런 변화에 발맞추어 정신도 개벽해야 한다는 의미로 해석될 수밖에 없거든요. 결국은 물질개벽을 당연한 선진(先進)으로 놓아두고 정신이 따라가자는 얘기가 되는데 이렇게 되면 개교의 동기를 말하는 논의 자체가 불균형의 편협한 논의가 되고 말아요.

사실 소태산의 대각 시기, 즉 일제강점 초기의 상황으로부터 지금에 이르기까지 물질은 개벽되지 않았습니다. 다시 말해서 바람직한 방향으로 물질환경의 변화가 일어나지 않았습니다. 세인들이 말하는 물질개벽은 인간을 억압하는 병적인 변화입니다. 20세기로부터 우리가 진짜 개벽해야 하는 것은 물질이었습니다. 물질과 분리된 정신의 개벽은 더더욱 아닙니다.

이러한 개벽은 일종의 유치한 개화기 콤플렉스에 지나지 않는 것이죠. 개화기 때 밀려드는 물질적 변화에 대해서 우리도 빨리빨리 정신개벽을 이룩해서 선진국가가 되자 하는 식의 따라잡기 표어가 된 것이죠. 그렇게 해서 원불교는 결국 물질개벽은 과학이나 사회체제에 주어버리고 자신들은 앉아서 마음공부만 한다는 식의 고립된 자기합리화를 일삼게 되었습니다. 그래서 원불교는 물질개벽의 선두에서 외치는 사회참여가 부족하게 되었고, 또한 역사에 뒤처지는 종교가 됐습니다. 기독교는 매우 유치한 정신적 교리를 가지고 있음에도 불구하고 물질개벽에 앞장섰기 때문에 인류의 선진종교가 된 것입니다.

백낙청 원불교 교단의 현재 문제점에 대해 많은 부분을 정확하게 지적해주신 듯한데, 표어 자체는 저는 달리 해석하거든요. 첫째는 정신개벽이라는 건 석가모니 때부터 죽 하던 깨달음의 공부지만 소태산은 물질개벽이 되니 그걸 뒤따라가자는 게 아니고, 물질이 개벽되면서 잘못하면 우리 다 망하게 됐으니까 그에 상응하는 정신개벽을 하자고 한 것이에요. 그런 점에서 수운 선생의 다시개벽하고 통한다고 말하는 거고요. 그런데 아마 원불교 안에서도 물질과 정신의 이분법으로 해석하는 분들이 많을 거예요. 그게 바로 도올이 개탄하신 20세기의 근대적 개념에 오염된 용법인데 소태산은 그렇지가 않죠. 정신이라는 게 물질에 반대되는 '정신적' 실체가 아니에요. 정신을 정의한 내용이 「정전」의 교의편(教義編) 삼학(三學) 1절에 나오는데 "정신이라 함은 마음이 두렷하고 고요하여 분별성과 주착심이 없는 경지"라고 하잖아요. 이때 정신은 실체가 아닌 어떤 '경지'예요. 그런 정신은 서양에 없는 개념입니다. 정신 대 물질이라는 서구식 이분법으로 말한다면 서양의 자본주의 사회라든가 과학문명 또한 엄청난 정신적인 작업을 수반하는 문명이지, 그게 무슨 잘 먹고 잘살고 편하게만 살기 위한 게 아니잖아요? 얘기 나온 김에, 제가 『문명의 대전환과 후천개벽』(모시는사람들 2016)에서도 쓴 표현입니다만 다시개벽을 후천개벽이라 부르는 것은 도올 선생이 여러번 질타하셨어요. 나는 도올이 선천·후천의 도식화를 비판하는 것이 중요하지, 도식화를 하지 않는다면, 말이야 후천개벽으로 하든 다시개벽으로 하든 문제는 안 될 것 같고요.

수운의 개벽사상엔 선천·후천 개념이 이미 들어 있지 않나요. 상제가 수운을 만나 '개벽 후 5만년에 나 또한 공이 없었는데 이제 너를 만났으니……'라는 식으로 말씀하시거든요(「용담유사」 '용담가'). 그게 이전 시대가 아무것도 아니라는 뜻은 아니지만, 지금의 시점에서 상제님이 볼 때 내가 아직 제대로 이뤄놓은 게 없고 너를 만나서 비로소 처음으로 하게 됐다는 의미죠. 이미 여기서 선천·후천이 갈리는 겁니다. 물론 선천·후천이 두부 자르듯이 잘려서 어느 시점이 지나면 선천이 저절로 후천이 된다고 보는 것은 배격해야 하는데, 수운이 그렇게 생각하지 않은 것은 물론이고 해월의 법설을 보면 선천·후천, 심지어 선천개벽·후천개벽 얘기가 다 나와요.

김용옥 도식적·단계적 획일주의에 기초하여 역사 변화의 결정론을 주장하지 않는 한 언어적 방편은 다 용납될 수 있습니다. 그러나 후

수운 사상에 내재된 선천·후천 개념

한울님 하신 말씀 개벽 후 오만년에
네가 또한 첨이로다 나도 또한 개벽 이후
노이무공(勞而無功) 하다가서 너를 만나 성공하니
나도 성공 너도 득의(得意) 너희 집안 운수로다

— 수운 최제우 「용담가」 일부, 『용담유사』

해월 사상에 나타난 선천·후천 개념

8. 선천이 후천을 낳았으니 선천운이 후천운을 낳은 것이라, 운의 변천과 도의 변천은 같은 때에 나타나는 것이니라. 그러므로 운인즉 천황씨가 새로 시작되는 운이요, 도인즉 천지가 개벽하여 일월이 처음으로 밝는 도요, 일인즉 금불문 고불문의 일이요, 법인즉 금불비 고불비의 법이니라.

16. 이 세상의 운수는 개벽의 운수라. 천지도 편안치 못하고, 산천초목도 편안치 못하고, 강물의 고기도 편안치 못하고, 나는 새·기는 짐승도 다 편안치 못하리니, 유독 사람만이 따스하게 입고 배부르게 먹으며 편안하게 도를 구하겠는가. 선천과 후천의 운이 서로 엇갈리어 이치와 기운이 서로 싸우는지라, 만물이 다 싸우니 어찌 사람의 싸움이 없겠는가.

— 해월 최시형 「개벽운수」 일부, 『해월신사법설』

대의 선천·후천 논의에 의하여 그러한 개념적 장치가 없었던 수운과 해월의 사상마저 그러한 도식 속으로 끌어들이는 것은 잘못된 것입니다. 해월의 설법에 나오는 선천·후천은 맥락이 좀 다르게 쓰였습니다. 그리고 대부분 20세기의 종교적 논의에 의하여 각색되었습니다. 해월의 위대함은 그 삶의 실천에 있습니다. 그는 내칙·내수도문 등 몇개의 우리말 문장 이외에는 거의 직접 글을 남기지 않았습니다.

하여튼 백선생님의 말씀을 자세히 상고해보면 모든 방면으로 깊게 생각하시고 다각적인 시각의 넓이를 가지고 긍정적으로 포용하시기 때문에 제가 감히 토를 달 생각이 없습니다. 그러나 이 한 포인트는 명백합니다. 수운은 천지개벽 이래 삼황오제의 출현을 거쳐 오늘에 이르기까지의 역사의 연변(演變)을 모두 긍정합니다. 공자도 나왔고 수많은 군자들이 천도와 천덕을 밝혀 인간이 누구든지 지극한 성인의 경지에 이르도록 길을 닦아놓았다는 것이죠. 이러한 수운의 역사관에는 선·후천의 대비가 들어설 자리가 없습니다. 혁명은 '다시개벽'인데, 다시개벽은 오로지 오늘 여기의 명료한 시대 인식에서 우러나온다고 주장합니다. 지성(至聖)의 길을 열어놓았는데도 오늘의 현실은 모두 각자위심(各自爲心)하고, 불순천리(不順天理)하고, 불고천명(不顧天命)하는 위기의 상황이 연출되고 있다, 다시 말해서 공동체 윤리의 상실, 순망치한(脣亡齒寒)의 위기 상황이 다시개벽의 요청을 불러일으키고 있다는 것입니다. 따라서 수운의 '다시개벽'은 종교적인 표어가 아니라 역사적 현실의 분석을 바탕으로 한 보국안민의 테제입니다.

그러나 선·후천의 개념이 나쁘다는 것이 아니고, 그것을 수운·해월과 연루시키는 오류를 지적하는 것뿐입니다. 선·후천은 고전에 없는 말인데 송대의 소강절(邵康節)이 상수학적 역학관을 새롭게 수립하면서 도입했고, 우리나라에서는 수운보다 한 세대 늦게 활약한 일부(一夫) 김항(金恒)이 『주역(周易)』 「설괘전(說卦傳)」을 창조적으로 재해석하여 정역팔괘도를 새롭게 그리면서, 기존의 『주역』적 세계관을 뒤엎는 『정역(正易)』을 창조합니다.

우리나라의 선·후천이라는 말은 모두 김일부라는 매우 독창적인 역학사상가에 의하여 시작되었고 이것을 대중종교의 중심 개념으로 만든 사람이 강증산(姜甑山)이라는 매우 영험이 깊은 종교가였습니다. 강증산은 김일부를 1897년에 만났고, 1909년 김제 구릿골에서 눈을 감을 때까지 천지공사(天地公事)를 계속했습니다.

원불교에서 선천·후천이라는 말을 쓴다면 그것은 김일부의 사상이 강증산을 통하여 원불교에 영향을 준 것입니다. 그것은 수운과는 무관한 것입니다. 원불교는 깨달음의 종교이며, 신비적 이적을 교리에 담지 않습니다. 나중에 음세계·양세계라는 말을 만들었는데, 그렇게 되면 선천개벽세는 전체가 음세계가 되어 컴컴한 밤이 되고 후천개벽세는 전체가 양세계가 되어 환한 낮처럼 광명한 세상이 될 것이니 그것은 너무 유치하고 독단적인 세계 인식 아니겠습니까? 동방사상도 이렇게 결정론적으로 도식화되면 「요한계시록」을 외치는 휴거파 기독교와 다를 바가 없어집니다.

백낙청 그 말씀엔 동감인데, 수운 선생도 이제까지 5만년간 온갖 성현들이 나온 것은 인정을 하지만 다시개벽을 해서 벌어질 이후의 세상에 비하면 비교도 안 된다는 생각을 했어요. 「해월신사법설(海月神師法說)」은 선천개벽은 물질개벽이고 후천개벽은 인심개벽이다,라고 했더군요. 여기서 말하는 물질개벽이란 물질 세상이 열린 원래의 천지개벽이고, 후천개벽은 사람의 마음이 바뀌는 것입니다. 그런데 원불교 개교표어에 나오는 물질개벽은 그거하곤 달라요. 옛날에 천지개벽하던 물질적 개벽이 아니고 지금 벌어지고 있는 세상의 변화를 말하는 거죠. 나는 그 변화의 원동력은 자본주의라고 보고, 그래서 어떤 의미에서는 소태산이 그 시골구석에서 전세계의 시운을 읽었다고 봐요. 지금은 자본주의 세상이고 물질이 개벽되는 세상이니까 거기에 상응하는 정신개벽 또는 해월의 문자로 인심개벽을 이루지 못하면 우리 다 망한다 하는 뜻이기 때문에, 나는 그 개교표어야말로 불교보다 동학 쪽에서 이어받은 거라고 봅니다. 다만 동학과 두가지 큰 차이점이 있는데, 하나는 불교를 주체로 삼았잖아요? 불교를 주체 삼으면서 따라오게 된 윤회설, 인과법칙 등 여러가지가 있는데 그게 과연 사상적 진전인지 아닌지는 점검해봐야죠. 수운은 유불선을 결합한다고 했지만 뿌리는 유교에 있어요. 활동 중에 스님들의 도움을 많이 받았어도 불법이 그 사상에서 중요한 요소는 아니었던 것 같아요. 그런데 소태산은 유불선을 통합하면서도 불법을 중심에 세우겠다고 했으니 그에 따르는 여러 논리적·철학적 또는 실천적인 문제들이 있지요. 또 하나는 도올 책을 보면 수운을 두고 "종교를 창시한 사람으로서 종교를 거부한, 이 지구 역사에서 유일한 신인간"이라는 말씀을 하시고(1권 26면) 또 "종교 아닌 종교를 개창"했다는 점을 굉장히 강조합니다(34면). 원불교도 어떤 의미에서는 기존의 것하고는 완전히 다른 종교로 출발했는데, 다만 종교 아닌 종교를 만든다고 하면서도 교단 조직을 만든 거란 말이에요. 물론 수운도 조직을 만들긴 했지만 그건 일종의 사회운동 조직 아닙니까? 소태산은 교단 조직을 만들고 출가제도를 만들었거든요. 이 출가제도라는 게 교단의 지속성과 효율성을 위해서는 굉장히 유용하지만, 다른 종교와 비슷하게 흘러갈 위험이 커지는데 저는 이걸 지금 원불교 교단이 해결하지 못하고 있다고 봐요. 소태산의 가르침에서 많이 후퇴한 거죠. 여기 교무님이 계시지만 교무들이 일종의 특권계급, 더 심하게 말하면 카스트화가 되어왔어요. 소태산뿐 아니라 정산 종사의 삼동윤리(三同倫理)는 모든 종교가 근원에서 같다고 할 뿐 아니라, 나아가 모든 종교와 비종교 활동가들이 한 일터 한 일꾼이라고 했어요. 그러니까 원불교 안에서 출가의 특권을 인정 안 한 건 물론이고 심지어는 비종교인도 한 일터 한 일꾼이라고 했어요. 그 말씀대로 하면 교무들 입장에서는 죽을 지경이죠. 교단에서 낮은 임금으로 봉사를 하고 여성들은 결혼 도 안 하고 정녀로 살면서 헌신을 하는데 아무 특권이 없고, 출가와 재가가 동등하고 오직 법위(法位)의 차이만 인정한다고 했으니까요. 유일한 보상은 인생의 네가지 요도(要道) 중 '공도자 숭배'라는 조항 인데 이것도 공도자를 출가자로 한정시키지는 않지요.

박맹수 굉장한 딜레마인데요. 저희가 원불교학과에서 수학할 때 법사 님들로부터 원불교의 가르침, 소태산의 가르침을 90퍼센트 이상 제 대로 실천하려면 견성(見性)하지 않으면 안 된다는 말씀을 귀에 따갑 게 들었습니다. 깨쳐야 한다는 말씀이죠. 출가도인이 되어야 한다는 것이고요. 달리 말하면 자기 상(相)을 벗어던질 수 있는 경지까지 가 야 된다는 말씀을 무수히 들었던 것 같습니다. 아마 원불교 전문교역 자들이 초발심(初發心), 또 평생 가지고 살아가는 영원한 화두를 못 넘 으니까 이런 현상이 온 것이 아닌가 하는 생각이 듭니다.

김용옥 기독교 집안에서 자라난 저는 젊은 시절에 원불교를 알 수 있 는 기회가 없었어요. 대학 시절에 동학을 먼저 접했죠. 동학에 매료 되고 워낙 애착을 느낀 사람으로서 나중에 원불교를 알았기 때문에, 원불교를 순수하게 이해하는 데 방해가 됐을지도 몰라요. 그러나 제 가 원광대를 다니게 되면서 원불교를 이해해야겠다는 생각이 들어 관련된 책들을 많이 읽었죠. 사실 저는 원광대 학부 6년을 다녔기 때 문에 원불교 교학개론도 한 과목 들었어요. 그런데 한의대생인 나에게 교학대학(교무 지망생이 다니는 곳) 학생들이 자율적으로 강의를 요청했습니다. 낮에는 한의대 학생 노릇 하고 밤에는 교학대학 1~4학년 학생들 전원에게 강의를 했습니다. 당시는 아마도 교학대학 최전성기라 할 수 있을 것입니다. 배우고자 하는 열의가 대단했어요. 종교와 철학 전반에 관해 매우 계발적인 강의를 했습니다. 내 인생의 영원한 낭만으로 남아 있어요. 총장 선생님의 요청으로 본관에서 수백명의 학생·교직원을 상대로 특별강연을 했는데, 그 강연의 제목이 '원불교는 상식의 종교다'라는 것이었죠. '상식'이란 항상스러운 식(識, vijñāna)을 말합니다. 상식보다 더 보편적이고 위대한 의식은 없습니다. 종교는 상식을 깨는 것인 양 생각하는데 원불교는 상식을 궁극적인 가치의 근원으로 생각합니다. 인류에게 이런 종교가 없습니다.

제가 한의대를 들어가려고 일곱개의 대학을 다 탐색해보았습니다. 모두 부담스러워했지요. 그런데 원광대는 "당신 같은 워킹 딕셔너리가 우리 학교에 제 발로 굴러들어오겠다는데 마다할 일이 무엇이냐?" 하고 대환영 의사를 표명했습니다. 물론 편입시험을 봐서 정식으로 들어갔습니다만 원불교의 전폭적인 이해와 지원이 있었기에 제가 무사히 6년의 시련을 마치고 한의사 국가고시까지 합격할 수 있었던 것입니다. 그런데 원불교는 나에게 아무런 요구를 한 것이 없습니다. 그냥 나를 편하게만 해주었습니다. 원불교의 사람들은 대체로 인간 됨됨이가 모두 개방적이고 겸손해요. 동학이 지닌 아주 철저한 상식의 바탕을 계승한 종교입니다.

나는 증산도도 훌륭한 우리 민족의 종교라고 생각합니다. 강증산의 깨달음도 30만의 우리 민중이 일제의 총구 앞에 쓰러져가는 피비린내 나는 동학혁명의 현장에서 이루어진 것입니다. 왜 증산도가 '해원'이니 '상생'이니 하는 것을 강조하겠습니까? 결국 민중의 원을 풀어주기 위해서 천지공사를 새롭게 하지 않을 수 없었습니다. 단지 강증산이라는 현실적인 인간을 상제로 파악하는데, 그 인간으로 강세(降世)한 상제의 상징적 의미를 보편적으로 해석하지 않으면 항상 왜곡된 무속으로 빠져버리고 말 위험이 있습니다. 상제는 인격화되고 존재자화되면 상식의 보편적 지평에서 이탈합니다.

하여튼 우리나라 20세기의 사상적 흐름은 서양적 언어, 종교, 문학, 철학에 보조를 맞춘 것처럼 보이지만, 그러한 고등문명입네 하는 것들이다 허상에 불과한 것이고, 실상 민중의 아픔을 보듬은 것은 바로 이런 개벽종교들이었다는 것이죠. 한국의 아카데미즘은 20세기의 실상, 즉 개벽의 흐름을 보지 못하고 허상만을 쫓아왔습니다.

백낙청 교무님도 잘 아시겠지만 「대종경」의 변의품(辨疑品)에서 개벽의 순서를 수운, 증산, 소태산으로 이야기합니다(변의품 32). 다른 제자들은 증산에 대해서는 말이 많더라고 했어요. 증산의 특징은 조직을 전혀 안 만들었잖아요. 그러다보니 그 양반이 돌아가시고 나니까 제자들이 사분오열되어 싸우는 폐단이 있었습니다. 그런데 여기서 소태산은 뭐라 그러냐면 '그 사람이라야 그 사람을 안다. 장차 사람들이 더 깨치고 원불교가 더 드러날수록 증산을 높이 평가하게 될 것이다'라고 얘기했지요(변의품 31). 그러니까 개벽의 물꼬를 튼 분은 수운이고, 동학전쟁을 거치면서 피 흘리고 참담해졌을 때 기운을 돌려놓은 분이 증산이고, 소태산은 자기가 그걸 계승해 더 완전한 경지에 이끌었다는 자긍심을 갖고 있는 거죠.

박맹수 그럴 수밖에 없죠. 무엇보다 시대상황이. 물질개벽에 대한 이해도 소태산 시대에 와서 더 정확해지고요.

백낙청 그러니까 물질개벽이라는 걸 내 식대로 이해하면 소태산 때 그 인식이 더 깊어지는 건 당연해요. 나는 원불교학자들이나 원불교

소태산이 말하는 개벽의 순서

김기천이 여쭙기를 "선지자들이 말씀하신 후천개벽(後天開闢)의 순서를 날이 새는 것에 비유한다면 수운 선생의 행적은 세상이 깊이 잠든 가운데 첫새벽의 소식을 먼저 알리신 것이요, 증산 선생의 행적은 그다음 소식을 알리신 것이요, 대종사께서는 날이 차차 밝으매 그 일을 시작하신 것이라 하오면 어떠하오리까." 대종사 말씀하시기를 "그럴듯하니라." 이호춘(李昊春)이 다시 여쭙기를 "그 일을 또한 일년 농사에 비유한다면 수운 선생은 해동이 되니 농사지을 준비를 하라 하신 것이요, 증산 선생은 농력(農曆)의 절후를 일러주신 것이요, 대종사께서는 직접으로 농사법을 지도하신 것이라 하오면 어떠하오리까." 대종사 말씀하시기를 "또한 그럴듯하니라." 송도성이 다시 여쭙기를 "그분들은 그만한 신인이온데 그 제자들로 인하와 세인의 논평이 한결같지 않사오니, 그분들이 뒷세상에 어떻게 되오리까." 대종사 말씀하시기를 "사람의 일이 인증할 만한 이가 인증하면 그대로 되나니, 우리가 오늘에 이 말을 한 것도 우리 법이 드러나면 그분들이 드러나는 것이며, 또는 그분들은 미래 도인들을 많이 도왔으니 그 뒷 도인들은 먼첫 도인들을 많이 추존하리라."

— 『대종경』 변의품 32

소태산이 말하는 증산 강일순

한 제자 남의 시비를 함부로 논평하는 습관이 있어 하루는 증산(甑山) 선생을 광인이라 이르는지라 대종사 들으시고 말씀하시기를 "그대가 어찌 선인(先人)들의 평을 함부로 하리요. 그 제자들의 허물을 보고 그 스승까지 논죄함은 옳지 못하며, 또는 그 사람이 아니면 그 사람을 모르는

지라 저의 주견이 투철하게 열리지 못한 사람은 함부로 남의 평을 못하나니라." 그 제자 여쭙기를 "그러하오면, 그분이 어떠한 분이오니까." 대종사 말씀하시기를 "증산 선생은 곧 드물게 있는 선지자요 신인이라, 앞으로 우리 회상이 세상에 드러난 뒤에는 수운 선생과 함께 길이 받들고 기념하게 되리라."

— 『대종경』 변의품 31

교무님들 일반에 대해 갖고 있는 불만이, 이분들이 물질개벽에 대한 연마를 안 해요. 일종의 화두로 잡고 물질개벽이 무엇인지 궁리하고 거기에 대응할 수 있는 정신개벽을 해야겠다고 하는 게 아니라, 물질개벽은 근사한 말로 떼어놓고 정신개벽만 하자고 하니 아까 도올이 비판하신 대로 그냥 수양 공부만 하게 됩니다.

박맹수 일종의 이원론처럼 된다든지 동도서기론(東道西器論)처럼 물질개벽과 정신개벽을 나누는 것에 대해서는 도올 선생님도 1980년대부터 아주 통렬하게 비판하셨는데요. 실제 제가 원불교학을 점검해보니까 90퍼센트 이상의 연구자들이 그런 이분법적 도식에 빠져 있는 것 같아요. 지금의 원불교학 연구자들은 그걸 뛰어넘고 있는 것 같습니다. 앞으로 극복되지 않을까 합니다.

김용옥 제가 처음부터 얘기한 것은 원불교는 출발부터 공동체적 삶의 재건을 주축으로 했다는 것이죠. 대각을 이론적으로 발전시켰다기보다는 사회운동으로서 실천하고 대각의 효험을 실증적으로 표현했다는 것이죠. 거기에는 정말 '플레타르키아'가 있었지요. 다중이 참여해서 실천적 장을 만들어갔으니까요. 결국은 앞으로 원불교가 우리 사회의 변화나 지향해야 할 비전 같은 것에 대해 심각하게 고민하고,

영향력 있는 사회적 메시지를 부지런히 내어야 합니다. 종교가 이 땅에 존재하는 이유는 이 땅에 사는 사람들이 보다 더 나은 삶을 살 수 있도록 상부상조하자는 현실적 목표에 있습니다.

이러한 제생의세(濟生醫世)를 위하여 원불교는 과감하게 사회운동을 전개해야 합니다. 지금은 옛날과 달라 종교가 고차원의 사회운동을 정밀하게 해나갈 수 있는 다양한 메커니즘을 확보하고 있는데도 불구하고, 몸만 사리면서 마음공부에 매달린다면 원불교는 타락한 불교의 아류도 되지 않습니다. 원불교는 실상 불교가 아니에요. 불교는 뭐니 뭐니해도 반야사상이 그 핵이고, 반야의 핵은 무아(無我)이고 공(空)입니다.

그러나 원불교의 핵심은 사은(四恩, 천지은, 부모은, 동포은, 법률은)에 있습니다. 사은이란 무엇이냐? 인간 존재를 '은'으로 규정한다는 것이죠. 은이란 무엇이냐? 그것은 '관계'를 의미합니다. 즉 인간은 어떠한 경우에도 독립된 실체일 수 없으며, 관계망 속의 일 항목입니다. 존재는 생성이며, 생성은 관계 없이 이루어질 수 없습니다. 사은 중에 천지, 부모, 동포는 하나의 항목입니다.

장횡거(張橫渠)의 「서명(西銘)」에 건을 아버지라 칭하고, 곤을 엄마라 칭하는데, 그 건과 곤에서 태어나는 만물은 나와 대지의 탯줄을 공유하므로 동포라 칭한다는 말이 있습니다. 천지와 부모와 동포는 결국 상즉상입(相卽相入)의 일체(一體)입니다. 풀잎 하나도 나의 동포이며 경외의 대상이라는 자각이 없으면 일원상의 진리는 구현될 길이 없습니다. 하물며 같은 민족 동포의 아픔을 외면할 수 있겠습니까?

법률은은 문명의 질서에 관한 것이죠. 그러니까 원불교는 고조선으로부터 내려오는 우리 민족의 사유를 계승한 토착적인 세계관에 뿌리박고 있습니다. 사은은 소박한 사상이기 때문에 위대하고 유니 크한 진리입니다. 원불교의 매력은 현란한 레토릭에 있는 것이 아니 라 실천적 소박미에 있습니다.

백낙청 사은사상이 굉장하다는 말씀까지 이끌어냈으니 박교무님은 안심하고 귀가하셔도 될 것 같습니다.(웃음) 다만 원불교가 '사은사 상'을 제창함과 동시에 '공(空)' 사상을 수용하고 있다는 점은 더 음 미할 대목같아요.

동학과 촛불혁명

백낙청 『동경대전』에 워낙 여러 이야기를 해놓으셨기 때문에 할 얘기 가 이렇게 많아졌는데요. 보통 3·1운동의 배경에 동학이 있다는 것 은 대개 인정을 해요. 그리고 촛불혁명이 백년 전의 3·1운동까지 이 어진다는 정도도 대개 수긍을 합니다. 그런데 동학에서 촛불혁명까 지 연속성이 있다고 하면 그건 너무 멀리 가는 거 아니냐, 동학을 너 무 과대평가한 거 아니냐 생각하는 사람도 더러 있거든요. 그것을 도 올이 예견하셨는지 『동경대전』의 서문 「개경지축(開經之祝)」을 보면 "동학혁명은 지금도 진행 중이다"라고 나온단 말이에요. 이런 문제 를 우리가 좀 구체적으로 검증을 해보면 좋지 않겠나 합니다.

김용옥 검증이라는 말은 어폐가 있습니다. 그것은 검증의 대상이 아 니라, 우리나라 20세기 역사 교육의 부실함이 지적이 되어야 하는 문 제이겠지요. 우리나라 역사 중에 20세기 역사야말로 가장 왜곡이 심 한 이념 분탕질을 겪는 중이니깐요. 동학 이후의 우리 민족의 모든 사상적 움직임이나 사회적 운동이 동학과 관련되지 않은 게 없거든요. 30만명의 민중이 피 흘리고 목숨을 잃은 그 역사는 단절되려야 단절될 길이 없습니다.

그 정신은 침묵 속에서 더욱 활성화됩니다. 3·1독립만세혁명이나 그 이후의 즉각적인 임시정부의 성립, 공화제 선포, 독립운동가들의 활약, 건준의 성립, 이후의 인민위원회의 활약 등등 이 모든 것이 동학이라는 거대한 민족체험을 떠나서 생각할 수가 없습니다. 우리나라 헌법 전문에 반드시 동학의 뿌리를 언급했어야 했습니다.

촛불혁명은 이전의 민주화운동과 양상의 차이가 있습니다. 1970~80년대의 반군사독재 민주화투쟁은 반드시 지도자그룹이 있었고 이 그룹이 민중을 의식화시키고 리드해나갔습니다. 오늘날 정치인의 대부분이 이 의식화운동에서 태어난 인물들입니다. 그러나 촛불혁명은 그런 지도자그룹이 없습니다. 민중이 주체가 되어 정의로운 에너지가 분출한 사건입니다. 그것은 동학혁명이 고부에서 터져나간 사건과 매우 유사한 양태의 사건입니다.

백낙청 수평적인 '플레타르키아' 운동이죠.

김용옥 백선생님께서는 촛불혁명을 저의 책 『스무살 반야심경에 미치다』(통나무 2019)에서 언급하고 있는 '반야혁명'과도 비교할 수 있지 않은가라고 지적해주신 바 있습니다만, 양자에 유사성이 있다고 봅니다. 그만큼 우리 민중의 '플레타르키아' 의식이 깊어지고 있는 것이지요. 반야불교, 즉 대승불교는 싯다르타의 종교가 아니라 보살의 종교입니다. 스스로 싯다르타가 되겠다고 갈망하는 보살들의 종교입니다. 광화문에 쏟아져 나온 사람들이 모두 이런 보살들이었습니다. 촛불혁명의 양상은 민중의 총체적인 분노의 폭발이었습니다. 최순실과 같은 역행보살의 역할도 있었지만, 동학혁명과도 같은 잠재력이 항상 우리 역사에 내재한다는 것을 과시한 사건이라고 보아야겠죠.

박맹수 역사 교육, 현대사 교육 잘못되었다는 말씀에 저는 '폭풍공감'
하고요. 실제 동학농민혁명을 30년간 연구하면서 남한 전체와 일본
까지 발로 뛰어 사료를 발굴해보면, 최근 들어 중요한 학설 하나가
바뀌었습니다. 당시 일본군 후비보병 19대대, 약 8백명이 들어와서
조선을 짓밟거든요. 우금치에서 전면전을 하죠. 그런데 새로 밝혀진
게 본대가 우금치에 못 와버립니다. 뒤에서 게릴라전을 하는 동학농
민군들 때문에요. 그래서 이건 과거식으로 실패한 전쟁으로 봐서는
안 된다는 거죠. 그리고 그 일본군 대대장은 승진은커녕 좌천이 됐어
요. 고향까지 가서 기록을 찾아보니까, 자기는 공을 세웠는데 승진도
안 되고 좌천되어 제대했다며 죽을 때까지 말썽을 일으키며 살았다
고 해요. 미나미 코시로오(南小四郎)라는 인물이에요. 그러니까 우리
가 알았던 동학농민혁명이 실상과도 다르고, 지금 교육도 잘못되었
다는 겁니다.

　저는 동학농민혁명에서 촛불까지 이어지는 일관성 있는 바탕이
두가지가 있다고 봅니다. 하나는 비폭력 평화 정신입니다. 우리 동학군
은 칼에 피를 묻히지 않고 이긴 것을 으뜸으로 삼는다, 어쩔 수 없이
싸우더라도 사람 목숨은 해치지 않는 것을 귀하게 여긴다, 행진하면
서 지나갈 때는 민폐를 절대 끼치지 않는다, 효자·충신·열녀·존경하
는 학자가 사는 동네의 십리 이내에는 주둔하지 않는다(「대적시 약속
4항」). 그리고 병든 자는 치료해주고, 항복한 자는 받아들이고, 굶주린
자는 먹여주고, 도망간 자는 쫓지 않는다(「12조 계군호령」). 그 당시 특
파원들도 이런 농민군의 규율을 칭찬해요. 동학농민군을 가장 비판
했던 매천(梅泉) 황현(黃玹)조차 「오하기문(梧下紀聞)」에서 동학농민군
측의 처벌은 인간적이라고 평하고 있습니다. 동학의 비폭력이 3·1운
동, 그리고 2002년 효순이 미선이 미군 장갑차 압사 사건 촛불집회,

2016년 촛불집회로 이어집니다. 세계 사람들이 가장 놀란 게 비폭력 평화잖아요. 저는 그 뿌리가 동학농민군의 12개조 기율 등에 있다고 봅니다. 그리고 동학혁명도 3·1운동도 철저히 민(民)이 주체가 되어서 일어난 거죠. 3·1운동 때 가장 마지막까지 독립을 외쳤던 사람은 민족대표 33인이 아니고 노동자, 농민, 학생 들입니다. 평민, 평범한 대중들이었죠. 촛불혁명도 마찬가지고요. 그런데 명확히 다른 게 있는 것 같아요. 동학혁명은 왕조체제 자체를 부정하진 않죠. 보완하려고는 하지만 실패로 끝났고. 3·1운동은 국내외 여러군데의 예닐곱 임시정부를 하나로 통합해서 상해임시정부를 탄생시키죠. 좌우가 하나가 되어서요. 저는 3·1운동은 그 결실로서 민주공화제인 상해임정을 탄생시켰다는 점에서 절반의 성공이라고 보고, 2016년은 우리가 완전히 성공한 거니까 본질적인 차이가 있지만, 바탕에 흐르는 정신은 동학혁명에서부터 찾아야 한다고 생각하고 있습니다.

백낙청 저는 촛불혁명이 지금도 진행 중이기 때문에 완전한 성공을 이야기하기는 이르다고 보거든요. 그런데 동학농민전쟁 이전에 수운과 해월의 동학이 있었고, 거기서부터 연속성이 있다는 건 저도 절대적으로 동감합니다. 우리 역사를 보면 그런 동학정신을 실현할 수 있는 여건이 이 촛불혁명에 와서 드디어 마련되었다고 봐요. 이전에도 물론 정신은 면면히 이어지지만 그때까지는 조직 없이 민들이 대대적인 운동을 하기가 어려웠고, 정권을 뒤엎는 성공으로 말하자면 4·19는 완전히 성공한 건데 그게 지속되질 못했죠. 6월항쟁이 그후에 처음으로 성공했고 지속성을 지닌 민주화인데, 그때도 전체적으로 어떤 기율을 가진 조직은 없었으나 운동권들의 조직이나 김대중·김영삼 두분의 조직을 가지고 움직였습니다. 요즘 소위 586이 욕먹는 이유가 세상이 바뀌었는데도 그때 자기들이 조직을 주도하고 지도했던 그 꿈에서 여전히 못 깨어나고 있는 이들이 많은 거예요. 촛불혁명이 동학하고 또 가까워지는 면이, 저는 의제도 그렇다고 봐요. 첫째, 이제까지 민중항쟁에서는 남녀평등 문제가 그렇게 중요하지 않았어요. 그런데 이번에는 성평등 문제가 중요한 이슈로 부각되었고, 2016~17년 항쟁의 여파로 미투운동도 벌어지며 큰 변화가 일어나고 있는데 그 시원이 사실은 동학이거든요. 기독교인들은 자꾸 기독교가 여성 교육도 하고 이것저것 해서 남녀평등사상을 가져왔다고 하는데, 물론 그런 공헌이 있었지만 성경이나 교리 자체를 보면 평등 종교가 아니에요. 그런데 동학은 그게 뚜렷했고, 그것이 상해임시정부 헌장에도 명시되어 있죠. 또 과거의 우리 민주화운동하고 달라진 게 생태계와 기후위기 문제입니다. 그 해법을 사실은 동학이나 원불교에서 찾아야 되는데, 아직도 그 운동을 하는 사람들이 서양의 생태이론·생태주의에 빠져 있으니까 원만한 사상이 안 나오고 있다고 봐요. 또 하나가, 촛불항쟁 당시에 큰 이슈로 떠오르지는 않았지만, 남북문제에 커다란 전기를 마련한 거 아닙니까. 지금 남북관계가 교착상태라고 하지만 2018년 이루어진 엄청난 변화는 그대로 남아 있거든요. 앞으로 더 진전되면 그야말로 우리가 어변성룡을 하게 되어 있습니다. 1987년 6월항쟁만 해도 운동권에서는 자주통일을 굉장히 강조했지만, 어디까지나 분단체제라는 틀 안에서 남한만의 변화를 일으켰지 분단체제를 크게 바꿔놓지를 못했어요. 물론 그때 벌어졌던 통일운동과 자주화운동의 기운을 타고 노태우 대통령이 북방정책을 펴고 남북기본합의서도 만들고, 또 김대중 대통령이나 노무현 대통령의 돌파가 있긴 했습니다만, 분단체제라는 틀을 못 깼거든요. 그걸 깰 수 있는 기회를 촛불항쟁이 만들어줬다고 봅니다. 그러니까 그런 항쟁이 반야혁명인 동시에 동학혁명이라는 표현은 참 적절한 거 같아요.

김용옥 우리나라의 생각있는 사람들 중에서 선생님만큼 한 민족으로서의 북한 동포를 품에 안고 생각하는 사상가가 없는 것 같습니다. 선생님 같으신 분이 활동하고 계시는 동안 온전한 남북화해가 이루어져야 할 텐데, 문재인정부가 출범할 때부터 남북문제에 본격적으로 올인했던 것만큼 마무리 시기에도 구체적인 성과물을 내주기를 갈망합니다. 미국의 협조 없이는 불가능한 일이라 해도 미국을 뒤받으면서 설득할 수 있는 방법도 있을 것입니다. 우리는 대미관계에 있어서 너무도 비굴한 자세를 유지하는 것을 상식으로 알고 있어요.

저는 사상가이니까 주제를 좀 래디컬하게 설정합니다. 백선생님처럼 마음이 곱지를 못해요.(웃음) 근대의 문제만 해도, 근대라는 개념을 방편으로 해서 근대를 극복해야 할 것이 아니라, 근대라는 개념 그 자체를 파괴하고 새로운 원점을 창조해야 한다고 생각합니다. 제가 생각하기에는 원시공산제, 봉건제, 자본제…… 이런 개념보다는 보다 단순하고 유용한 개념이 '왕정이냐, 민주냐?' 하는 설정이라는 것이죠. 단군 이래 구한말까지 관통하는 권력의 형태는 왕정입니다. 이것은 전세계의 역사가 다 똑같아요. 왕정에서 민주체제로의 변화는 모두 최근 한두 세기에 이루어진 사건입니다.

그래서 수운이 "개벽 후 5만년"이라는 말을 쓰는 겁니다. 개벽 후 5만년이 지나 비로소 민주적 혁명의 가능성이 생겨났다는 것이죠. 그러니까 지금 우리가 민주를 말해도 그것은 50년 정도의 체험을 바탕으로 하는 것이고, 보수세력들은 5만년의 관성을 등에 업고 설치는 것입니다. 프랑스혁명도 루이 16세의 목을 잘랐다고는 하지만 그 뒤 2백년의 시행착오를 거쳐도 민주가 정착되었다고는 볼 수가 없습니다.

이러한 세계사적 흐름 속에서 동학사상의 역사적 의의는 진정한 민주의 민족사적 원점을 이미 19세기 중엽에 우리 민족의 자생적인 사유에 기초하여 창출했다는 데 있습니다. 동학의 인내천사상은 프랑스 인권선언의 사상을 원천적으로 뛰어넘는 것입니다.

우리의 촛불혁명은 동학혁명의 연속적 흐름을 다시 21세기적으로 꽃피웠습니다. 그러나 이것은 피어나고 있는 과정의 출발입니다. 끊임없이 좌절이 닥쳐온다 할지라도 우리는 반드시 승리하고야 만다는 신념을 견지해야 합니다. 수운은 이것을 이렇게 표현했습니다. "하루에 꽃 한송이 피네. 이틀에 꽃 두송이 피네. 삼백육십일 지나면 꽃 또한 삼백육십송이 피겠지.(一日一花開, 二日二花開. 三百六十日, 三百六十開.)"

백낙청 해월의 선천·후천 얘기하고 원불교에서 얘기하는 것의 공통점 하나는 후천시대가 시작되면 세상이 일단 더 어지러워진다는 것이에요. 나는 해월의 그 대목을 보면서 놀랐는데, 당시가 갑오년 이후인데도 앞으로 만국병마가 와서 다투는 큰 환란이 있을 것이라고 했죠.

김용옥 해월은 후천개벽을 얘기하지는 않았고, 단지 '현도(顯道)'의 시기, 다시 말해서 동학의 현창할 시기를 제자가 물은 것에 대하여 답한 것입니다. 그때 해월은 세가지를 제시합니다. "1) 산이 다 검게 변하고 2) 길에 다 비단이 깔리고 3) 만국의 병마가 우리나라 강토에 들어왔다가 물러나는 시기이니라!" 산에 식목이 잘 되었고, 길에는 다 아스팔트가 깔렸으니까, 남은 것은 외국 군대가 이 땅을 떠나는 시기이겠죠. 참으로 통찰력 있는 말씀이라 할 것입니다.

백낙청 그후에야 제대로 된 개벽 세상이 된다고 했는데, 아직 완전히 물러가지 않았거든요. 그런데 소태산 대종사도 비슷한 얘기를 하세요. 그때도 일제하의 어려운 시절인데 앞으로 '돌아올 난세'에 대비해서 너희한테 얘길 해주겠다고 하는 대목도 있고(『대종경』 인도품 34), 또 앞으로 한번 큰 전쟁을 치르겠지만 그것만 넘기고 보면 다시는 그런 전쟁은 없을 것이라는 얘기도 있어요(실시품 10). 6·25 얘기 아니겠습니까? 그러고 보면 선천·후천으로 딱 갈라지는 게 아니라, 후천시대가 시작될 때를 원불교에서는 선·후천 교역기(交易期)라고 하는데, 이게 한참 지속되면서 사람들이 더 고생할 거라는 거지요.

김용옥 그걸 말세(末世)라 하지요, 말세! 그런데 증산도에서는 그때 바로 천지공사를 다시 하게 된다고 말하지요.

증산도의 훌륭한 점은 우리 민족의 주체성을 강조한다는 사실입니다. 세계의 신들을 다 모아놓고 다시 교육시켜 통일신단의 조화정부를 구성한다는 것이죠. 천지의 판을 다시 짜겠다는 이 발상 속에는 우리 개벽사상의 주체성이 들어가 있습니다. 그러나 증산도의 천지공사도 천지와 인간의 이상을 실현하는 궁극적 주체를 인간으로 설정하고 있다는 사실만 언급해두겠습니다.

조선 민중이 추구하는 사상적·정서적 갈망을 칸트철학이니 비트겐슈타인 운운하는 상아탑의 인간이 충족시킨 것이 아니라, 이런 종교적 천재들이 충족시켜주었다는 이 명백한 사실을 우리 지성인들이 반성해야 하는 것입니다. 우리는 민간종교니 신흥종교니 민족종교니 하는 저열한 개념을 떨쳐버리고 우리 민족 스스로의 종교로써 세계 민중을 설득해야 한다는 신념을 가져야 합니다. 종교에는 고등종교와 저등종교의 개념이 성립할 수 없습니다. 오직 인간을 등쳐먹는 종교 야바위꾼들만 있지요.

백낙청 지금 시국에 대해선 할 말들이 많지만 대선후보 경쟁이 어떻고 하는 얘긴 할 거 없고, 큰 흐름을 긍정적으로 보시고 그 핵심을 잡아주서서 충분히 이야기되었다고 봅니다. 끝으로 학산님 한 말씀 하시고 도올 선생도 추가하고 싶은 말을 들려주시죠.

박맹수 저는 다시 헌사로 마무리하겠습니다. 오늘 이 자리를 가만히 생각해보니 굉장히 흥미로운 몇가지 요소들이 있습니다. 문사철(文史哲)이 만났는데 모두 개벽파인 것 같아요. 역시 개벽파는 자기개벽, 이웃·타자 개벽, 사회개벽, 문명의 개벽까지 이루려는 게 특징이 아닌가 합니다. 전통적인 표현을 빌린다면 이사병행(理事竝行)이죠. 공부와 이론과 실천을 병행하는. 그런 특징들이 저희 대담에서 묻어나지 않았을까 하는 생각이 듭니다. 그리고 1930년대생 어르신, 40년대생 어르신, 저는 50년대생 청년인데요. 뭐랄까, 선배 세대들이 나와서 이웃과 세계와 문명을 정말 진지하게 고민하면서 어떻게 나아갈 것인지 생각하는 내용들이 조금이나마 드러난 것 같습니다. 기본 의무는 다 한 것 같고, 이런 대담이 여러차례 이뤄졌으면 좋겠습니다. 그러려면 반드시 삼대에 걸쳐서 공을 쌓으리라는.(웃음)

김용옥 무엇보다도 오늘 제 간절한 소망은, 저도 나이가 적지는 않습니다만, 우리 백선생님께서 건강하게 오래 사셨으면 하는 것입니다. 그리고 백선생님을 꼭 이런 자리에서가 아니라 예를 들면 술자리 같은 데서 편안하게 뵙고 싶기도 합니다. 대학교 시절의 친구처럼 가볍게 만난다면 백선생님의 말씀 이상의 술안주가 없을 것 같아요. 건강이 허락되신다면 한잔이라도 마시며 여유있게 대화를 나누면 좀더 재미있지 않을까 합니다. 이 대화를 나누며 생각한 것은 백선생님의 사유의 주제의 무소불통(無所不通)입니다. 정말 많이 배웠습니다. 감사합니다.

백낙청 감사합니다. 제가 술을 많이는 못합니다만 좋은 사람 만나면 합니다. 오늘 우리 좌담의 제목이 '다시 동학을 찾아 오늘의 길을 묻다'인데 상당히 부응한 것 같아요. 동학은 워낙 우리 교육이 잘못되어 사람들이 잘 모르고 있는데 이번에 도올 선생이 역작을 내신 것을 계기로 훨씬 많이 알려졌고, 그 의미에 대해서 우리가 나름대로 좀더 깊이있는 공부를 했다고 생각해요. 촛불혁명은 사실 특별한 학교 공부가 필요한 게 아닌 바로 우리 시대의 사건인데도 요즘 보면 촛불혁명 얘기하는 사람 별로 없습니다. 언론들도 촛불이 언제 있었느냐는 듯이 각자 얘기하고 있고요. 심지어는 촛불항쟁 때 주도자는 없었지만 집회 관리를 한 시민단체들이 있는데 그 사람들도 거의 다 잊어버렸어요. 그런데 60대 이상의 늙은이들이 모여서 그걸 한번 되새기고, 그것이 동학으로부터 이어지는 자랑스러운 전통이고 현재 진행 중인 현황이라는 점에 적어도 우리 셋이 합의했다는 것만 해도 큰 의미가 있고 오늘의 수확이 아닌가 합니다. 감사합니다.

2장

동학의 확장,
개벽의 운동

백낙청

사회.

김용휘

대구대 교수. 방정환배움공동체 '구름달' 대표. 저서로 『우리 학문으로서의 동학』 『손병희의 철학』 『최제우의 철학』 등이 있음.

정지창

전 영남대 교수. 전 한국민족예술인총연합 이사장. 저서로 『한국생명평화사상의 뿌리를 찾아서』(공저) 『문학의 위안』 『서사극 마당극 민족극』 등이 있음.

2023년 4월 28일 창비서교빌딩 스튜디오

————

*이 좌담은 유튜브 채널 백낙청TV에 공개된
'백낙청 초대석' 7편(2023년 5월 19일)과 8편(2023년 5월 26일),
9편(2023년 6월 2일), 10편(2023년 6월 9일)을 글로 옮긴 것이다.

동학 초대석

백낙청 백낙청TV에 오신 시청자 여러분 반갑습니다. 그동안 주로 공부길이라고 해서 어느 한분이 제 책을 읽거나 저에 대한 궁금증을 갖고 오셔서 저와 대담하는 자리를 주로 가졌는데요. 오늘은 초대석으로 진행하려 합니다. 이 초대석은 제가 잘 모르는 분야에 대해서 저보다 잘 아시는 분을 초청해서 여쭤보는 자리입니다. 그래서 오늘은 제가 사회도 보면서 질문을 하겠습니다.

오늘 모신 분은 먼저, 정지창 교수입니다. 문학평론을 하시고 오랫동안 대구 지역에 사시면서 문화예술 활동도 많이 하셨습니다. 영남대학교 독문과 교수로 정년을 마치셨고요. 이분이 서양 문학을 전공했다는 점에서는 저와 동학(同學)인데, 그런 의미의 동학이 아니라 최제우(崔濟愚) 선생의 동학에 대해 아주 특별한 관심을 갖고 많은 글을 쓰셨어요. 아직 그 주제로 출간하신 단독 저서는 없지만 최근에 생명평화아시아라는 단체에서 엮어낸 『한국 생명평화사상의 뿌리를 찾

| 왼쪽부터 김용휘, 백낙청, 정지창 |

아서』(참 2021)라는 책에 여러편의 글을 쓰셨어요. 꼭 동학만 아니고 증산(甑山)이나 김범부(金凡父) 선생님 이야기도 들어 있습니다. 어쨌든 저보다 동학을 오래, 많이 공부하셨습니다만 같은 서양 문학 전공자로서 편하게 이야기를 풀어갈 수 있을 것 같아서 선생님을 모셨습니다. 그리고 또 한분은 김용휘 대구대학교 자유전공학부 교수이신데요, 자유전공학부가 경주에 있습니까?

김용휘 지금 경산에 있습니다.

백낙청 김선생님은 동학 전문가이십니다. 천도교도이기도 하고요. 동학을 주제로 박사논문을 쓰셨고 저서로 『우리 학문으로서의 동학』(모시는사람들 2021)과 『최제우의 철학』(이화여자대학교출판문화원 2012)을 펴내시기도 했습니다. 현재는 방정환배움공동체 '구름달'의 대표로도 계신데, 그 얘기는 나중에 우리가 천도교의 어린이운동 얘기를 할테니까 그때 또 소개해주셔도 좋겠네요. 보통은 참석자가 자기소개를 하고 바로 토론을 시작하는데 오늘은 제가 먼저 두분에 대해서 간단한 소개를 드렸습니다. 오늘 좌담의 주제가 동학이고, 이 토론이 '왜 지금 하필 우리가 동학 얘기를 해야 되느냐' '이 시대에 비단 한국뿐 아니라 세계에서 동학이 왜 중요한가'라는 질문에서 출발하는 만큼, 당신이 동학 공부를 하게 된 경위를 들려주시면 좋겠습니다. 정지창 선생님 먼저 말씀하시지요.

동학 공부의 계기

정지창 지금 소개하셨다시피 저는 영남대학교에서 독문학을 가르쳤습니다. 2012년에 정년퇴임을 하고 나서 뒤늦게 동학 공부를 시작하게 됐죠. 직접적인 계기는 저의 5대조 할아버지가 동학에 입도하신 다음 집안 망칠 놈이라고 큰집에서 쫓겨나 제 고향인 충북 보은군의 산골 마을로 숨어들어왔다는 사실을 큰형님한테 뒤늦게 들은 것입니다. 백년 넘게 그런 사실을 집안에서도 쉬쉬하며 숨겨온 셈이지요.

백낙청 그분은 어디서 오셨나요?

정지창 충북 진천에서 오셨다고 합니다. 이것이 저한테는 동학을 공부해야겠다는 동기와 자극이 된 거죠. 그러니까 우리 조상님이 왜 동학에 뜻을 두고 입도를 했는지, 어쩌다가 집안에서 쫓겨나 멀고도 궁벽한 산골로 숨어들게 되었는지 알고 싶었어요. 그리고 19세기 말에 조선 인구 1100만명 가운데 2, 3백만명이 동학에 참여한 이유는 무엇인지도 궁금했습니다. 그래서 뒤늦게 공부를 시작했지만 어려운 점이 많았습니다. 처음에는 혼자 책 보고 공부하다가 안 되겠다 싶어서 동학 공부하는 모임에 뒤늦게 참여하여 선배들의 조언도 받고 토론도 하고 답사도 다녔습니다. 그 모임에서 유명한 강사들을 초청하여 강연도 들었는데, 그때 연사로 모신 분들 가운데 한분이 바로 김용휘 선생님입니다. 당시 김용휘 선생님은 '한울연대'라는 천도교의 청년 모임이자 환경운동단체를 이끌고 있었어요. 선생님은 상당히 개혁적인 천도교도이자 개혁적인 동학 공부를 하시는 학인으로 제 머릿속에 각인되어 있었고, 선생님의 책과 강연을 통해 제가 많은 자극을 받고 배웠습니다. 오늘 이 자리에 김용휘 선생님과 같이 참여하게 돼서 정말 기쁘고 반갑습니다.

김용휘 저도 기쁩니다.

정지창 아까 백선생님께서 소개해주셨듯이 제가 대구에서 이런저런 시민단체나 문화단체에 관여를 많이 했는데, 그중의 하나가 아까 소개하신 생명평화아시아라는 단체예요. 주로 하는 일은 생명평화와 관련된 활동을 지원하고 연구하는 건데, 시작하면서 마음공부가 필요하다는 생각을 하게 됐습니다. 백선생님께서도 자주 말씀하시듯 저 역시 현장 활동을 하면서 시민운동이 초심을 잃지 않고 꾸준히 나아가려면 활동가들의 심성이 먼저 바로 서기 위한 마음공부가 필요하다는 생각이 들었고, 그 방편으로 공부 모임을 제안했어요. 서양의 생명평화 사상과 생태학에 관한 책과 정보는 이미 많이 소개되었으니 이제는 한국 생명평화사상의 뿌리를 찾아보자는 목적으로 세미나를 시작했습니다. 공부모임을 제안한 죄로 동학에 관한 발제를 제가 맡게 되었지요. 저는 독문학을 전공한 사람으로서 동학은 잘 모르지만 제가 혼자 공부하고 여러 선생님들께 배운 것을 정리해서 일종의 리포트 비슷하게 준비하여 발표하곤 했어요.

제가 공부를 하면서 느낀 건 이겁니다. 아, 우리 조상님께서 동학에 발을 들여놓은 데에는 뭔가 그럴 만한 이유가 있었구나, 동학이 일시적으로 유행한 종교가 아니라 그 속에는 정말 깊이있는 영성과 가르침이 있고, 그만큼 내가 뒤늦게나마 깊이 공부할 가치가 있구나, 하는 것이었습니다. 또 자부심을 느끼는 데 그치지 않고 동학이 오늘날의 현실에도 적용될 만한 가치가 있는 소중한 정신적 자산임을 확인한 것이 동학 공부의 소득이라면 소득이죠.

백낙청 김용휘 선생님도 처음부터 동학 연구자나 천도교 신자는 아니셨죠?

김용휘 네, 그렇습니다.

백낙청 여러곳을 다니며 구도행각을 하시면서 동학과 천도교를 발견하신 것 같은데, 그런 경위를 포함해서 간단히 자기소개를 해주시면 어떨까요.

김용휘 네, 오늘 이 자리가 저에게는 굉장히 뜻깊은데요. 두분은 정말 세계적인 석학이신데, 이렇게 자리를 함께할 수 있다는 것 자체가 저로서는 너무나 영광스럽고 기쁩니다. 요즘 우리나라가 여러모로 어려운 상황인데요. 오늘 이 자리가 조금이나마 희망을 전하면서도 우리 사회에 대한 근본적인 성찰의 자리, 어떤 전환의 계기가 되었으면 하는 바람입니다. 제가 동학을 만나게 된 것은 석사논문 쓸 때였어요. 주자학을 주제로 논문을 쓰는데, 대학원 선배 중에 천도교를 신앙하시는 분이 계셨어요. 그분이 가평 화악산에 천도교수도원이 있는데 한번 같이 가보지 않겠느냐, 논문 쓰느라고 머리가 아플 텐데 좋은 기회가 될 거라고 하시더라고요. 저도 그게 좋을 것 같아서 머리 식힐 겸 선배의 권유에 응하게 된 겁니다.

그 수도원에서 저 나름대로 그동안 찾던 진리의 스승님을 만난 거예요. 월산 김승복 선생님이라는 분이었습니다. 그분 강의를 일주일 동안 들으면서 수련을 같이 하는데, 그 과정에서 그동안 제가 답답해하던, 특히 당시에 개신교를 신앙하던 사람으로서 가졌던 '신은 존재하는가' 같은 물음들에 많은 해답을 얻게 됐습니다. 그리고 제가 당시 논문을 쓰면서 주자의 심성론이 잘 풀리지 않았는데, 손병희(孫秉熙)의 경전인 『무체법경(無體法經)』에 대한 김승복 선생님의 강의가 주로 성심(性心)에 관한 이야기로 이루어져 있어서 뭔가 답답했던 부분이 풀리는 듯한 느낌을 받았습니다. 동학이 유불선 합일이라는 이야기는 들었는데 정말 그럴 수 있겠구나 하는 생각을 그때 하게 됐지요. 마침 그때 도올(檮杌) 선생님이 "동학은 유학의 민본성의 완성이다"라는 표현을 한창 쓰셨어요. 어쩌면 그 말이 정말 맞을 수 있겠다 싶었고 그게 계기가 되어서 공부를 제대로 해봐야겠다는 생각에 동학에 입도한 지 이제 30년 정도 됐습니다.

백낙청 정선생님께서 동학 공부를 늦게 시작했다고 말씀하셨지만 저는 더 늦깎이예요. 제가 개벽사상을 만난 건 원불교를 통해서였습니다. 저는 원불교에 입교는 안 했습니다마는 아내가 원불교도였고요. 그런 인연으로 나중에는 원불교에서 교전을 새로 영어로 번역할 때 그 팀에 끼게 됐어요. 처음에는 그 작업이 그렇게 오래 걸릴 거라 생각하지 않았는데 『정전(正典)』 『대종경(大宗經)』에 이어서 『정산종사법어(鼎山宗師法語)』까지 다 우리 팀에서 번역해서 총 18년이 걸렸어요. 내내 그걸 한 건 아니고 한권 끝나면 좀 쉬었다가 다음 권을 또 했는데, 하여간 처음 『정전』을 시작해서 정산 종사의 『법어』가 나올 때까지 오랜 시간이 걸렸습니다. 그 과정에서 소태산(少太山) 대종사의 가르침은 굉장하고 참 중요하면서도 한국 사상으로서 세계 어디에 내놔도 부끄럽지 않겠다 생각해서 자부심을 갖고 열심히 번역했었죠. 사실은 제가 『동경대전(東經大全)』을 한두번쯤 각기 다른 번역으로 읽긴 했습니다만 동학 공부를 좀더 충실히 해봐야겠다는, 거의 충격적인 자극을 주신 분은 도올 김용옥(金容沃) 선생이죠. 그이가 『동경대전』을 번역하고 거기에 아주 자세한 『동경대전』(전2권, 통나무 2021) 역주를 냈잖아요. 제가 그 두권짜리 책을 읽고서 정말 아, 이건 깊이 공부해야 될 대목이라는 생각을 했습니다. 그렇지만 도올이라는 분이 추종자도 많은 동시에 주류 학계에서 왕따 아닙니까?

정지창 그렇죠.

백낙청 도올 선생의 『동경대전』을 읽고서 이 책을 주류 학계에서 얼마나 다뤄줄까 하는 의구심이 생겼는데 나중에 보니 역시 예상대로 어디에서도 별로 다루지 않았어요. 그래서 계간 『창작과비평』에서라도 이걸 좀더 논의해야겠다 싶어서 도올 선생하고 학산(學山) 박맹수(朴孟洙) 선생 그리고 저 셋이서 특별좌담을 한 적이 있죠(「다시 동학을 찾아 오늘의 길을 묻다」, 『창작과비평』 2021년 가을호. 이 책의 1장에 수록되어 있다―편집자). 그리고 후속 논의를 위해 정지창 선생이 기고를 하셨고(「오래된 새길, 동학과 개벽」, 『창작과비평』 2021년 겨울호), 그다음에 원불교에서 안세명(安世明) 교무라는 분이 글(「"우리, 정신 차리자"」, 『창작과비평』 2022년 봄호)을 한편 썼습니다. 저도 나름대로 공부를 해왔습니다. 그전에 제가 '근대적응과 근대극복의 이중과제'라는 논리를 세울 때도 이것이 우리나라의 개벽사상, 가령 '물질이 개벽되니 정신을 개벽하자'는 원불교의 개교표어와 굉장히 통한다는 생각을 했어요. 사실 원불교는 불법을 주체로 삼아 세상을 만들겠다고 소태산 대종사께서 작심하고 세웠지만, 개교표어에 담긴 생각은 불교에 없거든요. 그래서 역시 그런 생각의 뿌리는 동학에 있지 않나 짐작하게 됐습니다. 지금도 이전부터 제가 갖고 있던 관심, 또 원불교에 대한 저 나름의 이해를 바탕으로 그 뿌리에 해당하는 동학에 대해서 좀더 배워야겠다는 생각을 하고 있습니다.

수운, 동학을 열다

백낙청 앞서 언급한 정선생님의 책 제목이 『한국 생명평화사상의 뿌리를 찾아서』였죠? 그런데 이 좌담은 동학이 단지 한국 생명사상의 뿌리일 뿐 아니라 한국 현대 사상의 뿌리이기도 하다, 그리고 더 나아가서 우리가 우리 시대의 새로운 사상을 개발한다면 동학이 뿌리에 해당하는 역할을 해야 한다는 의식 아래 기획된 것이기도 합니다. 일반 독자나 대중들은 아직도 동학의 그런 점에 대해서 잘 모르지요. 원불교에 대해서는 아마 더 모를 거고요. 그래서 먼저 수운(水雲)의 생애라든가 그의 종교체험, 그의 저서 『동경대전』와 『용담유사』를 아주 간략하게 정선생님이 먼저 설명해주시고 김용휘 교수께서 부연해주시는 순서로 이어가면 어떨까 해요.

정지창 동학·천도교, 증산교, 원불교는 19세기 말에서 20세기 초에 태어난 우리의 독창적인 종교이자 사상입니다. 간혹 신종교라 부르기도 하지요. 이 셋을 관통하는 공통의 화두가 바로 개벽입니다. 요즘 많은 관심이 집중되는 주제이기도 한데, 저는 개벽사상이야말로 우리 한국 근현대 사상의 뿌리가 아닌가 하는 생각을 하고 있습니다. 우리 철학이나 학문의 역사를 되짚어보면 19세기 말이나 20세기 초에 서양에서 들어온 학문이나 철학 체계가 그대로 한국에 이식되었는데, 그것이 마치 한국의 철학이고 학문인 것처럼 통용되고 있지 않습니까? 그런데 제가 공부를 해보니까 동학으로부터 우리 한국의 독창적인 사유가 시작되고 있다는 것을 깨닫게 되었습니다. 보통 동학, 하면 동학농민전쟁만을 주로 떠올리잖아요. 우리가 역사를 그렇게 배웠으니까요. 물론 농민전쟁의 역사도 중요하죠. 하지만 농민전쟁

연도	연보 내용
1824년	경북 월성군(현재 경주 현곡면 가정리) 출생.
1833년	모친상.
1840년	부친상.
1842년	울산의 밀양 박씨와 혼인(1836년 혼인설도 있음).
1843~54년	구도의 고행. 10년간의 주유천하 후 귀가. 처갓집이 있는 울산 여시골 안착.
1855년	금강산 유점사의 스님에게 『을묘천서(乙卯天書)』를 받고 3일 만에 해독.
1856~57년	경남 양산 천성산 적멸굴에서 49일 기도.
1859년	생활의 궁핍으로 울산에서 경주 용담으로 귀환.
1860년	경주 용담에서 종교체험을 한 뒤 동학 창시.
1861년	포덕 시작 및 「포덕문」 지음. 해월 최시형이 수운을 찾아와 입도함. 경주 유생들이 수운의 가르침을 음해하기 시작하여 남원 은적암으로 피함. 유불선 3도를 포섭하고 초월하는 동학을 천명하고 포덕을 시작함.
1862년	경주 관군의 체포와 석방
1863년	8월 해월을 후계자로 선정. 영남 일대 유생들의 '동학 처벌' 여론 우세해짐. 11월 수운은 해월에게 경전 간행을 명하고 한달 뒤 관군에게 체포당함.
1864년	대구 감영에 재수감된 뒤 참형에 처해짐. 순도(殉道).

| 수운 최제우 연보 |

이 일어나도록 배면에서 작동한 사상적 요인, 즉 동학의 가르침과 실천 내용이 더 중요하고 이에 대한 공부가 필요하다는 생각이 들었습니다. 일반적으로 우리의 근대 사상은 실학에서 시작된다고 배우죠. 그런데 제가 공부를 해보니 실학보다는 동학이 오히려 근대 사상의 진짜 원천이 아닌가 하는 생각에 도달한 겁니다.

이런 인식의 전환에는 도올 선생이 결정적인 기여를 했습니다. 대부분의 학자들이 실학에 관심을 두고 근대 사상의 뿌리를 실학에서

| **용담정, 동학의 발상지** | 경주 시내에서 북쪽으로 10km 떨어진 현곡면 가정리 일대는 '동학'의 발상지로 수운 최제우가 태어난 곳으로 알려져 있다. 1975년에 성역화 작업을 통해 천도교 수련 시설로 정비되었다.

찾아왔는데, 도올이 거기에 이의를 제기하면서 '실학이 아닌 동학이 바로 우리 근현대 사상의 뿌리다'라는 주장을 폈으니까요. 지금까지는 실학의 근대 사상 기원설이 너무 확고하게 학계에 자리잡고 있어서 도올의 동학 기원설이 정설로 수용되지 못하고 있는 것은 유감스러운 일이지요. 백선생님 말씀대로 도올은 여전히 학계의 재야 소수파이고 이단아인 것 같습니다.

이제는 개벽이라는 화두를 가지고 근대 사상을 조명해보는 일이 굉장히 중요한 과제가 아닌가 생각합니다. 다 알다시피 수운 선생은 경주에서 태어났죠. 우리가 흔히 경주 최부자라고 알고 있는 경주 최씨 가문입니다. 직손, 종손은 아니고 방계 자손이에요. 수운의 아버님은 유학 공부를 많이 하신 최옥(崔鋈)이라는 분이며 어머니 청주 한씨는 정실부인이 아니고 최옥 선생이 상처한 후에 재취로 들어온 과

부였습니다. 최옥 선생이 63세였던 1824년 수운은 늦둥이로 태어났지요.

당시 조선은 엄격한 신분제 사회였으므로 개가한 여성의 자식에게 많은 차별을 했습니다. 가령 집안의 제사에도 참여를 못하게 하고 심지어 과거시험 문과에 응시도 못하게 하는 등 굉장히 차별이 심했어요. 수운은 양반의 자식이지만 신분상의 제약 때문에 뜻을 펼치기가 쉽지 않았던 겁니다. 그래서 나중에는 할 수 없이 장삿길로 나서게 되죠. 원래 선비나 양반 가문에서 장사는 좀 천한 직업이라고 생각해서 잘 뛰어들지 않잖아요. 수운은 20대의 10년 동안 장사꾼으로 세상을 떠돌아다녔다고 합니다. 이른바 주유천하(周遊天下)를 하며 세상 물정과 인심을 경험한 셈이지요.

당시 나라 밖에서는 이른바 서세동점(西勢東漸)으로 불리는 서양 제국주의 세력의 침략으로 천하의 중심으로 여겨지던 중국이 무너지고 일본은 호시탐탐 침략의 기회를 노리는 가운데 나라 안에서는 호열자(콜레라) 같은 역병의 창궐과 탐관오리의 횡포로 민생이 파탄에 빠진 극심한 혼란의 시기였습니다. 백성들은 피난처인 궁궁촌(弓弓村)을 찾아 나서거나 서학(천주교)에 귀의하여 살길을 찾으려 했지요. 수운은 이같은 난세를 당하여 자신과 나라를 구할 방책을 찾아야겠다는 생각에 수도와 공부를 시작했습니다. 그렇지만 사업도 실패하고 구도의 길에서도 별다른 진전이 없어 나이 사십이 다 되도록 하는 일마다 실패와 좌절의 연속이었습니다. 울산에서 처가살이를 하다 야반도주하듯 고향인 경주의 용담에 돌아온 다음 이름을 제선(濟宣)에서 제우(濟愚)로 바꾸고 두문불출하며 더욱 열심히 수도에 정진합니다. 그래서 마침내 1860년 4월 5일 하늘님을 만나게 됩니다. 하늘님은 수운에게 이렇게 말합니다. "내 마음이 곧 너의 마음이다. 이것을 사람들이 어찌 알겠느냐?" 이것을 하늘님과의 문답, 또는 천사문답(天師問答)이라고 합니다. 하늘님과의 이런 만남과 계시를 통해 그는 궁극적인 진리, 즉 무극대도(無極大道)를 깨치는 이른바 득도를 한 거지요. 깨달음의 핵심 내용은 사람과 하늘이 같은 기운에서 태어났고, 사람은 누구나 하늘님을 모시고 있는(侍天主) 소중한 존재이므로 서로 존중하고 모든 사람을 다같이 하늘님으로 대접해야 한다는 것입니다. 이런 이치를 깨닫고 나서 수운은 우선 자신이 깨달은 내용을 가족들에게 설명하고 이를 한글로 풀어서 설명하는 가사를 지었지요. 그러다가 1년쯤 지난 뒤에 그 깨달음을 정리한 한문 경전을 씁니다. 그런 과정을 거쳐 1861년부터 자신이 깨달은 바를 사람들한테 얘기하고 전파하는 포덕(布德)을 시작합니다. 그의 가르침인 동학에 많은 사람들이 호응하면서 동학에 기반을 둔 일종의 신앙공동체 내지 종교 조직이 태어나죠.

사실 수운 선생이 포덕을 한 기간은 불과 2, 3년밖에 안 돼요. 그런데 그가 던진 메시지는 당시 조선의 신분제 사회에서는 결코 용납되지 않는 혁명적인 내용이었습니다. '양반, 상놈, 적자, 서자 같은 신분과 계급에 관계없이 모든 사람은 대등한 관계다.' 이런 민본주의적이고 만민평등적인 사상은 당시의 양반계급에 그야말로 천지개벽과도 같은 엄청난 충격을 주었지요. 그래서 경주 최씨 문중에서도 수운은 집안을 망칠 놈이고 그의 가르침인 동학은 이단이라며 규탄했고, 서원을 중심으로 유생들은 수운이 서양에서 들어온 서학을 퍼뜨린다며 관에 고발합니다. 마침내 1863년 12월 관에서 수운을 체포해서 그 이듬해인 1864년 3월 10일 대구 감영에서 처형합니다.

예수가 사람들에게 가르침을 전한 공생활(公生活) 기간이 한 3년 정도 된다고 하는데, 수운 선생의 공적인 삶도 비슷하게 짧습니다. 그

이러므로 우리나라는 악질이 세상에 가득차서 백성들이 언제나 편안
할 때가 없으니 이 또한 상해의 운수요, 서양은 싸우면 이기고 치면 빼앗
아 이루지 못하는 일이 없으니 천하가 다 멸망하면 또한 순망지탄이 없
지 않을 것이라. 보국안민의 계책이 장차 어디서 나올 것인가.

— 수운 최제우 「포덕문」의 일부, 「동경대전」

도는 비록 천도나 학인즉 동학이라.

— 수운 최제우 「동학론」의 일부, 「동경대전」

렇지만 그가 가르친 동학의 메시지는 후계자인 해월(海月) 최시형 선
생에 의해 널리 전파되어 1890년대 초에는 조선 팔도가 동학 천지가
되고, 결국 1894년에 동학농민혁명이 일어나게 됩니다. 제가 이해한
대로 수운의 동학 창도 과정을 간략하게 정리했습니다만, 김용휘 선
생님께서 좀더 전문적인 설명을 해주시면 고맙겠습니다.

동학, 한국 근현대 사상을 열다

김용휘 네, 아주 잘 말씀을 해주셨는데요. 저는 한국의 모든 사상이 동
학으로 귀결된 뒤 다시금 동학에서 한국 근현대 사상이 펼쳐졌다고
생각합니다. 몇년 전에 이화여자대학교출판문화원에서 '한국현대철
학선'이라는 시리즈를 기획한 적이 있는데, 그 1권과 3권이 『최시형

의 철학』(이규성 지음, 이화여자대학교출판문화원 2011)과 『최제우의 철학』으로, 한국 근대 철학의 출발점을 동학의 최제우로 보는 시각은 어느 정도 인정받고 있는 것 같습니다. 그리고 도올 선생님도 『동경대전』에서 이렇게 말씀하셨죠. "동학은 유구한 조선 문명의 총화이며 인류의 미래 이상이다." 조선 문명의 총화인 동학이야말로 근대 한국 사상의 미래를 보여준 시발점이었다는 뜻입니다. 동학에 대한 평가는 이제 점점 더 고조되고 있는 것 같아요.

정지창 선생님께서 간단히 설명해주셨지만, 수운 선생님은 결국 새로운 학문을 개척한 셈입니다. 수운 선생님의 깨달음은 시천주(侍天主), 즉 '내 안에 하늘님이 모셔져 있다. 나뿐 아니라 모든 사람이 하늘을 모시고 있다'는 진리였지요. 저는 이 점이 중요한 것 같습니다. 증산도의 창시자인 증산(甑山) 강일순(姜一淳) 역시 종교체험을 통해서 자신이 상제(上帝)라는 걸 깨달았는데, 거기에서 멈추지 않고 모든 사람이 상제라고 생각했다면 참 좋았을 겁니다. 반면 수운 선생님은 나만 하늘을 모신 게 아니고 모든 사람이 하늘을 모시고 있다고 생각하신 거죠. 이를 나중에 시천주라는 하나의 철학적 개념으로 정립하신 겁니다. 그런 점에서 보편성이 있다고 할 수 있습니다. 일반적으로 동학 하면 '사람이 곧 하늘'이라는 인내천(人乃天) 사상을 떠올리잖아요. 그런데 사실 수운 선생님은 본래 시천주를 깨달았던 것이고요. 모든 사람들이 자기 안에 거룩한 하늘을 모시고 있다는 걸 자각하고 나니까 양반과 상놈의 구별이라든지 남녀노소의 차별은 있을 수가 없는 것이죠. 그래서 수운 선생님이 깨달음을 얻은 후에 제일 먼저 하신 행동이 여종 둘을 해방시킨 거잖아요. 한분은 수양딸로 삼고 또 한분은 며느리로 삼고요. 당시에 부리던 종을 며느리로 삼는 게 사실 쉬운 일은 아니잖아요? 수양딸로 삼을 수는 있는데. 오

| 증산 강일순 | 증산은 1901년 종교체험 후 자신이 상제임을 깨닫고 천지공사(天地公事)를 행하며 포교에 힘썼다. 그는 자신의 종교를 "만고(萬古)에 없는 무극대도(無極大道)"라 말했으며 증산교라는 명칭은 훗날 그의 호를 따서 일컬어진 것이다.

늘날에도 며느리로는 아무나 안 들이려고 하잖아요. 그 정도로 당시로선 파천황(破天荒)적인, 유교 질서에 반하는 혁명적인 실천들을 하신 거죠.

수운 선생님도 한때는 서학 공부를 하셨지만, 만유 위에 계신 하느님으로 표현되는 서학의 수직적인 신, 유일한 절대자 창조주 하느님으로 하늘을 실체화하지 않았습니다. 기존의 서학이 하느님을 위한다고 하면서도 사실은 진정으로 신을 위하지 않고 자신의 복만을 구했다면, 수운 선생님은 정말로 하늘을 위하는 것, 즉 경천(敬天)을 한다는 것이 무엇인지 궁구하셨죠. 그 결과 공중에 계신 하늘이 아니라 내 안에 계신 하늘, 동시에 나에게만 있지 않고 모든 사람들 속에 있는 하늘을 발견해 만인을 향한 공경으로 나아가라고 하셨다는 점에서 수운 선생님이 새로운 윤리를 개척하신 것이죠. 그런 사상이 당시의 신분사회를 무너뜨리고 '다시개벽'이라는, 유교 질서에 사실상 정면으로 반하는 실천과 모두가 평등한 대동(大同)사회의 지향으로 이어진 거죠.

해월의 민중성, 동학의 확장성

백낙청 한가지 더 짚고 넘어갔으면 좋겠어요. 도올 선생이 수운을 처음 발견한 건 아니지만 우리 사회에서 그의 존재를 이렇게 부각한 건 그분의 큰 공로이고, 또 고조선 때부터의 흐름이라든가 구체적으로는 조선시대 유학의 맥락 속에서 수운의 사상을 딱 자리매김해놓은 것 또한 굉장히 큰 공로라고 생각합니다. 물론 해월 최시형에 대해서도 도올 선생이 높이 평가하는 말씀을 많이 하시는데, 주로 수운이 맡긴 원고를 들고 35년간 열심히 도망치다가 드디어 그걸 인쇄해서 후세에 전한 그 충성이랄까 의리, 신심을 높이 평가하시지요.

그런데 천도교 경전 중에 『해월신사법설(海月神師法說)』이 있지요. 수운의 경우와 달라서 이게 원문이 아니잖아요. 해월 선생은 우리말로 설법을 하셨는데, 누군가가 한문으로 옮겨 적어서 그것이 나중에 경전으로 남았고 그걸 다시 우리말로 번역해서 천도교 경전에 실었으니 일종의 중역본이죠. 그 법설에서 이런저런 구절을 제가 인용했을 때 도올이 그건 못 믿는다는 식으로 이야기하더라고요. 그게 해월 선생의 본래 말씀과 얼마나 정확히 일치할지는 모르겠지만, 저로선 그 법설을 읽으면서도 참 감격스러운 대목이 많았습니다. 이분이 수운 선생의 충직한 제자일 뿐 아니라 독자적인 성인이라는 인상을 받

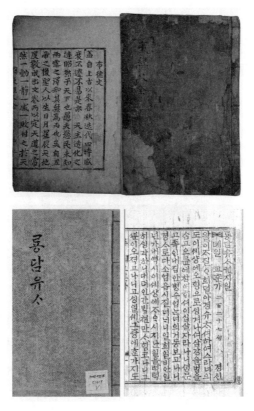

| 위부터 『동경대전』 『용담유사』 | 한문으로 된 『동경대전』과 한글로 된 『용담유사』는 동학의 기본 경전으로 최시형에 의해 간행될 수 있었다.

았습니다.

정지창 네, 성인에 가까운 분이죠. 수운 선생은 동학을 창조한 창도주로서 남성적인 카리스마가 넘치는 분이었다고 합니다. 눈빛이 형형해서 다른 이들이 감히 쳐다보지 못할 정도로 위엄이 느껴졌다는데, 해월 선생은 그와는 달리 이웃집 아저씨처럼 친숙하고 또 소박한 성품을 가지셨다고 그래요. 상당히 부드럽고 여성적인 풍모를 지녔던

天道敎二世祖師海月神師崔時亨

| 해월 최시형 | 최시형은 민중적인 동학사상을 완성하고 실천한 생명사상가였다.

것 같습니다. 해월은 화전민 출신입니다. 수운 선생만 해도 양반 가문의 후예로서 한문으로 경전도 짓고 한시도 읊는 등 사대부적인 교양과 문기(文氣)가 느껴지지요. 그런데 해월 선생은 그야말로 밑바닥 촌놈, 즉 농투성이예요.(웃음) 그야말로 민중 출신의 지도자죠.

저는 이분이 어려운 문자를 써서 말씀을 하셨을 것 같지는 않아요. 그 법설을 보면 대개 생활 속에서 느낀 바대로 누구나 알기 쉽게 생활 속의 예를 들어 설명을 하지 않습니까? 그러니 해월의 이야기는 당시의 민초들은 물론이고 오늘날의 대중들에게도 더 설득력 있고 친근하고 이해되기가 쉽죠. 해월 선생은 35년 동안 수배자로 쫓기면서 도망 다녀서 별명이 최보따리지요. 그런데 도망 다니면서 대체 어떻게 포덕을 했길래 조선 천지가 동학판이 되었느냐, 이게 놀라운 일이죠. 해월이라는 분이 단순히 충직한 신앙자였다면 불가능했을 것 같아요. 그러니까 이분이 가진 독특한 민중적 메시지와 어법이 당시의 민중들에게 친숙하고 설득력 있게 먹혀들었고, 그 결과 1890년대에는 농민혁명에까지 이르게 된 거라고 저는 생각합니다. 이런 점에서 민중적인 동학사상을 완성하고 실천한 생명사상가로 해월을 재평가할 필요가 있다고 봅니다.

백낙청 김용휘 선생님, 대체로 동의하시겠지만 덧붙일 말씀 있으시면 부탁드립니다.

김용휘 해월 선생에 대한 평가가 최근에 바뀌셨는지 모르겠지만, 제가 읽은 초창기의 글에 의하면 도올 선생님은 오히려 해월을 더 높게 평가하기도 합니다. 예수가 해월에 해당하고 수운 선생님은 오히려 세례 요한에 해당한다, 이런 표현까지 쓰신 걸 제가 본 적이 있어요. 최근엔 역작『동경대전』을 내셨으니 수운 선생님을 좀 띄워주시려고 그랬던 거고, 해월 선생에 대해서도 굉장히 높게 평가하신다고 저는 보고요. 해월 선생님은 사실『천자문』정도는 공부하셨다고 짐작해요. 완전히 까막눈은 아니라고 보지만 학문이 있는 분은 아니잖아요. 수운 선생님은 사실은 엄청난 학문이 있으신 분이고 이분 시를 보면 보통 작품이 아니거든요. 그런데 해월 선생님의 위대성은 그런 평민인데도 수도를 통해서 깨달음을 얻으셨다는 것이죠. 이분은 하여튼 시간이 나면 49일 수도를, 그 도망다니는 가운데서도 절간을 이용해서, 또는 제자들 집에서 하시거든요. 그런 49일 수련을 한번 마치면 뭘 하나 깨닫고 나오시는 거예요. 제자들 모아놓고 법설을 한 것이 지금 기록에 남아 있는 건데, 이분이 그때마다 '천지부모(天地父母)'라든지 '삼경(三敬)' '이천식천(以天食天)' '향아설위(向我設位)'같은 정말로 중요한 개념을 하나씩 끄집어내시는 거예요. 하나하나가 정말로 굉장히 깊이있는 중요한 개념어고 수운 선생님이 미처 다 말씀 못하신 것인데, 그래서 해월 선생님은 단순한 2대 계승자가 아니고 어

해월의 '이천식천'

내 항상 말할 때에 물건마다 한울이요 일마다 한울이라 하였나니, 만약 이 이치를 옳다고 인정한다면 모든 물건이 다 한울로써 한울을 먹는 것 아님이 없을지니, 한울로써 한울을 먹는 것은 어찌 생각하면 이치에 서로 맞지 않는 것 같으나, 그러나 이것은 사람의 마음이 한쪽으로 치우쳐서 보는 말이요, 만일 한울 전체로 본다면 한울이 한울 전체를 키우기 위하여 같은 바탕이 된 자는 서로 도와줌으로써 서로 기운이 화함을 이루게 하고, 다른 바탕이 된 자는 한울로써 한울을 먹는 것으로써 서로 기운이 화함을 통하게 하는 것이니, 그러므로 한울은 한쪽 편에서 동질적 기화로 종속을 기르게 하고 한쪽 편에서 이질적 기화로써 종속과 종속의 서로 연결된 성장발전을 도모하는 것이니, 합하여 말하면 한울로써 한울을 먹는 것은 곧 한울의 기화작용으로 볼 수 있는데, 대신사께서 모실 시(侍) 자의 뜻을 풀어 밝히실 때에 안에 신령이 있다 함은 한울을 이름이요, 밖에 기화가 있다 함은 한울로써 한울을 먹는 것을 말씀한 것이니 지극히 묘한 천지의 묘법이 도무지 기운이 화하는 데 있느니라.

— 해월 최시형 「이천식천」, 『해월신사법설』

떻게 보면 거의 수운 선생님과 대등한 동학의 창시자라고 할 수 있어요. 해월이 없으면 사실 동학을 상상도 할 수 없는 거죠.

정지창 저도 선생님의 말씀에 동의합니다. 특히 해월 선생의 생명존중 사상과 생태학적 감수성에 대해서는 더 깊은 연구가 필요하다고 봅니다. 저는 개인적으로 어떤 서양의 생명론자나 생태학자들의 메시지보다 해월이 서민적인 일상어로 설파한 메시지들이 더 깊고 심오한 생명사상을 담고 있다는 생각입니다. 가령 해월의 예민한 생태학적 감수성을 보여주는 이런 법설이 있지요.

"내가 한가히 있을 때에 한 어린이가 나막신을 신고 빠르게 앞을 지나니, 그 소리 땅을 울리어 놀라서 일어나 가슴을 어루만지며, '그 어린이의 나막신 소리에 내 가슴이 아프더라'고 말하였노라. 땅을 소중히 여기기를 어머니의 살같이 하라. 어머니의 살이 중한가, 버선이 중한가? 이 이치를 바로 알고 공경하고 두려워하는 마음으로 체행하면, 아무리 큰비가 내려도 신발이 조금도 젖지 아니할 것이니라."(「성·경·신(誠敬信)」, 『해월신사법설』)

이른바 '삼경사상' 법설도 예수의 산상수훈 못지않은 시적 표현이라고 저는 느꼈습니다. "하늘만 섬기고 사람을 섬기지 않으면 이는 농사의 이치는 알되 실제로 종자를 땅에 뿌리지 않는 행위와 같으니, 도 닦는 자 사람을 섬기되 하늘과 같이 한 후에야 비로소 바르게 도를 실행하는 자니라. 도인의 집에 사람이 오거든 사람이 왔다 이르지 말고 하늘님이 강림하였다 이르라 하였으니, 사람을 공경치 아니하고 귀신을 공경하여 무슨 실효가 있겠느냐. 어리석은 풍속에 귀신을 공경할 줄은 알되 사람은 천대하나니, 이것은 죽은 부모의 혼은 공경하되 산 부모를 천대함과 같으니라. 하늘이 사람을 떠나 따로 있지 않은지라, 사람을 버리고 하늘을 공경한다는 것은 물을 버리고 해갈을 구하는 자와 같으니라. 셋째는 경물이니 사람만 공경한다고 해서 도덕의 완성에 이르지는 못하고, 한걸음 더 나아가 생명이 없는 무생물을 공경함에까지 이르러야 천지기화(天地氣化)의 덕에 합일될 수 있느니라."(「삼경」, 『해월신사법설』)

김용휘 저도 해월에 대한 재조명이 필요하다고 보고, 이분의 사상을 통해서 동학이 민중의 사상으로, 평민철학으로, 그러면서도 생태적인 사유가 아주 풍부한 생명사상으로 해석된 부분은 굉장히 높게 평가해야 될 것 같습니다.

의암과 천도교는 동학을 어떻게 계승했는가

백낙청 동학이 나중에 3대 교주 손병희 선생 때 종교 등록을 하고 천도교가 되잖아요. 그 과정을 어떻게 평가할 건가, 특히 해월과 의암(義菴) 사이에 어떤 단절이 있는가, 천도교 이후에 천도교가 얼마나 동학을 잘 계승했는가 또는 동학과 단절을 겪었는가 하는 점은 좀 검토할 문제인 것 같습니다. 그 대목은 천도교도이신 김용휘 선생이 좀 말씀해주세요.

김용휘 지금까지는 동학과 천도교를 구분해서 보는 것이 학계나 시민사회의 일반적인 분위기인 것 같아요. 심지어 어떤 분은 동학까지는 좋은데 천도교는 좀 변질됐다는 표현까지 쓰시죠. 하지만 저는 양자를 좀더 연속선상에서 볼 필요가 있다고 생각합니다. 해월 선생께서 살아 계실 때 의암 손병희에게 도통이 전수됐고 그때가 1897년이거든요. 그리고 천도교로 이름을 바꾼 게 1905년입니다. 어쨌든 한 7~8년 동안 손병희 선생이 동학농민혁명 이후 무너진 동학조직을 다시 일으켜 세우면서 지도력을 발휘한 겁니다. 그러고 나서 1905년에 불가피하게 이름을 바꾼 것이죠. 당시 동학에 대한 조정의 탄압이 다시 극심해지고 민회(民會) 운동을 펼쳤던 이용구(李容九)가 1904년에 당시 일본에 계시던 손병희 선생님에게 보고도 안 하고 일진회(一進會) 송병준(宋秉畯)과 손을 잡으면서 친일 부역 활동을 하게 돼요. 그걸 나중에 손병희 선생님이 알고 대노하시면서 1차 경고를 했지만

| 의암 손병희 | 한반도의 독자적 근대를 추구한 동학사상을 이어받아 천도교 교리를 완성하고 실천했다.

이용구가 이를 수용하지 않았죠. 그래서 결국 이용구를 비롯한 62명을 출교 처분했습니다. 자칫 잘못하면 동학 세력 전체가 친일로 오인받을 수 있기 때문에 굉장히 급박한 결정이었죠. 동학 탄압은 계속되는데다가 그런 일까지 생기니까 이제 더이상 안 되겠다 해서 전격적으로 천도교라고 하는 근대적인 종교로 재편을 한 거죠. 이렇게 아예 공식적으로 등록된 종교가 되면 만국공법에 따라서 종교 차별을 당하지 않을 수 있었으니 종교적 자유도 얻고 쇄신을 하는 계기로 삼으려 했던 겁니다.

백낙청 1905년이면 통감부 설치 이후죠?

김용휘 12월 1일입니다.

백낙청 제가 그때 사정은 잘 모르지만 어떤 의미에서는 통감부가 조선조보다 좀더 관용적이었다고 할 수 있어요. 조선조 같으면 동학이 이름 바꿔서 신장개업한다고 그럴 때 안 받아줬을 겁니다. 그런데 통

수운-해월-의암이라는 동학공동체

수운이 중국 문명의 어법에 매몰되어 있던 전통세계와 새로운 대안으로 등장한 서구적 근대세계 사이에서 양자택일만이 아닌 제3의 선택이 가능함을 일깨워주었다면, 해월은 사유가 지식인들만의 전유물이 아님을 그리고 새로운 시대의 민중이 자기 사유의 주체가 될 수 있음을 실천적으로 보여주었으며, 이러한 "개벽"의 이상을 동학이라는 이름의 공동체 너머로 확산시킨 것은 의암이었다.

한국 근대 시기에 일어난 한문세계에서 한국어세계로의 전환은 서유럽의 근대 시기에 일어났던 중세의 공통어(lingua franca)에서 자국어(vernacular)로의 언어적 전환의 과정에 비견될 수 있다. 다만 우리가 겪은 것은 외세의 침탈로 인한 격변의 시대였기에 그 전환의 과정이 매우 압축적으로 전개되었다는 점에서 다르다. 그럼에도 불구하고 동학공동체는 밀어닥치는 사회적 변화에 휩쓸리지 않고 시대적 요구와 씨름하면서 일구어낸 독자적 사유를 발전시켜 자기 정체성을 획득한 언어공동체에서 유통함으로써, 단지 정치·경제사적 의미의 근대에 그치지 않고 '철학적 근대'를 지향했다고 할 만하다. 여기에서 "철학"이라고 말한 것은 근대의 학문분과를 가리키는 것이 아니라 '독자적인 사유의 틀'을 짤 수 있는 길을 말한다. 동학공동체에서 줄기차게 실험된 전통적 개념과 근대어 사이의 다리놓기 작업은 우리의 근대 개념사가 일본의 근대를 무비판적으로 받아들이는 것에 그치지 않고 주체적인 사유를 전개해나갔음을 보여준다.

〔…〕 의암이 새로이 정립했던 근대적 이상인 "개벽"은 계몽잡지의 선구인 『개벽』(1920. 6~1926. 8)의 제호로 선택되면서 사회적으로 큰 영향력을 행사하게 되었지만, 개념사를 치열하게 이어나갈 리더를 잃은 『개

벽』은 새로운 지식과 개념이 수용되고 융합되며 스러지는 용광로의 역할을 하다가 역사 속으로 사라졌다. 이러한 사유의 전통이 계승되지 못하고 오랫동안 잊혀 있던 탓에 "개벽"을 오로지 동학공동체 내부에 국한된 개념으로 여기는 경우가 더러 있다. 그러나 새로운 스타일을 그대로 읽은 "모던"도 "近代"라는 일본발 근대어도 아닌, 우리 힘으로 길어낸 "개벽"이 "새로움"이라는 시대적 열망을 대표하는 개념이었던 시절이 있었다. "근대"라는 말이 아직 정착하기 전이었던 이 시절에 "개벽"은 "한국적 근대"를 의미하였다. 최근에 다시 일어나고 있는 "개벽"에 대한 관심은 우리에게 동학공동체에서 시도했던 "개벽"의 이상을 복구하여 독자적인 사유의 길로서 "철학적 근대"를 완수해야 할 때가 도래했음을 일깨운다.

— 박소정 「동학공동체의 '철학적 근대'」, 백영서 엮음 『개벽의 사상사』, 창비 2022,

87~89면

감부는 계산이 있었겠죠. 하나는 유교 국가만큼 동학에 대해 안 된다는 생각이 강하지 않아서인 것도 있고, 또 하나는 종교로 등록시켜주면 그때부터는 관에서 규제를 할 수 있게 될 테니까요. 계승과 단절에 관해서 여러가지 설이 있잖아요. 도올 선생 같은 분은, 해월이 죽었을 때 이미 단절이 됐다, 왜냐하면 의암은 물론 충절이 있는 분이고 해월이 임명한 교주이긴 하지만 『동경대전』을 읽고 제대로 이해할 실력이 안 됐다, 그래서 해월이 체포돼서 죽은 1898년에 동학은 끝났다고 보죠.

그다음에 창비에서 출간한 『개벽의 사상사』(창비 2022)라는 책을 보면 거기에 기고한 박소정(朴素晶) 교수는 해월·의암까지를 하나의 동학공동체라고 봅니다. 사실은 이 관점도 보기에 따라서는 결론이 달라질 수 있습니다. 의암은 동학 교주를 했고 천도교도 만들었으니까 천도교도 동학 공동체에 따라 들어가는 거 아니냐고 해석할 수도 있지만, 그렇게 수운부터 의암까지 세 사람만을 동학공동체라고 볼 때 천도교 자체는 동학을 제대로 계승했다고 보지 않는 주장이 될 수도 있고요. 김용휘 선생님은 천도교가 동학을 계승하는 과정에서 여러가지 문제점이나 한계가 생겼다는 걸 인정하시지만 기본적으로는 그 계승 관계를 더 강조하시죠. 제가 최근에야 『의암성사법설(義菴聖師法說)』을 다 읽었는데요. 먼저 이 책에 대해서는 문헌비평이 필요할 것 같아요. 왜냐하면 수운 선생은 당신이 직접 쓰신 한문 원전과 국문 가사인 『용담유사』가 있고 해월 선생의 경우는 아까 말했듯이 법설집이 일종의 중역본이니까 그분의 원래 발언과는 좀 다르다는 걸 우리가 아는데, 의암의 경우는 어땠습니까? 의암 선생님이 한문으로 직접 쓰시거나 말씀을 하신 거예요?

김용휘 직접 쓰신 것도 있고 또 말씀하신 걸 제자가 글자를 조금 다듬은 경우도 있고요. 의암 선생님도 서당을 오래 다니신 분이기 때문에 아주 학문이 깊지는 않지만 문장을 지을 정도의 한문 실력은 있었습니다.

백낙청 한문을 아주 잘하는 사람들은요, 자기보다 못한 사람은 한문을 모른다고 생각하죠. 해월도 처음에는 『천자문』 정도 겨우 떼는 식으로 출발했을지 모르지만 수도를 하고 공부를 하면서 한문이 늘었을 거예요. 그건 뭐 틀림없는 사실이고 소태산도 그렇습니다. 그분도 서당 조금 다니다 말았지만 한시도 짓고 많이 쓰셨거든요. 의암 선생도 그래요. 그러니까 시 같은 것은 누가 써줬을 것 같지 않고요.

김용휘 네, 그건 직접 쓰신 거죠. 그 정도 시를 쓴다는 건 보통 실력은 아닌 거죠.

| 적멸굴 |

백낙청 아까 말씀하신 『무체법경』의 경우는 어떻습니까?

김용휘 『무체법경』이 굉장히 중요한 경전인데요. 1909년 12월에 통도사 내원암에서 49일 기도를 시작해 2월 초에 마친 뒤 수운 선생님이 공부했던 적멸굴, 바로 내원암 인근의 천성산 중턱에 있는 자연 동굴인 그곳을 방문하는데 거기서 손병희 선생님이 크게 깨치게 되죠.

백낙청 천도교 경전에 실린 순서가 저작 연대순은 아니군요.

김용휘 그렇죠. 저작 연대순은 아닙니다. 가장 중요한 경전을 앞에 배치했죠.

백낙청 「삼전론(三戰論)」이나 「명리전(明理傳)」 같은 건 그 전의 저작이겠고요.

김용휘 네, 그 경전들이 먼저 저술되었는데 뒤에 가 있고, 『무체법경』이 손병희 선생님의 가장 주저라고 해서 앞에 들어간 거죠. 손병희 선생이 49일 기도와 적멸굴에서의 자각을 바탕으로 『무체법경』의

│『**무체법경**』│ 손병희가 적멸굴을 방문 후 크게 깨친 뒤에 간행한 책으로, 하늘님과 통하는 사람의 성품 (性)과 마음(心)과 몸(身)의 관계, 그리고 그 수행법을 밝힌 의암의 대표 교서다.

큰 틀을 잡아서 구술하시고, 그걸 문장으로 좀더 다듬은 사람이 양한 묵(梁漢默)이라고 생각합니다. 양한묵 선생은 글공부도 하시고 한때 는 승려 생활도 하셨으며, 일본 유학도 하신 분이에요. 앞서 언급한 49일 기도 때는 양한묵 선생이 같이 보조도 했어요. 일반적으로 지도 자들이 인사말 같은 걸 할 때 자기가 문장을 다 짓지는 않잖아요. 손 병희 선생이 대의를 이야기하면 그것을 가지고 완성된 문장으로 만 든 사람은 양한묵이라고 생각됩니다만, 『무체법경』은 어디까지나 손 병희 선생의 적멸굴 체험이 계기가 되어 나온 것이기 때문에 손병희 선생의 글로 보는 것이 맞다고 생각합니다.

백낙청 또 한가지 제가 『무체법경』을 읽으면서 느낀 바 하나는 불교적 인 색채가 굉장히 짙다는 겁니다.

김용휘 그런 측면이 있죠. 다만 『무체법경』의 성(性)은 곧 우주적 영

| 손병희와 그의 동지들 | 앞줄 왼쪽부터 조희연, 권동진, 손병희, 오세창. 뒷줄 왼쪽의 첫번째 인물이 양한묵이다. 양한묵은 손병희를 보좌하며 보성전문·보성중·동덕여학교의 인수와 경영에 참여했다.

(靈)이라고 하는 점에서 차이가 있습니다.

백낙청 수운, 해월 선생 다 유불선 삼교 결합을 말씀하셨지만 불교적인 요소는 적지 않습니까? 그런데 이『무체법경』은 선승의 선문답 같은 얘기도 많이 들어 있고, 거기서만 끝나는 게 아니라 뒤의 시문을 보면 정말 선시 같은 대목들이 있어요. 그게 저는 꽤 인상적이었습니다. 이것을 좋게 보면 수운 선생님 때부터 시작된 유불선 삼교 결합이 의암에게 와서 완성됐다, 이렇게 높이 평가해줄 수도 있습니다. 하지만 다른 관점에서 보면 수운이나 해월 선생이 보여준 원래의 개벽사상에서 멀어지는 과정일 수도 있단 말이죠. 우리가 선사들의 시나 설법을 볼 때 배울 점은 많지만 어떤 때는 이들이 현실과 좀 동떨어진 멋있는 얘기들을 하잖아요.

의암 선생님도 보면 물론 그때의 시대적인 상황 때문인 것도 있겠

부국강병을 고민한 의암

지금 우리 동양은 방금 상해의 운에 있는지라, 조야가 솥에 물 끓듯 하고 민생이 물 마른 못에 고기 날뛰는 것 같으니, 만일 강적이 침략하여 온다 할지라도 정부에서는 막을 만한 계책이 없고 가난과 추위가 뼈에 사무쳐 백성이 물리칠 힘이 없으니 실로 통곡할 일이로다. 전혀 다른 까닭이 아니라, 이것이 시대의 운수니 이를 장차 어찌할 것인가.

그러나 오직 우리 동포가 만약 보국안민할 계책을 잃으면 동양 대세를 반드시 안보하기 어려울 것이니 어찌 통탄하지 아니하랴.

— 의암 손병희 「명리전」 일부, 『의암성사법설』

의암이 논한 세가지 싸움(三戰), 정신(도덕)·경제·외교

(1) 도전(道戰, 도덕)

〔…〕세계 각국이 각각 문명의 도를 지키어 그 백성을 안보하고, 그 직업을 가르쳐서 그 나라로 하여금 태산같이 안전하게 하니, 이것은 별수 없이 도 앞에는 대적할 자 없다는 것이니라. 〔…〕옛사람이 말하기를 "지극히 잘 다스리는 시대에는 논밭이 넉넉하고, 비와 바람이 순하여 산천초목이 다 생기가 넘쳐 활발함이 있다" 하니, 천시 지리가 다름 아니라 인화 중에서 되는 것이 아니냐. 이러므로 나는 반드시 말하기를 "싸울 만한 것은 도전이라" 하노라.

(2) 재전(財戰, 경제)

〔…〕만약 특출한 물건을 각국에 상품으로 시험하여 그 나라 소산물로 바꾸나니 이같이 하면 혹 미개한 나라가 이해분석을 할 줄 모르면 몇

해 안 되어 그 나라의 쇠잔함을 면치 못할 것이니, 이로써 보면 정녕히 이것은 기름을 빨아먹는 앞잡이니라. 이러므로 꾀 있는 선비는 생각이 같은지라, 위에서는 왕가의 자제로부터 아래로 민간의 수재에 이르기까지 그 재주를 기르고 그 기술을 발달시키어 한편으로는 외국 자본을 막아내고 한편으로는 나라가 부해지는 술책을 쓰는 것이니, 이것이 어찌 싸움이 아니라고 하랴. 이러므로 나는 반드시 말하기를 "싸울 만한 것은 재전이라" 하노라.

(3) 언전(言戰, 외교)

〔…〕 말은 하는 데도 도가 있으니 지혜와 계책이 병행한 뒤에라야 말도 빛이 나느니라. 이러므로 한마디 말이 가히 나라를 흥하게 한다 하니, 옛 성인의 심법이 이 글에 나타났으니 단연코 그림 그리는 사람이 물건을 보고 묘하게 그리는 것과 다름이 없느니라. 〔…〕 나라가 흥하고 패하는 것과 빠르고 더딘 것이 담판하는 데 달렸으니, 이로써 생각하면 슬기로운 계책이 있는 선비는 말을 하여 맞지 않는 것이 없느니라. 무릇 이같이 말하면 사물에 베풀어질 때에 그 공이 어찌 중대치 아니하랴. 이러므로 내 또한 말하기를 "싸울 만한 것은 언전이라" 하리로다.

— 의암 손병희 「삼전론」 일부, 『의암성사법설』

지만 선대의 불온성이 많이 제거돼 있더라고요. 심지어는 「명리전」을 보면 의암의 개화파적인 면모라 할 만한 것이 보이는데, 개벽사상가들이 개화를 수용하는 것은 오히려 필요한 일이었다고 보지만 거의 부국강병론 같은 거고, 또 우리 개인 생활에서는 열심히 일하고 저축하고 해서 잘 살아보자 하는 그런 기미도 보이고요. 그래서 의암

117

선생님의 사상 속에 이렇게 여러가지가 들어 있는데, 이것이 수운이나 해월의 사상을 오롯이 받아들여서 한걸음 더 전진시키고 내용을 풍부하게 만든 결과라고 볼 수 있을지 의문을 가졌어요. 어떻게 보시나요?

김용휘 의암 손병희 선생이 해월을 정말 잘 계승하려고 그렇게 했다고 봅니다. 다만 당시에는 이미 서양 문물이 거부할 수 없을 정도로 들어왔고, 또 당신도 지금은 천하대세를 알지 않으면 안 되겠다 해서, 처음에는 미국에 가서 서구 문명을 봐야겠다고 생각했는데 배편이 여의치 않자 일본에서 한 5년 정도 외유를 합니다. 그곳에 있는 동안에 손병희 선생이 자주국가가 돼야 한다는 것을 가장 많이 생각했는데, 어떻게 하면 우리가 자주국가가 될 수 있는가를 고민하다보니까 「삼전론」을 쓰게 되었고 다분히 부국강병적인 요소들이 저술에 녹아들게 되었어요. 경세가로서의 기국(器局)이 굉장히 있으신 분이에요. 원래 동학에 보국안민(輔國安民)이 있긴 합니다마는 의암 선생은 늘 나라에 대한 걱정을 많이 하셨던 분이죠.

백낙청 그 말씀을 하시니까 눈에 들어온 대목이 생각나는데요. 보국의 보 자가 의암에 이르러 바뀌었더구만요. 원래 수운 선생이 나라를 바로잡는다는 뜻으로 보국안민이라고 했을 때는 돕는다는 보(輔) 자를 썼어요. 그런데 의암은 지킬 보(保)를 쓰죠?

정지창 아, 그렇게 썼습니까?

백낙청 그분은 계속 그렇게 썼어요.

김용휘 1900년대의 의암 선생은 '문명개화'라는 개화 노선에 상당히 가까운 면모를 보이는 것도 사실입니다. 그런데 당신이 1910년 초에 대각체험을 하게 되면서는 다시 천도의 근본을 세우는 데 더 주력하게 되는데, 그 체험은 앞서 언급된 적멸굴에서, 수운 선생님의 성령이 현전하여 그분의 눈으로 적멸굴을 다시 보는 듯한 체험을 한 것을 말합니다. 이런 체험 자체는 사실 동서고금에 있는 것인데요. 이 체험을 통해 수운의 성령과 자신의 성령이 하나라는 자각을 넘어, 하늘님의 성령과 모든 사람들의 성령이 하나로 꿰뚫어져 있다는 자각을 하게 되었다는 데 의미가 있습니다. 다시 말하면 인간의 성품(성령)이 본래 하늘님 영의 표현이라는 것입니다. 이를 의암 선생은 '성령출세(性靈出世)'라는 말로 표현하고 있습니다. 하늘님의 성령이 드러난 것이 세상이라는 뜻입니다. 마찬가지로 인간 역시 영의 표현인 것이죠. 그래서 성령(性靈)이라고 표현합니다. 마치 성일원론(性一元論) 같은. 그런데 그 성령이 하늘님의 영인 거죠. 이전에도 인내천이라는 표현을 쓰셨지만, 의암 선생이 그 성령출세를 체험하고 나서야 비로소 인내천이란 하늘님의 성령과 인간의 성령이 하나임을 말한다는 그 자각이 『무체법경』에 담기게 되었다고 봅니다. 그래서 겉으로 보면 불교와 비슷하지만 인간의 본성이 하늘의 영이라고 하는 데서 차이가 있습니다.

백낙청 시청자를 위해서 한마디 토를 달면, 요즘은 성령이라고 하면 기독교 삼위일체의 일부인 성령을 생각하는데요.

김용휘 성품 성(性) 자지요.

백낙청 거룩할 성(聖) 자 성령이 아니고, 성(性)과 영(靈) 이 둘을 성령이라고 그랬었죠. 한 말씀 덧붙여주시죠.

정지창 의암 손병희 선생님은 제가 보기에는 수운이나 해월과는 좀 성격이 다른 분 같아요. 이분도 물론 동학에 충실한 수련자이긴 하지만요. 수운과 해월은 동학을 만들어내고 그걸 전파한 분들 아닙니까? 물론 조선왕조에서는 엄격하게 그걸 금지하고 탄압했습니다마는, 어떤 점에서 이분들의 목표는 단순했죠. 동학의 가르침을 널리 전파하는 거죠. 물론 그것이 혁명적인 사상이었기 때문에 이분들이 나중에 순교를 합니다마는 의암은 좀 다르지 않습니까? 저는 의암의 입교 과정을 보고 상당히 감명을 받았어요. 이분이 스물두살 청년 때 누가 입교를 권유했다고 해요. 그러면서 동학을 믿으면 삼재팔난(三災八難)으로부터 벗어날 수 있다, 이거 믿으면 잘 먹고 잘 산다, 너 앞으로 살아가는 데 큰 도움이 된다, 이랬다는 거죠. 그러니까 이 양반이, 아 그럼 나 입교 안 하겠다, 나는 내 일신이 그런 식으로 잘 사는 것보다는 큰 난리가 나서 지금 세상이 완전히 뒤집어지면 좋겠다, 그러니 기껏 삼재팔난을 피할 수 있다는 것 때문이라면 난 입교할 생각이 없다, 이렇게 입교를 거절했다는 거예요. 그런데 얼마 후 다른 사람이 와서, 모든 사람을 하늘님처럼 서로 섬기면서 모든 사람들이 평등하게 살 수 있는 세상을 만드는 것이 동학의 근본 목적이라고 하니까, 이분이 그렇다면 내가 거기 들어가야겠다며 동학에 입교했다고 합니다. 그러니까 안목이나 품성으로 볼 때 의암 선생은 자기 일신의 영달을 추구하기보다는 세상을 변혁하고 구제하겠다는 큰 배포를 가지고 있었다는 점을 저는 높이 평가합니다. 말하자면 종교지도자이면서 경세가라고 할 수 있지요. 알다시피 이분이 동학에 들어와서 동학농민전쟁 때 북접군 총사령관을 맡잖아요. 그래서 전봉준의 남접과 연합해서 우금치로 진격을 했다가 일본군의 기관총에 밀려 처참한 패배를 당합니다. 그러고서 쫓겨 다니다가 나중에 해월에게서 법통을 이어받았지요. 의암은 배포도 크고 호방했지만 다른 한편으로 굉장히 근면성실했다고 합니다. 입교 후에는 하루에 짚신 두 켤레를 삼고 주문을 몇만번씩 읽었다는 거예요.

김용휘 하루에 주문 3만 독을 하기를 3년을 했는데, 3만 독이라면 한 열다섯시간을 해야 합니다.

정지창 그러니까 엄청나게 집중적으로 공부와 수련을 했다는 거죠. 이분이 한문 공부는 물론 얕지만 무서운 집중력을 가지고 공부했기 때문에 많은 걸 깨쳤고 적멸굴에 가서 마음공부도 하고 일본에서도 6년 동안 많은 서양 문물과 제도를 배웠지요. 우금치의 패배를 겪고 나서 우리가 서양 문물을 무시해선 안 된다는 것을 몸으로 깨달은 거죠. 그래서 천도교를 만들고 공식 종교로 인가를 받는데, 그것도 당시로선 불가피한 측면이 있는 것 같아요. 1886년에 조선 정부가 천주교를 종교로 공인하고 마음대로 포교할 수 있도록 허용합니다. 그러나 동학은 풀어주질 않아요. 그대로 있다가는 동학은 점점 교세가 찌그러져서 완전히 소멸될 위기에 처한 겁니다. 통감부 아래서든 뭐가 됐든 좌우간 공식 종교로 인가를 받아야지 동학의 명맥을 유지하고 그 뜻을 펼 수 있겠다고 판단한 거죠. 물론 그 과정에서 천도교가 수운과 해월이 가지고 있던 동학의 기본 정신과는 조금 다른 식으로 변모된 것은 불가피했다고 생각합니다. 기독교의 경우에도 나중에 로마의 공인된 종교로서 국교가 된 후에는 예수 시절에 있던 원시 기독교공동체가 많이 달라졌잖아요. 마찬가지로 수운과 해월에게서 시작된 동학이 의암에 이르러 공식 종교가 되면서 여러 제도나 의례가 생깁니다. 개인의 취향과 성향에 따라 그런 변화에 대해서는 호불호가 있겠죠.

김용휘 해월 선생이 표현한 대로 하면 시대에 맞게 변형해야 한다는 용시용활(用時用活)을 한 건데요. 의암 선생에게 그런 경세가의 기질이 있었기 때문에 굉장히 현실감각도 뛰어났고 현실에 맞게끔 이 조선을 자주국, 독립국가로 만들고 거기서 동학이 국교로서의 역할을 하게끔 만들고 싶었던 건 분명한 듯합니다. 그래서 단순한 개화 노선을 추구하지 않고 동학을 정신적인 주체로 삼아서 자주독립국가를 만들겠다는 복안이나 열망이 대단하셨던 분이고요. 그런 경세가로서의 경륜이 한편으로는 선사의 기질로 나타나는 측면도 분명히 있다고 봅니다. 그래서 저는 의암 선생에게 불교의 면모도 있었던 것 같고요. 반면 수운 선생에게는 유가의 면모가, 해월 선생에게는 선가적인 면모가 좀더 강했다고 할 수 있습니다. 물론 이렇게 도식화하는 건 무리가 있겠습니다만 성향으로 볼 때 그런 측면이 있다는 것이죠.

『개벽』과 천도교의 문화운동

백낙청 사실 일반 시민이나 국민의 입장에서 볼 때는, 의암 선생이 천도교를 만들지 않았다면 3·1운동은 일어날 수가 없었습니다.

정지창 그렇죠.

백낙청 차후에 무슨 문제가 생겼든 일단 저는 그걸로 당시 천도교의 의미가 정당화된다고 보는데, 물론 문제가 생겼다면 그것대로 따져봐야죠. 의암 선생이 3·1운동 이후 감옥살이하시다가 병보석으로 풀려나서 1922년에 돌아가시죠. 그건 우리 역사에서는 굉장히 중요한 사실인데 아직 그 전모를 모르는 사람들도 많이 있습니다. 특히 요즘 일부 기독교인들은 자기들이 민족대표에 한명 더 들어갔다며 오히려 기독교가 3·1운동을 주도한 것처럼 주장하기도 합니다만, 그게 사실이 아니라는 건 지금 길게 말하지 않아도 어느정도 상식이 된 것 같아요. 그래서 그보다는 조금 덜 알려진 1920년대의 천도교 문화운동, 또 크게 보면 그 문화운동의 일부지만 소파(小波) 방정환(方定煥) 선생이 벌인 천도교 특유의 어린이운동 이야기를 좀더 한 후에 다음 주제로 넘어가면 좋을 듯합니다.

정지창 3·1운동은 그야말로 역사적인 일대 사건이죠. 그 의미가 다층적인데, 그중 하나가 상해임시정부를 탄생시켰다는 것, 그리고 그 헌법에 민주공화정이라고 명시했다는 것입니다. 이런 헌법의 밑바탕에는 동학의 민본사상이 깔려 있다고 봅니다. 이후 1920년대에 천도교에서 『개벽(開闢)』이라는 월간지를 발행하죠. 제가 어디선가 얘기한 적이 있는데, 1960년대 이후에 계간지 『창작과비평』이 했던 역할을 『개벽』이 1920년대에 선구적으로 했던 게 아닌가 생각합니다. 『개벽』지는 지면의 3분의 1을 문학에 할애했고, 정치, 경제, 사회, 사상, 국제정세 등을 고루 다룬, 당시로서는 드문 종합지였죠. 또 하나의 특징은 개방적이라는 점입니다. 진영 논리를 따지지 않고 들을 만한 새로운 언설이 있는 글이면 모두 다 실어주었고, 사회주의와 민족개조론, 해외 독립운동의 동향을 소개하거나, 심지어는 천도교를 비판하는 글도 실을 만큼 개방적이었습니다. 천도교는 『개벽』이라는 잡지를 이용해 동학정신을 계승한 개벽문화운동을 펼친 것이지요. 어린이운동, 여성운동, 노동운동, 농민운동, 수양운동 등 다양한 사회운동을 전개했는데, 그중에서 가장 널리 알려진 것이 바로 어린이운동입니다.

조금 옆길로 새는 얘깁니다만, 저는 한국문학사를 『창조(創造)』 『백조(白潮)』 같은 동인지 중심으로 기술하는 경향이 좀 못마땅합니다. 이런 동인지들보다는 『개벽』 같은 종합잡지가 훨씬 중요한 역할을 한 것 같은데, 문학사에서는 동인지만 거론되거든요. 물론 동인지도 중요하지만, 독자 수를 따져보면 『개벽』은 매호 6, 7천부가 나갔다고 하는데 종합잡지의 파급력과 영향력이 훨씬 크다고 봅니다. 국문학자인 임형택 선생은 소설에서 한글전용이 처음 이루어진 것도 1924년 『개벽』지에서부터라고 말합니다.

| 민족대표 33인 | 태화관에 모여 독립을 선언한 민족대표 33인을 그린 기록화. 원 안의 인물이 손병희다.

　운동의 측면에서 보면, 문화운동이 변혁이나 혁명 같은 즉각적인 효과를 가져오는 건 아니지만, 사람들의 마음을 열고 또 생각을 바꾸는 데 굉장히 중요한 역할을 한다고 봅니다. 김일성(金日成)도 소년 시절에 『개벽』을 열심히 봤다고 합니다. 물론 김일성은 그후 동학·천도교와는 다른 길로 갔습니다만, 이 잡지가 그 정도로 널리 읽히고 영향력이 컸음을 알 수 있지요. 김용휘 선생님이 더 전문적으로 얘기를 보태주시면 어떨까요.

김용휘　일반적으로 역사학계에서는 천도교의 운동, 특히 1920년대의 문화운동을 그냥 문명개화 노선으로 봅니다. 또 민족주의 우파, 개량적 민족주의, 타협적 민족주의, 이런 식으로 평가하거나 실력양성운동 정도로 간주하는데, 최근의 연구들은 조금 바뀌고 있어요. 조금 전에 문화운동이라는 표현도 쓰셨는데, 1920년대에 천도교 청년회

| **개벽사** | 서울 종로구 경운동 천도교 대교당과 그 앞에 있던 개벽사(대신사출세백년기념관, 왼쪽 건물)의 모습. 다양한 문화운동의 본거지가 됐던 이 건물은 1970년대 초 삼일대로가 확장되며 철거됐다.

가 중심이 된 문화운동은 사실 개화운동이 아니고 개벽운동이었다는 시각이 생겨나고 있습니다. 제호를 『개벽』이라고 할 때 이미 그걸 표방했다는 거죠. 물론 당시에 서구에서 들어온 사상도 있었지만 사실 당시 운동은 그것과 근본적으로 다른 '개벽'운동으로, 여기서 '개벽'은 근본적 전환을 의미하는데, 정말로 인간의 근본적인 변화를 바탕으로 전개된 사회운동, 독립운동, 나아가 문명전환 운동이었습니다. 당시 천도교 청년회, 또는 청우당(靑友黨)은 노동운동부터 여성운동, 어린이운동, 농민운동 등 모든 분야에서 이 운동을 했거든요. 그중에서 많이 알려져 있는 게 소년운동, 어린이운동인데, 당시 『신여성』 같은 잡지를 발간해서 여성운동에도 앞장섰습니다. 그중에 방정환과 소춘(小春) 김기전(金起田)이라는 분이 중심이 된 소년운동, 어린이운동이 가장 큰 파급력이 있었던 것이고, 아까도 잠깐 언급하셨지

| 개벽사에서 발행한 잡지들 | 왼쪽부터 『개벽』『어린이』『신여성』. 1920~30년대 천도교는 문화운동을 이끌며 『학생』『별건곤』 등 다양한 잡지를 출간해 사회 구석구석의 목소리를 담아냈다.

만 『어린이』라는 잡지는 3만부 정도가 팔렸죠.

정지창 그 당시로서는 대단한 거죠.

김용휘 엄청난 거죠.

백낙청 어마어마한 거죠. 그때는 '우리 2천만 동포'라고 했지만 2천만이 채 안 됐을 겁니다. 문학사나 문화사적으로 볼 때 『개벽』이라는 잡지가 대단했고, 당시로선 국내 최대 종교이던 천도교라는 물적 기반을 가진데다가, 개화파도 좌파와 우파가 있었는데 개화파와는 다른 개벽을 지향했다는 점에서 그만큼 더 의미가 있고 파급력이 컸습니다. 물론 그런 점은 인정해야 되지만, 우리가 어떤 문화운동이나 사상적 흐름을 평가할 때, 그들이 개벽을 표방했다고 해도 실제로 얼마나 개벽적이었나 하는 건 다시 따져봐야 할 것 같아요. 그래서 천도교로 오면서 수운이나 해월이 표방한 본래의 개벽사상에서 좀 멀어지지 않았나 해요. 저는 이 시대를 많이 모릅니다마는 소춘 김기전 선생이나 야뢰(夜雷) 이돈화(李敦化) 같은 분들의 글을 보면 이미 서양

사조에 굉장히 많이 물들어서 우리가 더 잘할 수 있다고 외치면서 거기에 수운주의라는 이름을 붙이는데, 이것을 액면 그대로 우리가 믿어서는 안 될 것 같고 그야말로 하나하나 점검을 해야 할 것 같아요. 다시 말해 서양 사상의 영향이 더 큰 건지, 아니면 수운과 해월의 개벽 정신이 더 크게 작용했는지, 둘을 제대로 융합을 했는지는 좀 따져봐야 되지 않을까 합니다. 어린이운동 말씀하시는데 제가 중간에 말을 잘랐습니다마는, 좀더 이야기해주십시오.

김용휘 아까도 말씀하셨지만 천도교는 당시 최대 종단이죠. 지금은 군소 종단이 됐습니다마는 당시는 3백만 교도를 이야기할 때니까요. 그리고 아까도 얘기했지만 사회주의에 대해서 가장 많이 소개한 잡지도 사실 『개벽』이에요. 1920년대에는 사회주의와 관련된 논설들이 굉장히 많이 실리고, 이미 그때부터 자본주의에 대한 비판이 바로 『개벽』에서 시작됩니다. 이돈화 같은 사람도 자본주의의 비인간화라는 표현을 썼고요. 개벽 개념이 워낙 포괄적이라서 그렇습니다마는, 이미 1920년대에 이돈화·김기전이 비록 서구 사상의 영향은 받았더라도 그걸 통해 주장하려 했던 메시지는 서양을 따라가자는 것은 아니었습니다. 동학의 정신에 바탕해서 자본주의도 극복해야 하고 사회주의와 상당히 더 친연성이 있다 하더라도 그걸로는 한계가 있다는 의식이 1925년 이후에는 더 분명해집니다. 결국 1920년대의 운동은 자본주의와 사회주의를 극복하려는 운동의 시초가 되었고, 나중에 1940년대의 해방 공간에서 청우당의 좌우를 넘어선 통일국가 건설로 계승됩니다. 청우당은 천도교청년당에서 이름을 바꾼 천도교의 정당인데, 좌우를 극복하려는 씨앗이 이미 1920년대부터 있었다는 거지요. 그런 차원에서 기존의 문화운동을 개조운동이나 개화운동으로 보는 시각은 이제 조금 바뀔 필요가 있죠.

| **천도교 문화운동의 기수들** | 왼쪽부터 김기전, 이돈화, 방정환. 이들은 천도교의 문화운동을 이끄는 기수 역할을 했다.

　어린이운동에 대해서 조금만 더 말씀을 드리자면, 사실 어린이운동이라는 용어 자체는 정확하지 않습니다. 원래는요, 어린이해방운동이었어요. 그래서 1923년에 소춘 김기전 선생이 이 소년운동의 기초 이론을 담은 글「개벽운동과 합치되는 조선의 소년운동」(『개벽』 35호, 1923. 5)을 쓰는데, 거기서 몇가지의 억압을 비판합니다. 그중 하나가 유교적인 억압에서 아이들을 해방시켜야 한다는 것이었고, 또 아이들을 한갓 어른들의 심부름꾼으로 생각하는 경제적인 억압, 노동의 억압으로부터 아이들을 해방시켜서 아이들이 제대로 교육받고 성장할 수 있게끔 도와야 한다는 것이었는데, 어린이운동은 이런 억압들로부터 아이들을 해방시켜야 된다고 주장하는 선언이었고 어린이해방운동이었어요. 그래서 원래 어린이날은 5월 5일이 아니고 5월 1일이었습니다. 왜 5월 1일이냐면, 물론 당시도 노동자들이 계급적으로 차별을 받고 있었습니다마는, 어린이는 그중에서도 자기 목소리를 못 내는, 계급적으로 가장 열악한 처지였기 때문입니다. 그래서

1923년 5월 1일 배포된 '어린이운동' 홍보문

어른에게 드리는 글

1. 어린이를 내려다보지 마시고 올려보아주세요.

1. 어린이를 늘 가까이하여 자주 대화해주세요.

1. 어린이에게 경어를 쓰시되 늘 부드럽게 말해주세요.

1. 이발이나 목욕, 옷 같은 것을 때맞춰 하도록 해주세요.

1. 잠자기와 운동하기를 충분히 하게 해주세요.

1. 산보와 소풍 같은 활동을 가끔씩 시켜주세요.

1. 어린이를 나무랄 때는 쉽게 성만 내지 말고 자세히 타일러주세요.

1. 어린이들이 서로 모여 즐겁게 놀 만한 놀이터나 시설 같은 것을 지어주세요.

1. 대우주 뇌신경의 끝은 늙은이에게도, 젊은이에게도 있지 않고 오직 어린이 그들에게만 있다는 점을 늘 생각하여주세요.

어린 친구들에게

1. 뜨는 해와 지는 해를 반드시 보기로 합시다.

1. 어른에게는 물론이고 친구들끼리도 서로 존대하기로 합시다.

1. 화장실이나 담벼락에 글씨를 쓰거나 그림 같은 것을 그리지 않기로 합시다.

1. 길가에서 떼 지어 놀거나 유리 같은 것을 버리지 않기로 합시다.

1. 꽃이나 풀을 꺾지 말고 동물을 사랑하기로 합시다.

1. 전차나 기차 안에서는 어른에게 자리를 양보하기로 합시다.

1. 입은 꼭 다물고 몸가짐은 바르게 하기로 합시다.

오전에는 노동절 행사를 하고 오후 세시에 어린이날 행사를 했는데, 당시에 계급해방과 여성해방까지는 이야기되고 있었지만 노동절에 어린이해방까지 이야기되어야지 진정한 인간해방이 된다고 해서 어린이날 행사를 그날 같이 했던 것이죠. 방정환과 소춘 김기전의 어린이운동은 단지 어린이를 조금 잘 보살피자는 정도의 어린이보호운동이 아니고 명실공히 해방운동이었다는 점을 언급할 필요가 있습니다.

백낙청 지금은 그걸 '구름달'이란 공동체에서 계승하고 계십니까?

김용휘 아, 예. 그렇게 됐는데요. 굉장히 우연한 기회에 제가 방정환의 사상을 접하게 됐고 또 그를 계승하는 교육운동을 하게 됐습니다. 2014년 무렵에 생태유아교육의 선구자인 부산대 유아교육학과의 임재택(林再澤) 교수님과 만나서 이야기를 나눈 게 계기였습니다. 그분 말씀이, 우리나라에 방정환 초등학교가 하나도 없다는 거예요. 정말 그럴 수가 있는가 싶어 알아보니, 어린이운동을 하신 그분 이름을 딴 초등학교는커녕, 그나마 있을 것 같은, 호를 딴 '소파초등학교'도 없는 거예요. 그래서 그런 초등학교를 한번 만들어봐야겠다는 뜻을 그때 갖게 됐는데 바로 초등학교를 설립하는 건 여러가지로 쉽지 않았습니다. 우선 가능했던 일은 어린이집을 여는 것이었고요. 2014년 9월 1일에 마침 수운 선생의 용담정 아래에 자리가 나서 어린이집을 개원했습니다. 공부를 해보니까 방정환 선생은 해월 선생의 동학사상을 직접 계승하고 있습니다. 해월 선생은 "아이도 하늘님을 모셨으니, 절대로 아이를 때리면 안 된다"며 어린이도 하늘님으로 존중해야 한다고 가르치셨어요. 아이들은 부족하고 모자란 존재가 아니며 가르쳐야 할 존재도 아니다, 이미 자신의 어떤 씨앗과 재능을 다 가지고 태어난다, 그래서 교사는 아이들이 자신 안의 씨앗을 잘 발현할 수 있도록 도와주는 역할만 하면 된다고 했습니다. 그리고 방정환 선생을 공부하다보니 선생의 글에 기쁨이라는 단어가 유독 많이 나오는 것을 발견했습니다. 어린이들이 식민지 사회에서, 장유유서 질서 속에서 너무나 억압되어 있으니까 아이들에게 기쁨을 돌려줘야 한다고 여러번 강조하셨더라고요. 선생이 당시에 정말로 하고 싶었던 일이기도 했고요. 그래서 저희가 선생의 교육사상을 압축해 '스스로 자라고 서로 배우는 기쁜 어린이'라는 표어를 만들었고 오늘날까지 이어오고 있습니다.

백낙청 수운 선생이 물론 '모든 사람이 다 시천주, 하늘님을 모시고 있다' 이렇게 말씀하셨지만, '어린이가 하늘이다' 이걸 딱 짚어서 말씀하신 건 해월 선생이잖아요. 그건 참 중요한 업적이라고 생각합니다. 그걸 이어받아서 어린이해방운동을 펼친 소춘이나 소파 선생도 정말 존경할 분들이고, 지금 '구름달' 대표를 맡아서 활동을 계속하고 계시는 우리 김용휘 선생님도 존경스러운데요. 저는 이 어린이해방과 관련해서 또 저 나름의 욕심이라면 욕심인데 말씀드리고 싶은 게 있어요. 어린이해방을 얘기할 때, 우리는 해월 선생님께서 깨달으신 그 자리에서 어린이를 보고 어린이해방을 얘기해야지, 그러지 않으면 그게 요즘 온갖 서구식 인권운동이 많은데, 그런 식으로 흘러가는 어린이인권운동이 될 수도 있겠다는 우려가 듭니다.

김용휘 네.

백낙청 또 어린이해방은 잘못하면 근대인의 입장에서 우리 조상들을 깔보는 사상이 될 수도 있어요. 가령 옛날에는 어린이들한테 일을 시켰는데, 열살 전부터 부엌살림도 시키고, 또 남자 어린이들은 바깥일 시켰잖아요. 근데 이게 꼭 나쁜 거냐, 오히려 그때 그것이 어린이들에게는 더 건강한 생활이 아니었겠느냐는 거죠. 소위 아동노동이 크게 문제가 된 건 산업혁명 이후지요. 초기에 사업가들이 어린이들을 생산노동에 몰아넣고 한편으로는 어른들의 임금 상승을 억제하는 수단으로 삼아서 어린이 노동 금지가 노동운동 최초의 과제처럼 됐죠. 그런데 근대 자본주의체제가 아니고 과거의 자작농 사회로 가보면 어린이들이 놀기도 하지만 집안일도 돌보니까 건전한 것이고, 현대에 와서도 페스탈로치(J. H. Pestalozzi)나 존 듀이(John Dewey)

| **아동노동 비판 만화** | 미국의 전국아동노동위원회에서 그린 만화로, 노동력을 착취당하며 자본가들의 세상을 지탱하고 있는 어린이 노동자를 보여준다. 산업혁명 후 공장에서 장시간 일하는 아동들의 노동을 불법화하기 위한 노력이 이어졌다.

같은 사람이 오히려 '노작교육'이라는 걸 강조하잖아요. 독일어로 'Arbeitserziehung'이라고 그러나요. 그런 걸 보면 옛날엔 어린이들을 막 부려먹었는데 요즘은 그러지 않게 돼서 참 굉장한 성취다 하는 것도 좀 일방적인 생각일 수 있고요. 또 요즘 세태를 보면, 물론 아동학대 사건은 많습니다마는, 그에 못지않게 심각한 문제가 어른들이 제 자식만 귀하다 해서 자식한테 노동도 안 시키고 온갖 혜택을 다 몰아주잖아요. 그야말로 수운 선생님이 개탄하신 그 '각자위심(各自爲心)', 즉 자신의 이익만을 위하는 마음이 가장 적나라하게 발휘되는 대목이 어린이에 관해서거든요. 그래서 어린이해방운동이 원래는 전혀 그런 게 아닌데도 요즘은 자기 자식만 해방시키고 남의 애들은 다 죽어도 좋다는 식으로 나가는데요. 그냥 그런 입장을 가진 사람들만 욕

할 게 아니라 어쩌다가 우리 어린이의 삶이 이렇게 됐는가 다시 한번 생각을 해봐야 합니다.

김용휘 맞습니다.

백낙청 제가 거듭 말씀드리지만 어린이해방이라는 개념도 수운 선생이 깨달으신 그 자리에서 봐야지, 근대인의 눈으로 어린이해방을 얘기하면 전혀 엉뚱한 결과가 나오지 않나요.

김용휘 굉장히 좋은 지적이시고요. 그래서 지금 저희 구름달 공동체에서는 일을 같이 하는 것을 굉장히 중시합니다. '숲밭 놀이터'라고 같이 농사를 짓는 텃밭이 있어서, 거기에 아이들이 와서 어른들과 농사를 같이 짓습니다. 씨앗도 뿌리고 또 물도 길어 와서 주고요. 아이들이 1년 농사가 어떻게 진행되는지를 한 2년, 3년 정도 경험하니까 다 아는 거예요. 아이들 농사 체험이라고 해야 대개 수확철에 밭에 가서 딸기 따는 식의 체험뿐인데, 저희는 봄에 농사를 준비하고 밭을 만드는 일부터 시작해서 나중에 수확하고 수확 이후에 또 그것을 어떻게 잘 관리하는지까지 아이들이 다 같이 노동을 합니다. 그래서 노동과 놀이, 또 놀이와 공부가 사실은 둘이 아닌데, 어느새 근대 교육이 이렇게 분리한 거죠. 노동이라는 것 자체가 사실 힘겨운 노동이 아니고 같이 노는 거죠, 부모들하고. 우리는 지금 지식적인 공부만 하지만, 사실 정말 중요한 것은 삶의 기술을 배우는 공부고, 의식주를 어떻게 해결하고 나의 앞가림을 어떻게 하는지, 또 다른 아이들과 어떻게 더불어서 잘 살 수 있는 공동체성을 기를 것인지, 이런 것들이 중요한데, 지금 교육이 잘 채워주지 못하는 부분들을 저희는 '숲밭 놀이터'라는 개념을 가지고 일과 놀이와 공부가 함께 가도록 함으로써 해결하고 있습니다. 지금은 오히려 아이들을 너무 보호하고, 너무 귀하게 키우는 게 문제예요. 그러면 세상 아이들이 행복해야 되는

데, 안 행복하죠.

백낙청 옛날 사람들이 자식들을 마구 다뤘잖아요, 말도 막 하고. 그건 사실 애들을 그렇게 구박하려고 한 게 아니에요. 귀한 자식일수록 천하게 키우고, 이름도 아명들을 굉장히 천하게 지었잖아요. 그건 너무 이름 귀하게 지으면 제 복 깎아 먹는다고 배려를 한 거죠. 그러니까 옛날 사람들은 아이들을 존중할 줄도 몰랐는데 우리는 달라, 이런 사고를 버려야 될 것 같아요.

김용휘 그래서 저는 구분을 해야 된다고 봅니다. 어린이를 이렇게 너무 귀하게 보호하기보다는 오히려 그 아이가 삶의 주체로서 살아갈 수 있도록 자기 몸과 마음, 특히 욕구와 감정을 잘 다스릴 수 있는 아이로 만드는 게 중요한데요. 지금은 세살 때부터 영어 유치원을 보내는 식으로 해서, 아이들 본래의 재능과 씨앗을 오히려 억누르고 있다고 봅니다.

백낙청 아동학대죠.

김용휘 네, 그게 오히려 아동학대일 수 있죠. 그래서 중요한 건 그 내면, 즉 감정과 욕구에 귀기울여주고 그것을 존중하는 사려깊은 사랑입니다. 존중은 요구를 다 들어주는 것이 아니고, 진정으로 아이가 이해받고 있다고 느끼게 하는 것입니다. 그래서 아이가 스스로 자기 몸과 마음의 주인이 되고, 삶을 기쁨으로 배울 수 있는 교육이 필요하다고 봅니다.

용어 문제: 하늘님이냐 한울님이냐

백낙청 천도교와 동학의 관계를 얘기할 때 중요하게 제기되는 문제중의 하나로, 천도교 특유의 용어들이 과연 수운이나 해월 선생이 쓰시던 용어냐, 적절한 용어냐, 이런 논란이 좀 있는데요. 정선생님도 거기에 대해서 생각이 있으신 것 같습니다.

정지창 동학 경전 가운데 하나인 「동학론」(일명 「논학문」)을 보면, 동학은 학(學)이면서 도(道)이고 또 법(法)이면서 교(敎)라고 합니다. 수운 선생님이 직접 하신 말씀이니까 그 당시의 맥락으로는 이해가 되죠. 요즘처럼 철학이니 사상이니 종교니 하는 개념 자체가 없었을 때니까요. 그 종합적인 의미의 동학이라는 개념을 요즘 우리가 철학, 사상, 종교라는 서양식 개념으로 설명하는데, 그렇게 함으로써 뭔가 왜곡이 일어나고 약간 빈틈이 생기는 게 아닌가 하는 생각을 얼핏 해봤어요. 「동학론」에서 수운은 당시의 상황을 이렇게 설명합니다. "서양 사람들은 도를 서도(西道)라고 하고 학을 천주학(天主學)이라 하고 교는 성교(聖敎), 즉 성스러운 종교라고 한다." 그러다가 하늘님을 만나는데 하늘님이 수운한테 이렇게 말합니다. "너는 무궁한 도에 이르렀으니 닦고 단련하여 글을 지어 사람을 가르치고 그 법을 바르게 하여 덕을 펴면 너로 하여금 장생(長生)케 하여 〔너의 도가〕 천하에 빛나게 하리라." 백선생님도 원불교 얘기를 하시면서 '마음공부'와 '도'라는 말을 쓰셨어요. 그래서 좀 특이하다고 생각하는 분들이 계실 텐데, 선생님께서는 문학평론을 하시는 분으로서 마음공부나 지공무사(至公無私), 도 같은 문제에 깊은 생각이 있어서 그런 말을 쓰셨던 것 같습니다.

백낙청 1910년대에 소태산이 대각을 이루고 원불교가 하나의 조직으로 출범하는 건 1924년인데, 그때쯤은 일본을 통해 번역되어 들어온 서양의 언어를 일반 언중이 쓰는 단계였어요. 그러니까 당시에는 종교란 말을 쓰긴 했는데, 수운 선생에게는 종교란 말이 없죠?

정지창 그 당시에는 없었지요.

백낙청 해월도 그렇고요. 세월이 지나니까 이게 종교냐 철학이냐 하는 논란이 있는데요. 원래는 종교와 철학이 같이 가는 게 학(學)이고 동학이라고 할 때의 학이 그것이니, 그걸 쪼개버린 서양 사람들에게 배움이 곧 가르침이고 가르침이 도라는 학의 개념을 이해해서 너희들의 용어를 좀 조정하라고 해야 할 텐데, 지금 거꾸로 돼 있단 말이에요. 그러니까 우리 김용휘 선생만 해도 서양 사람들의 위세에 눌리셨는지 우리 학문으로서의 동학, 이렇게 말씀하셨다가 최제우의 철학이라고도 말씀하시면서 그러나 그게 학문만도 아니고 철학만도 아니고 종교이기도 하고 또 수행하는 도이기도 하다, 이렇게 말씀하고 계시죠. 근대인들한테는 이렇게 설명해줄 필요는 있습니다. 그러나 이걸 다 합쳐야 한다는 말을 굳이 하게 된 건 사실은 서양 사람들이 개념을 막 쪼개놨기 때문인데 그들을 좀 꾸짖는 태도로 말씀을 하실 필요가 있어요.

정지창 도올 선생이 이런 얘기도 하잖아요. 우리의 학이라는 건 기본적으로 심학(心學)이다. 즉, 마음을 다스리고 마음을 닦는 공부라는 것이죠. 그러니까 동학이란 결국 백선생님이 강조하는 마음공부다 이렇게 풀어 해석할 수도 있을 것 같습니다.

백낙청 용어에 관한 논란 중에 하느님을 천도교에서 한울님이라고 그러잖아요. 사실 도올 선생 같은 분은 그것을 굉장히 격렬하게 비판하시고 천도교가 원래의 동학에서 멀어진 증거의 하나로 얘기하시는데, 김선생님은 어떻게 생각하세요?

김용휘 네, 지금 한국어가 근대주의에 많이 오염된 것은 사실이고, 어떻게 보면 20세기의 학문이 오리엔탈리즘에 깊게 오염돼 있다는 반성을 할 필요가 있다고 저는 생각합니다. 그리고 용어 문제에 대해 덧붙이면, 천도교에 와서 한울님이라는 용어를 쓰게 됐는데 처음부터 그런 건 아니었어요. 1900년대에서 1920년대까지의 문헌들을 보면 일곱가지 정도의 용어가 다양하게 쓰입니다. 한우님도 있고 하눌님, 한울님, 하느님, 하날님 이렇게 일고여덟가지가 쓰이다가 1978년 천도교 교서편찬위원회에서 한울님으로 통일한 것입니다. 그러니까 이돈화가 『신인철학(新人哲學)』에서 한울님이라고 했다고 해서 바로 전환이 된 건 아니었죠. 그래도 동학의 신관에 가장 부합하는 용어가 뭐냐고 할 때, 한울이라는 개념은 단순히 도올 선생님이 'one fence' 이렇게 말씀하셨듯이⋯⋯

백낙청 한울타리.

김용휘 그냥 울타리의 개념이 아니고요.

백낙청 원불교에서는 한 집안이라는 뜻으로 '한울안'이라는 말을 썼어요.

김용휘 그게 사실 우주 전체를 의미하는 것이거든요. '한'은 또 '크다'는 의미를 갖고 있기 때문에 큰 전체, 이 우주 전체를 의미하는 거고, 또 우주라는 개념은 공간만이 아니고 시간 개념까지도 포함한 것이며, 그 자체가 또 우주 생명의 의미를 가지고 있죠. 그래서 우주에 가득차 있는 그런 영과 기로서의 한울님을 김지하 선생은 우주 생명이라고 주로 표현하셨는데, 한살림에서도 지금 한울님이라고 씁니다. 그래서 '한'의 개념을 좀 포괄적으로 볼 필요가 있는데, 종교마다 신관에 대한 특징을 사실 부여한 거잖아요. 제가 논문 쓸 때는 하늘님이라고 씁니다. 그런데 동학의 그런 신관을 잘 표현한 용어는 한울님이라는 생각도 듭니다. 그래서 이걸 너무 둘로 나눌 게 아니고 그런 용어 자체는 시대적인, 역사적인 맥락들이 있기 때문에 또 그것도 존중해야 하지 않을까 합니다. 물론 수운 선생님이 원래 '하늘님'으로 쓴 것도 사실입니다만.

백낙청 ㄴ에 아래아(ㆍ)죠.

정지창 아, 수운 선생님은 하늘님이라고……

김용휘 하늘님으로 썼죠. 그걸 이제……

백낙청 우리말 발달사를 보면 하늘에 님이 붙으면 우리가 아들 딸을 아드님 따님 하듯이 하늘님은 하느님으로 변하게 되어 있어요.

김용휘 예, 그렇죠. 그래서 표준어로는 하느님 하는 게 맞고, 그 당시의 발음을 그대로 살리자면 하늘님이 맞는 것이고요.

백낙청 천도교도 하나의 종단을 형성하고 신도들이 있는데 거기서 한울님이라고 정해서 쓰면 그것을 말릴 필요는 없을 것 같아요. 그런데 나는 길게 보면 언젠가는 하늘님이나 하느님과 한울님 사이에 어떤 결정이 내려지리라고 봅니다. 천도교의 영향력이 지금보다도 훨씬 커지면 한울님으로 굳어질 것이고 그렇지 않고 천도교 밖에서 하느님이란 말이 더 낫다고 생각하는 사람들이 많으면 그렇게 갈 거니까 지금은 김선생님처럼 그것 가지고 싸울 필요 없다, 이렇게 포용적으로 나가시는 게 좋지 않나 싶고요. 천주라는 말을 서학에서, 가톨릭에서 처음 들여왔을 때, 자기네 하느님, 'Deus'를 천주라고 번역했잖아요. 그 천주와 수운이 말씀하신 천지의 천의 의미는 다르다고 봐요. 수운이 말씀하신 것은 하늘인데, 주라는 것은 주님이라는 뜻이 아니고요.

정지창 님은 존칭이죠.

백낙청 천주(天主)라고 하면 하늘님, 선생주(先生主)면 선생님, 부주(父主)면 아버님, 그런 뜻으로 주를 붙인 것이고, 서학에서 말하는 천주님은 하늘에 계신 주님이라는 뜻이죠. 복음의 주기도문에서 "하늘에 계신 우리 아버지" 이렇게 시작하잖아요. 그게 천주거든요. 그래서 수운 선생 자신이 그것 때문에 서학 한다고 많이 오해도 받으셨고요.

그러니까 지금 이슈는 천주냐 한울이냐는 아닌데, 하느님이냐 한울님이냐는 건 역사가 결정을 하리라고 저는 봅니다.

정지창 네, 용어 문제는 시간이 지나면 정리될 것 같습니다. 저는 이것과는 다른 문제를 제기하고 싶어요. 『동경대전』 같은, 천도교의 경전은 원래 한문을 한글로 번역해놓은 것이잖아요. 그런데 이것도 시간이 지나니까 요즘 젊은 독자들한테는 좀 낡은 느낌이 들어요. 그래서 이것부터 좀 현대적인 아름다운 우리말로 고쳤으면 좋겠어요.

백낙청 낡은 느낌도 들지만요. 제가 볼 때는 정확하지가 않아요. 왜냐하면 아까 한국어가 오염됐다는 얘기를 했는데, 한자 용어를 풀어서 옮기지 않고 그대로 우리말로 옮겨놓으면 지금 독자들은 전혀 다른 뜻으로 이해하게 되는 경우가 많은 것 같아요.

김용휘 그중에 대표적인 게 도덕(道德)인데요. 지금 도덕 그러면 요즘 사람들은 그냥 윤리로 생각을 하지 그걸 도(道)와 덕(德)으로 안 읽잖아요. 동학 경전뿐 아니고 다른 경전들도 마찬가지지만, 이 도덕은 도와 덕이죠. 그래서 천도와 천덕입니다. 그런데 그것을 윤리로 해석을 해버리면 전혀 뉘앙스가 달라지는 거죠.

백낙청 저는 도덕의 경우는 우리가 이를 악물고 도와 덕의 원래 개념을 되살려야 된다고 보고요. 도덕과 윤리를 거의 동일시해서 윤리냐 도덕이냐는 논쟁도 있잖아요. 문학에서는 윤리냐 정치냐 하는 논쟁도 있는데. 그 논쟁의 과정에서 실종되는 게 도와 덕으로서의 도덕 개념이에요. 그러나 이것은 우리가 꼭 지키고 살려내야 한다고 봅니다.

수운이 만난 신은 어떤 존재인가

백낙청 수운이 만나는 하나님이 어떤 존재인가에 대해서는 여러가지 교리상의 논란도 있을 텐데, 수운이 만난 상제님이 자기가 노이무공(勞而無功)이라, 자기 나름은 노력했는데 이뤄놓은 게 없다, 이런 말씀도 하시고, 또 오심즉여심(吾心卽汝心), 내 마음이 곧 너의 마음이다, 이런 말씀도 하시고, 귀신자오야(鬼神者吾也), 귀신이라는 것이 나다라고도 하셨죠. 이것에 대해서는 저도 나중에 말씀을 드리려고 하는데, 하여간 여러가지 번역이 가능한 단어인 것 같아요. 처음에 수운 선생이 접신한 경험을 위주로 보면 분명히 인격신이 상정돼 있는데, 이 어른이 한 일년 가까이 점검을 하면서 인격신을 제거하신 것 같기도 하지만, 또 완전히 제거는 안 된 것 같기도 하고, 좀 모호한데 어떻게 보시나요?

정지창 처음에는 외재적인 어떤 신이 밖으로부터 수운한테 와서 뭐라고 얘기를 합니다. 그러면서 수운과 대화를 나누죠. 노이무공 오심즉여심. 내가 노력을 했는데 별로 이룬 바가 없다. 하늘님이 아무리 혼자서 노력해봐야 안 된다. 너라는 인간하고 나하고 같이 해야지, 힘을 합쳐야 뭐가 되는 거지, 외재적인 신만 가지고는 안 된다. 오심즉여심이 그런 뜻이죠. 그러니까 네 마음이 바로 내 마음이다. 하늘님이라는 존재가 밖에 있는 게 아니고 네 마음속에 있으니까 바로 네 마음이 내 마음이다. 신과 내가 동일한 아이덴티티를 가진다는 거죠. 밖에서 무슨 소리가 들렸는데 나중에 보니까 결국 자기 마음속에서 들린 소리더라는 말은 해월 선생도 합니다. 해월이 수련하는 과정에서 겨울에 찬물에 막 들어가니까 어딘가에서 '몸에 안 좋으니까 들어가지 말아라' 이런 소리가 들렸다는 거죠. 멀리 있는 수운 선생이

텔레파시로 이렇게 얘기를 했다는 설도 있고, 해월도 처음에 나는 밖에서 뭐가 들리는 줄 알았더니 나중에 보니까 결국은 내 마음속에서 울리는 소리더라는 얘기를 합니다. 일종의 종교체험, 신비체험인데, 외재적인 존재가 내부적으로 자기와 일치되면서 하늘님과의 문답이 결국 나와 나의 문답이 될 수밖에 없지 않느냐는 논리로 설명할 수 있을 것 같아요.

김용휘 저는 신의 체험이라는 게 의식의 수준에 따라서 달라질 수 있다고 생각해요. 수운 선생이 초기에는 분명히 인격적인 상제를 경험했지만 체험이 깊어지고 당신의 의식이 좀더 발전하면서 그 인격적인 상제가 '내유신령 외유기화(內有神靈 外有氣化)', 안으로는 영으로 바깥으로는 기운으로, 즉 영과 기로서 경험된 거죠. 그렇다고 영과 기가 둘이 아니고 하나이지만, 몸으로는 기를 경험하고 나의 마음으로는 영을 경험하는 거죠. 그 하늘이라는 존재가 사실 안에만 있는 건 아니고 이 우주에도 가득차 있는데, 사실은 아니 계신 곳이 없는 무소부재(無所不在)한 존재인 거죠. 그렇기 때문에 모든 존재 속에도 있고요. 그러면서 우리가 어떤 실천을 한다고 할 때 어디서부터 실천할 거냐, 만약에 하늘을 공경한다고 할 때 어떤 하늘님을 먼저 공경할 거냐, 내 안에 있는 하늘님을 먼저 공경해야 되고, 그리고 모든 사람들 속에도 하늘님이 있기 때문에 모든 사람들을 공경하라, 이렇게 나아갔다고 봐요. 그래서 동학의 하늘님 개념이 수운의 의식, 그런 수도의 깊이에 따라서 달라졌다고 보고요. 처음에는 인격적인 상제로 체험을 하다가 그것이 나중에 내면화되면서 '오심즉여심' 결국 하나라는 것을 깨닫고, 더 나아가서는 나라는 이 본래의 존재가 사실은 무궁한 나, 오는 것도 없고 가는 것도 없는, 이 육신이라는 건 물론 사라지지만 내 안에 있는 영으로서의 참 나는 무궁한 존재라는 것을 깨닫는 데까지 나아갔다고 봅니다. 이렇게 단계적으로 봐야 한다고 생각합니다.

백낙청 오심즉여심이란 말은 수운이 상제를 두번째 만났을 때 나왔죠?

김용휘 네, 9월경입니다.

백낙청 그때는 수운 선생님이 정리가 되셔서 상제가 이것저것 해봐라 하면 나보고 무슨 도사가 되라는 겁니까 아니면 무슨 서학쟁이가 되라는 겁니까, 이런 식으로 말씀하시는데요. 귀신자오야 얘기도 나왔습니다마는 이것도 두번째 만남에서의 이야기죠.

김용휘 네, 두번째. 사실은 두번째라기보다도 4월 5일 그때 처음 바깥에서 목소리를 듣는 체험을 하고 같은 일이 계속 이어집니다.

백낙청 두번째가 아니고 여러번이군요.

김용휘 9월 하순까지 6개월 정도 매일은 아니겠지만 꽤 자주죠.

백낙청 처음부터 인용을 하면, 서양 사람들을 두고서 그 사람들은 천지는 아는데 귀신을 모른다, 귀신은 나다, 이렇게 말씀하신 거 아니에요. '지천지 이무지귀신 귀신자오야(知天地 而无知鬼神 鬼神者吾也)'라, 이렇게 하신 말씀인데요. 제가 도올하고 대화할 때 이 얘기를 꺼낸 건 도올이 화이트헤드(A. N. Whitehead)를 거의 노자나 수운과 동렬로 말씀하신 적이 있어서인데, 사실 저도 화이트헤드가 20세기 영국의 최대의 철학자라고 봐요. 그리고 여느 철학자들과는 격이 다릅니다. 굉장히 존경하는 분이지만 그는 역시 서양 철학자고 서양의 좀 넓은 의미의 형이상학 틀 안에서 작업을 하신 분인데, 도올이 그분은 좀 다르지 않냐고 해서 그분도 역시 천지는 알지만 귀신은 모르는 사람 아니냐고 문제를 제기했던 거죠. 김선생님은 동양 철학 전공이지만 서양 철학 공부도 많이 하셨어요.

김용휘 그렇게 많이 한 건 아니고요. 지난번 백선생님이 도올 선생님과 대담한 걸 저도 유튜브로도 보고 또 『창작과비평』 글로 접하기도 했는데, 참 어려웠어요, 그 부분이. 그래서 두 무림 고수가 정말로 구름 위에서 겨루는 듯한 인상을 받았는데요.

백낙청 그 표현은 보현TV에서 빌려오신 것 같은데.(웃음)

김용휘 저 나름대로 독자 입장에서 그때의 논의를 짧게 한번 정리를 해보자면요. 화이트헤드가 훌륭한 사상가임은 분명한데, 아직 유(有)의 세계에 머물러 있고 유도 아니고 무(無)도 아닌 경지, 말할 수 있는 도는 늘 그러한 도가 아니라고 하는 노자라든지 동학에서 보이는 포괄적 사유, 화해론적 사유는 부족합니다. 반면에 하이데거(M. Heidegger)는 화이트헤드에 비해서 좀더 밀고 간 느낌이 있는데, 존재자인 '자이엔데'(Seiende)와 '존재 그 자체'(das Sein selbst)를 구별하면서 그 존재, '자인'(Sein)이야말로 존재하는 실체가 아니면서도 모든 것에 다 걸린다고 하죠. 그것은 노자의 '도법자연(道法自然)', 스스로 그러함의 의미와 상통합니다. 그런데 그러함이 모든 존재자에 해당하면서 그 자체는 실체가 아니라고 하는 점을 서양 철학자들은 잘 이해하지 못해요. 화이트헤드 역시도 유의 세계를 더 밀고 간 거고 여전히 유무를 넘어선 차원까지는 못 간 거 아닌가 하는 데 비해, 수운은 유무상생의 노자적 세계관과 주자가 말하는 이기론적 세계관의 모든 가능성을 온전하게 구현한 사상가입니다. 대략 이런 논의를 했다고 이해합니다.

백낙청 서양 사람들이 천지는 아는데 귀신을 모른다는 이 말은 우리가 좀 음미해볼 말이에요. 왜냐면 서양 사람들이 왜 귀신을 모릅니까? 지고의 귀신 야훼를 섬기는 사람들이 서양 사람들이고, 화이트헤드만 해도 『과정과 실재』(*Process and Reality*, 1929)라는 책에서 실재를 얘기할 때, 초월신은 아니고 그 실재 속에서 작용하는 신에 대해서 자기 나름의 상당히 명확한 개념이 있잖요. 또 잡귀들로 말하면 동양에만 있는 게 아니고 서양에도 많고요. 그러니까 그 사람들이 귀신을 모른다면 어떤 귀신을 모른다는 말인가? 상제께서 '귀신자오야'라 했다는데, 나는 이걸 번역할 때 '귀신자오야'만 따로 떼어내서 귀신이라는 것도 나다 또는 내가 귀신이다, 이렇게만 하면 좀 미흡하다고 봐요. 귀신이란 것도 나다, 여러 귀신 있는데 나도 귀신이다, 이렇게 해석하는 사람이 있어요. 나는 이 '귀신자오야'가 '지천지 이무지귀신'에 이어지는 말이기 때문에 그 맥락에서 봐야 된다는 거죠. 서양 사람들이 모르는 그 귀신이 바로 나다, 이렇게 봐야지, 무슨 귀신에 대한 일반론을 펴신 건 아닌 것 같아요.

김용휘 네, 그렇죠. 여기서 귀신 개념은 요즘 흔히 이야기하는 개체 영의 개념이라기보다는 성리학적인 개념이라고 봐요. 성리학에서 귀신이라는 것은 조화의 자취[造化之迹], 이기의 양능[二氣之良能]을 의미합니다. 즉, 음양의 기운이 만물을 생성할 때 그 변화와 생성의 주체, 현상의 굴신동정(屈伸動靜)과 생성 변화를 만들어내는 어떤 주체를 귀신이라고 합니다. 그리고 변화라는 건 결국 유에서 무로 가거나 무에서 유로 가는 것이죠. 그런 유무 사이에서 본체와 현상을 매개하는 존재이기에 귀신 개념은 물리적인 천지와 달리 유무를 초월하는 측면이 있습니다.

백낙청 유무 초월이라는 걸 불교에서처럼 딱 명시하지는 않지만 우리 동아시아 사상은 항상 유무지간에……

김용휘 네, 그런 측면이 있다고 봅니다. 다시 동학으로 돌아와서, "천지는 알아도 귀신은 모른다"는 논의는 유무(有無)의 논의와는 약간 다른 차원의 논의라고 봅니다. 물론 천지를 유로, 귀신을 무로 이해하는 방식은 가능하겠습니다만, 이 문맥에서 "귀신이라는 것도 나다(鬼神者吾也)"라고 할 때의 의미는, 우주 만물의 생성 변화와 인간의 굴신동정이 바로 하늘님의 작용이라는 이야기입니다. 여기서 하늘님은 초월적인 창조주가 아니라, 우주의 진화와 만물의 생성, 인간의 모든 활동에 동시적으로 참여하는 동역자(同役者)입니다. 따라서 모든 만물들은 우연히 나온 단순한 물질들의 결합체가 아니고, '나'라는 존재 역시 우주적 힘과 원리에 의해 필연적으로 나온 것입니다. 지금 숨을 쉬고 움직일 수 있는 것도 이러한 하늘님의 기화작용에 의해 가능하다는 것입니다. 다시 말하면 하늘님의 영과 기로 인해 내가 살고 있으며, 이는 내 안에 하늘님의 영기가 살고 있음을 다르게 표현한 것으로 이해합니다. 다르게 말하면, 성리학의 기 개념이 바로 영이기도 하다는 것입니다. 이를 진정으로 이해할 때 현대인이 삶의 궁극적 기반을 잃어서 초래된 정신적 위기를 극복하고, 고립된 섬 같은 원자화된 삶에서 우주적 낙관주의에 바탕한 삶의 정열로 나아갈 수 있을 것입니다.

'불연기연'의 참뜻

백낙청 수운 선생이 마지막으로 쓰신 것이 「불연기연(不然其然)」이라는 글 아닙니까? 『동경대전』에 나와 있는데, 이것에 대한 해석이 좀 분분하죠, 학자들 간에. 우리 김선생님도 거기에 대한 논문을 쓰셨고요. 정지창 선생이 우선 거기에 대해서 좀 말씀을 해주시죠.

정지창 『동경대전』 가운데서 「불연기연」은 쉽게 잘 이해가 안 되는 경전인데 도올 선생의 『동경대전』 역주를 읽으니까 그럴 법하다는

"기연(其然)"이니, "불연(不然)"이니 하는 말은 선진고전에서 자주 찾아볼 수 있다. 『논어』「헌문」14에 보면, 공자가 위나라 대부 공숙문자의 인품에 관해 듣고, "기연(其然), 기기연호(豈其然乎)?"(그럴까? 과연 그 사람이 그러할까?)라고 말하는 대목이 있다. 〔…〕 그런데 수운이 사용하는 불연, 기연의 용례는 그러한 일상언어의 용례와는 차원이 다르다.

우선 기존 고전의 용법은 "그러하다" "그러하지 아니하다"라는 단순한 서술적 설명이다. 그러나 수운의 용법은 "그러함"과 "그러하지 아니함"이 서로 대비되는 개념으로서 독자적인 의미를 지니면서 철학적 주제를 끌고 나간다. 기연과 불연을 철학적 개념으로서 파악한 것은 마테오 리치의 신의 존재 증명과 관련된 다양한 논변으로부터 이끌어내어진 것이다. 한국의 동학연구가들이 『천주실의』를 진지하게 읽지 않고 있다는 사실을 나는 매우 유감스럽게 생각한다. 수운이 진지하게 읽고 고투를 벌인 그 문헌을 도외시하고 있는 것이다.

수운에게 과연 기연은 무엇이고 불연은 무엇인가? 기연(其然), 즉 "그러하다"는 것은 시공 안에서 일어나는 모든 잡다한 이벤트 중에서 인과론적으로 설명 가능한 체계, 즉 합리적 논리에 의하여 설명될 수 있는 상식의 세계(the World of Common Sense, the Realm of Causality)를 가리킨다. 우리의 상식에 의하여 설명될 수 없는, 원인과 결과의 고리가 잘 먹혀들어가지 않는 초경험적인 세계를 수운은 불연(不然)이라고 부른다. "그러하지 아니하다"는 우리의 감각의 인과를 벗어난다는 뜻이다.

〔…〕 사실, 우리 동양사상에 이러한 초월과 내재, 본체와 현상, 초이성과 이성, 비논리와 논리라는 문제는 근원적으로 존재하지 않았다. 러셀의 말대로 모든 것의 오리진(Origin)을 추구하는 사유, 다시 말해서 모

든 것에는 최초의 기원이 있다고 생각하는 사유 그 자체가 매우 비과학적인 사유에 속하는 것이다. 동방인들은 존재의 신빙성을 따지기 위하여 존재의 최초의 오리진을 규명할 하등의 이유를 발견하지 못했다. 존재는 "스스로 그러한 것"이며 최초로부터 단일한 실체가 아니라 복합적 관계이다. 〔…〕 그런데 존재의 오리진이나 역사를 생각할 때 〔시간은〕 흔히 수직적으로 된다. 이런 수직적인 시간관에서는 우리는 항상 기연으로 설명되지 않는 단절을 만나게 된다. 〔…〕 우리가 경험하는 세계의 너무도 아름다운 질서의 디자인 또한 그밖에 불연의 디자이너가 있게 마련이라는 것이다.

〔…〕 서학의 근원적인 수직적 사고는 불연의 사기성에 그 특징이 있다. 이러한 불연의 사기성은 기독교라는 종교가 가지고 있는 수직적 권위주의(Vertical Authoritarianism)의 상징태이며 이것을 수용할 경우 우리민족은 왕정적 사유에서 영원히 벗어날 수 없다는 깊은 우려를 수운은 죽음의 직전에까지 절실이 느꼈던 것이다. 수운이라는 사상가의 애국애족의 마음과 그것을 표현하는 사상의 깊이에 우리는 경이감과 경외감을 동시에 느끼지 않을 수 없다. 그의 총결론은 이러하다: "불연은 기연이다!"

〔…〕 인류지성사의 발전은 결국 불연을 기연화하는 과정이었다. 비이성적인 것을 이성화하면서 이성의 범위를 넓혀간 것이다. 인류의 참다운 과학(Science, 본디 지식Knowledge의 의미)이라고 하는 것은 우리의 인식 내에서의 불연을 기연화하는 프로세스였다. 수운은 죽어가면서도 우리민족에게 종교를 선사하는 것이 아니라 과학을 선사하려 했던 것이다. 수운이 있기에만 우리는 고조선과 조선의 동시대성(Contemporaneity), 그리고 무궁한 코리아의 미래를 논할 수 있는 것이다.

— 김용옥 「동경대전2」, 통나무 2021, 195~200면

느낌은 들었어요. 도올 선생의 해석은 불연이 결국 기연이라는 것이죠. 우리가 잘 모르는 것처럼 여기는 것도 알고 보면 다 그럴 만한 것이고 이해할 만한 것이다. 달리 얘기하면, 우리는 인간의 인식 능력으로 파악할 수 있는 부분과 그럴 수 없는 부분이 있다고 생각하지만, 지금 파악하지 못하고 이해하지 못하는 부분도 언젠가는 우리가 다 파악하고 알 수 있게 될 것이다, 다만 그것을 알기 위해서는 새로운 눈으로 봐야 한다는 식으로 해석을 하는 것 같아요. 상당히 그럴듯한 해석이라는 느낌이 듭니다. 김선생님 생각은 어떻습니까?

김용휘 도올 선생님의 불연은 기연이라는 해석은 아주 명쾌하면서 어떻게 보면 시원한 해석이라고 생각합니다. 아주 명쾌하게 불연은 기연이라고 함으로써 서학의 수직적 사고를, 알 수 없는 세계를 가지고 사기 치는 불연의 사기성을 꼬집은 해석은 탁월하다고 봅니다.

백낙청 그러니까 사기에 넘어가지 말라.

김용휘 네, 그 해석이 굉장히 시원하고 명쾌해서 좋은데, 저는 다른 측면도 있다고 봅니다. 불연이 기연일 수 있다면 기연 역시도 불연이라는 겁니다. 불연의 사유라는 도그마에 빠진 사람들도 있지만 반대로 눈에 보이는 세계가 유일하다, 눈에 보이지 않는 세계는 없다고 하는 사람들도 있죠. 흔히 말하는 과학적 유물론, 오늘날의 물리주의가 다 그런 것이고 화이트헤드도 그 부분을 상당히 경계했던 것 아니겠습니까? 불연기연이라는 말에는 눈에 보이는 것만 있고 불연의 세계는 없다는 사람들에 대한 경계의 뜻도 있다고 저는 보는 거예요. 그리고 불연이 기연이라고 할 때도 전제가 있어요. 조물자(造物者)의 의식에서 본다는 전제입니다. 물론 이때 조물자는 창조주를 의미하는 게 아닙니다. 초월적 시각에서, 즉 내가 한울의 마음이 된 의식 상태에서 보면, 불연도 기연일 수 있다는 이야기를 하고 싶습니다. 불연이 기연일 수 있다면 기연도 불연일 수 있다는 것, 이 양 측면을 다 같이 봐야 됩니다. 불연에만 빠지지도 말고 기연에만 빠지지도 말고.

백낙청 그렇게 발전시킬 가능성은 물론 있는데 수운의 말씀은 아닌 것 같아요. 수운은 도올 선생의 해석대로, 불연은 기연이다, '기연'의 의미를 멋대로 과학적으로 규정해놓고 그렇게 설명되지 않는 것을 불연이라고 하면서, 이걸 설명하는 길은 하나님밖에 없다고 말하는 것에 넘어가지 말아라 하신 것 아닌가요. 제가 읽은 범위 안에서 가령 불연은 기연이라는 말씀은, 우리 교우들의 마음이 너무 급한 것을 개탄하노라라는 「탄도유심급(歎道儒心急)」이라는 글에서 하셨고, 「흥비가(興比歌)」에서 많이 나오고, 그리고 「불연기연」이라는 논문이 따로 있는데, 그 어디에서도 기연에 얽매여서 불연을 무시하지 말라는 얘기는 수운 선생이 안 하셨어요. 후에 해월 선생이나 의암 선생도 그 얘기를 더 안 하세요. 그러니까 나는 수운이라는 분이 어떤 의미에서 굉장히 상식적이고 합리적인, 현실적인 분이라서, 자기가 곧 잡혀가서 죽을 걸 아는 시점에서 내가 마지막으로 이 서학쟁이들한테 넘어가지 말라는 경고를 하나 해야겠다고 쓰신 글이지, 그 시점에서 기연이 불연이고 불연이 기연이라는 무슨 형이상학적 논리를 개발하려고 하신 것 같지 않아요.

김용휘 그렇게 형이상학으로 안 봐도, 「흥비가」에서 "불연기연 살펴내어" 하고 말씀했듯이 불연도 사유하고 기연도 사유하라 하셨다는 거죠. 드러난 세계로서의 어떤 현상, 우리 눈의 감각으로 보이고……

백낙청 그게 김용휘 선생의 말씀이고 김지하 시인의 말씀이고 윤노빈(尹老彬) 철학자의 이야기지 수운 선생의 말씀은 아니지 않냐는 것이죠.

김용휘 저는 『대승기신론소(大乘起信論疏)』에 나오는 불연지대연(不然之大然)에서 좀 아이디어를 받은 게 아닌가라는 생각이 듭니다.

백낙청 그건 추론이지요, 추정이고. 또 원효(元曉)의 그 말씀은 불교적인 깨달음을 바탕으로 한 것 아닙니까. 거듭 말씀드리지만, 수운이 곧 잡혀가서 죽을 걸 예상하면서 마지막으로 긴급한 팸플릿을 하나 쓰셨다, 현실용으로. 저는 그렇게 해석하는 게 더 타당하다고 보고요. 그다음에 기연 그것을, 김지하 시인이라든가 윤노빈 이런 분들이 더 발전시킨 걸 볼 때 서양 철학에 대한 지나친 상대심 같은 게 있었던 듯해요. 그러면서 서양 철학을 좀 단순화해서 쉽게 넘어서려는 면이 있는 것 같고요. 헤겔의 변증법은 이원론에서 일원론으로 간 것이거든요. 맑스는 이게 일원론으로 간 것까진 좋은데 관념적인 일원론이라는 거고요. 거기서 생겨나는 모순되는 것의 갈등, 인간 정신의 활동 과정에서 생겨나는 갈등은 자연스러운 현상인데, 헤겔의 변증법을 정반합이라는 고정된 삼박자 춤사위인 것처럼 설정해놓고 우리가 불연기연의 논리를 통해 깨부쉈다고 주장하는 건 너무 안이한 태도 같아요.

김용휘 저도 수운 선생이 그렇게 형이상학적인 이론을 전개했다고 보지는 않습니다. 다만 저는 수운 선생이 서학에 대한 경계도 있지만, 하늘에 대한 경외지심이 없이 각자위심에 빠진 사람들에 대한 경계도 분명 있었다고 봅니다. 그래서 불연기연은 '하늘님이 실재하신다. 하지만 서양에서 말하듯이 그렇게 초월적이고 수직적인 하늘님이 아니다'라는 것을 말씀하시고 싶었다고 봅니다.

그리고 김지하 선생이 불연기연을 '아니다·그렇다'의 논리로 해석하면서 변증법을 비판하고 있는 것은 윤노빈 선생의 『신생철학』에서 아이디어를 얻은 것으로 봐요. 윤노빈 선생의 헤겔 변증법 비판이 타당한지는 좀더 검토가 필요하다고 생각하지만요. 그 부분은 백선생님 의견에 저도 동의를 하고요. 이걸 포월(包越)의 논리로 발전시킬 가능성은 있다고 봅니다. 컴퓨터가 수많은 정보들을 0과 1의 조합과 다양화를 통해서 처리하듯이, 생명의 진화 원리, 정자와 난자가 결합해서 우리 몸을 구성하는 약 30조 세포를 만드는 과정도 역시 두 배수의 분화로 이루어지죠. 이에 빗대어 이 불연기연을 아니다·그렇다라는 논리로 해석했을 때 이를 변증법과는 다른 생명의 논리이면서 컴퓨터의 어떤 포월의 논리라고 해석할 가능성이 있다는 것이죠. 이것이 수운의 원의와는 다르다 하더라도 생명의 진화와 다양화의 차원에서 이야기할 때는 가능한 해석이지 않은가 하는 점을 저는 좀 짚고 싶었습니다.

백낙청 개인적으로 컴퓨터의 원리와 포월의 논리는 전혀 다른 논리라고 생각하는데, 그 얘기는 더 길게 논의하진 마시고요. 해월 선생의 삼경사상이라고 있지 않습니까? 그중에 하나가 경물(敬物)인데, 물건도 존경해야 된다, 존중해야 된다는 것은 어떤 의미에서는 수운 선생의 사상을 한걸음 더 진전시킨 것이죠. 굉장히 중요한 말씀이긴 한데 이를 현대에서 적용하려고 할 때, 두가지 질문을 두분께 더 드려봤습니다. 하나는 물건 중에서도 대량 살상무기,(웃음) 이런 것도 공경해야 되느냐는 문제가 있고요. 또 하나 그것과 좀 차원이 다른 문제인데 지금 가상현실이라는 게 상당히 지배적이잖아요. 가상현실은 그 공경의 대상에 들어가느냐 안 들어가느냐 하는 문제가 있을 것 같아요. 가상현실은 폐해도 있고 이득도 있고 하니까 핵무기와는 좀 성격이 다른데, 이에 대해서도 잠깐씩 말씀해주시고 넘어가면 어떨까요.(웃음)

정지창 해월 선생은 농투성이 출신이라 가상세계라는 건 들도 보도 못했을 것 같아요. 그 대신 농부로서 천지만물에 대한 공경심이 몸에 밴 해월 선생은 「천지부모」 법설을 통해, 살아 있는 생명을 가진 존

해월의 '천지부모'

1. 천지는 곧 부모요 부모는 곧 천지니, 천지부모는 일체니라. 부모의 포태(胞胎)가 곧 천지의 포태니, 지금 사람들은 다만 부모포태의 이치만 알고 천지포태의 이치와 기운을 알지 못하느니라.

2. 한울과 땅이 덮고 실었으니 덕이 아니고 무엇이며, 해와 달이 비치었으니 은혜가 아니고 무엇이며, 만물이 화해 낳으니 천지이기(天地理氣)의 조화가 아니고 무엇인가.

3. 천지는 만물의 아버지요 어머니이니라. 그러므로 경에 이르기를 "님이란 것은 존칭하여 부모와 더불어 같이 섬기는 것이라" 하시고, 또 말씀하시기를 "예와 이제를 살펴보면 인사의 할 바니라" 하셨으니, "존칭하여 부모와 더불어 같이 섬긴다"는 것은 옛 성인이 밝히지 못한 일이요 수운 대선생님께서 비로소 창명하신 큰 도이니라. 지극한 덕이 아니면 누가 능히 알겠는가. 천지가 그 부모인 이치를 알지 못한 것이 오만 년이 지나도록 오래되었으니, 다 천지가 부모임을 알지 못하면 억조창생이 누가 능히 부모에게 효도하고 봉양하는 도로써 공경스럽게 천지를 받들 것인가.

— 해월 최시형 「천지부모」의 일부, 『해월신사법설』

재뿐만 아니라 무생물까지도 존중하고, 하늘과 땅을 부모처럼 모시라고 가르칩니다. 하늘과 땅이 어떻게 보면 무생물 같기도 하고 생물 같기도 한 존재지만 천지가 부모라고 하신 것은, 인간과 세상만물이 다 천지가 키워낸 자식이다, 그러니까 부모를 공경하듯이 하늘과 땅과 천지만물을 공경하라는 것이지요. 다른 법설(「오도지운吾道之運」)에서 "서양의 무기는 세상 사람이 견주어 대적할 자 없다고 하나 무기는 사람 죽이는 기계를 말하는 것이요, 도덕은 사람 살리는 기틀을 말하는 것이니"라고 말씀하신 것을 보면 서양에서 개발한 대량 살상무기에 대항하여 우리 동방에서는 "사람 살리는 기틀", 즉 도와 덕을 내세워 평화를 달성해야 한다는 것이 해월 선생의 입장인 것 같습니다.

김용휘 받들어 섬긴다, 보통은 이렇게 풀이할 수 있을 텐데, 무조건 '섬겨라'라고만 해석할 필요는 없다고 보고요. 대량 살상무기라든지 핵무기를 포함해서 공경하라는 의미는 일단은 그 존재를 부정하지 말고 인정하되 그 물건에 대한 이해를 깊게 해서 그것이 얼마나 위험한지를 오히려 파악해 그것을 잘 돌보고 보살펴서 그 위험을 줄이고, 필요하다면 그것을 잘 보호하고 격리하거나 때로는 역사에서 잘 물러가게끔 하는 것도 공경이라고 봅니다.

백낙청 참 좋은 말씀 같아요. 경물 사상을 잘 해석해주신 것 같은데, 경물을 한다고 해서 온갖 물건 다 존중하다보면 이건 그야말로 기독교에서 금지하는 우상숭배가 되잖아요. 원불교에서도 천지은(天地恩)을 얘기하는데, 천지은에 보답한다고 할 때 보은은 천지가 하는 그대로 따라가는 게 아니에요. 천지의 도를 '체받아서' 보은하라고 하거든요. 그렇지 않고 천지가 하는 걸 다 따라가자고 하면, 일단 우리 인간은 따라갈 능력이 없어요. 그러니까 아까 제가 어린이 얘기할 때 했습니다마는……

김용휘 똑같은 거죠.

백낙청 해월 선생님께서 깨달은 그 자리에서……

김용휘 맞습니다.

백낙청 이 말을 우리가 적용을 해야지요.

김용휘 그러니까 어린이를 공경한다고 해서 어린이가 사탕 달란다고 다 주는 게 공경이 아닌 거죠. 그 마음은 알아주되 그게 그 아이에게 안 좋다면 오히려 욕구와 감정을 존중해주면서 잘 다독여서 그 아이가 스스로 자기 욕구의 주인이 될 수 있게끔 도와주는 것이 오히려 어린이를 공경하는 일이죠.

백낙청 우리의 언어가 근대주의에 오염이 많이 돼 있다고 하잖아요. 그리고 사실은 많은 개념들이 원래 우리 한문에도 없던 것으로 일본 사람들이 서구 문물을 받아들이며 만들어서 전달해준 건데, 그것을 우리가 다 나쁘다고 보면 안 되죠. 오히려 우리가 음덕을 많이 본 거죠. 그렇긴 하지만 그런 경위, 서양의 어떤 개념이 일본 사람들에 의해서 어떻게 번역돼서 우리 사회에 들어와서는 당연한 것처럼 지금 통용되고 있다는 것에 대한 인식이 없으면 정말 사고하는 데 많은 지장이 올 것 같습니다. 수운 선생도 그렇고, 소태산 선생의 경우도 그렇고, 해월 선생님의 원문은 없지만, 우리가 이분들을 공부할 때 이분 하나하나가 굉장히 탁월한 언어 예술가임을 잊어서는 안 될 것 같아요. 우리가 아주 훌륭한 시나 소설을 읽을 때 그 섬세한 언어 사용에 주목하면서 읽지 않으면 자꾸 건성으로 보게 되잖아요. 수운 선생이나 소태산 선생의 경우에도 그 점을 우리가 잊어버리면 안 되겠습니다. 수운은 말씀을 한문으로 썼기 때문에 그것을 이해하려면 한문 실력도 필요하고 또 한문의 섬세한 뉘앙스도 아는 게 필요한데, 소태산의 경우는 우리말로 돼 있기 때문에 자칫 그가 쓴 언어를 우리 식으로 일방적으로 해석할 우려가 많은 것 같아요. 따라서 저는 위대한 사상가, 위대한 종교지도자는 다 언어의 예술가들이고 따라서 그걸 공부하는 우리들도 다 훌륭한 문학비평가, 문예비평가가 돼야 한다고 봅니다.

개벽, 자본주의 극복의 길 찾는 마음공부

백낙청 우리가 시작할 때부터 미뤄됐던 질문, 개벽을 어떻게 할 것인가, 개벽사상을 만드는 데 동학이 굉장히 중요하긴 하지만 동학만으로도 충분한가에 관해 얘기해보죠. 동학만으로 충분한가라고 제가 물었을 때 천도교만으로 충분하지 않다는 건 지금 누구나 다 아는 사실인데요. 그 사상, 동학이나 해월 선생의 가르침이 아무리 중요하다 해도 그것만 가지고 되겠는가는 우리가 한번 검토해볼 필요가 있을 것 같아요. 김선생님 생각부터 말씀해주세요.

김용휘 동학의 개벽을 오늘날 실현하기 위해서는 결국 자본주의의 극복이 굉장히 중요하다고 저는 봅니다. 1920년대에 이미 천도교『개벽』의 편집인들이 자본주의의 문제를 언급했습니다마는, 이런 자본주의 문명을 극복하려는 노력이 결국은 개벽에서 가장 중요한 부분이고, 그래서 새로운 사회·경제시스템을 어떻게 만들 것인가 하는 공부가 굉장히 중요하다고 봅니다. 그렇다고 사회주의를 오늘날의 대안으로 삼을 수는 없으므로 자본주의도 넘어서고 사회주의도 넘어설 수 있는, 역사적으로는 제3지대에 있었던 사유들에 대해서도 저는 공부가 필요하다고 보고요. 예를 들면 헨리 조지(Henry George) 같은 사람들이라든지 실비오 게젤(Silvio Gesell) 또는 칼 폴라니(Karl Polanyi)의 사유들 말이죠.

제가 좀더 주목하는 것은 지역 자립의 경제학이에요. 일본의 나까무라 히사시(中村尙司)라고 하는 분의 이야기로, 한 면 단위 정도에서 생산과 소비와 유통, 폐기에 이르기까지 선순환하도록 하는 경제학의 모델, 어떤 면에서는 노자의 '소국과민(小國寡民)'과도 상당히 상통할 수 있는 모델을 말하고 있는데, 저는 이런 공부도 좀 만나야 된다고 봅니다. 최근의 이론으로는 케이트 레이워스(Kate Raworth)의 『도넛 경제학』(*Doughnut Economics*, Chelsea Green Publishing 2017)도 좀 참고할 만하다고 보고요. 찰스 에이젠스타인(Charles Eisenstein)이라는 젊은 학자는 『신성한 경제학』(*Sacred Economics*, North Atlantic Books 2011)이라는 책을 통해서 지금까지 언급된 헨리 조지라든지 실비오 게젤 같은 사람들의 얘기를 종합하고, 기본소득까지 포함해 환경비용의 내부화 이야기를 하면서 자본주의를 넘어설 수 있는 많은 아이디어들을 말하고 있습니다. 그게 얼마나 현실성 있는지는 우리가 또 따져봐야 할 일이겠습니다마는 그런 논의들을 우리가 적극적으로 검토할 필요가 있다는 생각이 들고요. 영성적인 측면에서는 역시 개벽 사유를 공유하고 있는 인도의 스리 오로빈도(Sri Aurobindo)라든지 또 가까이로는 원불교에 대해서 깊은 연찬이 필요하다는 생각이 듭니다.

정지창 저는 해외의 여러가지 사조라든지 사상가들을 참조하는 건 좋은데 너무 이것저것 끌어다 뒤섞는 것은 조심할 필요가 있다고 생각합니다. 1910년대와 20년대에 천도교 이론가인 이돈화도 동서양의 온갖 사조를 다 끌어다 동학이라는 용광로에 녹여서 새로운 대안을 만들어내려는 의욕적인 시도를 했는데, 그 결과가 별로 신통치 않았습니다. 그는 너무 서양 쪽 철학과 개념을 가지고 동학·천도교의 원리를 설명하려다 보니까 도리어 동학 고유의 가치를 잃어버거나 손상시킨 측면도 있는 것 같아요. 저로서는 오히려 동학을 새롭게 보는 시각이나 연구 성과를 평가하고 여기에 관심을 가져야 되지 않겠는가 싶습니다.

박맹수 교수에 따르면, 최근 원광대학의 원불교학과에서 오오니시 히데나오(大西秀尚)라는 일본 유학생이 「다나카 쇼조(田中正造)와 최제우의 비교 연구: 공공철학 관점을 중심으로」라는 제목의 박사학위 논문을 썼다고 합니다. 일본에서 중학교 역사교사로 정년퇴임하고 뒤늦게 유학을 와서 16년 만에 논문을 썼는데, 저는 아직 이 논문을 읽어보지는 못했지만, 타나까 쇼오조오를 수운과 비교, 연구한 점에 주목하고 싶습니다. 타나까 쇼오조오는 1841년에서 1913년까지 산 분입니다. 최제우보다는 한 세대 뒤고 전봉준(全琫準)보다는 한 세대 앞의 인물이지요. 이분이 동학농민혁명이 실패로 돌아간 지 2년 후인 1896년 「조선잡기(朝鮮雜記)」라는 글에서 동학농민군이 내건 12개조 조항을 거론하며 굉장히 문명적이라고 평가했습니다. 동학농민군이 상당히 수준 높은 개혁적 세력이었다면서, 이들을 일본군이 잔혹하게 진압한 것은 참으로 안타까운 일이다, 이렇게 얘기를 했어요. 널리 알려져 있듯이 타나까 쇼오조오는 19세기 말 메이지유신 시대에 일본의 서구식 근대화 과정에서 발생한 구리 광산의 공해 문제와 이에 대처하는 관료주의의 폐해를 고발하고 주민들의 편에 서서 죽을 때까지 헌신적으로 투쟁했습니다. 이분이 이런 말을 남겼습니다. "참된 문명은 산을 황폐하게 하지 않고, 강을 더럽히지 않으며, 마을을 파괴하지 않고, 사람을 죽이지 않는다." 서구식 근대화와 자본주의의 모순을 극복할 대안으로 이러한 '참된 문명'을 제시한 것은 수운이 말하는 다시개벽의 꿈과 상통하는 면이 있는 듯합니다. 이런 점에서 오오니시 히데나오 씨가 수운 최제우와 타나까 쇼오조오의 공통점을 공공성으로 본 것에 주목하고 싶어요. 공공성이란 결국 서구식 근대화, 즉 이윤만을 목표로 삼는 자본주의의 모순을 극복하기 위해 필요한 개념이라고 보기 때문이죠.

백낙청 저도 D. H. 로런스에 대해서 책을 쓰면서 『서양의 개벽사상

가 D. H. 로런스』라는 제목을 붙였습니다만, 저는 누구를 개벽사상
가라고 규정할 때는 개벽사상에 대해서도 깊은 이해가 있고 또 그 말
을 적용하는 대상에 대해서도 상당히 많은 연마를 하고서 그래야 한
다고 봅니다. 정선생님께서 지금 지적하셨듯이 누가 개벽사상과 좀
상통하는 면이 있다고 해서 이 사람 저 사람 다 개벽사상가라고 보
면 우리의 개벽사상을 약화시키는 면도 있을 거 같아요. 기분은 좋
죠, 뭐. 이 사람도 개벽하고 저 사람도 개벽한다니까. 그래서 제가 아
까 해월 선생 얘기를 할 때도 그 말을 했습니다마는, 해월이 깨달은
그 자리에서 봐야 된다 했듯이 수운 선생, 해월 선생, 또 소태산 선생
이런 분들이 깨달아서 개벽을 말씀하신 그 경지를 열심히 공부해 도
달하거나 근접한 다음, 그 시점에서 누가 과연 제일 우리한테 도움이
되는, 도움을 주는 사람인가를 판단해서 이야기해야 한다고 봐요. 인
생은 유한하니까 선택과 집중을 해야지, 이 사람 저 사람 다 개벽사
상가라고 할 순 없잖아요.

정지창 그렇죠.

백낙청 그리고 저는 개벽사상가라고 할 만한 이들 중의 상당수는 그
냥 좀 통하는 바가 있지만 기본적인 전제에서 우리의 후천개벽운동
과는 또다른 면을 많이 가진 분들일 것 같아요. 그걸 우리가 판별해
야 합니다. 그것도 우리 개벽운동의 일환이죠. 개벽적인 면모를 면밀
히 살펴서 가려내는 것은 참 중요하긴 한데, 아무 분에게나 개벽사상
가였다고 해서는 안 되지 않나 하는 경각심을 가질 필요가 있습니다.
원불교에 대해서는, 처음부터 제가 개벽사상을 접한 것이 오히려 동
학에 앞서 원불교였다는 말씀을 드렸고요. 동학을 전혀 모른 것은 아
니지만 깊은 이해가 없기 때문에 되도록 말을 안 했습니다. 사실
제가 동학 공부를 좀더 한 것은 그 책을 내고 난 이후죠. 그런데 김선

생님께서 말씀하셨듯이 개벽을 표방하는 종교가, 우리 후천개벽의 흐름 속에 있는 종교가 있는데, 수운이나 해월 선생은 증산도나 원불교가 나오기 전에 돌아가셨으니까 증산이나 원불교에 대해서 관심을 안 가지신 건 당연할 테지만, 그후에 나온 분들은 동학에 대해서 얼마나 관심이 있었을까요. 증산교에선 별로 없죠. 그런데 저는 증산 선생은 아주 특이한 선각자고 도인이었다고 생각하거든요. 당신이 상제임을 깨달았지만 모든 사람이 다 상제라고 하는 데까지는 못 나가셨다고 그러셨는데, 그분은 동학혁명의 실패로 인한 세상의 아주 참담한 현실을 우리 민중들의 현재의 불행이나 비극으로만 보지 않고 우주의 큰 기운이 지금 돌아갈 때라 보시고, 당신의 미션, 당신이 할 일은 우주의 큰 기운을 바꿔놓는 것이라고 하셨는데 얼마나……

정지창 천지공사(天地公事)를 하시겠다고 했지요.

백낙청 네, 천지공사를 하셨는데, 천지의 기운이 얼마나 바뀌었는지는 제가 측정할 도리가 없습니다마는 우리 민중의 기운을 확실히 바꿔 놓으신 것 같아요. 그렇지 않으면 동학에서 그렇게 참담한 실패를 하고 30만명씩이나 희생되었는데, 그런 민족이 얼마 안 가 3·1운동을 일으키는 것은 불가능한 일이라고 봅니다. 원불교의 경우는요, 제가 알기로는 소태산 선생 자신은 수운 증산 당신 이렇게 이어지는 걸 확실히 의식하고 있었고 그 제자들도 상당수 그랬고요. 구전에 의하면 당신이 수운 선생의 환생이라고까지 생각하셨던 거예요, 문헌적인 경전에는 없지만. 이분이 용담에 다녀오셨거든요.

김용휘 네, 용담의 수운 선생 묘소에 가셨죠.

백낙청 묘소에 갔을 때 수운의 종손자죠, 조카 손자를 만난 에피소드들이 있습니다. 그런데 그런 행적에 비해서 원불교 교단이 동학에 무관심한 거지요.

정지창 글쎄 말이에요.

백낙청 소태산 선생은 결코 그런 분이 아니었고요. 제가 도올하고 좌담할 때 그 얘기를 했어요. 『원불교전서』에 보면 『불조요경(佛祖要經)』이라고 해서 불교의 문헌 중에서 원불교도들이 특히 알아야 할 것들이 실려 있습니다. 그래서 내가 그날 좌담에서 한 얘기는 『동경대전』도 『원불교전서』에 들어가야 된다는 거였어요, 『불조요경』 플러스 『동경대전』. 그런 얘기를 했는데요, 별로 실현될 가망은 없지만.(웃음) 그러나 원불교 쪽에서는 우선 '물질이 개벽되니 정신을 개벽하자'는 개교표어가 불교에 없는 말이에요. 이것은 동학 이래의 우리 후천개벽운동에서 나온 말이니까요. 그런 것부터 좀 새로이 해서 서로 정말 공부를 하고, 특히 그중에서 원불교와 천도교는 서로 더 알고 힘을 합칠 필요가 절실하다고 봅니다. 전술·전략적인 제휴가 아니고 사상적으로 얼마나 상통하고 있는지에 대해서는, 원불교가 훌륭하지만 아직 동학의 수준에 못 미친다고 보는 분들도 계실 것이고, 원불교 쪽에서는 아니다, 수운 선생의 사상을 이어받아서 원불교가 더 원만한 도를 만들었다, 이렇게 얘기를 하는 사람도 있을 텐데요. 여기서 그것에 대해서 우리가 무슨 판정을 할 것은 아니지만 독자들이 좀더 생각하고 판단하시도록 그래도 좀 토론을 하고 마치는 게 어떨까 싶어요.

김용휘 네, 이번에 제가 『원불교전서』를 한번 읽어봤는데요. 마침 오늘이 소태산 대종사께서 대각하신 대각개교절이죠.

백낙청 촬영 날은 그런데, 이 좌담이 업로드돼서 나갈 때쯤은 한참 후가 될 겁니다.

김용휘 아, 그렇군요. 『원불교전서』를 읽어보니 소태산 대종사께서 대각을 하신 건 틀림없구나 하는 생각이 들었습니다. 그리고 동학 경전에 비해서는 참 자세하고 친절하며 체계가 잘 잡혔다는 인상을 받았습니다. 어떤 면에서는 정말 발전했다는 느낌도 받았고요. 원불교는 불교를 주체로 삼고 있는데, 사실 불교는 너무나 방대하잖아요? 그런데 그 불교의 요체를 간명하게 밝히면서 인과보응(因果報應)의 이치 그리고 그에 더하여 마음 씀의 용심법(用心法)을 또 굉장히 자세하게 한 사람 한 사람의 근기(根機)에 맞게끔 이야기하는 부분이 아주 인상적이었습니다. 그리고 수행에 있어서도 지금 위파사나(vipāsyanā)니 참선이니 또 염불이니 해서 논란이 되고 있는데, 원불교에서는 좌선도 하고 염불도 하고 화두도 잡고 강론도 하는 등 수행법을 두루 원만하게 갖추고 있어서 일상생활을 하는 사람들한테도 정말 좋다고 봅니다. 무엇보다도 삼학(三學)에서 강조되는 정신수양(精神修養), 사리연구(事理硏究), 작업취사(作業取捨) 수행이 일상으로 연결되고, 그것이 사회적인 공도(公道), 공행(公行)으로 연결되어 안팎을 두루 갖추고 있죠. 기존의 불교는 표방은 하지만 수행 중심으로 가면서 사회적 실천이라는 부분이 약했잖아요. 어쨌든 원불교는 안팎을 두루 갖추면서 정말 원만구족(圓滿具足)합니다. 게다가 유불선을 아우름으로써 유학의 인륜도 강조하고 도가의 도와 덕, 무위자연(無爲自然)의 이치도 언급하며 동학의 개벽사상을 수용하고 있죠. 결국 도학과 과학이 병진되는 새로운 도덕 문명을 표방하고 있다는 데서 저는 원불교가 근본불교와의 차별성이 있다, 굉장히 간단해지고 두루 원만해졌음에도 불구하고 어떤 면에서는 근본불교를 뛰어넘은 점이 있다, 그래서 개벽종교라고 할 수 있겠다는 생각을 합니다.

　나아가 동학과 비교해보자면 일상의 수도를 강조한 점이 공통점이에요. 유불선 삼교를 포함하고 있으며, 남녀평등을 역설하고 수행과 실천, 도학과 정치의 병진을 중시했다는 점, 그리고 무엇보다도 개벽의 종교라는 데서도 공통점이 있습니다. 차이점이라면 아무래도 동학은 유불선 삼교를 통합했다지만 유학이 좀더 중심을 이루고 원불교는 불교를 주체로 하고 있다는 점이에요. 동학이 인격적인 실체로 생각은 안 합니다만, 하늘님을 향한 신앙과 체험을 중시하는 영성적 종교의 측면이 있다면, 원불교는 불교를 주체로 하고 있기 때문에 자각적이고 자립적이며 지성적인 경향의 종교지요. 그리고 동학은 동학농민혁명을 비롯해서 고난과 탄압을 많이 겪은 종교지요. 그래서 동학에는 고난의 서사가 있다면 원불교는 역사적 풍파는 비교적 적게 겪으면서 굉장히 내실을 갖췄고 또 공동체를 통해서 그렇게 했다는 점에서 차이점이 있다면 있겠습니다. 끝으로 동학은 새로운 개념과 용어를 다루었고, 그 이름도 기존의 종교와는 다른, 전례 없던 이름을 내세웠는데, 원불교는 불교라는 틀을 유지하면서 좀더 보편적인 방식을 채택했다는 점도 차이겠습니다. 저는 원불교의 이런 점에 장점도 있고 한계도 있을 수 있다고 봐요. 동학이 좋은 원천수라면 원불교는 그 체계를 잘 갖춰서 상품화하는 데까지 성공한 종교라고 생각합니다. 반면에 천도교는 역사적으로 정말 많은 자취를 남겼는데 그러다보니까 오늘날 힘이 빠져서 그런지 너무 노쇠해져서 굉장히 안타깝고요. 천도교는 이대로라면 역할하기가 좀 어렵지 않을까 싶을 정도로 새로운 돌파구가 필요한 시점입니다. 동학이 천도교로 개편되는 정도의, 한번 더 새로운 전환, 전면적 개편이 필요한 시기라고 보고 있습니다.

정지창 저는 원불교에 대해서는 전혀 아는 바가 없어서, 백선생님이 쓰신 책 『문명의 대전환과 후천개벽』(박윤철 엮음, 모시는사람들 2016)을 보면서 간접적으로 원불교 공부를 한 셈인데요. 경전도 그냥 겉핥기로 한번 읽어봤습니다. 그중에서 『대종경』을 보면서 사상적 내용도 훌륭하지만, 문학작품으로서도 탁월하다는 느낌이 저절로 들었고요. 소태산 대종사가 자기 생각을 이렇게 알기 쉽고 유려한 우리말로 표현한 것 자체가 참 대단한 성과이고 정말 소중한 민족문화의 자산이라는 데 전적으로 동감합니다. 다만 청년들로 하여금 어떻게 원불교에 관심을 갖고 참여하게 할 수 있을지, 현실적인 방안을 마련해야 할 때라고 생각합니다.

백낙청 그런데 천도교나 원불교의 좋은 점은 둘 다 배타적인 종교가 아니라는 거잖아요. 그러니까 천도교 교도로서 충실하게 살면서도 얼마든지 소태산의 교법(敎法)을 연구해서 자기 생활에도 반영하고 사상에 참고할 수 있는 거고, 원불교도 그 점에서는 굉장히 개방적입니다. 소태산이 활동하던 당시에 기독교 장로이던 어느 분이 소태산을 만나 감복하여, 제가 참 선생님 제자가 되고 싶은데 기독교를 배신하는 게 될까봐 그러지 못하겠습니다, 그러자 소태산 선생이 자신의 훌륭한 제자면 예수님의 제자가 될 수 있는 거니까 그런 데 전혀 개의치 말고 하고 싶은 대로 하라고 해서 그분이 원불교 교도로 활약을 많이 했어요. 지금도 원불교는 그 점에서 상당히 개방적이라고 봅니다. 그러니까 천도교도가 원불교에 정식으로 입교하지 않고도 원불교 공부를 해서 같이하겠다면 얼마든지 그럴 수 있지요. 나는 우리나라의 원불교와 천도교만큼 개방적인 종교가 없다고 봐요. 그러지 않아도 두 교단이 다 세가 미약하니 연대해보면 좋겠지만, 이게 전술적인 제휴이면 큰 의미가 없고요. 원불교는 수운 선생의 개벽사상을 더 깊이 공부하고, 천도교 쪽에서는 우리 김선생님 말씀하신 식으로 원불교가 개벽사상을 충실히 이어가면서 변모시키기도 할 때의 장점은 뭔지 헤아려보는 공부를 하면서 서로가 같이 협조해야 된다고 봅니다.

그런데 김선생님이 원불교는 불교를 중심에 뒀기 때문에 더 보편적인 방식을 취했고 거기에 장점도 있고 한계도 있다, 이렇게 말씀하셨어요. 얼핏 들으면 보편적인 방식이 있으니 세계적으로 개벽사상을 펼치는 데 더 유리한 위치에 서 있다는 좋은 말로 들리거든요. 그럼 한계라고 할 때는 어떤 것이 있을까요? 저는 소태산 사상 자체가 개벽사상을 일종의 동력으로 삼아서 불법을, 불교를 받는 쇄신을 했는데, 그 자체가 무슨 한계라고 보진 않아요. 그런데 불법을 주체로 삼아놓으니까 교단 사람들, 특히 교단의 학자나 지식인들이 그냥 불교만 물고 늘어지는 거예요. 그게 편하니까요. 교단의 학자 입장에서는 이렇게 불교 위주로 공부하는 데서 오는 폐단이나 한계가 있지 않나 싶고요. 또 하나는 동학·천도교와 원불교를 비교할 때 그 조직 원리가 다르잖아요. 수운 선생은 처음에 일종의 사회운동 조직으로서 접(接)을 만드셨다가 그것마저 파접(罷接)을 하셨는데, 나중에 접이 다시 생기죠. 그러나 천도교에는 전문교역자라는 게 없지 않습니까? 그건 이분의 평등사상과도 밀접한 관련이 있는 것 같아요. 그러니까 남녀의 차별, 적서의 차별을 다 없애면서 성속의 차별도 없애신 거죠. 그것도 굉장히 획기적인 변화죠. 그런데 시간이 흐르다보니 이제는 전문교역자가 없어서 생기는 어려움을 천도교가 겪고 있지 않습니까?

김용휘 네, 어려움이 많습니다.

백낙청 반면에 소태산은 전무출신(專務出身) 제도를 만들었거든요. 전문교역자들을 뒀어요. 그런데 전문교역자를 두면 거기서 반드시 생기는 문제가 그들이 하나의 계급이 되고 새로운 성속의 차별이 만들어지는 것인데, 그것은 수운뿐 아니라 소태산의 뜻에도 어긋나는 일이거든요. 그래서 이분은 전무출신 제도를 만들면서도 출가·재가의 차별은 없게 해놓으셨는데 그게 말처럼 잘 안 되지 않습니까? 그래서 오늘날 원불교 내의 많은 문제가 그 출가들이 너무 똘똘 뭉쳐가지고, 이들이 일은 열심히 하지만 일종의 특권의식 같은 게 생긴 게 아닌가 싶고, 오히려 그런 점에서 한계인데요. 그렇다고 전무출신 제도를 원불교에서 없애는 것도 불가능하거니와 없애는 게 반드시 답일까요. 불교도, 말씀하셨듯이 석가모니는 그런 뜻이 아니셨을 것이고, 오히려 힌두교의 엄격한 카스트 제도에서 모두를 평등한 세계로 탈출시켜서 진리 수행을 하게 하는 방편으로 승가 조직을 만드셨지만, 또 그게 나중에는 굳어져서, 머리 깎고 정말 그 공부만 하지 않으면 깨달음에 못 도달하는 것이 수행의 본뜻이 아닐 텐데요. 그런 딜레마를 원불교 교단이 잘 해결할 수 있다면 그것은 종교 조직만이 아니고 모든 조직에 다 해당되는 해법일 수 있어요. 어느 조직이나 기간요원이라는 건 필요한데, 기간요원을 두면 꼭 저희들이 똘똘 뭉쳐서 자기들 기득권을 챙기게 된단 말이죠. 그런 여러가지 과제에 대해 천도교와 원불교가 더 대화를 하면서 서로의 경험을 대비해보며, 수운 선생의 해법이 원만한 답이 아니라고 하면 서로 스스럼없이 대화를 하는게 정산 종사가 말씀하신 삼동윤리(三同倫理) 정신에 딱 맞고요. 다른 여러 세력도 함께 해야 되겠습니다마는 특히 천도교와 원불교는 한일터 한 일꾼으로 동척사업(同拓事業)을 하기에 아주 좋은 집단이 아닌가 하는 생각이 들어요.

끝으로 촛불혁명이 지금 중대한 난관에 처해 있지 않습니까? 어떤 사람은 촛불혁명은 일단 끝났다고 보기도 하고, 애초부터 촛불혁명은 혁명도 아니었고 박근혜 퇴진시키고 정권교체를 한 걸로 수명이 다했는데 그게 언젯적 일이라고 아직까지 들먹이느냐는 사람도 있죠. 제가 개인적으로 볼 때, 촛불혁명은 여전히 진행 중인데 지금은 이상한 사고를 만난 거죠. 제가 이걸 변칙적 사건이라고 표현도 했는데 오래가면 변칙적 사건이 아니죠. 변칙적 사건은 일시적인 해 프닝이라는 말인데, 이게 오래가면 해프닝이 아니고 그 나름의 하나 의 단계가 되는 거죠, 역사의 한 단계가. 그럴지는 우리가 지켜볼 일 이고요. 그럴 때 아까 여러 사상가의 얘기도 나왔습니다마는 역시 우 리가 수운 선생이나 소태산 선생이 깨달은 그 자리에서 이걸 볼 필요 가 있을 것 같아요. 그 공부가 절실한 듯하고요. 자본주의 극복이라 는 걸 처음부터 강조해주셨는데, 자본주의도 아니고 사회주의도 아 닌 제3의 길이라는 게 지금 좀 낡은, 약간 상투화된 개념이 된 것 같 아요. 1920년대도 그렇고 해방 직후에도 미국이 대표하는 자본주의 세계화와 소련 쪽이 대표하는, 소위 현실사회주의라고 토를 달아서 쓰는 사회주의 사이에서 선택을 강요당하고 있었기 때문에 우리는 그중에 어느 쪽도 따르지 않겠다는 뜻으로 청우당이 말한 조선식 신 민주주의론 같은 게 의미가 있었는데, 지금은 그게 맞는 얘기인지 나 는 모르겠어요. 왜냐하면 지금은 그런 식의 선택을 강요하는 사회주 의가 없잖아요. 자본주의는 지금 맹위를 떨치고 있긴 하지만 마치 말 기 환자처럼 제구실을 못하고 있는 상황인데, 이에 대한 대안을 얘기 하면서 처음부터 자본주의도 아니고 사회주의도 아니라고 하면 그 건 자본주의에 대한 연마나 사회주의의 대안적 가능성에 대한 연마 를 처음부터 포기하고 들어가는 것 같아요. 그래서 자본주의 극복이 최대 과제인 건 사실인데, 그냥 극복만 부르짖는다고 자본주의가 극 복되는 건 아니며 거기에 적응할 만큼은 적응하면서 극복해야 된다 고 제가 주장했습니다. 극복의 길을 얘기할 때 쉽게 자본주의도 아니 고 사회주의도 아닌 제3의 길이라고 말하는 게 오히려 폐쇄적인 생 각을 유도하지 않나 하는 생각이 드는데, 정선생은 어떻게 보세요?

정지창 개념상으로 명확하게 규정을 하려니까 그런 문제가 생기죠. 지금은 100퍼센트 자본주의, 100퍼센트 사회주의라는 게 없지 않습니까? 자본주의든 사회주의든 어느정도 서로 뒤섞여 짬뽕이 돼 있는 상태니까요. 결국 때에 따라서 어느정도의 비중으로 이쪽을 강조하고 어떤 부분을 좀 배제하는 식으로 유연하게 가야 되는 게 아닌가 싶어요. 해월 선생이 때라는 걸 굉장히 강조하셨는데요. 그 이유는 이필제(李弼濟)가 영해에서 너무 서둘러 봉기를 일으켰다가 참담하게 실패한 데 있다고 봅니다. 또 동학농민혁명만 하더라도 사상적인 면에서는 실패가 아니라고 주장할 수도 있지만, 외면적으로는 참담한 실패로 끝난 거죠. 그런 실패를 많이 겪으면서 해월 선생은 아무리 뜻이 좋고 당위성이 있더라도 때를 잘못 만나면 성공하기가 쉽지 않다는 것을 깨달은 것 같아요. 그래서 이름도 때 시(時) 자를 넣어서 시형(時亨)으로 고치셨고, '용시용활(用時用活)'을 강조했습니다. 그만큼 때가 중요하다는 것이지요. 갑오년의 동학농민혁명이 실패하고 나서 실의에 빠진 제자들에게, 하늘이 정한 때가 있는데 이게 천시가 안 맞은 것이지 우리가 잘못해 실패한 건 아니다, 앞으로 때가 오면 예전의 농민혁명 같은 것도 다시 할 수 있다, 이렇게 말씀하십니다. 과연 해월 선생의 예언대로 그후에 3·1만세운동이 일어나지 않았습니까? 우선 당장은 실패한 것 같아도 좀 장기적인 안목으로 때를 기다리다보면 또 기회가 온다는 거죠. 가령 촛불혁명은 물론이고, 더 나아가서 백선생님 말씀하시는 분단체제 극복이나 통일도 우리가 때를 잘 판단해서 주어진 기회를 제대로 활용하면 반드시 이루어질 거라고 봅니다. 다만 준비를 하고 기다리다가 때가 됐을 때 딱 나서야지, 아무 준비도 없이 무조건 기다리고만 있어서는 안 되겠지요.

백낙청 이필제의 난은 수운 선생이 바로 염려했던 그것 같아요.「탄도

유심급(歎道儒心急)」이라는 글을 남기셨죠, 동학의 동지들이 마음이 급한 걸 탄하노라고.

정지창 너무 성급하게 서두르지 말라는 뜻이죠.

백낙청 네, 거기에 딱 맞는 것이죠. 전봉준이 1차 봉기하여 고부 관아를 습격했을 때는 해월이 비슷한 걱정을 하지 않았나 싶어요. 그러다가 2차 봉기 때는 총동원령을 내리지요. 나중에 그 참혹한 꼴을 겪고 난 후의 말씀이 해월의 참 놀라운 면이라고 저는 생각하는데요. 갑오년의 그 일은 사람이 한 일이 아니라 하늘이 한 일이다, 그것은 전봉준이 어떻게 해서가 아니라 전봉준을 말려놓으면 다른 데서 터질 수밖에 없었던 일이고, 그런 걸 한번 겪어야지 우리가 또 대처할 수 있게 된다는 지점까지 내다보신 것 같아요. 그때에 비하면 지금의 촛불혁명은 굉장히 좋은 여건에 놓여 있습니다. 불리한 상황은 분단이 돼 있다는 것이죠. 분단체제의 제약 속에서 움직일 수밖에 없다는 게 문제인데, 그래도 세상은 해월의 시대와 비교하면 양반이죠. 지금 누가 총칼을 대놓고 사용합니까? 누구는 일본군을 끌어다놓고 싶어서 안달을 하는 것 같긴 한데, 일본군이 옛날처럼 신무기나 기관총을 가지고 와서 사람들을 함부로 해칠 수 있는 세상도 아니고요. 우리가 한번 더 분발해서 지금의 해프닝을 해프닝으로 끝내야겠죠. 그다음에는 국내 문제도 문제지만 분단체제를 완화해야 할 텐데, 당장 해소야 되겠어요? 그래도 남북관계를 발전시키다보면 세계 전체에서 우리가 소태산 선생님 말씀하신 정신의 지도국, 도덕의 부모국이 될 겁니다. 수운 선생님도 우리 동방이 그렇게 될 거라고 말씀하신 거 아니에요. 이제 두분이 한마디씩 마무리 발언을 해주시고 끝내죠.

김용휘 촛불의 완성이 단지 정권교체로 그쳐서는 안 되겠죠. 물론 정권교체도 해야 되겠습니다마는. 19세기에 수운 선생님이 다시개벽을 말씀하실 때와 지금은 조금 다른 상황인 것 같아요. 물론 그때부터 지금까지가 개벽의 이행기라고 볼 수 있지만요. 수운 선생님은 서구 문명, 서학, 기독교로 대표되는 부분과 다른 한편으로는 서구 제국주의, 이렇게 크게 두 측면에 굉장히 깊은 문제의식과 우려를 가지고 맞서려고 했던 게 분명합니다. 유교 문명을 극복하고자 하는 문제의식도 상당했는데, 도올 선생님도 이 부분에 대해선 별로 강조를 안 하시는 것 같아요. 그런데 개벽이 문명적 대전환이라고 보면, 결국 서구 문명도 넘어서고 유교 문명도 넘어서야겠다는 것이 수운의 문제의식이었다고 봅니다. 이런 연장선에서 당시에 신분 차별 또는 여성 억압 등을 뛰어넘어 기존에는 피지배자로서 수동적인 위치에 있던 민중이 정말로 주체가 되어 역사와 변혁, 개벽에 등장하게끔 했다는 것이 굉장히 중요한 부분이라고 생각합니다.

오늘날은 문제가 조금 다른데, 이제는 자본주의라는 근대 문명의 비인간화라고 할까요, 그 폐해가 너무나 심해졌습니다. 그에 따라서 생태계 위기라든지 인간 소외 같은 정신적 위기가 그때에 비해서 훨씬 더 심화된 측면이 있고요. 그래서 저는 이 자본주의 근대 체제를 극복하는 것이 다시개벽의 가장 중요한 과제라고 생각합니다. 앞에서도 잠시 언급했듯이 새로운 시스템의 설계가 중요하죠. 자본주의와 사회주의를 넘어설 수 있는 새로운 정치경제 시스템의 모색이 필요합니다. 저는 그 가능성을 지역에서 발견해야 한다고 봐요. 지역에서 자체적으로 순환하고 자립할 수 있는 경제, 국가와 시장과 민(民), 이 세 주체가 균형을 맞추는 경제를 고민해야겠죠. 이를 위해서는 읍·면·동 단위에서 '주민자치·직접민주주의'가 실현되어야 하는데요. 읍·면·동 단위에서 주민자치와 지역에 바탕한 자립경제가 어느 정도 가능해지면 남북 연합으로 한반도 전역에 새로운 정치경제적

소태산이 말하는 정신의 지도국, 도덕의 부모국

대종사 말씀하시기를 "조선은 개명(開明)이 되면서부터 생활 제도가 많이 개량되었고, 완고하던 지견도 많이 열리었으나, 아직도 미비한 점은 앞으로 더욱 발전을 보게 되려니와, 정신적 방면으로는 장차 세계 여러 나라 가운데 제일가는 지도국이 될 것이니, 지금 이 나라는 점진적으로 어변성룡(魚變成龍)이 되어가고 있나니라."

— 『대종경』 전망품 23

"우리나라는 정신의 지도국이요 종교의 부모국이라, 우리나라를 침해하는 나라는 복을 받지 못할 것이다."

— 『한울안한이치에』 제1편 6. 돌아오는 세상 31절

질서를 구축할 수 있고, 그것이 새로운 사회, 새로운 문명으로 나아가는 기초가 되리라 생각합니다.

두번째로 오늘날의 생태위기를 돌파하기 위해 근본적인 생활양식의 전환이 필요하다고 봅니다. 생태적인 삶, 자본주의적 소비에서 조금이라도 벗어날 수 있는 삶의 방식에 대한 고민과 실천이 필요한 것이죠. 이를 위해선 역시 공동체성의 회복이랄까, 더불어 사는 삶의 회복, 마을의 회복이 중요합니다.

세번째로 중요한 것은, 아니 이 점이 가장 중요할 수 있는데요, 원불교와 동학이 모두 강조하는 정신수양, 마음공부입니다. 새로운 주체, 신인간으로 거듭나는 것입니다. 유무를 초월하고 생사를 해탈하고, 인과의 법칙에 두루 통달하고 공도공행할 수 있는 거룩한 사람들

최제선

〔…〕

제선이, 이 사람아

자신을 한순간 그토록 돌려놓은 것이 무언가

실패만큼 그 뉘우침도 깊었으리라만

그 극적인 전환은 어떻게 맞이한 것이냐

뉘우침이나 맹세는 대다수 지극히 개인적인 거라

자신을 뒤틀리게 하기 십상인데

돌아서서 무엇을 향해

자기정화의 극치를 통과한 것이냐

이름마저 제우로 바꾸었다지

제선아 이 사람아, 난 아직 그걸 모르네

난 아직 그 지점을 모르네

나는 그대의 뜻이 이렇다고 믿을 뿐이네

조선이 곧 좌절된 내 인생이요

조선이 곧 실패한 내 인생이 아닌가

외세의 무력이 조선을 겨냥하고

짓밟힌 백성의 원성이 하늘을 찌를 듯한데

나라의 기강은 말세겁운의 때를 맞으니

그것이 곧 내 좌절된 인생이라

나의 일어남이 곧 조선의 일어남이요

내가 뜻을 세움이 곧 백성이 뜻을 세움이 아닌가

광제창생,

스스로 일어나 스스로를 구하라
그리 일어나 스스로 구하는 자 모두 한울이라

제선이, 그대가 온갖 무리들 속에 떠도는 동안
짓밟힌 백성과 탐악한 지배자들
그리고 창궐하는 역병으로 신음하는
조선의 절망과 고통 그 한가운데 있지 않았는가
그런데 그대는 고향으로 돌아와
다시 뜻을 세웠다 하였네
〔…〕
도가 무언가 도통이 무언가
자기를 타파함인가 자기가 무언가
허공인가 허공은 어찌하여
있다고도 하고 없다고도 하는가
허공은 존재를 넘어선단 말인가
존재를 넘어섰다면 우리가 무엇을 두려워하는가
무엇을 버릴 수 있겠는가
그렇게 하였던가
자신의 전 생애를 녹이고 세상의 선이며 악이며
인간 세계의 숭고함과 추악함과 사랑과 분노와
이 모든 것을 용광로에 녹여 빛나는 칼 한자루
허공을 가르는 칼 한자루 만들었던가
그것이 한울이라면 한울은 또 허공이 아닌가

그 한번의 맹세

전 생애를 돌려세워 통과해버린
단 한번의 맹세
자신의 모가지를 허공에 베어버린
선생이여
수운 선생이여
어찌 허공으로 세상을 내리쳤더란 말입니까

— 백무산 「최제선」 일부, 『인간의 시간』, 창비 1996

로 변화되는 것입니다. 다행한 것은 지금 시대는 각 문화권으로 분화되었던 인류의 정신적 유산들이 지구촌 시대를 맞아 통합되는 시대이기도 하며, 예전처럼 몇몇 뛰어난 종교적 천재를 낳은 것과는 달리 대중의 '집단영성', 집단적인 영적 도약을 예고하고 있는 시대이기도 합니다. 동학과 원불교의 일차적 역할은 바로 여기에 있다고 생각합니다. 참된 도와 덕을 밝히고 이 땅에 도덕 문명의 기초를 닦는 일이, 개벽의 종교로서 동학과 원불교가 함께 힘써야 하는 일이라고 생각합니다. 그리고 저는 개벽 세상은 미래의 어느 시점에 있는 것이 아니라, 이미 우리의 가슴속에 도래해 있다고 봅니다. 가슴에서 새로운 우주가 열리는 것이 개벽이죠.

정지창 아까 손병희 선생의 입도 동기 얘기도 했습니다마는 오늘날 젊은 사람들이 현실의 제약이랄까, 고정관념의 틀에 얽매여서 기를 못 펴지 않습니까? 상상력도 고갈되고 개혁의 꿈을 꾸기도 쉽지 않지요. 그런 체제 속에서 그 체제 자체가 강요하는 삶의 방식이나 틀 자체를 깨뜨릴 수 있는 용기가 필요한데, 수운 선생만 하더라도 얼마나 험난하게 좌절과 실의의 세월을 보냈습니까. 아무 전망도 안 보이고 누가 알아주지도 않고 하는 일마다 계속 실패해서 요즘 말로 하면 나중엔 신용불량자 같은 참담한 지경을 헤맸잖아요. 그런데 백무산 시인은 장시 「최제선」에서 수운 선생이 그런 고난과 좌절을 딛고서 동학이라는 새로운 칼을 벼려내어 세상을 내려쳤다고 표현합니다. 자기 목숨 내놓고 동학을 창시하여 세상 사람들에게 포덕했다는 거죠. 지금은 그런 결기라고 할까요, 기세나 호연지기가 정말 필요한 시점이 아닌가 합니다. 요즘 실의에 빠진 젊은이들한테 그 시를 한번 읽어보라고 권하고 싶습니다. 그래서 이들도 개벽의 꿈을 한번 꾸어가면서 기존의 억압적인 틀을 깨부수는 데 뭔가 뜻을 모아야 되지 않겠는가 싶고, 또 그래주기를 바랍니다. 방법은 아까 김선생님이 많이 말씀하셨으니까 더 보탤 말이 없고, 뜻을 세우는 것이 중요하다고 생각합니다.

백낙청 구체적이고 핵심적인 문제가 자본주의 극복이라고 지적해주시는 게 저는 참 중요하다고 봐요. 자본주의 문제를 우회하면서 개벽 세상을 만들 길은 없다고 봅니다. 수운 선생의 경우는 당시의 형세가, 학자들이 점잖게 서세동점이라고 표현하지만, 사실 그렇게 일컬을 만큼 점잖은 것이 아니고 제국주의의 침탈 상황이라는 것을 간파하신 분이에요. 그러나 나는 거기서 한걸음 더 나아간 분이 소태산인 것 같아요. 제국주의의 본질은 자본주의다, 그래서 물질개벽의 시대라는 건 자본주의 시대라는 진단까지 나아가셨지요. 그리고 그에 상응하는 정신개벽으로 가야 한다면, 정신수양도 해야 하고 사리연구도 하고 또 작업취사로 정의로운 행동을 실천해야 하는데, 이를 위한 마음공부, 다시 말해 삼학공부가 필요하다고 하신 거고요.

그래서 우리는 개벽을 주장하는 사람들이 얼마나 마음공부를 하고 있는지 항상 주시할 필요가 있어요. 개혁을 주장하는 이들도 마찬가지죠. 아까 정선생님도 말씀하셨듯이 그렇지 않은 사람들은 중간에 자꾸 이상해져요. 우리가 그 지속성을 신뢰하기 어렵습니다. 그래서 마음공부가 중요한 것 같고요. 자본주의 나쁘다는 얘기만으로는 안 되고, 자본주의가 어떤 것이고 어떻게 작동하는지, 자본주의가 얼마나 무서운지를 알아야 된다고 제가 말한 적이 있는데, 무서운지를 알면서도 기죽지 않고 포기하지 않고 그것을 극복할 길을 지혜롭게 찾아가며 그에 필요한 실천을 하는 게 중요하므로 우리가 개벽 세상을 꿈꿀 때도 그런 공부를 동시에 수행해야 된다는 점이 동학과 원불교 모두 오늘날 우리 시대에 아주 굉장히 중요한, 그리고 필요한 이유가 아닐까 생각합니다. 사실은 더 할 얘기도 많습니다마는 오늘은 이것으로 마무리짓겠습니다.

3장

원불교,
자본주의 시대의
절실하고 원만한
공부법

백낙청

사회.

방길튼

원불교 안산국제교당 교무. 유튜브 '원불교 주유소'에서 「길튼 교무의 원불교 정전 이야기」를 강의함. 저서로 『정전 공부법』『정전 훈련법』『정전 수행법』 등 『정전』 시리즈와 『사사삼팔 4438』이 있음.

허석

원광대 교수. 원불교 교무. 저서로 『한국 근·현대 민중중심 제천의례 조명』(공저) 등이 있음.

2023년 5월 18일 창비서교빌딩 스튜디오

——

*이 좌담은 유튜브 채널 백낙청TV에 공개된 '백낙청 초대석'
11편(2023년 6월 23일)과 12편(2023년 6월 30일), 13편(2023년 7월 7일)을 글로 옮긴 것이다.

원불교 초대석

백낙청 백낙청TV에 오신 시청자 여러분 반갑습니다. 그리고 감사합니다. 오늘은 지난번 동학 초대석에 이어서 원불교 초대석을 마련했습니다. 두분 교무님을 모셨는데 길게 제가 서두에 말할 것은 없고 곧바로 각자 자기소개를 부탁드리겠습니다.

방길튼 원불교 이름을 법명이라 하는데요. 저는 방길튼이라고 하고요. 원불교에서 교무라고 부르는데, 교무는 원불교 교역자 호칭입니다. 지금은 안산국제교당 교화를 맡고 있습니다. 반갑습니다.

백낙청 원불교에는 법호라는 것도 있잖아요. 교무님은 법호가 길산님이셔서 제가 길산님이라고도 부르고 또 길튼 교무님이라고도 부를 텐데 부디 혼란이 없으시길 바랍니다.

허석 반갑습니다. 저는 원광대학교 원불교학과에 근무하고 있는 허석이라고 합니다. 저도 교무이고요. 소태산 박중빈 대종사님을 소개하는 시간이 되어서 매우 영광입니다. 저는 오늘 소태산을 원불교 창

| 왼쪽부터 허석, 백낙청, 방길튼 |

시자일 뿐 아니라 한국이 낳은 세계적인 사상가라는 측면에서 말씀을 드리고 싶습니다. 이 대담에서 소태산의 사상은 무엇이고, 이 시대에 이를 어떻게 적용할 수 있을지 생각해보는 시간이 되면 좋겠습니다.

백낙청 허석 교수님이자 교무님께서는 아직 법호를 받으실 군번이 안 되신 것 같아요.(웃음) 허교수께서 말씀하셨듯이 원불교 교역자이신 두분은 물론이고 사실은 국외자인 저도 소태산 박중빈 선생은 한국이 나은 세계적인 사상가라고 생각하는데 국내에는 너무 안 알려진 것 같아요. 오늘은 소태산 선생의 삶과 사상에 대해 깊이 이야기 나누는 자리가 되었으면 합니다.

소태산 박중빈은 누구인가

백낙청 소태산 박중빈 선생은 원불교 교단 바깥으로 가면 수운 선생에 비해서도 덜 알려져 있습니다. 이는 교단에서도 고민하는 문제지만 저는 한국인의 한 사람으로서 또 이 시대를 사는 지식인의 한 사람으로서 이렇게 우리가 방치할 일은 아니라고 생각해서 두분을 모셨습니다. 소태산에 대해서 사람들이 워낙 모르니까 우선 소태산 박중빈은 어떤 분이었는지 등에 대해서 조금 기본적인 소개부터 하고 시작했으면 좋겠어요.

허석 소태산은 1891년에 전라남도 영광에서 태어났습니다. 평범한 환경에서 자란 소태산에게 특별한 점이 하나 있었는데요. 바로 어린 시절부터 자연 현상에 대한 의문을 품었다는 것입니다. 그리고 그 의문은 점차 진리의 실상과 인간의 본성에 대한 문제로 굉장히 깊어집니다. 영광은 동학혁명의 주요 격전지 중 하나였고, 어린 소태산은 혁명의 함성과 처참한 실패를 피부로 느끼며 성장했습니다. 그리고 구도 과정에서 일제 식민지배가 시작되었습니다. 시대의 거대한 변화를 직감한 소태산의 의문은 사실 진리에 대한 의문에서 시작했지만 그것이 시대 그리고 문명에 대한 어떤 바른 길을 모색하는 고뇌로 확장되어갑니다. 그러던 그가 1916년 4월 28일 만으로는 24세이던 때에 큰 깨달음을 얻게 됩니다. 그래서 어린 시절부터 시작된 구도를 마무리하면서 지금의 성자(聖者) 반열에 오르는데, 사실 이 이후에도 고뇌가 더 깊어진 것 같아요. 현하 병든 세상을 어떻게 치료할 수 있을까 그리고 진리를, 문명의 새 길을 인류에게 어떻게 전할 것인가 하는 고민이셨을 거예요. 깨달으신 후에도 오랜 고심을 거듭한 끝에 교법을 만드십니다. 그리고 그 교법으로 제자들을 훈련하시고 교단

| 소태산과 불법연구회 | 소태산은 부산을 방문하여 원기 24년(1939) 3월 31일에 불법연구회 초량지부 교도들과 기념 촬영한다.(1열 왼쪽에서 두번째로 의자에 앉아 있는 이가 소태산)

을 조직해서 정신개벽 운동을 시작하십니다. 이것이 바로 원불교의 시작이었다고 할 수 있습니다.

백낙청 그 이후의 사연에 대해서는 길튼 교무님께서 덧붙여 말씀해주시면 좋겠습니다.

방길튼 소태산 박중빈 선생은 원불교에서 대종사라는 존칭으로 부릅니다. 저는 소태산 대종사, 소태산, 대종사라는 호칭을 병용해서 사용하겠습니다. 소태산 대종사의 일생에서 특징적인 부분을 이야기해보겠습니다. 소태산이 대각에 이르는 과정도 고생스러웠지만 대각 이후의 활동은 더 고생스러웠다 할 것입니다. 소태산의 발심·구도·대각의 과정을 난행고행(難行苦行)이라고 합니다. 소태산은 자신의 구도 경험에 비추어 도는 얻었으나 몸을 상하는 폐단을 경계하실 정도입니다(『대종경』 수행품 47). 그런데 소태산의 구도만큼이나 이

| 조합운동으로 조성한 정관평 간척지 | 수확을 앞두고 촬영한 기념사진이다. 이 농토에서 얻어진 수익은 교세 확립의 기초가 됐다.

후의 교화 활동이 더욱 고행이라면 고행이라 할 것입니다. 왜냐하면 고민할 것도, 준비할 것도 훨씬 많았거든요. 그중에 대표적인 것이

대각하시고 나서 저축조합이라는 것을 만든 일이에요. 당신과 초기 8인 제자들이 함께했는데, 당신 소유의 집이나 집기 등 온갖 것을 다 팔아서 자금을 마련합니다. 요즘으로 보면 일종의 조합운동이에요. 이 자금으로 방언공사를 시작합니다.

소태산의 고향, 길룡리는 산중 갯벌을 끼고 있어 논이 없었어요. 옛날 농경사회에서 논이 없다는 건 가난했다는 뜻이죠. 그래서 지역의 숙원이었던 논을 만들기 위해 마을 앞 갯벌을 막는 간척사업을 펼칩니다. 그리고 소태산의 교화 활동을 말할 때 '정신개벽'이란 타이틀을 쓰는데, 그 마음이 생기도록 9인 제자들에게 "지금 물질문명은 그 세력이 날로 융성하고 물질을 사용하는 사람의 정신은 날로 쇠약하여, 개인·가정·사회·국가가 모두 안정을 얻지 못하고 창생의 도탄이 장차 한이 없게 될지니, [⋯] 그대들도 이때를 당하여 전일한 마음과 지극한 정성으로 모든 사람의 정신이 물질에 끌리지 아니하고 물질을 사용하는 사람이 되어주기를 천지에 기도하여 천의에 감동이 있게 하여볼지어다"(『대종경』 서품 13)라는 산상 기도도 시키지요.

이런 일련의 과정에서 소태산은 무엇을 하려고 했는가 생각해보면, 당신이 어린 시절부터 갖고 있던 문제의식을 해결하기 위해 물질문명의 발달에 따른 시대변화에 정신개벽의 구체적인 공부와 사업을 전개해가는 일생이었다고 봅니다. 물질문명을 선용(善用)하는 한편 항복시키는 정신개벽의 교법(일원상一圓相, 사은四恩·사요四要, 삼학三學·팔조八條 등)을 제정하여 훈련시키는 삶이었습니다. 오늘 대화에서는 이 점을 차근차근 설명해가야 될 것 같습니다.

연도	내용
1891년	전남 영광군 백수읍 길룡리 영촌마을 출생.
1894년	어린 나이(4세)에 동학군이 영광에 진입했을 무렵 부친의 꾸지람을 듣고 '동학군 온다'고 둘러대어 주위를 놀라게 함.
1901년	영광군 군서면 마읍리 선산 시향제에 갔다가 산신 이야기를 듣고 자신의 의문을 풀어줄 산신을 만나기 위해 4년간 구수산 삼밭재에 올라 기도를 함.
1905년	영광군 백수읍 홍곡리 장기촌 제주 양씨 양하운과 혼인함.
1906년	홍곡리 처가에 환세인사차 가서 고대소설 『조웅전』 등에서 도사가 신이한 체험을 하는 내용을 들은 후 산신기도를 중지하고 의문을 풀어줄 도사를 찾고자 함. 그 과정에서 전라도 주변의 도인들과 각 지역의 종교인들을 만나지만 스승 삼을 인물을 만나지 못하고 6년 동안 곳곳을 주유함.
1910년	구도행각의 후원자였던 부친의 사망 이후 큰 충격에 빠짐. 가세가 기울기 시작.
1912년	임자도 탈이 파시에 가서 뱃사람을 상대로 장사하여 부친이 남긴 부채를 상환함. 이후 도사 만날 생각을 단념하고 어찌해야 할지 모를 근심 중에도 의문은 깊어져 "이 일을 어찌할꼬"라는 생각으로 우두커니 돈망(頓忘)의 상태에 드는 일이 잦았고 온몸에 부스럼 등 병이 생겨 이웃들은 그를 폐인으로 여기게 됨.
1914년	"이 일을 어찌할꼬"라는 한 생각마저 잊은 채 깊은 명상(입정)에 들어감.
1916년 (원기 1년)	음력 3월 26일(양력 4월 28일) 새벽, '큰 깨달음'(대각)에 이름. 원불교는 이날을 대각개교절로 제정함. 5월 이후 대각의 안목으로 사회 현상과 인류의 장래를 살펴보신 후 "물질이 개벽되니 정신을 개벽하자"라는 개교표어와, 새 세상 건설의 방도를 담은 「최초법어」를 6월 발표함. 이후 그를 따르는 40여명의 사람 중 '진실하고 신심 굳은' 8인을 선정, 표준 제자로 삼음.
1917년 (원기 2년)	8인 제자와 저축조합을 만들어 허례폐지·미신타파·금주금연·근검저축 운동을 펼침.
1918년 (원기 3년)	저축조합에 모인 기금으로 8인 제자들과 간척지 개척운동을 시작. 8월에는 경상도 성주 출신 송규가 대종사에게 귀의하여 9인 제자를 이룸.
1919년 (원기 4년)	4월, 간척지 방조제 공사(방언공사) 마치고, 9인 단원과 정신개벽의 산상 기도를 함.
1924년 (원기 9년)	익산의 현 원불교 중앙총부 자리에서 '불법연구회'라는 임시 교명으로 종교 교화 활동을 시작.
1943년 (원기 28년)	3월, 『불교정전(佛敎正典)』을 친감하여 발행함(8월). 5월 16일, '생사의 진리'라는 최후법문을 설하고 6월 1일 가르침을 편 지 27년 만에 53세로 열반함. 뒤를 이어 송규가 2대 종법사가 됨.
1947년 (원기 32년)	'원불교' 교명 선포.

정신개벽 운동의 시작

백낙청 그분이 대각하신 이후가 어떤 의미에서 더 고생스러웠다고 하셨는데요. 수운 선생은 대각하고서 3, 4년 만에 처형을 당하시니까 어떻게 보면 더 고난을 겪으셨다 할 수 있겠지만, 소태산 선생이 살아가던 당시는 수운 선생 시대보다 훨씬 더 열악한 일제 식민지 시대였죠. 거기서 선생이 살아남으셨다는 것은 고생을 더 자처하신 셈이라고 봅니다. 그래서 그분이 개교하시면서 "물질이 개벽되니 정신을 개벽하자"라는 개교표어를 지으시고 그분이 직접 짓고 감수하신 그 『정전』의 첫머리에 개교의 동기를 설명하시잖아요. 그 대목에 대해서 좀 말씀을 듣고 싶습니다.

허석 말씀해주신 대로 대종사님께서 어떻게 하면 이 세상을 바르게 구원할 수 있을까 고민을 하시던 끝에 그야말로 새로운 정신의 개벽운동을 해야겠다 하시면서 개교의 목적이나 방향을 아주 압축해서 설명해놓으신 글이 있습니다. 그게 바로『정전』의 맨 처음에 해당하는「개교의 동기」인데요. 제가 설명을 드리는 것보다 먼저 전문을 좀 읽어드리고 이 말씀을 좀 하면 어떨까요.

백낙청 그게 좋겠습니다. 그건 뭐 길지도 않은 글이고요. 그리고 우리 국민들 대다수가 그런 문건이 있다는 것 자체도 몰라요. 그러니까 전문을 한번 다 읽어드리는 게 의미가 있을 것 같습니다.

허석 제1총서편(總序編) 제1장 개교의 동기. "현하 과학의 문명이 발달됨에 따라 물질을 사용하여야 할 사람의 정신은 점점 쇠약하고, 사람이 사용하여야 할 물질의 세력은 날로 융성하여, 쇠약한 그 정신을 항복받아 물질의 지배를 받게 하므로, 모든 사람이 도리어 저 물질의 노예 생활을 면하지 못하게 되었으니, 그 생활에 어찌 파란고해(波瀾

| **『원불교교전』** | 원불교의 기본 경전. 소태산이 직접 저술하고 감수해 원기 28년(1943)에 발간한 『불교정전』(전3권) 중 1권을 다듬은 것이 현재의 『정전』이며, 이후 소태산의 언행록인 『대종경』과 합간해 원기 47년(1962) 『원불교교전』을 발행한다. 『불교정전』 2·3권은 『불조요경』으로 묶었다.

苦海)가 없으리오. 그러므로 진리적 종교의 신앙과 사실적 도덕의 훈련으로써 정신의 세력을 확장하고, 물질의 세력을 항복받아, 파란고해의 일체 생령을 광대무량(廣大無量)한 낙원으로 인도하려 함이 그 동기니라."

「개교의 동기」의 시작이 바로 현하(現下)라고 하는 단어인데요. 여기서부터 설명을 좀 드려야 될 것 같습니다. 뜻 그대로라면 '지금 이래로'라는 것인데, 이것은 물질개벽 시대의 이전과 이후를 구별하는 말입니다. 과학의 문명이 발달됨으로 인해서 문명의 근본적인 변화가 발생했다는 것인데요. 사실 이때의 과학은 저희가 지금 생각하는 분과 학문으로서의 과학을 말하는 것이 아니라 알음알이 차원의 모든 지식과 기술이 만들어낸 문명을 의미합니다. 그런데 이러한 물질문명이 개벽했다고 했을 때, 인류 문명사적으로 생각해보면, 16세기 유럽에서 시작한 자본주의 경제체제와 그 이후에 일어난 근대 과학혁명, 그 시기에 결정적인 변화가 일어났다고 볼 수 있습니다. 그렇게 자본주의 근대가 문명의 대전환을 일으킨 시점이라는 인식에서 개교의 동기가 시작된 것이 아닌가 생각하고요. 이어지는 문장을 보면, 과학의 문명이 발달됨으로 인해서 인류는 물질의 노예 생활을 면하지 못하게 될 거라고 말씀을 하십니다. 사실 우리가 흔히 생각할 때, 인간이 물질문명을 만들었기 때문에 인간이 그 주인이라고 생각을 하잖아요. 그런데 소태산은 인간이 물질의 노예로 산다고 보았습니다. 그리고 그 원인은 물질문명의 세력이 강해진 탓도 있지만, 그보다 근본적으로는 인간의 정신이 점점 쇠약해졌기 때문이라고 말씀하십니다. 사실 주인이 주인 노릇을 하려면 그 객을 잘 알아야 되는데, 물질개벽의 참뜻을 제대로 알지도 못할 뿐 아니라 알려고도 하지 않는다는 것이죠. 그저 그 화려한 외면에 취해서 정신의 힘, 그리고 진리를 사유하는 힘을 잃고 물질의 노예로 전락하는 꼴이 된다는 것입니다. 그에 따라서 문명이 발전하면 할수록 파란고해, 즉 고통의 삶이 시작된다는 것인데요. 그런 의미에서 정신개벽 운동의 시작은 이러한 물질개벽의 참뜻을 깨달아서 인간 정신이 물질의 주인 노릇을 해가는 것이라고도 할 수 있겠습니다. 현하 과학의 문명이 무엇인지 그 의미를, 그리고 그 속성을 깊이 자각해서 물질을 사용해야 할 사람의 정신을 점점 더 개벽해나가는 것이 바로 대종사께서 정신개벽 운동을 시작한 동기가 아닌가 생각합니다.

백낙청 허교수께서 「개교의 동기」를 읽고 바로 그 얘기를 하시는 바람에 개교표어 말씀을 안 하셨는데, 사실 이 개교표어도 일반 국민들은 모르는 사람이 너무 많죠. 지금 말씀하신 그 내용을 딱 한 구절로 요약해놓은 게 "물질이 개벽되니 정신을 개벽하자"라는 개교표어 아니 겠습니까? 길산님께서 말씀하시면서 개교표어 얘기도 함께 덧붙여 주시죠.

방길튼 개교표어에 관해서는 원불교 내부에서도 여러 의견이 있습니다. 과연 물질이 개벽되니 정신을 개벽하자는 소태산 대종사의 이 사유(표어)가 대각 이후에 대각한 안목으로 보니까 결과적으로 나온 것이냐, 아니면 이 표어의 내용이 소태산의 구도 과정에 내재돼 있던 것이냐 하는 의견들이지요. 일단 소태산의 구도 과정을 살펴볼 필요가 있습니다. 소태산의 구도 장소 중에 법성포가 있어요. 법성포라는 곳은 칠산 바다를 아우르는 곳이고 과거에는 조세 창고도 있었으며 동학농민혁명 때는 동학농민군이 주둔하기도 했고 또한 인근에서 의병운동도 일어난 소태산의 생활권이에요.

백낙청 아, 그리고 얼마나 고증됐는지 모르지만 거기가 마라난타라는 승려가 백제에 불교를 처음 가져와서 내린 곳 아닙니까. 불교 도래지라고 돼 있죠.

방길튼 법성포는 바다를 통해 불교가 도래한 곳으로 알고 있습니다. 소태산은 구도 과정에서 이러한 환경의 법성포 주변과 그 일대를 편력하는데, 그곳이 한국사에선 동학농민운동의 현장이기도 하고 많은 사람이 새 세상을 꿈꾸던 곳이며 그 꿈을 위해 희생도 많이 한 현장이지요. 또한 일제 식민지가 되면서 새로운 물질문명들이 유입되었던 곳이기도 합니다. 소태산의 발심·구도지인 길룡리는 법성포가 생활권역으로 와탄천 물줄기를 따라 물질문명이 도래하는 길목입니다. 소태산은 물질문명의 영향권 속에서 구도했던 것입니다. 즉, 소태산의 고향 길룡리는 산중 갯벌로서 산이면서 바다요 산으로 둘러싸인 안(內)이면서 와탄천 따라 바다 밖(外)으로 나아가는 이중적 환

| **법성포** | 법성포에서 밀물이 와탄천을 거슬러올라 영산 정관평 너머까지 물길이 이어지며, 썰물은 법성포 멀리 칠산 바다로 나아간다.

| **소태산 생가** | 전남 영광군 백수읍 길룡리 영촌마을에 위치. 소태산이 어린 시절 생가 뒤편 옥녀봉에 구름이 일어나는 변화를 보며 진리에 대한 첫 의문을 일으킨 발심·구도의 출발지이기도 함. 소태산 탄생 90년 (1981)을 기념해 복원했다.

경이며, 왕조와 일제 식민지, 근대와 전근대가 중첩된 전환기의 시공간입니다. 또한 일제의 자본이 인근 칠산 어장 등을 침탈하는 식민 자본주의와 더불어 과학기술이 밀려드는 격동의 대전환기를 접하고 있었습니다. 소태산은 영광·무장 등의 장터와 칠산 바다의 탈이섬 파시에서 장사를 하는 경험 중에 물질문명의 변동을 접하고 문제의식을 품게 됩니다.

그러니까 소태산의 구사행상(求師行相)의 사회적 배경인 동학농민혁명의 봉기와 좌절이 배어 있는, 희망과 좌절이 섞여 있는 공간이면서, 또한 일제가 동학농민군을 처참하게 진압한 통한이 스며 있는 시대의 땅이며, 이와 더불어 새로운 물질문명의 도래가 겹쳐진 시공간입니다. 이러한 장소적 배경 속에서 소태산의 대각을 어떻게 설명할까 고민하다 언어를 한번 조합해봤어요. '정신개벽의 대각'이라고. 아까 허석 교무님이 소태산의 구도와 대각에는 의심의 내용에 진리 인식과 함께 시대 인식이 있다고 하셨지요. 소태산의 대각 과정은 이처럼 진리 인식과 시대 인식을 통합하는 과정이죠. 일반적으로 대각에는 깨달음만 있다고 생각하기 쉽지만, 소태산의 대각에는 진리에 대한 깨달음은 물론, 아까 말한 대로 새로운 물질문명의 유입이라는 시대적 변동, 그리고 동학혁명을 겪으면서 품게 된, 미래를 어떻게 바라봐야 하며 또한 어떻게 헤쳐가야 될지에 대한 깊은 고민과 그에 대한 책임 의식, 전망 제시가 있다고 봅니다.

소태산은 이런 과정을 혼자 밀고 가지 않았어요. 소태산의 언행록인 『대종경』에는 참 재미있는 표현이 보입니다. 소태산은 내가 이렇게 해봤으니까 여러분도 내 말대로 하면 다 된다고만 말씀하지 않고 나부터 이렇게 해봤으니 내가 제시하는 데 동의하면 같이 해봅시다, 같이 하면 세상은 변화가 있을 것입니다 하는 식으로 말씀하십니다.

소태산 대종사의 제도법

대종사 하루는 실상사에 가시었더니, 때에 노승 두 사람이 한 젊은 상좌에게 참선(參禪)을 하라 하되 종시 듣지 아니한다 하여 무수히 꾸짖고 나서, 대종사께 고하기를 "저런 사람은 당장에 천 불이 출세하여도 제도하지 못하리니 이는 곧 세상에 버린 물건이라." 하거늘 대종사 웃으시며 말씀하시기를 "화상(和尙)들이 저 사람을 생각하기는 하였으나 저 사람으로 하여금 영영 참선을 못 하게 하는 것도 화상들이로다." 하시니, 한 노승이 말하기를 "어찌하여 우리가 저 사람에게 참선을 못 하게 한다 하시나이까." 대종사 말씀하시기를 "남의 원 없는 것을 강제로 권하는 것은 그 사람으로 하여금 영영 그 일을 싫어하게 함이니라. 내가 지금 화상에게 저 산의 바위 속에 금이 들었으니 그것을 부수고 금을 캐라고 무조건 권하면 화상은 곧 나의 말을 믿고 바로 채굴을 시작하겠는가." 노승이 한참 동안 생각한 후에 말하기를 "그 말씀을 믿고 바로 채굴은 못 하겠나이다." 대종사 말씀하시기를 "화상이 그와 같이 확신을 하여주지 않는데 내가 만일 강제로 권하면 화상은 어찌하겠는가. 필시 내 말을 더욱 허망하게 알고 말 것이니, 저 사람은 아직 참선에 대한 취미도 모르고 아무 발원도 없는데, 그것을 억지로 권함은 저 사람으로 하여금 참선을 도리어 허망하게 알게 함이요, 허망하게 아는 때에는 영영 참선을 아니할 것이 아닌가. 그러므로, 이는 사람 제도하는 묘방이 아니니라." 노승이 말하기를 "그러하오면 어떻게 하는 것이 제도하는 묘방이 되오리까." 대종사 말씀하시기를 "저 바위 속에 금이 든 줄을 알았거든 내가 먼저 채굴하여다가 그것을 광채 있게 쓰면 사람들이 나의 부유해진 연유를 알고자 하리니, 그 알고자 하는 마음의 정도를 보아서 그 내역을 말하여준다면 그 사람들도 얼마나 감사히 그 금을 채굴하려 할 것인가. 이것이 곧

이같은 제도법(濟度法)이, 당신의 꿈과 의지를 보이며 협조를 구하고
함께 해보자는 설득의 자세가 물질이 개벽되니 정신을 개벽하자는
메시지에 포함돼 있지 않나 생각합니다.

백낙청 네. 그런데 정신개벽이라는 말은 그것만 따로 떼어 보자면, 해
석하기에 따라서는 부처님의 깨달음을 달리 표현했다, 이렇게만 생
각할 수도 있지요. 그러나 개교표어에서 분명히 한 것은 현하 물질개
벽에 부응하는 정신개벽 운동을 시작하셨다는 점이죠. 그게 구 불교
와 확연히 구분되는 면이고요. 저는 소태산이 석가모니한테서 이 사
상을 배우셨다기보다는 역시 한반도의 후천개벽운동의 흐름에서 나
온 결과가 그의 정신개벽론이 아닌가 생각합니다.

정신과 물질의 개념

백낙청 사실은 제가 길산님을 직접 만나뵙기 전에 '원불교 주유소'라
는 유튜브 채널이 있어서 봤습니다. 좋은 말씀이 참 많은데 조회수가
너무 적더군요.(웃음) 원불교 안에서도 이 채널을 모르는 분이 많은
것 같고요. 한 4년 전에 그 채널에 업로드하신, 물질개벽과 개교의 동
기에 대해 말씀을 하는 강의를 보며 제가 길산님을 처음 뵀지요. 그
런데 거기서 이 물질의 내용, 과학의 문명을 설명하실 때 과학의 내

용을 말씀하신 바가 참 저한테 와닿았어요. '야, 원불교의 교무님이나 교수님 중에 이런 말을 하는 분들이 참 드문데 이분은 그냥 단어하나하나까지 쫙 새겨가면서 하시는구나' 싶어 굉장히 인상적이었습니다. 물론 허석 교무님도 칼럼에서 그런 이야기를 하시는 것을 내가 읽은 적이 있지만, 아주 드문 분이라 인상이 깊었어요. 유튜브에서는 『대종경』에 들어 있는 정신과 물질의 개념을 설명하셨잖아요. 그 얘기를 조금 부연해주시면 어떨까요?

방길튼 소태산의 법설에 따르면 '정신문명 즉 용심법(用心法)'이라고 정의합니다(「나는 용심법을 가르치노라」, 『회보』 33호, 1937년 3월호). 용심법은 마음 작용하는 법 또는 마음을 사용하는 법이라는 개념이 되겠죠. 여기서 중요한 것은 용심법이 정신문명이라는 것입니다. 소태산에게 용심법은 정신개벽의 방법입니다. 보통 정신이라 할 때 몸과 마음, 정신과 물질, 이렇게 이분법적 사고에서 출발하는데, 이건 그런 게 아니고 어떤 경지를 말하는 겁니다. 정신(精神)을 한자 뜻에 따라 풀어보면 맑고 고요한(精) 경지, 또는 깨어 있는 신령하고 두렷한(神) 경지예요. 이같이 맑고 신령한 마음의 경지인 정신을 차려서 물질을 사용해야 하는데, 시대가 물질문명이 발달하는 시대로 변했잖아요. 그리하여 이 물질의 세력에 끌려서 도리어 정신을 잃게 되었다는 거예요. 그러면 이런 질문이 들어와요. 과거에는 물질문명이 없었냐 또는 기술문명이 없었냐. 그럴 때 저는 이런 대답을 해봐요. 과거와는 달리 오늘날은 기술에 과학적 사고가 결부된 물질문명의 세상이라고요. 물론 과거에도 기술이 있었죠. 그러나 당시에는 그 기술을 다루는 과학적인 사고방식이 부족했어요. 과거에는 뛰어난 기술은 있어도 과학은 없었습니다. 이 기술에 과학이 적용되면서 물질에 개벽이 일어난 것입니다. 오늘날에는 과학기술에 권력과 자본까지 들어가면서 엄청난 물질문명의 격변이 초래되었죠. 예를 들면 요즘은 첨단 과학기술을 얻기 위해 엄청난 자본과 권력이 필요하니까 국가 전체가 움직이기도 하잖아요? 미국이 반도체 헤게모니를 놓치지 않으려고 악수를 쓰기도 하는 것처럼요. 소태산은 과학에 기반하는 물질문명의 발달에 따라 이전과는 차원이 다른 시대가 펼쳐진다는 점을 통찰하신 겁니다. 과학이 적용된 물질문명의 발달 전과 후로 시대를 구분하지요.

소태산은 물질을 포괄적으로 '바깥 문명' '천만 경계'라고도 말씀하셨어요. 사농공상에 대한 학술, 기술, 생활기구, 재주, 지식, 권리 등 여러 단어를 사용해 세분화해서 물질을 부연하시지요(『대종경』 교의품 30). 물질문명과 관련해서 만들어진 것, 주어진 환경을 총체적으로 물질이라고도 하세요. 한마디로 '물질문명 즉 사농공상법'이라 정의합니다(「나는 용심법을 가르치노라」, 『회보』 33호, 1937년 3월호). 여기의 사농공상법은 과거의 신분에 따른 사농공상법이 아니라 물질문명의 발전에 따라 펼쳐진 생활강령입니다(『대종경』 교의품 30). 물질과 정신을 총괄해보면 물질이 유형·무형의 만들어진 모든 제도 및 생각되고 감각된 기억과 정보이며, 또한 주어진 환경 등이라면, 정신은 이러한 만들어지고 주어진 것에 규정되고 한정되지 않는 맑고 청정한 경지요 신령하게 깨어 있는 마음의 경지입니다. 특히 정신문명과 대응되는 물질문명은 과학이 결부된 문명을 말합니다.

소태산은 이렇게 물질문명을 구하고 사용하는 정신의 세력(『정산종사법어』 경의편 2)을 불교적으로 말하면 불성의 차원으로까지 끌어올리자고 하시지요. 소태산 대종사가 굉장히 욕심이 많으신 듯한 점은, 과거에는 이런 시도를 일부만 했다면 이제는 우리 모두 하자, 이왕이면 다 하자, 그걸 전문가한테만 맡기지 말고 우리도 해보자고 하시거

물질이 개벽되니 정신을 개벽하자는 뜻

대종사 선원(禪員) 대중에게 물으시기를 "그대들은 여기서 무엇을 배우느냐고 묻는 이가 있다면 어떻게 대답하겠는가." 하시니, 한 선원은 "삼대력 공부를 한다 하겠나이다." 하고, 또 한 선원은 "인생의 요도를 배운다 하겠나이다." 하며, 그밖에도 여러 사람의 대답이 한결같지 아니한지라, 대종사 들으시고 말씀하시기를 "그대들의 말이 다 그럴듯하나 나도 또한 거기에 부연하여 한 말 하여주리니 자세히 들으라. 무릇 무슨 문답이나 그 상대편의 인물과 태도에 따라 그때에 적당한 대답을 하여야 할 것이나, 대체적으로 대답한다면 나는 모든 사람들의 마음 작용하는 법을 가르친다고 할 것이며, 거기에 다시 부분적으로 말하자면 지식 있는 사람에게는 지식 사용하는 방식을, 권리 있는 사람에게는 권리 사용하는 방식을, 물질 있는 사람에게는 물질 사용하는 방식을, 원망 생활 하는 사람에게는 감사 생활 하는 방식을, 복 없는 사람에게는 복 짓는 방식을, 타력 생활 하는 사람에게는 자력 생활 하는 방식을, 배울 줄 모르는 사람에게는 배우는 방식을, 가르칠 줄 모르는 사람에게는 가르치는 방식을, 공익심 없는 사람에게는 공익심이 생겨나는 방식을 가르쳐준다고 하겠노니, 이를 몰아 말하자면 모든 재주와 모든 물질과 모든 환경을 오직 바른 도로 이용하도록 가르친다 함이니라."

— 『대종경』 교의품 29

또 말씀하시기를 "지금 세상은 물질문명의 발전을 따라 사·농·공·상에 대한 학식과 기술이 많이 진보되었으며, 생활 기구도 많이 화려하여졌으므로 이 화려한 물질에 눈과 마음이 황홀하여지고 그 반면에 물질을 사용하는 정신은 극도로 쇠약하여, 주인된 정신이 도리어 물질의 노예가 되고 말았으니 이는 실로 크게 근심될 현상이라. 이 세상에 아무리 좋은 물질이라도 사용하는 마음이 바르지 못하면 그 물질이 도리어 악용되고 마는 것이며, 아무리 좋은 재주와 박람 박식이라도 그 사용하는 마음이 바르지 못하면 그 재주와 박람 박식이 도리어 공중에 해독을 주게 되는 것이며, 아무리 좋은 환경이라도 그 사용하는 마음이 바르지 못하면 그 환경이 도리어 죄업을 돕지 아니하는가. 그러므로, 천하에 벌여진 모든 바깥 문명이 비록 찬란하다 하나 오직 마음 사용하는 법의 조종여하에 따라 이 세상을 좋게도 하고 낮게도 하나니, 마음을 바르게 사용하면 모든 문명이 다 낙원을 건설하는 데 보조하는 기관이 되는 것이요, 마음을 바르지 못하게 사용하면 모든 문명이 도리어 도둑에게 무기를 주는 것과 같이 되나니라. 그러므로, 그대들은 새로이 각성하여 이 모든 법의 주인이 되는 용심법(用心法)을 부지런히 배워서 천만 경계에 항상 자리이타로 모든 것을 선용(善用)하는 마음의 조종사가 되며, 따라서 그 조종 방법을 여러 사람에게 교화하여 물심양면으로 한가지 참 문명 세계를 건설하는 데에 노력할지어다."

—『대종경』교의품 30

든요. 과학의 문명이 발달하면서 물질에 개벽이 일어났듯이 정신의 힘 또는 정신문명에도 그에 상응하는 일대 개벽을 일으키자는 것입니다. 정신을 차리고 정신을 챙겨 불교에서 말하는 부처님의 마음 수준으로, 소태산의 대각인 일원상(一圓相)의 경지로 끌어올려 물질개벽 시대에 적합한 정신개벽의 도인으로 한번 살아보자 하시는 거죠. 도인이라는 표현이 맞는지 모르겠지만, 과거에 수행하는 사람을 도인이라고 불렀다는 것을 떠올려보면, 이 경우에도 그런 말을 쓸 수가 있다고 봅니다. 소태산은 도인을 공부심(工夫心)을 가진 공부인이라고 하지요. 비슷한 맥락에서 소태산 대종사는 단순히 정신승리라든지 과거의 도덕주의 차원에서가 아니라 상당한 깨달음의 차원에서, 마음을 잘 사용하는 정신개벽의 용심법을 강조한 것입니다. 정신개벽의 정신은 일원상 성품 자리를 품부(稟賦)하면서 또한 그 자리를 마음과 뜻으로 사용하는 통괄의 경지입니다(『정산종사법어』 원리편 12). 예컨대 '물질을 사용하는 정신' '마음을 바르게 사용하는 것' '바른 도로 이용하는 것' '그 사용하는 마음' '마음 사용하는 법의 조정' '모든 법의 주인이 되는 용심법' '자리이타(自利利他)로 모든 것을 선용하는 마음의 조종사' 등의 표현들로 정신에 대해 말씀하고 있습니다. 대종사님의 말씀을 모아놓은 『대종경』이 있는데, 교의품 29, 30장에 물질이 개벽되니 정신을 개벽하자는 뜻이 담겨 있으니까 많은 분들이 읽어주시면 감사하겠습니다.

최초의 설법에 담긴 뜻

백낙청 쉽게 말해서 물질이라는 거야 태초부터 있었지만 물질개벽은 지금 시대에 와서 새로 있는 현상이죠. 개교표어도 그렇고 「개교의 동기」도 전통불교와 큰 관련이 없다는 말씀을 드렸는데요. 대각을 하시고 최초로 설법하신 게 『정전』의 뒷부분에 나오잖아요, 「최초법어」라고 해서. 그것도 보면, 불교와는 거의 관계가 없어요. 오히려 유교 경전인 『대학(大學)』의 '수신 제가 치국 평천하(修身齊家 治國平天下)' 항목에 준하는 네가지를 나열하셨는데, 그중에 치국 평천하 조목은 바뀌죠. 그러나 여전히 그 골격은 유교적인 거예요. 저는 원불교 교

| **최초법어 장소** | 소태산은 대각 후 신도들과 처음 집회했던 영광군 백수읍 길룡리 범현동 이씨 재각(본회 창립 시 제일 회집소) 한켠에서 「최초법어」를 발표했다.

단사를 잘 모르는데 최초법어는 언제 설하신 것인지, 우리 길산님만큼 교단사에 밝으신 분도 드물 테니까 말씀 좀 해주시죠.

방길튼 백선생님의 질문에 즉답하기는 곤란합니다. 왜냐하면 기록이 정밀하지 않기 때문이죠. 소태산의 제자인 정산 송규(정산 종사)가 1937년부터 정리한 『불법연구회창건사』에 처음으로 최초법어가 기록되는데요. 이 기록에 따르면 소태산 대종사가 대각하신 1916년에 돗드레미(범현동) 이씨 재각(齋閣)에서 최초법어를 설하십니다. 그 시기는 대각을 하시고 얼마 뒤인 6월 정도로 여겨집니다.

백낙청 기록을 보면 대개 음력인데, 지금 대각개교절은 4월 28일이니 그때 음력으로는 3월이겠네요.

방길튼 소태산 대종사가 대각하신 날은 음력 3월 26일로 양력으로는 4월 28일이지요.

소태산 최초의 설법

1. 수신(修身)의 요법

1) 시대를 따라 학업에 종사하여 모든 학문을 준비할 것이요,

2) 정신을 수양하여 분수 지키는 데 안정을 얻을 것이며, 희·로·애·락의 경우를 당하여도 정의를 잃지 아니할 것이요,

3) 일과 이치를 연구하여 허위와 사실을 분석하며 시비와 이해를 바르게 판단할 것이요,

4) 응용할 때에 취사하는 주의심을 놓지 아니하고 지행(知行)을 같이 할 것이니라.

2. 제가(齊家)의 요법

1) 실업과 의·식·주를 완전히 하고 매일 수입 지출을 대조하여 근검 저축하기를 주장할 것이요,

2) 호주는 견문과 학업을 잊어버리지 아니하며, 자녀의 교육을 잊어버리지 아니하며, 상봉하솔(上奉下率)의 책임을 잊어버리지 아니할 것이요,

3) 가권(家眷)이 서로 화목하며, 의견 교환하기를 주장할 것이요,

4) 내면으로 심리 밝혀주는 도덕의 사우(師友)가 있으며, 외면으로 규칙 밝혀주는 정치에 복종하여야 할 것이요,

5) 과거와 현재의 모든 가정이 어떠한 희망과 어떠한 방법으로 안락한 가정이 되었으며, 실패한 가정이 되었는가 참조하기를 주의할 것이니라.

3. 강자·약자의 진화(進化)상 요법

1) 강·약의 대지(大旨)를 들어 말하면 무슨 일을 물론하고 이기는 것

은 강이요, 지는 것은 약이라, 강자는 약사로 인하여 강의 목적을 달하고 약자는 강자로 인하여 강을 얻는 고로 서로 의지하고 서로 바탕하여 친(親)·불친(不親)이 있나니라.

2) 강자는 약자에게 강을 베풀 때에 자리이타 법을 써서 약자를 강자로 진화시키는 것이 영원한 강자가 되는 길이요, 약자는 강자를 선도자로 삼고 어떠한 천신만고가 있다 하여도 약자의 자리에서 강자의 자리에 이르기까지 진보하여가는 것이 다시 없는 강자가 되는 길이니라. 강자가 강자 노릇을 할 때에 어찌하면 이 강이 영원한 강이 되고 어찌하면 이 강이 변하여 약이 되는 것인지 생각 없이 다만 자리타해에만 그치고 보면 아무리 강자라도 약자가 되고 마는 것이요, 약자는 강자 되기 전에 어찌하면 약자가 변하여 강자가 되고 어찌하면 강자가 변하여 약자가 되는 것인지 생각 없이 다만 강자를 대항하기로만 하고 약자가 강자로 진화되는 이치를 찾지 못한다면 또한 영원한 약자가 되고 말 것이니라.

4. 지도인으로서 준비할 요법

1) 지도 받는 사람 이상의 지식을 가질 것이요,

2) 지도 받는 사람에게 신용을 잃지 말 것이요,

3) 지도 받는 사람에게 사리(私利)를 취하지 말 것이요,

4) 일을 당할 때마다 지행을 대조할 것이니라.

—『정전』 수행편 「최초법어」

백낙청 그러면 좀 전에 말씀하신 6월쯤이라는 것은 음력입니까?

방길튼 이건 양력으로 알고 있어요. 4월 28일 대각하시고 두달여 후 즈음에 최초법어를 설하십니다. 대각 후의 흐름을 보면 대종사님은

대각하시고 경전을 쭉 보세요. 아마 과거에 본 것도 다시 보시고 새로운 것도 보시고 하여, 유교·불교·선교와 기독교 및 동학 관련 경전 15권 정도를 열람하십니다. 그러고 나서 '물질이 개벽되니 정신을 개벽하자'는 표어를 제창하신 후 '시국에 대한 감상'과 그에 따른 처방을 말씀하신 거죠. 이 제목이 '새 세상 건설의 대책'인데, 재미있어요. 이것을 「최초법어」라 하고 '수신의 요법' '제가의 요법' '강자·약자의 진화상 요법' '지도인으로서 준비할 요법' 이렇게 네가닥으로 구성되어 있죠. 저희들로선 대종사님이 정말로 이렇게 차근차근 말하셨을까 생각을 해보지만, 이것을 정리한 정산 종사도 직접 들은 건 아니에요.

백낙청 그렇죠, 1916년이면 아직……

방길튼 네, 정산 종사가 아직 대종사님의 제자가 되기 전이죠. 정산 종사도 대종사 또는 자신보다 먼저 입문한 초기 제자들(8인 선진)에게서 그 이야기를 듣고 정리하신 것 같은데, 그 내용이 아주 파격적이에요. 저희들이 소태산의 교법으로 보통 사은(四恩)·사요(四要)·삼학(三學)·팔조(八條)라는 말을 쓰는데, 「최초법어」에는 상당한 요소의 삼학·팔조와 사은·사요의 원형적 내용이 녹아 있습니다. 선언적으로 말하면 '수신의 요법'과 '지도인으로서 준비할 요법'에는 삼학의 요소가 들어 있고, '제가의 요법'에는 사요의 요소가 녹아 있고, '강자·약자의 진화상 요법'에는 자리이타의 동포은(同胞恩)의 요소가 내포되어 있지요. 아직 불법을 주체로 하겠다는 선언 이전으로 개인·가정·사회·국가·세계로 확장하는 소태산의 가르침으로 볼 수 있습니다. 이런 점을 살펴보면 「최초법어」는 소태산이 대각 후 처음 사회를 바라보고 앞으로 이렇게 법을 펴고 함께 노력해야겠다고 밝힌 문건으로, 아주 원형적이면서도 소박한, 뭔가 소태산다운 냄새를 많이 지니고 있다고 볼 수 있을 겁니다.

백낙청 「최초법어」라는 것은 『정전』의 기의 마지막에 나오는데, 『정전』 자체가 사실은 긴 책이 아닙니다. 짧은 책이죠. 사실 「최초법어」는 우리 시대의 교양인이면 다 한번 읽어봐야 돼요. 그래서 교무님들이 자꾸 교전 읽으라 읽으라고 하면 마치 전도하시는 것처럼 들릴 수 있는데요. 「최초법어」 제1조가 '수신의 요법' 아닙니까? '수신 제가 치국 평천하'의 '수신' 대목인데, 첫 항이 "시대를 따라 학업에 종사하여 모든 학문을 준비할 것이요"로 이건 전통불교하고 너무나 달라요. 전통불교에서는 그런 알음알이 추구를 오히려 경계하는데 이렇게 나오는 것부터 그렇고요. 그런데 대종사께서 1916년 6월경에 이미 그런 말씀을 하셨다고 하니 저는 그것이 굉장히 놀라운데요.

허석 저도 「최초법어」를 보면서 굉장히 놀란 부분은 아까 길산님이 말씀해주신 대로 교법의 원형이 들어가 있다는 것인데, 수신의 첫번째 조항에 시대를 따라 학업에 종사해서 학문을 준비하라는 말씀을 하신 것은 서두에도 말씀드렸던 개교표어와 굉장히 관련이 있는 부분이라고 생각해요. 그야말로 이건 생활종교적인 측면도 있지만 지금 그 생활이 어떤 것이냐면, 바로 물질이 개벽된 시대이고 그것을 깨달아 알아나가는 것이 바로 수신의 첫번째 요법이라고 하는 말씀과 연관이 된다고 생각을 하고요. 또 하나 파격적이라고 할 수 있는 부분이 지금 『정전』에는 조금 다르게 축약되어 있지만 세번째 '강자·약자의 진화상 요법'입니다.

백낙청 그러니까 이게 유교의 『대학』으로 치면 '치국'이 들어갈 대목이죠. 그런데 사실 당시를 생각해보면 일제 식민지 시대인데 치국 어쩌고 하는 것 자체가 좀 말이 안 되는 점도 있습니다. 그러나 그런 방편상의 문제만은 아니고 더 깊은 뜻이 있으셨겠죠.

허석 그 치국의 자리에 사실 '강자·약자의 진화상 요법'이 들어가 있는데요. 처음 제목은 「약자로 강자 되는 법문」입니다. 『불법연구회창건사』에는 '강자와 약자의 진화상 요법'으로 기록되었고, 이후 『불교정전』 『정전』 모두에 '강자·약자의 진화상 요법'이라는 제목으로 실렸습니다.

방길튼 아까 '강자·약자의 진화상 요법'은 구전되다가 정산 송규에 의해서 기록되었다고 했는데, 말씀대로 설법으로 먼저 기록된 내용의 제목은 「약자로 강자 되는 법문」입니다. 이 법문은 무진(戊辰, 1928) 윤2월 26일 오전 10시경에 서울 계동 이공주가(李共珠家)에서 설하신 법설로, 1928년(원기 13) 음력 5월 『월말통신』 1호에 이공주에 의해 「약자로 강자 되는 법문」이란 제목으로 수필되어 소태산 법설 중 최초로 기록되어 발표된 법문입니다.

그 내용을 보면 표현만 안 했지 갑동리는 식민지로 떨어져 전전하는 조선이라면 을동리는 온갖 탄압을 강제하는 일본 제국주의라 할 것입니다. 「약자로 강자 되는 법문」에는 약자인 갑동리가 강자인 을동리를 대하는 방법이 구체적으로 등장합니다. 약자가 지혜에 바탕하여 철저하고 많은 준비가 없으면 의욕만 가지고는 진정한 강자의 길에 들기 어렵다는 것입니다. 또한 강자로서 진정한 강자가 되는 길을 암시합니다. 을동리인 일제의 경우 갑동리인 조선을 식민지로 수탈하는 한편 조선에 자국의 자본주의 상품을 소비토록 강제하는 후발 제국주의로 은근히 비유합니다. 역사적으로 일제는 동아시아 패권을 잡기 위한 태평양전쟁에 뛰어듭니다. 이 전쟁은 동아시아의 모든 나라의 민초들을 고통 속에 빠뜨립니다. 자국의 이익을 위해 타국의 고통을 전제하겠지만 사실 일본 국민도 고통스럽고 모두가 도탄에 빠지는 상황이 됩니다. 강을 남용하여 자국은 풍요롭고 타국은 수

탈하는 자리타해(自利他害)를 도모하나 끝내 자신도 자국민도 해롭게 됩니다. 소태산은 자국의 이익과 타국의 이익이 공존하는 자리이타가 되도록 강을 써야 진정한 강이 되고 영원한 강이 되는 인류 미래의 길을 제시한 것입니다. 강자가 강자 노릇을 하라는 것은 헤게모니를 잡으려는 패권국이라면 갖추어야 할 도를 알아서 진정한 강자의 역할을 책임지고 실행할 것을 촉구한 것이라 하겠습니다. 일전에 백선생님께서 패권국의 역할을 말씀하신 적이 있는데, 시대마다 다수 국가의 지지를 받는 가운데 크고 작은 전쟁을 미연에 억제하고, 국제사회의 정치·경제를 안정시키는 데 책임을 다하는 패권국의 역할이 요구된다고 하셨습니다. 세력이 큰 강대국 역할을 수행하는 것만으로는 패권국의 책무를 다할 수 없고, 강대국으로서 약소국과 공생하는, 약소국의 이익을 타당하게 보호하는 것이 강대국의 이익이 되는 비하여 한 예를 들어 말하면 "갑동리와 을동리 두곳이 있는데, 갑동리는 모두 가난하고 무학(無學)하여 천견박식자(淺見薄識者)뿐이요, 을동리는 가세도 넉넉하며 유식하여 견문이 넓고 인격도 걸걸(傑傑: 걸출)하여 누구에게든지 굴하는 일이 없고 보면 갑동리 즉 약자에게 덕을 베풀어 자리이타 되는 법을 쓰지 못하고 약자를 업신여겨 차차 을동리 사람들이 갑동리로 와서 여러가지 수단으로 둘러도 먹고, 전곡재산도 빼앗으며, 토지전답도 저희가 차지하며 심하면 그 땅의 세금을 저희가 받아먹고도 유의부족(有意不足)하여 무식자니 불개자(不開者)니 야만인이니 하고 갖은 학대를 하여 문서 없는 노예를 삼고 각색(各色)으로 부려먹으면서도 압제는 압제대로 하게 되면 갑동리에서는 어찌하겠는가?"

— 이공주 수필, 「월말통신」 1호, 1928년 음력 5월

패권국의 도를 이행하라는 것입니다. 이처럼 '강자·약자의 진화상 요법'과 「약자로 강자 되는 법문」에는 강자와 약자가 밟아갈 구체적인 지침이 들어 있습니다. 놀라운 내용이죠. 저도 사실은 이 가르침을 한국사회에 알려보고 싶어서 이야기체의 문학적인 글을 써보기도 했는데 원문 자체가 어려워요, 옛날 말투라.

백낙청 나중에는 '강자·약자의 진화상 요법'이라고 좀 보편적인 가르침으로 확대하셨지만 처음 이공주 선진의 댁에서 법설을 하실 때는 약자가 강자 되는 길이라고, 그 시대에 식민지 백성으로서 어디까지나 식민지 조선인의 입장에서 말씀하셨다는 것은 참 주목할 만하네요.

소태산과 개벽사상가들

백낙청 이제 다음 주제로 넘어가면 좋겠습니다. 우리는 소태산 선생이 후천개벽운동의 흐름을 이어갔고, 그래서 개교표어도 거기에서 나왔다고 가정하고 있지요. 그렇다면 선행 개벽사상가 또는 운동가들과의 관계를 한번 짚어보는 게 중요할 것 같은데, 허교무님께서 말씀해주시죠.

허석 『대종경』 변의품 32에 말씀이 나와 있어요. 요는 소태산과 그 제자들이 분명히 수운 선생님 그리고 증산 선생님 그리고 소태산 이 세 분을 개벽의 큰 맥으로 인정하고 계신 점이 있고요. 또 하나는 각자 다른 역할과 임무가 있었다는 것을 인정하는 부분이 있습니다. 수운 선생님 같은 경우에는 개벽의 첫 소식을 알린 어른이라는 이미지가 강합니다. 사실 그 당시에 봐도 수운 선생님은 제국주의 세력을 일부 경험하셨지만, 자본주의체제까지는 경험하지 못하셨다고 생각하고요. 한참 후에 동학혁명이 일어났지만 30만명이 넘게 희생되면서 크게 실패하게 되는데, 당시 민중들의 원한은 사실 말로 표현할 수 없는 상황이었고, 그때 활동하신 분이 증산 선생님으로, 이분은 주로 해원상생(解冤相生)의 공사(公事)를 주로 하셨습니다.

그런데 소태산께서는 진리에 대한 깊은 깨달음을 얻으신 데 더해, 아까 말씀해주신 대로 물질문명의 세상인 지금 시대를 가장 처음으로 느끼신 분이거든요. 그래서 이런 점과 더불어 식민지배가 결국에는 자본주의를 선취한 국가들의 약탈이라는 관점에서 볼 때 소태산의 시대인식과 깨달음이 정신개벽을 좀더 체계적이고 과학적으로 분명하게 설명해줄 수 있었다고 생각합니다. 거기에다가 불법을 주체로 하신 점이 굉장히 큰 특징인 것 같아요. 뭐니 뭐니 해도 자신의 독자적인 깨달음이 있으셨지만 대종사님이 그것을 다시 불법의 큰 흐름과 연결하여 맥을 대신 건 이것이 세계 사상으로 나아가는 데 있어서, 그리고 또 가장 중요하게 생각했듯이 모든 종교의 교지를 통합 활용하고 종교뿐 아니라 사회의 모든 사상과 활동까지도 정신개벽의 운동에 함께 동참시키기 위해서는 결국에는 불법을 사상적 주체로 삼아야지만 원만하고 포용성 있는 운동이 될 거라고 보신 듯합니다. 그런 측면에서 선대의 개벽사상가들과 개벽의 흐름을 같이하면서도 다른 점이 있는 것 같습니다.

백낙청 불법을 주체로 삼았다는 점은 후천개벽사상 중에서도 원불교의 특징인데 그 얘기는 우리가 나중에 조금 더 해볼 필요가 있겠고요. 그 전에 증산에 대한 대종사의 판단과 수운 선생에 대한 대종사의 판단에 어떤 격차가 있지 않나 싶은 생각도 들어요. 그 대목까지 좀 감안해서 말씀 부탁드립니다.

방길튼 조심스럽게 접근하여 판단할 얘기지요.

백낙청 예, 길산님께서 말씀해주시면 좋겠습니다.(웃음)

방길튼 소태산은 구도·대각 과정에서 수운의 다시개벽 사상도 접했을 테고 해원상생의 천지공사라는 증산의 가르침도 접했을 터인데 그 과정에서 장단점을 파악하셨을 거라고 봅니다. 그런데 소태산 대종사가 개벽의 가치를 알아봤다는 것이 중요하다고 봅니다. 개벽의 가치를 잘 이해하고 그것이 이어져 내려온 흐름을 존중하며 계승하면서도, 더 나아가 세상이 물질개벽 시대에 돌입했다는 시대 인식에 근거해서 당신이 추구하고자 한 뜻, 즉 '물질개벽에 상응하는 정신개벽'을 지향하는 활동이 소태산의 입장에서는 개벽의 선배들인 수운, 증산 같은 분들의 뜻을 잘 받들고 계승하는 것이 되겠지요. 특히 대

소태산의 '궁궁(弓弓)' 해석

조원선(曺元善)이 여쭙기를 "동학 가사에 '이로운 것이 궁궁을을에 있다(利在弓弓乙乙)' 하였사오니 무슨 뜻이오니까." 대종사 말씀하시기를 "세상에는 구구한 해석이 많이 있으나 글자 그대로 궁궁은 무극 곧 일원이 되고 을을은 태극이 되나니 곧 도덕의 본원을 밝히심이요, 이러한 원만한 도덕을 주장하여 모든 척이 없이 살면 이로운 것이 많다는 것이니라." 또 여쭙기를 "궁을가를 늘 부르면 운이 열린다 하였사오니 무슨 뜻이오리까." 대종사 말씀하시기를 "그러한 도덕을 신봉하면서 염불이나 주송(呪誦)을 많이 계속하면 자연 일심이 청정하여 각자의 내심에 원심과 독심이 녹아질 것이며, 그에 따라 천지 허공 법계가 다 청정하고 평화하여질 것이라는 말씀이니 그보다 좋은 노래가 어디 있으리요. 많이 부르라."

—『대종경』 변의품 29

각 과정에서도 『동경대전』의 궁궁(弓弓)의 뜻을 보고 이것이 일원상의 경지와 다르지 않다고 확인하셨듯이, 수운 선생과는 개벽사상뿐 아니라 진리의 인식 면에서도 상통한 점이 많다 할 것입니다.

원불교에 전해져오는 재미있는 이야기가 있습니다. 소태산 대종사가 수운회관에 가서 앉아 있다가 이런 말씀을 하셨다죠. 수운 선생이 이 자리에 오신 줄 사람들이 모를 것이라고 하고, 또 경주의 수운 묘소에 가서도 내가 다시 몸을 받아 여기 와서 절을 해도 모를 것이라는 말씀을 했습니다. 초기 제자인 김영신(金永信)의 회고담(『구도역정기』, 원불교출판사 1988, 융타원 김영신 편)인데, 이 자리에서 읽어보겠습니다.

"천도교 교당을 방문하여 심고를 드리시고 소태산 대종사는 이상한 말씀을 하셨다. '공자님은 제 묏등(무덤)에 가서 절을 하고 최수운이 여기 와 앉았어도 모를 것이다.' 나는 무슨 말씀인지 알 수가 없었다. 나중에 조송광 선생으로부터 이런 이야기를 들었다. 대종사께서 조송광(불법연구회 2대 회장) 송벽조(정산 종사 부친) 두분이 회갑이 됐어도 공동 생일 기념만 하고 지내는 게 안 되어, 회갑잔치 기념으로 경주 일대를 관광하러 갔다(송벽조 선생은 못 감). 불국사 석굴암을 둘러보고 수운 선생의 묘소가 있는 곳을 찾았다(1931년 10월 추석 전). 묘소를 참배한 뒤 대종사께서 혼잣말을 하였다. '내가 다시 몸을 받아 묏등에 와 절을 해도 날 알아볼 이 없을 것이다.'"

이에 따르면 소태산 대종사는 수운의 후신으로 이해할 수 있습니다. 이러한 말씀을 저는 소태산이 수운 선생의 개벽사상을 진리에 맞고 시대에 적중토록 계승했다는 뜻으로 이해합니다. 이는 물질개벽과 정신개벽으로 개벽사상을 올곧게 계승했다고 자부하신 것이며, 제불제성(諸佛諸聖)의 심인(心印, 깨달은 자리)인 일원상 자리에서 그것과 만나는 경지로 봅니다. 깨치신 제불제성의 심인 자리에서 소태산 대종사의 정신개벽의 대각은 수운 선생의 도통과 간격이 없는 한 경지이며, 소태산 대종사는 후천개벽의 계승자로서 수운 선생과 서로 하나이면서 또한 서로 존중하고 추존하는 관계라는 뜻으로 볼 수 있다는 것입니다(『대종경』 변의품 32).

중요한 것은 개벽의 스승들을 그 제자들의 활동상으로 함부로 평가해서는 안 된다는 것입니다. 그 뜻을 이해하지 못하는, 개벽에 대한 안목이 부족한 사람들이 함부로 평가해선 안 된다고 소태산 대종사는 주의를 주고 있습니다(『대종경』 변의품 31). 따라서 대종사께서 수운 선생의 개벽사상을 계승했듯, 저희들의 궁극적 목표는 소태산 대종사의 물질개벽을 향도해가는 정신개벽을 잘 계승해가는 것이라고 말하고 싶습니다.

백낙청 저는 원불교 교도가 아니기 때문에 길산님처럼 조심하지 않고 함부로 말을 합니다. 대종사님이 당신 스스로 수운의 후신이라고 딱 부러지게 말씀을 안 하셨지만 그런 암시를 하시는 말씀을 여러 사람이 들었다는 구전이 있죠, 그건 물론 해석하기 나름이지만요. 또 하나, 서문 성 교무님이 쓰신 책『소태산 경주를 걷다』(원불교출판사 2021)를 보면 나오는 이야기죠. 대종사님이 경주에 갔을 때, 이리(현 익산)에서 경주 용담까지 가는 과정이 굉장히 험난한 것임에도 수운 선생의 사당에 일부러 가셔서 참배하셨다고 합니다. 그런데 사당에 들렀을 때, 그 사당을 지키고 있던 수운 선생의 조카 손자쯤 되나요, 그 사람이 "할아버지 왜 인제 오십니까" 그랬다는 이야기도 있고요. 그래서 증산과 수운을 다 존중하고 그분들을 계승하지만 수운 선생과 당신의 관계는 조금 더 각별하게 생각하신 것 같아요.

왜 불법을 주체로 삼았는가

백낙청 앞서 불법을 주체로 삼았다는 점은 후천개벽사상 중에서도 원불교의 특징이라는 이야기가 언뜻 나왔습니다. 이어서 그 이야기를 좀더 해볼까요. 소태산이 불법을 주체로 삼은 회상(會上)을 창립하신 데 따른 이점은 무엇이고 또 거기에 부담이 있었다면 어떤 것이 있었을까 하는 논의를 해보죠.

방길튼 소태산은 불법으로 주체를 삼겠다고 말씀만 하신 게 아닙니다. 소태산의 일생 중 변산 주석기(駐錫期, 1919년 12월 말 변산 입산~1923년

8월경 하산)가 있어요. 당신이 불교에 직접 들어가서서 단순히 불법을 아는 차원에 그치는 게 아니라 직접 실행해보고 판단하시려고 그 기간을 가지셨죠. 이때 소태산의 입산 목적은 불법의 가치를 확장하는 것이었지요.

소태산의 발심과 구도의 주제인 '의심'은 깨달음을 추구하는 불법과 상통합니다. 이런 점에서 소태산은 자신의 발심한 동기로부터 도얻은 경로를 돌아보니 석가모니 부처님의 행적과 말씀에 부합되는 바가 많다(『대종경』 서품 2)고 회고한 듯합니다.

소태산은 "불법은 천하의 큰 도라 참된 성품의 원리를 밝히고 생사의 큰일을 해결하며 인과의 이치를 드러내고 수행의 길을 갖추어서 능히 모든 교법에 뛰어난 바 있나니라"(『대종경』 서품 3)라고 밝힘으로써 불법은 성품을 드러내는 교법이자 생사와 인과를 밝히는 교법이며 또한 수행길을 잘 갖춘 교법이라고 명시합니다. 이처럼 소태산이 제시하는 불법은 마음을 깨달아 사용하는 마음공부법입니다. 소태산 대종사는 "이 부처 불(佛) 자는 각(覺)이라, 만법을 깬다는 뜻이다"라고 해설합니다. 즉, 불법은 역사적인 불교에 한정된 뜻이 아니라 깨달음의 가르침을 지칭합니다. 정산 종사는 "불(佛)은 곧 깨닫는다는 말씀이요 또는 마음이라는 뜻"으로 "만법의 근원인 동시에 만법의 실재"인 "원(圓)의 진리가 아무리 원만하여 만법을 다 포함하였다 할지라도 깨닫는 마음이 없으면 이는 다만 빈 이치에 불과한 것"(『정산종사법어』 경륜편 1)이라며 깨닫는 법을 강조합니다. 이처럼 불법은 마음을 깨달아 사용하는 공부법입니다.

결국 불법의 불(佛)은 곧 깨닫는다는 말씀이요 마음이라는 뜻입니다. 이를 달리 말하면 어떠한 상황에서도 깨어 있는 마음으로서 '정신 차린 경지'이며 '정신을 챙긴 상태'입니다. 결국 불법은 마음공부에 전력하는 정신개벽의 중요한 요법입니다. 물질개벽 시대에 정신개벽을 할 때 불법이 마음공부에 효과적이면서 전문성을 갖고 있다는 겁니다. 물질문명을 활용하는 데도 불법을 주체로 하는 게 효과적이라는 판단입니다. 특히 도학과 과학을 병행하기에 용이하다는 것입니다. 왜냐하면 무집착의 텅 빈 마음일 때, 걸림 없이 깨어 있는 마음일 때 사실을 사실대로 직시할 수 있으므로 과학문명도 잘 이해하고 수용할 수 있다는 판단입니다. 결국 깨달음을 추구하는 불법, 마음공부에 효과적인 불법을 주체로 할 때 "시대를 따라 학업에 종사하여 모든 학문을 준비"(『정전』 수행편 「최초법어」)하는 데도 수월하고, 또한 현대 사상 및 기독교와 회통하는 데도 용이할 것이라는 점입니다. 현대어로 말한다면 영성과 이성, 신성과 이성을 융합하고 통합하는 데도 유연하게 적용할 수 있다는 것입니다. 다만 마음공부에 발심이 일어나지 않으면 깨어 있는 동력이 미약하여 문제를 해결하는 힘이 나약해진다는 점이 과제입니다.

백낙청 어떻게 보면 더 부담스러운 얘기지만, 그렇게 해서 불리한 점이라든가 더 힘들어진 점이 있다면 무엇일지도 조금 말씀해주시면 좋을 것 같네요.

허석 원불교의 정체성과도 굉장히 깊은 관련이 있는데요. 대종사님께서는 불교가 분명히 미래 시대의 주교가 될 거라고 하셨거든요. 그리고 정산 종사께서는 마음을 제일 잘 밝히는 종교가 주교가 될 것이라고 하셨는데, 그때 말씀하신 종교 역시 불교입니다. 그런데 불교가 갖고 있는 스펙트럼이 어마어마하거든요. 역사와 사상과 현대사회에 미치는 영향력이 굉장하고요. 제 생각에 소태산께서는 불법을 주체로 하면서도 유불선 모두를 다 개벽하려고 하신 분입니다. 그건 이미 동학에서부터 시작된 것이긴 하지만요. 다시 말하면 불법을 주체로 삼았지 이걸 그대로 따라가자는 것이 아니거든요. 대종사님께서는 불교 또한 개벽의 차원에서 새롭게 재구성하려고 하셨습니다.

만약 불법을 중심에 둔 점에만 치중하여 동학 이래의 개벽사상을 계승한 면모를 소홀히 하면, 이는 소태산이 혁신의 대상으로 삼은 과거 불교의 모습으로 회귀할 우려도 있을 수 있다고 생각합니다. 사상적으로는 교리 해석이나 교학 연구에서 '개교표어'나 '개교의 동기'의 의미를 간과하거나 그 본의로부터 멀어질 수 있고, 그 결과는 물질개벽에 상응하는 정신개벽이 아니라 시공을 초월한 깨달음과 수행을 강조하는 출세간적 양상을 띨 수도 있구요.

원불교가 해외에서 교화하는 과정에 이런 경향이 나타날 우려도 있습니다. 가령 한반도 특유의 개벽사상을 강조하면, 보편적인 불법을 내세우지 않고 한국적 사상에 치중하여 원불교의 세계화에 걸림돌로 작용한다는 인식이 해외에 계시는 원불교인들에게 없지 않다고 생각합니다. 그것이 교화의 방편상 당장의 편함이 있을지는 모르나, 소태산의 본의에서는 멀어지는 큰 문제를 낳을 수도 있다고 봅니다.

『대종경』에 대종사님의 이런 표현이 있거든요. "정당한 주견을 세운 후에 다른 법을 널리 응용하라."(수행품 27) 저는 이 말씀이 굉장히 중요하다고 생각합니다. 백교수님도 그런 표현을 하셨더라고요. 원불교인 스스로 줏대를 세우고 소태산의 본의를 파악하라는 것이겠죠. 소태산의 깨달음의 차원에서 불법을 주체로 삼고 거기에서 불법만이 아니라 유불선 그리고 과학까지 다 통합 활용하는, 널리 다른 법을 활용하는 그러한 교법 운영과 교단 운영을 해나가면 사실은 부담이 아니라 이점이겠죠. 그런데 원불교인으로서 그 줏대가 만약에 없어진다면 그리고 그것이 약해진다면 그것은 또다른 부담으로 작불교는 무상대도(無上大道)라 그 진리와 방편이 호대하므로 여러 선지식(善知識)이 이에 근원하여 각종 각파로 분립하고 포교문을 열어 많은 사람을 가르쳐왔으며, 세계의 모든 종교도 그 근본되는 원리는 본래 하나이나, 교문을 별립하여 오랫동안 제도와 방편을 달리하여온 만큼 교파들 사이에 서로 융통을 보지 못한 일이 없지 아니하였나니, 이는 다 모든 종교와 종파의 근본 원리를 알지 못하는 소치라 이 어찌 제불제성의 본의시리요.

그중에도, 과거의 불교는 그 제도가 출세간(出世間) 생활하는 승려를 본위하여 조직이 되었는지라, 세간 생활하는 일반 사람에 있어서는 모든 것이 서로 맞지 아니하였으므로, 누구나 불교의 참다운 신자가 되기로 하면 세간 생활에 대한 의무와 책임이며 직업까지라도 불고하게 되었나니, 이와 같이 되고 보면 아무리 불법이 좋다 할지라도 너른 세상의 많은 생령이 다 불은(佛恩)을 입기 어려울지라, 이 어찌 원만한 대도라 하리요.

그러므로, 우리는 우주만유의 본원이요, 제불제성의 심인(心印)인 법신불 일원상을 신앙의 대상과 수행의 표본으로 모시고, 천지·부모·동포·법률의 사은(四恩)과 수양·연구·취사의 삼학(三學)으로써 신앙과 수행의 강령을 정하였으며, 모든 종교의 교지(教旨)도 이를 통합 활용하여 광대하고 원만한 종교의 신자가 되자는 것이니라.

—『정전』 총서편 2

용할 수 있겠다는 생각을 합니다.

백낙청 지금 국내에서도 불교와 원불교의 세력 차이가 너무 크고요.

더군다나 외국에 나가면 불교는 알아주지만 원불교 안 알아준단 말이에요. 그래서 속된 생각인지 모르겠지만 원불교의 교무님이나 학자들 중에는 어떻게든지 그냥 불교에 편승해서 조금 더 쉽게 살아볼까 하는 유혹을 받는 분도 계실 것 같아요.「교법의 총설」에서 첫마디가 "불교는 무상대도(無上大道)"라는 말씀이었지만, 무상대도가 절대적인 진리면 그냥 따르면 될 텐데,「교법의 총설」의 말미에 가서는 "모든 종교의 교지도 이를 통합 활용하여 광대하고 원만한 종교의 신자가 되자는 것이니라"라고 하신 만큼, 불교도 통합과 활용의 대상이지 절대적인 신앙의 대상은 아니라는 말씀을 하신 것 같습니다.

자본주의 시대에 가장 절실한 원불교 공부법

백낙청 여기서 교리에 대해 제가 두분께 여쭙는 이유는 일반 시청자들한테 원불교 교리를 해설해달라는 뜻은 아니고요. 소태산이 정말 위대한 사상가라면 그 사상의 골자가 그분의 기본 교리에 나타나 있을 거 아닙니까. 일원상이 가장 기본이고 그다음에 사은·사요인데, 그 얘기로 넘어가면 좋겠어요.

허석 대종사께서 깨달으시고요, 그 깨달음에 기반을 하면서도 유불선 삼교를 통합하는 진리관을 제시했습니다. 그것을 일원(一圓)이라고 이름했고요. 특히 그 일원이 불법의 진리관과 굉장히 밀접한 관련성이 있다고 강조하신 바도 있고, 일원을 법신불(法身佛)이라고도 이야기하셨습니다. 그렇지만 꼭 특정한 진리에 국한되지 않고 모든 종교의 근본 진리가 하나임을 상징하는 의미에서 말씀하셨다는 점에서 일원은 모든 종교의 교지를 통합하고자 하는 열린 종교적 상징이

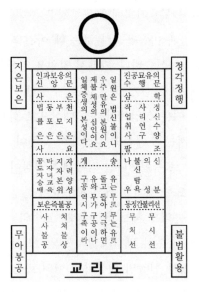

교 리 도

| **『정전』의 교리도** | 대종사는 교리도를 보고 오래 사는 영물인 거북이를 닮았다고 평하며, "사은과 삼학·팔조의 법은 영원히 변치 않을 것이다"라는 말을 남겼다.

라고 말씀드릴 수 있겠습니다.

일원의 내용은 『정전』과 『대종경』에 잘 나와 있습니다. 잘 살펴보면 이것은 유일신교의 인격적인 신 아니면 그리스 철학에서 말한 이데아 같은 서양의 형이상학적 실체와는 거리가 먼, 분명히 다른 진리관이라고 할 수 있습니다. 아까 길산님께서 어떤 경지라고 표현하셨는데 이 진리가 삶 속에서 나타난 어떤 경지이죠. 그리고 있는 것 중의 어떤 진리를 말하는 것이 아니라 그 진리가 있는 것과 없는 것, 유무를 초월하고 유무를 총섭하되 우주만유(宇宙萬有)를 통해서 무위자연하게 작용한다는 표현을 하십니다.

또한 소태산은 일원의 진리를 견성성불(見性成佛)의 화두로 삼으라고 하셨어요. 저는 이것도 굉장히 중요하다고 생각합니다. 이를 화두

217

로 삼아서 깨달아나가는 저희에게 공부길을 주신 것이기도 하고요. 동시에 우리들의 몸과 마음을 사용하는 데 이걸 직접적으로 연결해 주시려고 많이 노력하셨습니다. 그래서 일원을 일상생활을 원만하게 수행해나가는 표본으로 삼게 하셨고 또 우주만유에 일원의 위력이 같이 있음을 믿고 이를 신앙해나가는 대상으로 삼으라고도 말씀하셨습니다. 그래서 저는 소태산의 정신개벽 운동이 이러한 든든한 진리관을 사상적 기초로 확립했다는 점에서 특징적이라고 봅니다.

방길튼 일원상의 중요한 얘기는 허석 교무님이 잘 밝혀주셨기에 저는 좀 다른 입장에서 논의를 해보겠습니다. 「교법의 총설」에서 소태산 대종사는 우주만유의 본원, 제불제성의 심인, 그 자리를 법신불 일원상이라고 하면서 이를 신앙의 대상과 수행의 표본으로 모시라고 했습니다. 일원상은 소태산 대종사의 대각의 경지, 정신개벽의 대각 내용입니다. 소태산이 대각한 일원상의 경지는 모든 성인들이 깨달은 자리이나 시대와 생활에 맞게 그 내용을 더욱 심화하고 확장한 소태산 대각의 작품입니다. 이러한 일원상의 안목으로 보면 불법도 주체로 삼되 통합 활용하라는 것입니다. 소태산은 부처님께 수기(授記)를 받은 분이 아니라 당신이 연원(淵源)을 대신 겁니다. 수기와 연원은 다른 차원입니다. 논문을 쓸 때 어떤 사상에 공감하면 이것이 너무도 중요하다, 내가 이걸 더 잘 살려야겠다고 하면서 인용을 하고 그 가치를 창조적으로 설명하잖아요. 연원을 대는 작업은 이 비유와 비슷하다고 할 것입니다. 주체로 삼은 불법은 소태산의 대각인 일원상의 안목으로 수용한 불법이요, 일원상의 대각인 대원정각(大圓正覺)으로 해석한 불법입니다. 또한 소태산 대종사는 이 일원상으로 우리 현실 생활과 연락(連絡)이 되어야 한다고 강조합니다. 연락이라는 표현은 요즘 사용하는 어법으로는 좀 낯설 수 있습니다. 옛날의 어법으로 보

일원상과 인간의 관계

광전(光田)이 여쭙기를 "일원상과 인간과의 관계가 어떠하오니까." 대종사 말씀하시기를 "네가 큰 진리를 물었도다. 우리 회상에서 일원상을 모시는 것은 과거 불가에서 불상을 모시는 것과 같으나, 불상은 부처님의 형체(形體)를 나타낸 것이요, 일원상은 부처님의 심체(心體)를 나타낸 것이므로, 형체라 하는 것은 한 인형에 불과한 것이요, 심체라 하는 것은 광대무량하여 능히 유와 무를 총섭하고 삼세를 관통하였나니, 곧 천지 만물의 본원이며 언어도단의 입정처(入定處)라, 유가에서는 이를 일러 태극(太極) 혹은 무극(無極)이라 하고, 선가에서는 이를 일러 자연 혹은 도라 하고, 불가에서는 이를 일러 청정 법신불이라 하였으나, 원리에 있어서는 모두 같은 바로서 비록 어떠한 방면 어떠한 길을 통한다 할지라도 최후 구경에 들어가서는 다 이 일원의 진리에 돌아가나니, 만일 종교라 이름하여 이러한 진리에 근원을 세운 바가 없다면 그것은 곧 사도(邪道)라, 그러므로 우리 회상에서는 이 일원상의 진리로써 우리의 현실 생활과 연락시키는 표준을 삼았으며, 또는 신앙과 수행의 두 문을 밝히었나니라."

—『대종경』 교의품 3

면 온몸 구석구석에 기운이 다 통하도록 한다는 뜻입니다. 우리가 신앙할 때나 수행을 할 때도 일원상에 기반하여 생활 곳곳에 그 진리가 미치도록 해야 삶의 맥락이 다 통한다는 거죠.

소태산 대종사 큰아들이 박광전(朴光田) 원광대학교 초대 총장인데, 이분이 일본 토오요오(東洋)대학교 유학 중 방학 때면 익산 총부에 와서 질문한 것 가운데 하나가 '일원상과 인간의 관계'입니다. 『대종경』교의품 3에 그 내용이 잘 나와 있는데, 여기에 일원상의 다른 표현으로 심체(心體)라는 재미있는 표현이 나오고, 이 마음 당체인 심체는 마음공부와 연관됩니다. 심체 일원상에 맥이 통해야 마음공부가 심화되고 또한 확장될 수 있다는 겁니다. 스승과 제자이기도 한 부자 사이에 펼쳐진 질문과 답변은 일원상 콘서트였습니다. 이 법문을 좀더 깊이 읽어보면 소태산 대종사가 일원상을 내세운 데는 과거 개벽사상에서, 조금 죄송함을 무릅쓰고 말하면, 수운 및 증산 사상에서 조금 미흡한 점인 마음공부의 차원을 좀더 전문적으로 높이지 않으면 개벽이 운동의 차원에 떨어지기 쉽다는 경각심도 작용했을 겁니다. 그러므로 물질이 개벽되니 정신을 개벽하자는 정신개벽을 이루기 위해서도 심체 일원상은 반드시 기반으로서 모든 것에 관통돼 있어야 한다고 읽을 수 있지 않나 생각하게 됩니다.

세계적 사상 사은, 깨달은 자리에서 보고 실행해야

백낙청 지금 '연락'이라는 말을 쓰시다가 잠시 주춤하셨잖아요. 요즘 연락한다고 하면 전화나 문자 메시지를 보낸다는 건데, 대종사님은 연락이란 단어를 원래 뜻대로 사용해 맥락이나 경락이 연결된다는 뜻으로 사용하신 거죠. 단어 용법의 변화를 살펴보자면 이런 사례가 많죠. 가령 변태(變態)란 말의 경우도 요즘은 '변태성욕자'처럼 부정적인 뉘앙스로 그 단어를 쓰는데, 원래 의미는 그냥 모양이 변화한다는 뜻이죠. 제가 『교전』번역에 참여했을 때 처음에 고민이 됐던 것이 설명기도(說明祈禱)라는 말인데요. 설명기도라는 게 물론 소리내서 대

四恩 天地下鑑之位 父母下鑑之位 同胞應鑑之位 法律應鑑之位 少太山 書

| 소태산 대종사의 사은 친필 | 천지은, 부모은, 동포은, 법률은의 사은이 언급되어 있다.

중 앞에서 하는 기도지만, 기도라는 게 꼭 설명을 하는 거냐 싶어서 그걸 번역하느라고 굉장히 고민을 많이 했습니다. 그런데 나중에 가만히 생각해보니까 설명기도의 '설명'도 단어를 이루는 낱자 그대로의 뜻을 사용한 경우예요. 어떤 대상이나 물체에 대해 자세히 해석해준다는 뜻의 'explanation'이 아니고 말을 해서 밝혀낸다는 뜻이죠. 그러니까 여러 사람 앞에서 소리내서 하는 기도가 설명기도인 겁니다. 하여간 그런 사례가 많습니다.

이런 면으로 봐선 전반적으로 수운 선생이 한문의 대가였듯이 소태산은 한국어의 예술가였던 것 같아요. 그것을 무시하고 우리가 현대적으로 대충 해석하면서 '시대적인 한계'로 인해서 제대로 말씀을 못하셨다고 생각하기 시작하면 대종사 말씀을 못 알아들은 거고 심하게 말하면 배은을 하는 게 된다고 보거든요. 지금까지는 일원상이 원불교의 가장 기본적인 진리이고 또 신앙의 대상이며 수행의 표본이라는 말씀을 나누었습니다만, 사은·사요·삼학·팔조에 대해서도 이야기를 들어야 되겠죠. 우선 사은사상에 대해서 허교무님께서 좀 말씀해주시죠.

허석 네, 간단하게 설명을 드리도록 하겠습니다. 대종사님께서 깨달음을 얻으시고 세상을 보시니 세상이 크게 네가지 은혜로 되어 있다는 말씀을 하셨습니다.

저는 사은을 밝혀주신 점이 대종사께서 세계적인 사상가인 이유 중의 하나라고 생각하는데요. 소태산이 물질개벽 시대에 사람들의 마음에 원망의 병이 들었다고 이야기를 하십니다. 그래서 그 진단과 함께 그 치료 방도를 질문하시면서, 사은이라는 네가지 큰 은혜를 말씀하십니다. 이 세상에 어떤 존재도 천지 없이 살 수 없고, 부모 없이 살 수 없고, 동포 없이 살 수 없고, 법률의 은혜 없이 살 수도 없으니 그 은혜를 느끼고 알아서 그것에 보은하자는 것입니다. 우리 삶을 생각할 때 힘든 일도 많고 억울한 일도 참 많잖아요. 그런데 대종사님께서 물질이 개벽됨으로 인해 인류가 파란고해를 면하지 못한다고 「개교의 동기」에서 설명해주셨으니, 그럼 이런 고난을 다 은혜로 그냥 받아들이라는 것이냐, 정신승리 식으로 그것도 은혜니까 그냥 감사히 느끼라는 것이냐 하는 질문을 제기할 수도 있는데, 그건 분명히 아니라는 말씀을 드리고 싶어요. 결국 사은이라는 건 아까 말씀드린 대로 일원의 진리, 그러니까 도를 행함에 따라 나타나는 위력이자 덕의 결과라고 할 수 있습니다. 진리를 증득(證得)하신 안목에서 바라본 실상이라고도 말씀드릴 수가 있겠고요. 그래서 파란고해의 현실을 우리가 그대로 놔두지 말고, 도를 행하고 덕을 나누어서 적극적으로 현실에 참여하여 은혜를 심고 가꾸자, 이런 신앙을 하자는 뜻으로 대종사께서는 사은을 말씀해주셨다고 생각합니다.

백낙청 사실 사은에 대한 연마는 아마 길산님 따라갈 사람이 많지 않을 겁니다. 아까 자기소개를 할 때 당신의 저술 활동은 떼놓고 말씀하셨는데, 길산 교무님이 쓰신 원불교에 관한 저서가 스무권쯤 되죠. 올해에 새로 내신 책이 '원불교 기본 교리'라고 해서 『사사삼팔』(원불교출판사 2023)인데, 사은·사요·삼학·팔조를 해설하신 강연집이죠. 그동안에 이렇게 많이 연마를 하셨으니까 길산님이 좀 부연 설명을 해주십시오.

방길튼 사은도 소태산 대종사가 말씀하신 정신개벽의 구체적인 프로그램이죠. 물질개벽 시대에 정신개벽을 잘하려면 소태산의 입장에서 뭔가 대안을 내놓으셔야 될 거 아니에요?(웃음) 그래서 일원상의 안목에서 드러나는 구체적인 내역으로 사은을 말씀하셨는데, 그럼 일원상과 사은의 관계를 먼저 말씀드려야겠죠. 일원상의 내역을 말하면 사은이요, 사은의 내역을 말하면 우주만유입니다(『대종경』 교의품 4). 이 말뜻은 일원상 자리에서 사은이 드러나고 이러한 은혜의 시각으로 우주만유가 드러난다는 뜻입니다. 소태산의 대각인 일원상에는 텅 빈 공(空)이 배어 있습니다. 그런데 이러한 공(空)을 은(恩)으로 전개하는 것이 소태산 대각의 특징입니다. 소태산은 공의 경지를 은으로 풀어냅니다. 텅 비어 무엇에도 걸릴 것이 없고 규정되지 않는 공의 자리를 체득했다면 우주만유의 인연을 은으로 펼치게 됩니다. 소태산은 이러한 우주만유를 천지은(天地恩), 부모은(父母恩), 동포은(同胞恩), 법률은(法律恩)으로 전개합니다. 소태산은 『정전』의 「일원상의 진리」절에서 '일원은 대소유무(大小有無)에 분별이 없는 자리이며 선악 업보가 끊어진 자리로서 공적영지(空寂靈知)의 광명을 따라 대소유무에 분별이 나타나서 선악 업보에 차별이 생겨난다'고 천명합니다. 선악의 입장에서 보면 일원상의 경지는 원래 선악이 공(空)하기에, 청정한 이 자리에서 선악이 완연하여 정당한 고락(苦樂)과 부정당한

고락이 분명하게 드러난다는 것입니다. 선악의 분별을 내려놓는 공
(空)의 경지에 들었기에 선악이 가르침으로 드러나는 은혜가 전개되
지요. '정면교사(正面敎師)'와 '반면교사(反面敎師)'를 자각하는 지혜를
소태산은 은혜라고 합니다. 그리하여 선한 사람은 선으로 세상을 가
르치고 악한 사람은 악으로 세상을 깨우치며(『대종경』요훈품 34), 우리
가 가히 선생이라 할 가치가 없는 사람들로 인하여 사람의 허와 실을
알았다면 그 사람을 참 선생으로 여기는 것입니다(『대종경』전망품 8).
또한 세상의 몰이꾼 역할과 반성을 재촉하는 역할을 하는 이를 다 세
계 사업자로 보고 다 선생으로 받아들이는 안목을 일원상에 근원한
은혜라 하셨습니다(『대종경』전망품 11).

　사은 중 부모은을 예시로 들어보겠습니다. 일반적으로는 부모의
은혜를 떠올리면 바로 효를 연상하죠? 효도해야 한다는 의미로만 생
각하기 쉽지요. 그러나 대종사님은 이렇게 말해요. 그것은 이 몸을
태어나게 해주고 무자력할 때 길러주고 또한 사람으로서 밟아가야
할 길을 나에게 가르쳐주는 작용이라 합니다(『정전』교의편 2장 2절 1. 부
모 피은의 조목). 이를 공부심으로 살펴보면 무자력한 상황일 때 우리를
살려내주고 길러주고 가르쳐주는 인연 작용이 부모은입니다. 친·불
친이나 원근·친소에 국한되지 않는 일원상의 마음으로 보면 우리가
자력이 미약하거나 부족하거나 고갈된 상황에 처해 있을 때 또는 좌
절에 빠져 있을 때나 곤경에 처해 있을 때 새롭게 거듭 태어나도록
힘을 주거나 또는 그 무자력한 상황을 딛고 일어나도록 용기를 부여
하여 자력을 길러주거나 인생살이의 돌파구를 찾을 수 있도록 인생
의 가르침과 자극을 주는 모든 순역(順逆)의 인연 작용이 다 부모은인
겁니다. 우리가 만나는 인연 속에서 새롭게 거듭나도록 하거나 우리
를 성장시키고 우리에게 인생길을 가르쳐주는 선악의 자극이 부모

역할로 드러나는 것입니다. 진정한 부모 보은은 이와 같이 무자력할 때 은혜 입은 도(道)를 보아서 무자력한 사람에게 보호를 주는 부모 역할을 하는 것입니다(『정전』 교의편 2장 2절 3. 부모 보은의 강령). 이처럼 부모은은 우리를 거듭나게 해주고, 길러주고, 가르쳐주는 도로서, 미래 문명에도 우리가 부모 역할을 외면하고는 사람의 길을 밟아가기 어렵기에 부모은의 실행 여부는 인간 문명의 척도가 될 것입니다. 예를 들어 혈육의 부모만이 꼭 저를 길러주는 건 아니죠. 저는 교무지만 교도님들이 이런저런 상황에서 가라앉은 제 마음을 살려내주기도 하고 제가 기운이 없을 때 힘을 돋아주기도 하며 저 또한 교도님을 통해 인생의 가르침을 얻기도 하거든요. 다시 말해 깨어 있는 일원상의 공부심으로 보면 친부모뿐만 아니라 우리를 살려내고 거듭나게 하고 길러주고 자극을 주어 가르쳐주는 순역 경계(順逆境界)와 선악의 인연이 부모은으로 드러나는 겁니다.

그리고 사은이라고 해서 어떻게 네가지 은혜만 있겠어요. 대종사님이 미래를 보는 안목에서, 또는 당신의 구도 과정에서 체득한 결과로서 우주만유를 네 범주로 제시해주신 것이지요. 이처럼 사은은 네 가지가 아니라 네 범주입니다. 한 자리(일원상)를 네 범주(사은)로 밝혀주신 것입니다.

좀더 이야기를 덧붙여보겠습니다. 사은 중에는 법률은이 있습니다. 법률은의 법률은 인도·정의의 공정한 법칙이라고 소태산은 정의합니다. 그러므로 사은의 법률은 성자의 가르침을 비롯하여 사람이 살아가는 데 있어서 정의롭고 공정한 방향으로 향하게 하는 문명의 길입니다. 선악이 뒤섞여 있는 인간의 삶에서 덜 나빠지고 좀더 좋은 방향으로 나아가도록 하는 도입니다. 인간의 역사에 부정적인 사건과 억압 등이 없지는 않지만 그런 인간 제도의 관습, 도덕, 규범의 사

정의·도덕(正義道德) 없는 세상은 곧 금수(禽獸) 세계다

한때에 종사주(소태산) 가라사대 "이 세상은 정의·도덕이 있음으로써 안녕질서를 유지하고, 따라서 우리도 편안한 생활을 하지마는, 만일 인도·정의(人道正義)의 공정한 규칙(사은의 법률) 즉 수신·제가·치국·평천하(개인, 가정, 사회, 국가, 세계)의 도(道)가 없었다면 이 세상은 질서 없는 수라장인 동시에 약육강식의 금수 세계가 되고 말 것이다. 왜 그러냐 하면, 저 무도(無道)한 금수 세계에는 제일 힘세고 가장 악한 놈이 그 중에 패권을 쥐고 약소 생명을 마음대로 잡아먹듯이, 우리 인간 세상에도 만일 정의·도덕의 모든 법칙이 없다면 물론 기운 센 불량자가 나서서 힘 약하고 순진한 사람들을 속이고 해하여 안심하고 살 수가 없을 것이니, 과연 그리된다면 그것이 금수 세계가 아니고 그 무엇이랴.

그러나 다행히 우리 인간 세상에는 때때로 제불제성(諸佛諸聖)이 출현하여 인간 생활에 필요 적절한 모든 법을 창조 또는 개조하시어 우리 인간들로 하여금 알고 행하도록 지도 교화하시나니, 이것이 이른바 종교라는 것이다. 〔…〕

—이공주 수필, 1942년 5월 26일

회체제 속에서 이를 더 나아지도록 하는 인간 문명의 시행착오상의 지혜요 의지입니다. 공부심으로 법률은을 말하자면 안녕 질서를 확립하여 정의와 평화가 실현될 수 있게 하는 공정한 법칙의 은혜입니다. 인류 문명이 좀더 좋게 향상되도록 하는 방향성을 뜻하는 법률이 없다면 미래는 길 잃은 방황이 거듭될 것입니다. 이처럼 사은의 법률은 우리의 삶이 좀더 좋아지게 하는 인간 문명의 지혜입니다. 정치가 인간의 삶을 좀더 나은 길로 가도록 하고, 종교가 인간의 삶을 좀더 평온한 길에 들도록 돕는 인간 문명의 일반의지입니다. 법률은 한편으로 좋은 도구이면서 다른 한편으로 위험한 기구로서 이 법률로 문명을 향도하는 것이 정신개벽입니다. 소태산은 인도·정의의 공정한 법칙인 법률은의 도에 합당하면 그에 순응하고 만일 법률은의 도에 어긋난 사회제도나 법규라면 순응치 말고 법률은의 도에 따라 좀더 나은 방향으로 개선해가라고 합니다. 법률에 순응하라는 것은 인도·정의의 공정한 법칙을 따르라는 것이지 불공정한 불의에 복종하라는 게 아닙니다. 불의한 악법에 순응하면 법률은에 배은하는 것으로, 악법은 개선하는 것이 법률은에 보은하는 것입니다(『정전』 교의편 2장 4절 3.법률 보은의 강령).

공부심으로, 그러니까 일원상의 안목으로 세상을 보고 사은의 세상과 가치를 발견하여 구현해나가는 것이 미래 문명의 길이라는 게 소태산의 메시지입니다. 이처럼 물질개벽이 진척될수록 천지은, 부모은, 동포은, 법률은이라는 사은의 가치가 절실하게 요청된다는 겁니다. 분명히 일원상은 초월적 진리예요. 그런데 소태산은 참 재미있는 분입니다. 일원상이라는 초월적 안목이 있으면 고락의 현상 속에서 고(苦)에 매몰되지 않고 낙(樂)에 흥청거리지도 않은 채 고락을 정당하게 사용해서 이 세상을 잘 가꿔갈 수 있다고 하셨거든요. 일반적으론 고락을 초월하면 고락에서 벗어나 천국이나 극락에 태어난다고 하는데, 소태산은 극락이란 다른 곳이 아니라 고락을 떠나지 않는 가운데 고락을 초월한 마음자리(『대종경』 성리품 3)라고 합니다. 이는 고락에 물들지 않는 마음의 경지이기에 정당한 고라면 아무리 고통스러워도 그 고에 끌리지 않으면서 이를 감내할 수 있으며, 부정당한 낙이라면 아무리 달콤해도 그 낙에 끌리지 않으면서 그러한 향락에 빠지지 않는 공부심을 갖게 된다는 겁니다. 고가 없다는 게 아니라 고에 매몰되지 말라는 것이며 낙이 영원한 게 아니므로 낙에 사로잡히지 말면서 고락을 잘 사용하라는 겁니다. 보통은 고락을 초월해버리면 고락이 상반(相反)하는 현실에서 벗어나기에 현실 문제에 참여하는 것이 무의미하다고 여기는데, 일원상과 사은의 관계를 들어 고락을 초월하면 현실에 매몰되지 않고 오히려 현실을 잘 운영해갈 수 있다고 설명해주시는 것이 소태산의 대각이요 은혜의 시각입니다.

백낙청 사은이 다 이렇게 연결됐다는 말씀을 하셨는데, 제가 원불교 교서 영역에 참여해 정역본을 만든 사람 중 하나로 조금 자랑을 하자면, 1988년에 2차 영역본이 나왔을 겁니다. 당시 아타원(阿陀圓) 전팔근 종사님이 주도하셨죠. 거기에는 사은이 'Four Graces'라고 돼 있어요. 영어로 'Grace'라는 말은 경우에 따라서는 그리스신화의 여신들을 말하기도 해서 어감도 그렇고, 이게 네가지 중요한 은혜이기도 하지만 어떤 의미에서 다 하나 아니냐 네겹의 은혜가 맞겠다 해서 'Fourfold Grace'라고 번역을 했습니다. 그러니까 이거 자랑 하나 말씀을 드리고, 사은이 일원상의 안목에서 드러나는 지혜이며 작용이라고 말씀하시면 보통 사람들은 아, 이거 내가 꼭 대종사님같이 대각을 해야지 사은 보은을 할 수 있나 보다 이렇게 굉장히 어렵게만 생각할 수 있어요. 그런데 사실은 딱히 대종사님같이 안 되더라도 그분이 대각하신 일원상의 자리에서 봐야지 사은이 제대로 보이는 거고 그렇지 않으면 이게 자칫 정신승리의 처방이 될 수가 있죠. 그리고 부처님은 세상을 고로 보셨는데 대종사님은 은으로 보셨다고 해서 굉장히 큰 전환을 이룬 것으로 말씀하셨는데, 전환은 전환이지만 고에서 은으로 전환하신 건 아니라고 봐요. 고라는 것은 부처님이 의심을 갖게 된 계기죠. 그러니까 현실의 경험적인 진실입니다. 깨닫지 않아도 누구나 사는 게 고통스럽다는 사실은 알 수 있을 것이고 그 시절에 평범한 대중은 더욱이나 그랬을 것이지요. 그래서 거기서부터 의심을 일으켜 수행을 해서 부처님이 불교에서 말하는 사성제(四聖諦)라든가 팔정도(八正道)를 깨달으신 것이지 고를 깨달으신 건 아니죠. 물론 사성제에 고가 들어가 있긴 합니다. 그러나 저는 고(苦), 집(集), 멸(滅), 도(道)를 하나의 세트로 깨달으신 것이지 각기 따로따로 깨달으신 건 아니라고 생각해요. 그리고 대종사님이 고락을 초월하는 공부를 가르치셨지만 고락을 초월하는 것이지 고를 없애시겠다고는 안 했잖아요.

허석 그렇습니다.

백낙청 옛날식으로 극락을 얘기한다든가 특히 기독교에서 천당을 얘기할 때는 생로병사가 없는 낙원으로 설정을 하는데, 대종사님이 낙원으로 인도하겠다고 할 때는 생로병사가 없어진 세상으로 이끌어주겠다는 게 아니고, 생로병사도 있고 고도 있고 낙도 있지만 거기에 얽매이지 않는 그런 삶을 가르치겠다, 일원상의 진리에서 보면 이 사은이 보인다, 이렇게 말씀하시는 것이라서 사람들이 어려워하는데, 어떤 교무님들은 그러시더라고요. 청정한 자리에서 보면 다 보인다, 그거 왜 못 보냐 하시는데, 이건 한편으로는 격려의 말씀이기도 하지만 다른 한편으로는 더 기죽이는 말이에요.(웃음) 그래서 그 얘기를 하실 때는 길산님도 강조하셨는데, 대종사는 방황하시면서 깨닫느라고 그렇게 고생을 하셨지만 깨달은 이후에 어떻게 하면 쉽게 깨달을 수 있다, 정성만 들이면 누구나 깨달음에 도달하게 돼 있다며 그 길을 가르쳐주신 거지요.『정전』제일 마지막 '법위등급(法位等級)' 대목을 보더라도 보통급(普通級), 특신급(特信級) 등등으로 공부를 쭉 해서 올라가면 누구나 대각여래위(大覺如來位)까지 갈 수 있다는 걸 알려주셨기 때문에, 그 공부길을 아울러 강조해야지 대중이 더 좀 힘을 내고 용기를 낼 수 있겠다는 생각이고요.

제가 문학을 하는 사람으로서 한가지 덧붙이고 싶은 것은 예술에서도 어떤 경지에 달해서 작품다운 작품, 시다운 시, 훌륭한 음악이 나오면 적어도 그것이 만들어지는 그 순간에는 정신개벽이 이루어졌다고 봐야 한다는 겁니다, 작은 규모지만요. 다만 항시적인 게 아니기 때문에 수련이 병진되어야지 점점 거듭되고 높고 지속적인 경지에 도달할 수 있는 거죠. 이런 의미에서 소태산께서 말씀하신 공부심을 갖고 공부를 계속하면 누구나 정신개벽을 할 수 있는 것이지 그렇게 어려운 건 아니라는 점과, 또 하나는 각자 자기가 처한 분야에서 어떤 경지에 이르면 그게 바로 일원상의 경지라는 것을 함께 말씀해주시면 사람들이 부담감을 좀 덜 느끼지 않을까 싶습니다.

허석 『정전』 교의편에 사은·사요·삼학·팔조가 있고 다음으로 수행편이 있습니다. 수행편은 삶을 어떻게 살 것이냐는 문제에 대한 것이죠. 아까 말씀해주신 대로 공부심을 가지고 경지를 향해 나아가려고 할 때 가끔은 저도 정신승리가 필요할 때가 있더라고요. 아직은 도를 깨닫지 못한 입장에서요. 그러면 어떻게 은혜를 깨달아나가는 경지까지 갈 것이냐가 궁금해지는 거죠. 대종사님께서 수행편 1장 「일상수행의 요법」에서 아홉가지 조항 중 하나로 원망 생활을 감사 생활로 돌리자는 말씀을 하셨거든요. 사은이라고 하는 일원의 도와 덕을 말씀하셨지만 사람들이 이를 각자의 삶에서 운영해나갈 때는 각자의 근기에 맞게 할 수밖에 없는데, 저만 해도 원망스러울 때가 있어요. 그때마다 생각을 합니다. 그냥 원망하지 않고 왜, 어떤 일 때문에 이런 일이 발생했을까 인과적으로도 생각을 해보고 정신도 바짝 차려보고 여러가지 문답도 드리죠. 그렇게 해서 감사 요소들도 발견을

일상수행의 요법

1. 심지(心地)는 원래 요란함이 없건마는 경계를 따라 있어지나니, 그 요란함을 없게 하는 것으로써 자성(自性)의 정(定)을 세우자.

2. 심지는 원래 어리석음이 없건마는 경계를 따라 있어지나니, 그 어리석음을 없게 하는 것으로써 자성의 혜(慧)를 세우자.

3. 심지는 원래 그름이 없건마는 경계를 따라 있어지나니, 그 그름을 없게 하는 것으로써 자성의 계(戒)를 세우자.

4. 신과 분과 의와 성으로써 불신과 탐욕과 나와 우를 제거하자.

5. 원망 생활을 감사 생활로 돌리자.

6. 타력 생활을 자력 생활로 돌리자.

7. 배울 줄 모르는 사람을 잘 배우는 사람으로 돌리자.

8. 가르칠 줄 모르는 사람을 잘 가르치는 사람으로 돌리자.

9. 공익심 없는 사람을 공익심 있는 사람으로 돌리자.

—『정전』 수행편 1장

하고요. 그런데 이것을 그냥 억지로 수행하는 게 아니라 화두로 삼아서 돌리려고 해요. 아까 공부심 말씀을 하셨는데, 결국 우리가 도가 깊어질수록 마음이 열리고 어떻게 보면 진리의 이치에 깊어지는 거잖아요. 그렇게 되면 자연스럽게 그 원망할 요소 안에 사실은 은혜의 어떤 소종래(所從來)가 있음을 우리가 알아가는 단계가 있는 것 같아요. 그러니까 대종사님께서는 목표치를 두셨지만 공부의 과정을 밟아가는 데서 정말 촘촘한 수행의 길을 밝히신 점 역시 특징이 아닌가 이런 생각을 합니다.

방길튼 저는 소태산의 고유한 색깔을 좀더 얘기하고 싶습니다. 소태산에게 누가 와서 법훈을 요청할 때 '한번 마음을 옮기어 널리 살펴라, 그러면 광활한 천지를 구경하게 되리라'(『대종경』 불지품 21), 이렇게 말씀하신 게 있어요. '광활한 천지'가 굉장히 상징적인 표현인데, 광활한 천지가 따로 저쪽에 있어 내가 거기로 가는 게 아니라 천지와 마음이 둘이 아니며 자리가 광활한 천지로서 마음과 연동된 세상입니다. 자기 마음을 옮겨 널리 살피라는 표현이 참 재미있는데요. 자기의 고집, 사고방식, 또 그 집단의 문화적 풍토 같은 것들에 매이지 말고 한번 널리 살펴서 광활한 천지를 구경하라는 거죠. 또한 대종사님은 "이 세상에 있는 좋은 것은 좋은 대로 낮은 것은 낮은 대로"(『대종경』 불지품 22)라고 말씀하세요. 좋지 않은 것을 나쁘다고 하지 않고 '낮은'이라는 표현을 씁니다.

백낙청 우리 젊은 시절에도 낮다는 말을 그런 뜻으로 많이 썼어요. 그래서 누굴 욕할 때도 '나쁜 놈' 하지 않고 '아, 저 낮은 놈' 그랬거든요. 그런데 요즘은 거의 안 쓰죠.

방길튼 광활한 천지의 마음만 챙기면 경우에 따라서 우주 안의 모든 것이 서로 잘 쓸 수 있는 이용물이고, 여기서 이용의 의미는 요즘 말로 이용해먹었다는 게 아니고 그걸 서로서로가 이득이 되게끔 잘 쓴다는 것인데, 세상에 있는 것이 모두 서로의 옹호기관이라고 말씀하세요(『대종경』 불지품 22). 한번 마음을 옮기어 널리 살피는 자리가 광활한 천지로, 이 광활한 천지가 일원상의 경지입니다. 이렇게 광활한 천지의 안목으로 보면 모든 것이 서로 잘 이용할 수 있고, 잘 쓸 수 있는 것이 은혜의 진리라는 건데, 널리 살피는 일원상의 공부심에서 좋으면 좋은 대로 낮으면 낮은 대로 이용하는 은혜의 길을 가보자고 모든 사람에게 촉구하는 소태산의 가르침을 덧붙여보고 싶습니다.

삼학·팔조란 무엇인가

백낙청 더 할 얘기는 많지만 삼학·팔조 얘기로 넘어가죠. 삼학은 전통 불교에도 있는 용어입니다마는 내용이 좀 다른 것 같고요. 팔조를 딱 그렇게 규정한 것은 불교뿐 아니라 다른 종교에도 없는 경우 같아요. 그래서 이 삼학·팔조의 공부법은 어떤 특징이 있고, 그런 것이 없는 종교들과는 어떤 차이가 있는가를 검토해보면 좋겠습니다.

허석 삼학에 대해서 먼저 말씀을 좀 드려야 될 것 같습니다. 아까 제가 대종사님의 공부길이 굉장히 촘촘하다고 말씀을 드린 바 있는데, 사실은 삼학과 팔조에서 정말 극명하게 나타나거든요. 삼학이라는 것은 수행의 세가지 공부법입니다. 정신수양, 사리연구, 작업취사 이렇게 되는데요. 정신수양은 물질개벽 시대에 분별성(分別性)과 주착심(住着心)에 매인 정신을 깨우자, 근본 정신을 일깨우는 일심공부(一心工夫)를 하자는 것을 말합니다. 또 대종사님께서는 사리를 연구하라고 말씀하셨어요. 이(理)는 있지만 사(事)라고 하는 게 앞에 붙습니다. 그래서 일의 시비이해(是非利害)와 이치의 대소유무(大小有無)의 이치를 연마해라, 그걸 통해서 일 속에서 알음알이를 얻어나가고 그 깊은 진리를 깨달아서 큰 지혜를 얻어라, 이걸 함께 병행해나가라, 이런 말씀을 하시고요. 다음에는 작업취사 부분이 삼학의 열매라고 표현하시거든요. 수양과 연구가 아무리 잘 됐다고 할지라도 생활 속에서 정의롭게 실천하지 않으면 열매가 맺지 않는다고 하는 것이죠. 불의는 과감하게 버리고 정의는 죽기로써 실천하는 취사를 행하라, 다시 말해 정의는 취하고 불의는 버리라는 말씀을 하시고, 이 세가지를 병행, 병진해나가라는 것을 굉장히 강조하십니다.

우리가 삼학을 쉽게 말해서 마음공부라고 했을 때 흔히들 명상하고 수행하는 것이라고만 생각을 합니다. 물론 이렇게 수양적인 측면도 있지만 연구와 취사를 함께 병행해서 마음공부가 현실의 삶에 실천되는 그러한 수양을, 그야말로 병진을 해나가라고 말씀하시는 거죠. 그런데 여기에 덧붙여 대종사님께서는 수양·연구·취사와 함께 의식주까지 포함해서 6대 강령을 이야기하세요. 수행이 결국에는 현실의 삶에 도움을 줘야 된다는 뜻이죠. 현실의 삶을 변화시키고 현실의 삶을 좀더 빛나게 하는, 그야말로 현실에서 정신개벽을 이루어가는 생활지향적인 수행의 길을 밝히셨다, 이렇게 말씀드릴 수가 있겠습니다.

백낙청 원불교의 공부법이 굉장히 촘촘하다고 말씀하셨는데 맞는 얘기고, 그 촘촘한 공부법을 가르치셨다는 게 굉장히 중요한 대목인 것 같아요. 너무 촘촘하다면 그것도 부담일 수 있는데, 소태산의 공부법이 다른 한편으로는 여유로운 데가 있어요. 가령 계문(戒文)들에서 무엇 하지 말라고 당부하실 때 그래요. 불교의 기본 계율 중에 살생하지 말라는 불살생계가 있죠? 거기에 대종사는 "연고 없이" 살생하지 말라고 하시거든요. 그렇게 붙인 조건에는 실제로 연고가 있으면 그것이 정말 합당한 것이냐 아니냐를 항상 생각하면서 정신 차리고 살라는 말씀이 들어 있는 거죠. 또 뭘 하라고 하실 때도 어떤 대목에 가서는 '힘 미치는 대로' 하라고 하세요. 그러니까 무리해서 하라고 주문하신 게 아니에요. 기독교는 하느님이 온전하신 것처럼 너희들도 온전해라, 이렇게 완벽을 명하는데 원불교는 원만(圓滿)을 추구하지 완벽을 추구하지 않아요. 이게 저는 굉장히 큰 차이라고 봅니다. 사람이 완벽할 수가 없잖아요. 완벽할 수 없는 사람들에게 자꾸 완벽을 요구하면 결국 다 죄인을 만들고 빚쟁이를 만들어서 그 사람들이 부채에서 헤어날 길은 결국 예수를 믿고 목사님 말 듣고 신부의 말 듣는 것밖에 없다고 몰아가는 거죠. 그런데 소태산은 원만하라고 하면서 탁 풀어주시는 거니까 촘촘하면서도 어떤 지점에서는 가장 여유로운 공부법을 주셨다는 점을 제가 잠시 말씀드리고 싶습니다. 이번엔 길산님께서 삼학에 대해 부연하시면서 바로 팔조까지도 함께 말씀해주시면 좋겠어요.

방길튼 왜 삼학·팔조의 교법을 설파하셨을까요. 소태산의 친제(親製)인『정전』에서 정신수양, 사리연구, 작업취사의 삼학을 읽어보면 물질문명과 관계가 있습니다. 물질문명 자체가 문제가 아니라 물질문명이라는 새로운 시대적 토양, 시대적 흐름에서 농사를 지으려면 농사법이 좀 달라져야 된다는 것이죠. 수양이라고 하면 딱 떠오르는 이미지가 있어요. 명상 같은 것이죠. 하지만 정산 종사 말씀(『정산종사법어』경의편 13)에 따르면 동정(動靜) 간에, 그러니까 활동을 하든지 하지 않든지 간에 자성을 떠나지 않는 일심을 얻으라고 하며, 연구도 자성(自性)의 혜(慧)만 밝히는 게 아니라 일과 이치 간에 두루 알음알이를 얻으라고 당부합니다. 알음알이가 나오면 불교에서는 알레르기 반응을 합니다. 왜 그러느냐 하면 불교에서는 알음알이를 본성을 가로막는 분별망상으로 보기 때문입니다. 알음알이는 내려놓아야 하는 제거의 대상인 겁니다. 하지만 대종사님은 물질개벽 시대에 알음알이가 없으면 어떻게 하느냐고 하세요. 저도 요즘 알음알이가 부족해서 곤란할 때가 많습니다. 시대에 적응을 잘 못할 때가 있죠. 그래서 이거 참 큰일났어요.(웃음) 알음알이가 우리의 지혜를 방해한다면 그러한 알음알이는 분별망상에 떨어지지만, 사리 간에 타당한 알음알이라면 그것을 얻어야만 물질개벽 시대에 정신개벽을 잘해갈 수 있다는 게 대종사님 가르침입니다. 일원상의 내용인 대소유무의 이치를 밝혀서 그 이치에 따라 일마다 타당한 시비이해를 연마하고 궁구하라는 것입니다. 이러한 사리연구 공부가 물질문명이 발달하는 시대에 마음공부하는 사람이 갖추어야 할 필수요건이라는 거죠.

작업취사는 정의는 취하고 불의는 버리는 실행 공부인데요, 대종사님은 정의가 뭐냐라는 질문에 "정의(正義)란 자리이타(自利利他)가 화(化)하는 법"(『월말통신』 11호, 1929년 음력 1월)이라고 명시합니다. 또한 『불법연구회규약』(1927)의 「본회의 취지 설명」 중에서 "자리이타가 화(化)하지 못하여 내가 이(利)를 취하면 저 사람이 해(害)가 되고 저 사람이 이를 취하면 내가 해를 입는 고로 서로 상충하여 서로 의리가 끊어지고 자행자지(自行自止)로 백발이 다 된 우리"라고 탄식합니다. 자리이타, 즉 남도 이롭게 하면서 자기 자신도 이롭게 하는 것이 정의라는 겁니다. 곰곰이 생각하게 하는 말씀입니다. 정의라면 뭔가 옳음이라는 것을 얘기하는데, 나름대로 우리가 같이 잘 살 수 있는 것이 정의라는 말씀이잖아요. 물질개벽 시대에 정신개벽을 할 수 있는 방식으로 자리이타의 길을 어필하신 거죠. 그러기 위해서는 정신수양을 해야 하고 또한 사리연구를 해서 자리이타의 정의를 취하는 작업취사를 실행하라는 겁니다. 삼학은 따로 하는 게 아니고 영양소를 골고루 섭취하듯이 한꺼번에 다 동원해서 하는 것입니다(『대종경』 교의품 21). 정신수양, 사리연구, 작업취사의 삼학을 잘 닦아야 사은에 잘 보은할 수도 있고, 사요도 잘 실천할 수 있어서 은혜가 서로 교류되고, 자리이타가 되는 세계도 가꿀 수 있으며, 공도가 이루어지는, 서로 잘 어울려 살 수 있는 세계도 될 수 있다는 소태산의 처방입니다. 소태산의 삼학은 수양과 연구의 독자성을 존중하면서도 취사에 중심과 귀결을 둡니다. 이러한 정신수양, 사리연구, 작업취사의 삼학은 물질개벽 시대에 탁월한 정신개벽의 공부법입니다.

집에서 살림하면서 공부하는 방식

우리가 경전으로 배울 때나 말로 할 때에는 삼대력이라 혹은 삼강령이라 하여 어쩌면 수양 공부요 어쩌면 연구 공부요 어쩌면 취사 공부라고 구별을 하지마는 그 실은 삼대력이 한꺼번에 얻어지나니, 이제 몇가지 예를 든다면 대개 좌(左, 다음)와 같다.

즉, 법설을 들으면서 삼대력을 익히는 법은 법설을 들을 때에 모든 잡념을 끊어 버리고 오직 일심으로 듣는 것은 수양력을 익힌 것이요, 그 말을 들음에 따라 사리 간에 모르던 것이 알게 되고 의심나던 것이 확연히 깨쳐졌다면 연구력을 익힌 것이며, 밖에 나가고 싶어도 결단코 참고 꼭 앉아서 잘 들었다면 취사력을 익힌 것이다.

또 길을 가면서 삼대력 공부하는 법은 길을 갈 때에 아무 사심도 없이 마음이 온전하여 돌부리에 차이거나 넘어지지도 아니하고 오직 일심으로 그 길을 갔다면 수양 공부를 잘한 것이요, 길 가다가 높고 낮은 데를 척척 분별할 줄 알며 가는 도중에도 견문 간에 알게 된 것이 있다면 연구 공부를 잘한 것이며, 어디를 물론하고 가는 것이 옳다고 생각한 이상에는 아무리 가기가 싫든지 다른 연고가 있다고 하더라도 기어이 그곳에 가는 것은 취사 공부를 잘한 것이다.

또 이 외에도 삼대력 공부는 무엇을 하면서도 할 수가 있나니, 즉 마음이 좋은 데나 낮은 데에도 끌리지 아니하고 하고 싶은 데나 하기 싫은 데도 끌리지 아니하고 공부 삼아 한다면 수양력을 얻는 길이요, 보든지 듣든지 생각을 하든지 하여간 사리 간에 알음알이가 생기도록 하는 것은 연구력을 얻는 길이며, 정당한 일과 부당한 일을 구분해서 정당한 일은 기어이 행하고 부당한 일은 죽기로써 아니 하기로 하는 것은 취사력을 얻는 길이니, 누구나 이 삼대력 공부만 잘한다면 일방(一方)으로는 소관

팔조는 신(信), 분(忿), 의(疑), 성(誠), 불신(不信), 탐욕(貪慾), 나(懶),
우(愚) 이렇게 8조목입니다. 신·분·의·성은 진행(進行) 조목이고, 불
신·탐욕·나·우는 사연(捨捐) 조목입니다. 삼학과 팔조는 연동되
어 있습니다. 신·분·의·성은 삼학 수행의 원동력이요 에너지로서,
신·분·의·성으로 삼학을 수행하면 삼대력(수양력·연구력·취사력)이 조
성되어 일원상의 경지에 들게 됩니다(『대종경』 불지품 20).

팔조 중 신·분·의는 『선요(禪要)』에서 화두(話頭)을 타파하는 방
식으로 제시됩니다. 또한 『영보국 정정편(靈寶局定靜篇)』에서는 단전
호흡을 통한 수승화강(水昇火降)의 방법으로 신·분·의와 성을 사용
합니다. 소태산은 신·분·의·성을 정정(定靜)의 수양이나 화두 해결
에 도움이 되는 방법에만 한정하지 않고 수양·연구·취사의 삼학을
운전하는 동력으로 확대 제시합니다. 그리고 제목만 제시된 팔조
에 구체적인 내용을 정의합니다. 이처럼 팔조는 삼학을 운전하는 원
동력으로서, 만사가 삼학이 아니면 능히 성공치 못하고, 삼학은 또
한 신·분·의·성의 진행 조목이 아니면 능히 운전치 못하는 것이며,
불신·탐욕·나·우의 버릴 조목은 곧 삼학을 방해하여 만사에 실패
케 하는 근본입니다(『근행법勤行法』 1편 14. 팔조). 이처럼 온갖 만사에
신·분·의·성을 동력으로 삼아 삼학으로 진행하면 성공하는 것입니
다. 신·분·의·성의 원동력으로 수양력과 연구력과 취사력의 삼대력
을 나투면 공부와 사업 간에 지혜와 복락을 이루어 성공하는 것입니

다(『정산종사법어』권도편 32).

아까 허석 교무하고 좌담 시작하기 전에 얘기를 나누었는데, 허석 교무가 팔조, 즉 신·분·의·성의 진행 조목과 불신·탐욕·나·우의 사연 조목이 왜 필요한가 생각해보니까 이렇게 욕심이 넘쳐나는 물질개벽 시대에 팔조가 없으면 공부의 동력이 없겠다는 생각이 든다고 하였어요. 원불교 수행법은 삼학으로 끝나지 않고 왜 팔조가 붙어 있을까요? 이는 신·분·의·성의 동력이 없으면 삼학 공부가 생활 속에서 진행될 힘이 약하다고 본 것입니다. 생각해보니 팔조도 물질문명 시대에 정신개벽을 잘하도록 하는 방법으로 제시된 것 같다고 대화를 주고받았습니다.

신·분·의·성의 진행 조목은 소태산 대종사의 발심·구도 과정과 밀접한 관련이 있어요. 소년 대종사는 의심을 해결하기 위해서 삼밭재에서 산신령에게 의심을 풀어달라고 기도하셨는데, 의심을 해결해보겠다는 확고한 결심(信)을 세우고, 비가 오나 눈이 오나 어떠한 상황에도 굴하지 않고 분발(忿)했으며, 그렇게 매일 산신령에게 의심을 계속 묻고 사유하고 탐구(疑)함으로써, 간단없이 의심 해결의 구경(究竟) 목적을 위해 끝까지 추구하는 정성(誠)을 다합니다. 이처럼 삼밭재 마당바위에 오르는 길은 '신·분·의·성의 길'이라 해도 타당합니다. 소태산 대종사가 이때 비록 산신령은 만나지 못하였으나 이 지극한 의심 해결의 원력(願力)이 뭉치고 뭉쳐 자연 마음 통일에 큰 도움이 되었으며, 새 세상을 책임지고 구제할 성자의 기틀이 다져진 것입니다. 소태산은 대각 후 산신령의 정체를 천지의 밝은 도와 같은 천지 8도(『정전』교의편 2. 1. 4. 천지 보은의 조목)로 천명합니다.

또한 소태산은 산신령을 만날 수도 없고 산신령의 실존에 대한 회의가 생기자 방법을 바꾸어 도사를 찾았으나 도사에게서도 의심을

| **삼밭재 마당바위** | 소년 소태산, 10세 후반부터 만 4년간 산신령에게 품어왔던 의문을 풀어달라고 삼밭재
마당바위에서 신·분·의·성으로 구도한다. 이처럼 삼밭재 마당바위에 오르는 길은 '신·분·의·성의 길'이다.

해결하지 못하자 스스로 해결하려는 자력 구도에 듭니다. 소태산은
이러한 신·분·의·성의 정진에 의해 끝내 대원정각을 이룬 것입니
다. 결국 신·분·의·성의 진행 조목과 불신·탐욕·나·우의 사연 조목
은 소태산의 구도 체험의 산물이라 할 것입니다. 이처럼 소태산의 발
심·구도·대각의 과정뿐만 아니라 교법을 펴신 일생도 신·분·의·성
의 진행 과정입니다.

백낙청 그런데 그 성이라는 것은 의심 공부를 해서 깨달음에 이른 이
후에도 계속 정성을 다하라는 게 아니에요? 불교에도 돈오점수(頓悟
漸修)라고 해서 돈오한 이후에도 점점 닦아간다는 개념은 있지만 성
철 스님 같은 분은 극단적으로 돈오돈수(頓悟頓修)라 하고, 돈오점수
얘기하는 친구들은 제대로 구경각(究竟覺)에 이르지 못했다고 하니까
거기에는 성(誠)이 들어갈 자리가 없죠. 저는 삼학·팔조에 대한 지금
말씀에 아주 동의를 합니다만 팔조를 보다보니까 진행사조(進行四條)

신·분·의·성과 버려야 할 사연사조인 불신·탐욕·나·우가 딱 대칭이 아닌 게 눈에 띄더라고요. 길산님이 저서 『사사삼팔』의 팔조 대목에서 이걸 정리하신 걸 보면, 불신은 신의 반대고, 탐욕은 분의 반대이니, 그다음에 의의 반대는 보통은 의심 공부를 게을리하는 나를 생각할 수 있는데, 자리로 치면 신·분·의·성의 순서에서, 나가 들어가야 될 의의 반대 자리에 우가 들어갔어요. 그리고 성의 반대 자리로 나를 놓으시더라고요. 그러면 대종사님이 그 순서도 잘 모르시고 이렇게 바꿔놓으신 건가 혼자서 좀 궁리를 해봤는데 사연사조와 진행사조가 정확하게 대칭되지 않는 게 의미가 있지 않나 싶었어요. 신의 반대가 불신인 것은 명백한 건데 사실 분심의 반대는 분심을 안 내는 걸 수 있잖아요.

허석 그러네요.

백낙청 근데 분심의 반대를 탐욕이라고 하셨거든요. 그러니까 이건 분심을 낸답시고 하면서 욕심이 지나쳐서 소위 욕속심(欲速心)이 되는 거죠. 그로 인해서 실패하는 것을 지적하신 게 아닌가 하는 생각이 듭니다. 의심의 반대를 우로 볼 수도 있지만, 사실은 의심 공부를 열심히 하지 않고 게을리하는 것, 나(懶)가 그 자리에 가는 게 의미가 있다고 보고요. 그러면 이제 우는 대종사님이 나열한 순서대로 성의 반대 자리에 들어가는데, 나는 깨달은 사람이니까 더이상 수행할 필요가 없다 해서 성을 생략하는 수행자가 있다면 그건 진짜 어리석은 것이라는 의미로 해석할 여지도 있지 않나 싶어서, 교무님들 모신 자리에서 제가 문답감정을 좀 들어야겠습니다.

방길튼 『정전』을 보면 계문과 솔성요론(率性要論)이 등장합니다. 계문이 하지 말아야 할 30조목이라면 솔성요론은 성품을 거느릴 때 해야 할 16조목입니다. 계문과 솔성요론에는 긍정과 부정이라는 인간 감정의 양면이 녹아 있습니다. 팔조에도 그런 면이 있습니다. 신·분·의·성의 진행 조목은 긍정적인 마음이라면 불신·탐욕·나·우의 사연 조목은 부정적인 마음입니다. 긍정 마음은 진행해가고 부정 마음은 제거해가자는 것입니다. 이러한 신·분·의·성과 불신·탐욕·나·우를 순서대로 대응시키기보다는 의와 우를 대응시키고 성과 나를 대응시킨 것은 나름 소용이 있을 것입니다. 『정전』에서 "의(疑)라 함은 시비이해의 일과 대소유무의 이치에 모르는 것을 발견하여 알고자 하는 것"으로, 의의 반대에 우를 둔 것에는 그 나름의 이유가 있다 할 것입니다. 우는 알려고도 않고 막 자기 마음대로 하는 행위입니다. 그래서 『정전』에 따르면 대소유무와 시비이해를 모르고 자행자지(自行自止) 하면 '우'에 해당한다고 하지 않습니까? 자행자지는 잘못 깨달아서 제멋대로 행하고 제멋대로 그만두는, 즉 자기 좋을 대로 하는 겁니다. 그런 면에서 저는 우(愚)의 대응으로 의(疑) 공부가 필요하다고 판단했습니다.

그다음에 정성 성(誠)을 보면 이 성이 핵심이죠. 과거에 신·분·의까지는 굉장히 강조가 돼요. 그리고 신·분·의를 정성껏 하는 것이 성이라고 해서, 『정심요결(正心要訣)』에서 성은 하나의 독립된 항목이 아니라 신·분·의의 종속적 항목으로 해석돼 있어요. 대종사님은 성을 독립 항목으로 삼습니다. 아마도 허석 교무도 말했듯이 유학의 성 개념도 들어가 있는 것입니다. 꼭 유학의 성으로 살펴보지 않아도 소태산의 구도 경험을 보면 정성이라는 게 소태산의 정진 적공에 깔려 있습니다. 성이 없으면 도리어 신·분·의가 안 된다는 뜻도 있고요. 이러한 성(誠)은 나(懶)의 반대 개념으로 볼 수 있습니다. 『정전』에 "나(懶)라 함은 만사를 이루려 할 때에 하기 싫어함을 이름"(교의편 5. 2.)이라 하니, 성은 나와 상대된다고 볼 수 있습니다. 또는 맥락에 따라서는 분과 나, 성과 탐욕을 반대 개념으로 대응시킬 수도 있을 것입니다. 신·분·의·성과 불신·탐욕·나·우의 순서대로 대응시킬 뿐만 아니라 자기 상황에 따라 그에 적합한 조항에 대응시켜서 처리할 수도 있겠지요. 혹시 책을 다시 발행할 기회가 생기면 백선생님이 지적해주신 이 지점을 좀더 포괄적으로 정리해보고 싶습니다.

백낙청 제가 보기에는 굉장히 중요한 지점이라고 생각하는데 삼학·팔조의 공부법이 전통불교의 삼학이나 여타 종교의 공부법에 비해서 훨씬 원만하기도 하지만, 지금 우리 현실을 보면 종교 교육보다 제도 교육이 더 중요하지 않습니까? 그런데 이 제도 교육에서는 정교분리라고 해서 종교가 원천적으로 배제되는데, 그게 정교분리의 원칙뿐만 아니라 근대주의 사상의 영향이죠. 종교는 그냥 각자 알아서 신앙하는 것이라고 보지 우리 삶의 교육에 필요한 요소라는 걸 인정하지 않기 때문에 완전히 배제돼 있는데, 삼학·팔조 공부는 사실 꼭 종교적인 신앙의 교리에 대한 공부는 아니거든요. 그냥 공부법이죠. 그래서 이런 공부가 지금 세상에 얼마나 절실한 공부인가 하는 점이 참 중요하다는 생각이 듭니다. 과거에는 공교육에서 그런 게 배제되더라도 가정교육이 지금보다는 훨씬 더 원만하게 이루어지고 있었고, 그 가정 중에 종교를 가진 가정도 많고 또 기성의 여러 종교 기관들이 지금보다는 영향력이 크지 않았습니까? 그런데 지금은 그런 게 거의 없어지다보니까 이런 공부법의 필요성 자체를 망각한 교육이 우리 교육 현장에서 대세를 이루고 있는 것 같아요. 그리고 이거야말로 물질개벽 시대에 우리가 물질의 노예가 되어가는 증상의 하나가 아닌가 하는 생각이 들었습니다.

고혈마가 되지 말자

백낙청 오늘 좌담에서는 교리 설명도 중요하지만 이 교리가 우리 현실에서 어떤 의미를 갖고 어떻게 실현될 수 있을까 하는 데 조금 더 중점을 두자는 취지에서, 좌담을 구성할 때 사은과 사요를 떼어내서 사은 얘기를 주로 하고 그다음에 삼학·팔조 얘기하고 사요 이야기를 이렇게 마지막 순서로 돌렸습니다. 사요는 인생의 네가지 요도(要道)라는 의미에서 그렇게 불리지만 그 내용을 모르시는 분이 대부분일 테니까, 좌담의 취지를 감안하셔서 사요가 어떤 의미를 갖는지에 대한 기본적인 설명부터 해나가면 좋을 것 같습니다. 허교수께서 말씀해주세요.

허석 네가지가 자력양성(自力養成), 지자본위(智者本位), 타자녀교육(他子女教育), 공도자숭배(公道者崇拜)입니다. 사실 하나하나에 대해 드릴 말씀이 정말 많은데, 첫번째부터 말씀을 좀 드리면 자력양성이 첫번째 조항입니다. 이것은 말 그대로 부당한 의뢰 생활을 타파하고 자력을 공부 삼아 양성하자는 것이고요. 그리고 자신이 힘 미치는 대로 무자력한 타인을 보호하자는 이야기를 담고 있습니다. '자력양성'은 처음에 '남녀권리동일'이었습니다. 처음에는 남녀평등에 집중이 되어 있다가 후에 자력양성으로 바뀌면서 남녀권리동일에 대한 내용은 그 안에 포함이 되고 그러면서도 보편적인 인권의 문제로 확장된 면이 있다고 할 수 있겠어요.

백낙청 남녀권리동일이 여전히 자력양성의 첫번째 조목이지요?

허석 예, 과거 남녀권리동일의 내용이 현재는 자력양성의 조목 안에 포함되어 있습니다. 그리고 저는 자력양성을 공부하면서, 한 개인이 자력을 양성하지 못하고 타력 생활을 하는 문제뿐 아니라 우리 사회가 구조적으로 부당한 의뢰 생활을 하고 있는 상황에 놓여 있다는 생각을 해보았습니다. 예를 들면 자본주의가 자본을 축적한 자본가들에 의해서 돌아가는 경우가 많고 처음부터 정보를 소유하거나 권력을 가진 사람들이 잘나가는 것이 어떻게 보면 이 시스템에서는 정당하다고 할 수 있겠습니다. 하지만 진리의 관점에서 볼 때는 정당한 노력 없이 남의 권리나 소유를 빼앗아서 사익을 도모하는 경우가 참 많은 듯합니다. 특히 금융자본주의로 넘어오면서 사실은 그런 것들이 이 시스템 안에 굉장히 많은 것 같고요.

또 하나는 제가 한반도가 분단되어 있는 현실에 자력양성을 대입해보면, 백교수님이 여러번 말씀하셨지만 남한과 북한의 일종의 기득권 세력이 서로 분단된 현실에 의존해서 이 체제를 유지해나간다는 사실 자체가 자력양성의 측면에서 부당한 의뢰 생활이라고도 할 수 있거든요. 자력양성이 개인의 측면에서도 사실 굉장히 중요하고 사요의 첫번째 조항이 되고 있는데, 우리 사회의 현실에서도 중요한 조목인 이유는 인권평등을 이루자는 것이거든요. 이제 이 인권의 평등 문제에서 부정당(不正當)한 의뢰 생활이 가능하도록 하는 시스템들을 어떻게 근본적으로 변화시켜나갈 것인가가 굉장히 중요한 문제라는 생각을 합니다.

백낙청 좋은 말씀 감사합니다. 길튼 교무님도 말씀 좀 해주시죠.

방길튼 대종사님 법설 중에 고혈마(膏血魔)가 되지 말자는 게 있어요. 아까 백선생님께서 대종사님이 우리 언어의 진짜 예술가라는 표현을 했는데, 법설을 읽어보면 너무 재밌어요. 『대종경』에는 핵심을 집약하다보니 그 재미있는 요소들이 많이 생략되어 있습니다.

백낙청 고혈마라는 게 요즘은 잘 안 쓰는 어려운 말인데, 고라는 건 기름이라는 뜻이고 혈은 피 아닙니까? 남의 기름과 피를 짜 먹는 마귀

우리는 고혈마가 되지 말자

한때에 부산 부민정〔남부민〕교당에서 종사님(소태산) 법좌에 출석하시사 대중을 향하여 말씀하여 가라사대 "익산 본관에서는 산업부 경영으로 닭을 키우니까 나는 항상 닭떼〔계군鷄群〕가 나와서 돌아다니는 것을 자주 보게 된다. 그래서 어떤 때는 유심히 그것들의 행사를 보는바 이놈들이 사방으로 흩어져서 이리저리 쉴 새 없이 돌아다니며 발과 주둥이로 진탕〔진창〕 혹은 채전밭〔채소밭〕 할 것 없이 허적이고 찾는 것이 오직 먹을 것이다. 그래서 벌거지〔벌레〕 개미 거시랑〔지렁이〕 구더기 등 무엇이나 앞에 앵기는〔잡히는〕 대로 눈에 보이는 대로 저보다 약한 놈의 생명 등을 겁나게 주워 먹고는 날마다 몸에 살을 찌우고 점점 커간다. 그와 같이 몸에 살을 찌워서는 결국 사람에게 희생당하는 것은 물론이요 까딱 잘못하면 저보다 힘이 센 놈〔즉 개나, 도야지 같은 놈〕에게 그 생명을 빼앗기고 말지만, 거기에는 꿈짝도 못 하게 되지 않는가. 또 그 개나 도야지〔돼지〕로 말하더라도 저의 수단대로 얻어먹고 몸에 살을 찌워가지고는 결국 사람에게 희생당하고 마나니, 그것을 보면 저 금수 사이에는 법도 없고 차례도 없이 오직 힘센 놈이 모든 패권을 잡고 대대 층층으로 저보다 약한 놈의 고기를 잡아먹고 사는 것이 상사(常事)요, 또 그 모든 멍청한 금수들은 지혜 있고 앎이 많은 사람이 들어서 마음대로 이용하고 잡아먹는 것이 사실이다. 그러면 모든 금수를 이용하고 잡아먹는 사람들은 그 무엇이 들어서 잡아먹는지 아는가. 누구든지 알거든 대답하여 보라." 하시었다. 그때 좌중에서 대답하되 "사람은 천지가 잡아먹습니다." 혹은 "귀신이 잡아먹습니다." 혹은 "자기가 들어서 잡아먹습니다." 혹은 "미균이 잡아먹습니다." 혹은 "제 마음이 들어서 잡아먹습니다."라고 하였다. 그때 종사주는 여러 사람의 말을 일일이 청취하시고 말씀하여 가라사대 "사람을 잡아먹는 것은 천지도 아니요, 귀신도 아니요, 미균도 아니요, 오직 같은 사람이 들어서 잡아먹는 것이니라. 잡아먹는다고 하니까 닭이 버러지를 잡아먹듯 개가 병아리를 잡아먹듯 그 고기까지 먹는다는 것이 아니라, 곧 약하고 어리석은 사람의 피와 땀으로 번 재물을 강하고 앎이 많은 사람이 뺏어 먹거나 둘러 먹고 제 몸에 살찌우는 것을 이름이니, 사람이 피와 땀을 흘려 죽도록 번 재물을 무단히 뺏어 먹는 것이 사람을 잡아먹는 것이 아니고 그 무엇인가. 다시 말하면 저 사람을 해하여다가 자기의 이익을 도모하고 저는 편안히 앉아서 남에게 의뢰 생활 하는 것은 고혈마라고도 할 것이요, 사람을 잡아먹는 사람이라고도 할 것이니[…].

—이공주 수필, 「회보」 14호, 1935년 1월호

가 고혈마죠. 예, 계속하십시오.

방길튼 네. 앞서 허석 교무님이 간명하게 설명해주셨듯이 타인에게 해가 되게 해서 자기 이익을 도모하고 자기는 편하게 누워 살고자 하는 것을 의뢰 생활이라고 하셨는데요. 이제 언어를 바꿔 쓰십니다. 아까 말한 대로 그런 의뢰를 일삼는 자들을 고혈마라고 하시며, 그것들이 바로 사람을 잡아먹는 것이라고 하시죠. 무자력할 때를 제외한 의뢰 생활은 타인의 노고에 기생하는 고혈마이며 또한 타자가 피땀으로 이룬 것을 착취·강탈하는 것은 더 큰 고혈마로서, 정치지도자가 자기에게 주어진 의무와 책임을 다하지 않고 그 권한을 사익을 채우는 데 쓴다든지, 종교지도자가 신도들의 헌공으로 빌어먹고 살면 이는 민중과 신도들의 고혈을 빨아먹는 의뢰 생활이라는 겁니다. 어떠한 경우든지 타인의 권리를 뺏는 것은 고혈마입니다. 고혈마의 삶은 결국 부정당한 타력 생활이요 의뢰 생활입니다. 여기에서 대종사님이 부정당한 의뢰, 부정당한 타력 생활을 말씀하시면서, 요즘 말로하면 남의 권리 문제와 인류평등 얘기를 하세요. 인류평등이라고 하면 소태산은 개인에서 시작하여 가정, 사회, 국가, 세계 이렇게 전개하잖아요. 그러니까 국가의 주권 문제에서 함부로 남의 나라를 침략하고 지배하는 것은 고혈마이고 진정한 자력양성이 아니라는 의미로까지 확대해볼 수 있을 것입니다. 허교무가 금융자본주의를 지적했는데 소태산은 마음 작용하는 용심법의 사례로 "돈 없는 사람에게는 돈없어도 사는 방식을"(「나는 용심법을 가르치노라」, 『회보』 33호, 1937년 3월호)제시합니다. 돈은 자본주의를 말하는 것으로, 돈이 부족하면 인간답게 살 수 없는 고혈마 같은 자본주의의 맹점을 지적하신 것이라 여겨집니다. 하여간 이 고혈마 법문은 생각을 많이 하게 합니다.

백낙청 『사사삼팔』 책에 보면 고혈마에 관해서 대종사 선생님이 더 길게 말씀하신 것을 이공주께서 수필(受筆)한, 받아 적은 법설이 나오는데, 독자들이 좀 찾아 읽어주시면 좋겠고요. 굉장히 길고 실감나게 말씀을 해주셨어요. 허교수께서 오늘의 금융자본주의도 말씀하셨는데 지금이야말로 고혈마 현상이 훨씬 더 심각해진 것 같아요. 금융자본주의와 산업자본주의가 완전히 분리돼 있는 건 아니고 다 자본주의의 부분인데, 산업자본주의라고 할 때는 노동자들의 노동력을착취해서 이윤을 축적하는 것이고, 지금도 물론 그런 제조업이 있지만, 금융자본주의라는 건 요즘 은행이나 금융자본을 보면 완전히 돈놓고 돈 먹는 장사예요. 돈이 돈을 버는 시스템이 되어버렸는데 이런현상을 어떻게 이해하고 어떻게 타파할 것인가 할 때 길산님이 말씀하셨듯이 알음알이가 굉장히 중요해지는 것 같아요. 알음알이만 가지고는 안 되지만, 가령 사농공상법 자체는 알음알이의 영역에 속하고 기술적인 공부에 속한다고 할 수 있지요. 그 공부도 물론 중요해요. 사농공상은 옛날 말이고 그 개념을 우리가 현대식으로 새로 해석을 해야 되지만요. 특히 사(士)의 경우에 사의 역할은 "배우고 연구하여 모든 학술과 정사로 우리를 지도 교육하여 줌이요"라고 '동포 피은(同胞被恩)의 조목'에서 말씀하셨는데, 지금 그 사, 선비 계층에 속하는 지식인이라든가 종교인, 언론인, 교수 들을 보면 다수가 알게 모르게 고혈마의 하수인들이 돼 있어요. 어떤 사람들은 알면서도 그러고, 어떤 사람들은 자기도 모르게 그러고 있는데, 그래서 우선 사농공상법 연구에서도 그런 면을 밝혀내는 게 필요하고, 더 나아가서는 물질개벽 시대가 진행될수록 나 한 사람이 고혈마가 안 되는 것도 중요하지만, 그것만이 아니라 이 고혈마들이 주도하는 세상이 어떻게 유래했고 지금 어떻게 작동하며 그리고 이를 대체할 수 있는 사회체제가 어떤 것인지에 대한 사리연구가 점점 더 중요해진 것 같습니다. 물론 이럴 때의 사리연구는 수양력과 취사력이 함께 가는 연구죠. 그래서 고혈마 말씀은 참 재밌기도 하고 오늘날 더 중요해진 말씀 같아요.

도산(島山) 안창호(安昌浩) 선생이 불법연구회를 방문하신 적이 있는데 그때 얘기들에 재밌는 장면이 많은 것 같습니다. 사요와 관련해서 다시 돌아볼 만한 이야기라 생각되는데, 말씀해주시죠.

방길튼 그때는 형무소라고 했죠? 도산 안창호 선생이 대전형무소에서 가출옥을 하고 소태산을 방문하신 시점은 원불교 내에서 논쟁이 있습니다. 보통 1935년에 오셨다고 보나 1936년이라는 설도 있지요. 당시에는 도산을 만나면 탄압이 들어올 것은 누구나 아는 사실이었지요. 주변에서 굳이 왜 지금 도산 선생을 만나냐고, 만나지 말라고 말렸을 것입니다. 그러는데도 소태산이 도산 선생을 만난 거예요.

소태산을 방문하고 놀란 도산

안도산(安島山)이 찾아온지라, 대종사 친히 영접하사 민족을 위한 그의 수고를 위로하시니, 도산이 말하기를 "나의 일은 판국이 좁고 솜씨가 또한 충분하지 못하여, 민족에게 큰 이익은 주지 못하고 도리어 나로 인하여 관헌들의 압박을 받는 동지까지 적지 아니하온데, 선생께서는 그 일의 판국이 넓고 운용하시는 방편이 능란하시어, 안으로 동포 대중에게 공헌함은 많으시면서도, 직접으로 큰 구속과 압박은 받지 아니하시니 선생의 역량은 참으로 장하옵니다." 하니라.

—『대종경』 실시품 45

그때 도산 선생이 익산 총부로 오시면서 총부만 본 것이 아닙니다. 방문하신 계문보통학교(현 원불교요양원 일대)에서 그리 멀지 않은(대략 7백~8백 미터) 익산 총부로 가는 동안 총부 주변의 풍경을 보셨겠죠. 익산 총부의 상조조합에서 저리로 자금을 융통해서 소태산 대종사는 정토(正土)라고 부르고 당시에는 권장부(勸奬簿)라고 했던 전무출신(교무)의 부인들과 함께 근대적 과수원을 조성하여 자력 생활의 길을 열어주었는데 도산 선생님이 그런 장면을 쭉 보셨을 겁니다. 그리고 소박하면서도 정갈한 총부 도량에 와서 보니 이뿐만 아니었던 거죠. 야학도 운영하며 교육도 하고, 정기 훈련 같은 훈련도 하고, 그 과정에서 지자를 앞세우며, 고아처럼 사는 아이들도 무자력자 보호의 차원에서 어떻게든 보살피고요. 그때 실시된 교육 시스템이 오늘날의 원광대학교로, 또 병원의 설립으로 이어진 셈입니다. 도산 선생이 정갈하고 이상적인 마을 모습을 보는 순간 이게 다 뭔가 하고 놀라신

│**불법연구회 중앙총부로 가는 길**│ 도산은 이 길을 걸으며 주변의 풍경을 보았을 것이다.

게죠. 도산 선생도 이상촌을 꿈꾸었는데, 저는 그때 도산 선생이 총부의 모습을 보고 소태산이 제창한 자력양성, 지자본위, 타자녀교육, 공도자숭배의 사요가 이루어지는 공간의 분위기를 느끼지 않았을까 하는 생각을 합니다.

평등사회를 위한 방안들

백낙청 지금까지는 우리가 주로 자력양성을 이야기했지만, 조금 전 길튼 교무님이 말씀하셨듯 사요에는 세가지가 더 있습니다. 간간이 언급은 됐습니다만 그래도 좀 간략히 정리를 하고 넘어가는 게 좋지 않을까 싶은데요. 허교수님 말씀 좀 해주세요.

허석 제가 말씀드릴까요? 평등 세상을 만드는 게 사요의 핵심이지만, 그러기 위해서 모든 것들이 다 수평의 관계를 갖는다 할지라도 어느

정도 위계질서라는 게 존재해야 되는데, 사회의 평등이 온전해지고 진화하는 방향으로 평등이 이루어지려면 소태산께서 지자본위가 있어야 된다고 보신 것 같습니다. 지자본위라는 것은 배움을 구할 때 지자를 본위로 해나가라는 말씀입니다. 그러지 않고 우리가 차별 제도에 끌리게 되면 지자보다는 어떤 지위나 권력, 자본이 있는 강자가 약자를 착취하며 먹고 사는 세상이 된다고 대종사님께서 표현하시거든요. 또 그런 세상을 유치한 아이들 세상이라고까지 표현을 하신 부분이 있습니다. 그런데 지자본위에서 더 중요한 것은 배움을 구하는 그 분야가 어디냐에 따라서 지자와 우자가 바뀌게 된다는 것입니다.

백낙청 그렇죠. 그러니까 플라톤의 현인정치에서처럼 현자 계급이 따로 있고 그 사람들한테 교육이나 지도를 받아야 하는 계급이 따로 있는 것이 아니죠.

허석 네, 그런 것이 아닙니다. 한 제자가 우리 대종사님은 스스로 대각하신 분이라 스승이 안 계신다고 말했더니 대종사님이 "너희 스승은 내가 되고 나의 스승은 너희가 된다"(『대종경』 변의품 21)고 말씀하셨습니다. 이것은 지자본위의 관점에서 봤을 때 도에 대해서는 당연히 대종사님께서 스승이시지만, 생활의 어떤 측면이나 부분에서 혹 배울 부분이 있다고 하면 대종사님께서도 얼마든지 지자본위를 하셨다는 것이죠. 그리고 아까 지자와 우자가 나뉜다고 했는데, 이것도 배움이 필요할 때 그렇다는 것이지 근본적으로 차별하자는 것이 아닙니다. 아까 일원의 진리 자체가 모든 존재의 평등을 근본적으로 이야기를 하는데, 그 와중에 배움을 구할 때나 어떤 방면에서는 지자와 우자를 나눠서 지자가 본위가 돼서 나아가자고 하는 그런 이야기가 되겠습니다.

백낙청 타자녀교육과 공도자숭배에 대해서도 간단히 요약을 해주시면 어떨까요? 그다음에 길산님 말씀도 들어보기로 하죠.

허석 타자녀교육이라는 건 자타에 국한이 없는 마음, 내 자녀 남의 자녀라는 국한이 없는 마음으로 남의 자녀도 내 자녀같이 교육을 하자는 것입니다. 소태산께서 일찍이 낙원 세계 건설의 세가지 사업의 하나로 교화, 자선과 함께 교육을 말씀하셨거든요. 이 교육기관 설립을 위해서도 굉장히 적극적으로 활동을 하셨고 지금 제가 근무하고 있는 원광대학교가 대표적인 기관인데요. 이때는 그냥 지식 교육만이 아니라 앞서서 말씀드린 대로 도학과 과학을 병진하는 교육을 하는 것이고 내 자녀를 기르는 마음으로 타자녀교육을 해나가자고 하는 의미가 되겠습니다. 마지막으로 공도자숭배는 나와 내 가족만을 위하려는 이기적인 정신과 제도를 타파하고 공도자를 숭배하는 것이며 그리고 핵심은 숭배만 할 게 아니라 내가 공도자가 되자는 것이죠. 지공무사의 정신으로 병든 사회를 치료하는 데 전념하는 사람들을 사회나 국가에서 그에 걸맞게 대우해줄 때 그 사회에서 공도 정신이 살아나고 공도자가 배출될 것이라고 보셨고, 사실 이 사요 전체가 대종사님께서 교단에서 구현하신 겁니다. 이 교단을 통해서 자력양성, 지자본위, 타자녀교육, 공도자숭배의 정신이 살아 있는 공동체를 만들려고 하셨고, 이게 아까 말씀드렸던 평등사회를 실천하는 대종사의 방안이었다고 말씀드릴 수가 있겠습니다.

방길튼 소태산은 처음에는 자력양성을 남녀권리동일이라 하여 권리 문제로 제시합니다. 이처럼 자력은 권리와 연동되어 있다는 점을 유의해야 할 것입니다. 또한 공도자숭배에서 공도에 헌신하자고 했대서 자신을 이롭게 하는 자리(自利)의 희생을 전제하지 않습니다. 자신의 이로움을 도모하는 중에 서로의 기반을 이롭게 하는 게 공도의 목

남녀평등, 인류평등, 지식평등, 교육평등, 생활평등을 권장하는 법

종사님(소태산 대종사) 말씀하시되 "자력양성 조목의 공부를 잘하면 누구나 의뢰심과 원망심이 끊어지고 따라서 자력 생활을 하게 되리니, 이는 **남녀평등·인류평등을 권장하는 법**이니라."

"지자본위 조목의 공부를 잘하면 우치와 무식이 감소하고 인지가 발달함에 따라서 지자가 많이 생겨나게 되리니, 이는 **지식평등을 권장하는 법**이니라."

"타자녀교육 조목의 공부를 잘하면 무산한 타인의 자녀라도 가르치게 되고 따라서 교육의 혜택을 받는 자가 많아지리니, 이는 **교육평등을 권장하는 법**이니라."

"공도자숭배 조목의 공부를 잘하면 공익심과 자선심이 생겨나고 따라서 공익기관이 불어남에 무식과 빈한인이 점퇴되리니, 이는 **생활평등을 권장하는 법**이니라."

대종사 사요를 총결하여 가라사대 "사요법을 실천함에 인류평등, 지식평등, 교육평등, 생활평등이 실현되어 개인·가정·사회·국가, 한걸음 나아가 전세계 온 인류가 평화 안락한 생활을 하게 되리니, 사은은 우리 인류의 생명수요 사요는 인간의 생활로(生活路)이니라."

—이공주 수필

적이요 공익(公益)이기 때문입니다.

소태산은 사요의 실천 없이는 평화롭고 안락한 생활을 기대할 수 없고, 자력양성으로 남녀평등과 인류평등을, 지자본위로 지식평등을, 타자녀교육으로 교육평등을, 공도자숭배로 생활평등을 도모할 수 있어서 고루 잘 사는 평등 세상을 가꿀 수 있다고 강조하며 사요를 권장합니다. 소태산은 사요의 평등 세상을 양탄자나 소반같이 균등한 전반(氈盤) 세계라고 달리 말합니다.

사은의 인과는 사은에 보은하면 보은의 결과가 오고 사은에 배은하면 배은의 결과가 따른다는 것인데, 사요의 시각으로 보면 함께 해야 되지 혼자 해서는 잘 안 된다는 점을 고민해야 할 것입니다.

소태산에게는 있고 스피노자에게는 없는 것

백낙청 『사사삼팔』에서 공도자숭배를 해설하시는 부분에 길산님의 「공익심과 연대 그리고 반항」이라는 글이 따로 하나 붙어 있습니다. 거기서 공도자숭배를 스피노자(Baruch de Spinoza)의 '기쁨의 윤리학', 또 알베르 까뮈(Albert Camus)의 '반항의 연대성'과 연결하신 점이 굉장히 인상적이었어요. 사실 소태산 사상의 현재성을 부각시키고 대중을 설득하려면 지금 담론계에서 서양 담론이 실세를 갖고 있으니 그것들과 계속 연결하면서 비교 검토하는 작업이 참 필요할 것 같습니다. 이 경우에도 자칫하면 외학을 더 숭상하는 폐단으로 흐를 수 있기 때문에 항상 회통할 외국의 사상가, 특히 서양의 사상가로 누구를 짚어내느냐를 잘 정해야 하고 그다음에는 소태산 사상이 어떤 점에서 그들과 상통하고 어떤 점에서 구별되는지에 대한 정밀한 검토가 필요할 것 같은데, 길산님이 스피노자 얘기도 꺼내셨으니까 한 말씀 부연해주시면 고맙겠습니다.

방길튼 처음 준비 단계에서 백선생님께서 이 질문을 하셨기에 좌담에서 이야기를 안 했으면 좋겠다는 생각에 제가 질문 항목에서 뺐어요.

그랬는데 다시 얘기를 꺼내주셨네요.(웃음) 독후감 발표하는 마음으로 말해보겠습니다. 우리가 낙원이라 말하면 피상적이지만 '기쁨 있는 삶과 세상'이라고 하면 실감 있게 다가옵니다. 누구는 기쁘고 누구는 기쁘지 않은 세상을 낙원이라 할 수는 없을 것입니다. 그리고 기쁨을 서로 공유하려고 한다면 타인의 고통과 아픔을 회피해서는 안 될 것입니다.

스피노자는 자신의 삶을 유쾌하고 즐겁게 가꾸는 '삶의 의지'인 '코나투스'(conatus)의 증진을 중요하게 여깁니다. 인간은 서로 만나면 코나투스가 증진되거나 약화될 것입니다. 이때 코나투스가 증진되면 기쁨이 도래할 것이고, 약화되면 슬픔이 밀려들게 됩니다. 스피노자는 삶의 의지가 증진되는 기쁨을 지속시키는 한편 삶의 의지가 감소하는 슬픔은 피해야 한다고 주장합니다. 이처럼 스피노자는 '기쁨의 윤리학'을 피력합니다. 그런데 기쁨의 윤리에는 큰 함정이 있습니다. 나의 기쁨을 증진시키려는 의지가 타인의 기쁨을 감소시키는 행위가 될 수 있다는 것입니다. 내 기쁨을 증진시키기 위해서 타자의 기쁨을 파괴할 수 있고, 반대로 타자의 기쁨을 위해서 나 자신의 기쁨을 희생(포기)하는 수렁이 도사리고 있는 것입니다. 진정한 기쁨은 서로 간에 삶의 의지가 솟아나는 것이어야 합니다. 나의 기쁨과 상대의 기쁨이 공존해야 한다는 것입니다. 이처럼 진정한 기쁨의 윤리학이 되기 위해서는 나만의 기쁨이 아니라 서로의 기쁨을 지향해야 합니다. 자기의 삶에 기쁨과 유쾌함을 가져오기 위해서는 타자의 기쁨을 위해 소통하고 연대해야 하는 것입니다. 이를 정치·사회화하면 자기 삶에 슬픔과 우울함의 정서를 가져다주는 타자를 단호하게 막아서야 할 것이며 동시에 타자의 기쁨을 위해 연대하는 것을 가로막는 모든 부정적인 힘에 맞서 싸워야 할 것입니다. 이럴 때 '기쁨의 윤리학'은 '기쁨의 정치학'으로 변모할 수 있습니다. 안또니오 네그리(Antonio Negri)의 다중(mulitude)도 기쁨의 연대를 도모하는 정치학이라 할 것입니다. 원불교의 가치로 보면 이러한 '기쁨의 윤리학'과 '기쁨의 정치학'은 "파란고해의 일체 생령을 광대무량한 낙원으로 인도"하는 「개교의 동기」와 직결됩니다. 기쁨은 곧 낙원으로 인도하는 것이라 하겠습니다.

알베르 까뮈는 반항의 연대성을 강조합니다. '나는 반항한다. 그러므로 우리는 존재한다'고 합니다. 까뮈는 『반항하는 인간』(*L'Homme révolté*, 1951)에서, 우리는 자신들이 반항하지 않고 당해오던 박해가 타인에게 가해지는 것을 보면 오히려 견디지 못할 수 있는 것이니, 인간의 연대성은 반항 운동에 근거를 두고 있고, 반항 운동은 역으로 이 공범 관계 속에서만 정당성을 발견한다고 주장합니다. 자신은 핍박받고 있지 않지만 핍박받는 타인과 연대하는 이유는 그 핍박이 나와 무관치 않기 때문이라는 겁니다. 타인이 당하는 핍박이 '우리들 자신이 반항하지 않고 당해온 박해'라는 인식이 있어야 합니다. 이를 자각하는 것이 정말 중요합니다. 우리가 회피한 핍박이 지금 타인에게 가해지고 있으니, 이 사회적 박해에 우리는 공범이라는 자각이 있어야 하는 것이죠. 타자의 고통을 보고서 공범 관계라는 각성이 일어나야 합니다. 만약 저 언덕 위의 돌이 어느날 떨어져 지나가던 사람이 다치거나 사망했다고 할 때, 저 언덕 위의 돌을 우리가 치웠다면 타인이 그 피해(박해)를 당하지 않았을 것입니다. 우리가 그 위험한 돌을 외면했기에 우리 주위의 무고한 대중이 무작위로 박해를 당하는 것입니다. 언덕 위의 돌은 불합리한 사회·정치제도요 권력입니다. 그렇기에 우리는 그 박해의 공범일 수 있습니다. 우리는 이런 사회적 박해에 저항하는 연대를 해야 합니다. 반항의 연대를, 연대적 저항을 해야 하는 당위성이 이러한 공범의 관계성에 있는 것이죠. 자신의 기쁨과 유익을 소중하게 여기므로 타인의 기쁨과 유익을 존중해야 합니다. 나에게 닥치는 부정당한 박해를 방어해야 하기에 타인에게 닥치는 부정당한 침해를 단호히 거부하는 것이죠. 서로의 정당한 가치를 존중하고 공유하는 공도가 무너지면 각자에게 닥치는 부정당한 박해를 막을 수 없습니다. 정당한 가치가 침해받을 때 함께 연대해서 막는 것입니다. 이 지점에서 정당한 가치를 함께 지키는 연대가 가능하며, 이러한 자리이타의 연대가 공익입니다.

원불교 사고로 보면 공도 헌신의 공심(公心)이요 공익심(公益心)을 가져야 한다는 것입니다. 공익심 없는 사람을 공익심 있는 사람으로 돌리는 의지가 있어야 합니다. 만일 돌이 날아오는데 내가 동작이 빨라 피했다고 합시다. 삭 피했더니 휙 하고 돌이 뒤로 날아갔다면 아무도 안 맞았겠지 생각하겠지만 뒷사람 누군가는 날벼락을 맞았을지 모릅니다. 내 눈에 안 보인다고 해서 맞은 사람이 없다고 자신하기는 힘듭니다. 그런데 그 돌은 거기서 떨어지고 끝나는 게 아니라 뻉 돌아와서 자신의 뒤통수를 퍽 하고 때리기 십상이라는 것이죠. 인간이 반항해야 하는 것은 내게 닥치는 탄압이 싫어서만이 아니라 타인의 고통이 나의 고통이 되는 고통의 뿌리이기 때문입니다. 나도 기쁘고 우리 주변도 기쁘기 위해서라면, 우리는 탄압이나 차별, 이런 것들을 조장하는 사회구조에 대해서 깨어 있는 마음으로 저항해야 하며, 이러한 저항은 단순히 투쟁하는 데 그치는 게 아니라 내 가족도 위하고 근본적으로 우리 주변의 이웃도 좋아지게 하는 차원에서 기쁨을 서로 지킨다는 정치적 안목도 있어야 된다는 것이죠.

다만 개인적으로는 제가 원불교 교단에 몸담고 사니까 그런지 이러한 현대 사상과 약간 이질감을 느끼는 부분이 있어요. 그중 하나가

| 반생명, 반평화, 매국굴종외교 윤석열 규탄 원불교 시국법회 포스터 |

개인화입니다. 마치 개인을 원자와 같이 보는 태도입니다. 사람들을 따로따로 개인화해서 원자와 원자를 합하는 그런 느낌들이 들어요. 그런데 소태산의 사은사상을 배우면 원자 같은 주체로 서 있는 게 아니라 처음부터 관계 속에 나의 주체를 세우는 거죠. 이런 입장 차에서 약간의 이질감 같은 걸 느끼고요. 또한 현대 사상에서 사회의 시원을 유토피아 또는 디스토피아라고 규정해놓고 거기에 따른 처방을 해가는 식으로 사회철학이 전개됩니다. 하지만 소태산의 사은·사요 사상으로 보면 세상을 유토피아나 디스토피아로 규정할 수 없다는 것입니다. 일원상의 자리는 유토피아도 아니고 디스토피아도 아닌 이에 한정되지 않는 자리로서 유토피아에도 홀리지도 않고 디스토피아도 매몰되지 않는 세상입니다. 개인과 개인의 관계도 굳이 말하자면 창문이 없는 단자(單子) 간의 관계가 아니라 창문이 있고 문이

있어 서로 소통되는 관계로 마치 서로 마실 갈 수 있는 사이라는 것이죠. 그래서 사요의 자력양성도 통합적으로 봐야 하는데, 자력이라는 것은 공도와도 연결돼 있고, 공도는 또한 사회적 구조 속에만 있는 게 아니라 개인의 가치와 권리를 존중하는 데까지거든요. 근데 내게 좋은 것이 타인에게는 안 좋을 수도 있으니 서로 부딪히는 것도 있을 텐데, 이분법적으로 좋은 세상 따로 있고 옳은 세상 따로 있는게 아니라 원불교식으로 말하면 사은·사요의 관계 속에서 좋으면서도 옳은 것을 그때그때 잘 형성해가는 것입니다. 그러기 위해서도 자력이 있어야 되고 지자를 앞세워야 하며 그러면서 후진을 두루 교육하고 공도적 가치를 추구해야 한다는 소태산의 사요 가르침이 현대사상을 보완하고 어떤 문제점을 치유해갈 수 있는 길도 지니고 있지않나 싶습니다. 미래사회는 개인의 '좋고-싫음'의 개인주의 윤리가중시되면서 상황 상황에서 '옳고-그름'의 윤리를 형성해가는 사회가 될 것입니다. '좋음의 윤리'와 '옳음의 윤리'를 조화시키는 것이미래사회가 풀어가야 할 과제가 될 것이며, 개개인에게 유익한 '좋음의 가치'에서 서로 간에 공유되는 '옳음의 가치'를 합의해가야 할 것입니다. 개인주의 사회가 될수록 자력양성에 근거한 공도자숭배가중요해집니다. 단절된 개인이 아니라 연대하는 개인이 요청되기 때문입니다. 또한 자력이 약한 개인은 미래로 갈수록 불행해지기에 자력을 양성하도록 협력하고 연대하는 공도헌신자가 더욱 요구될 것입니다. 자력은 공도와 연대해야 하며 공도사회를 위해서도 자력이양성돼야 합니다. 미래사회로 갈수록 자력양성과 공도자숭배는 더욱연동돼야 하는 관계입니다. 자력양성으로 비롯하여 공도자숭배의 사회로 연대하고, 공도자숭배의 사회는 자력양성을 더욱 증강 심화시키는 관계로 나아가야 할 것입니다. 하지만, 제가 사회와 미래에 대해 얼마나 안다고 이렇게 얘기하기가 조심스러워요. 어쨌든 저는 원불교 안에 사니까 그런 느낌을 좀 받았습니다.

백낙청 서양 철학의 전공자도 아니시고 하니까 조심스럽게 말씀하시는 게 학인으로서의 당연한 자세이기는 하지만, 저는 지금 말씀하신 내용을 앞서 사은·사요 얘기하실 때 강조했던 점, 다시 말해서 대종사님이 깨달으신 일원상의 자리에서 보자 하는 그 말씀으로 되돌아가서 더 좀 과감하게 얘기하셔도 되지 않나 싶어요. 사실 스피노자와 원불교 교법이 통하는 점이 많습니다. 윤리학만 하더라도, 옛날에는 옳고 그름을 갈라놓은 윤리였는데 지금은 좋고 싫음의 윤리학으로 바뀐다는 것이 길산님도 주장하신 바이죠. 스피노자의 '기쁨의 윤리학'이 바로 그런 내용이거든요. 윤리가 옳고 그른 것을, 선악을 가르는 게 아니라 기쁨이냐 슬픔이냐, 좋으냐 싫으냐를 가르는 것이라고 하셨지요. 또 스피노자는 종래의 초월적인 신의 개념을 부정하잖아요. 이 우주만유가 신의 몸이고 또 만물에 신의 정신이 서려 있다고 해서 범신론(汎神論) 또는 범재신론(汎在神論)이라고도 합니다마는, 원불교 식으로 말하자면 스피노자의 하나님도 영육쌍전(靈肉雙全)하시죠.

그런 점뿐 아니라 여러가지가 서로 통하는데, 출발점은 완전히 다른 것 같아요. 기쁨의 윤리학만 하더라도, 소태산 사상에서는 기쁨과 슬픔의 분별이 없는 자리에서 봤을 때 오히려 정당한 분별이 이루어지면서 기쁨과 슬픔의 차이가 드러나고 기쁨의 윤리학을 추구한다면, 이건 종래대로 선악을 가르는 윤리학과는 차원이 달라집니다. 그런데 길산님 같은 감화를 받다보니까 저도 자꾸 일원상 자리에서 살펴보려고 하게 되는데요, 일원상 자리에서 보면 스피노자는 윤리학의 출발점이 유클리드 기하학에서처럼 정의, 'definition', 뜻매김이에요. 그러니까 하나님은 이러합니다 하는 그의 정의를 일단 우리가 받아들이면 그다음에 그가 펼치는 온갖 정교한 이론들이 다 증명이 되고 맞아떨어지는데, 그 정의가 어디서 나왔느냐 하는 얘기는 없어요. 사실은 정의를 내리는 분별조차 초월한 자리에서 보면서 그런 분별이 나와야 되는데 말이죠. 이 때문에 스피노자에게는 그 이후의 전개에서 한계가 생기고 지금 말씀하신 것처럼 너무 개인주의적으로 나가는 면도 있습니다. 하나님은 몸과 정신을, 마음을 다 가지신 분이고 스피노자의 강점 중 하나는 육체를 굉장히 강조하는 거잖아요. 그 신체에서 감정이 나오고요. 하지만 나중에 결론을 보면 개인과 관련해서는 굉장히 정신주의적이에요. 하나님은 영육이 쌍전하신 분인데 인간은 영육이 쌍전한 인간이 되기 위해서 정작 어떤 공부를 해야 되느냐는 얘기가 빠져 있습니다. 저는 이게 공부법이 빠진, 원불교처럼 촘촘하면서도 넉넉한 공부법이 빠진 데서 오는 문제점이자 결국은 서양의 형이상학자인 스피노자의 한계라고 생각해요. 옳고 그름 대신에 좋고 싫음의 윤리학을 갖는 게 하나의 진전이긴 하지만 그건 공부가 된 사람의 얘기가 아니겠어요? 남을 마구 때리기를 좋아하는 사람에 대한 판단이 좋고 싫음으로 이어지면 이거야말로 자행자지하는 거지 정말로 만인이 공유할 수 있는 기쁨의 윤리학이 못 되는 거지요.

또 기독교에서는 예수님이 내가 하고 싶은 일을 남에게도 베풀라 이렇게 말씀하셨는데 공자님은 훨씬 소극적으로 표현해서 내가 원하지 않는 바를 남에게 베풀지 말라(己所不欲 勿施於人, 『논어』「위령공편」)고 하신 걸 두고 서양 사람들이 그걸 자랑을 해요. 우리 그리스도교가 훨씬 더 적극적이다, 그러는데요. 그것도 공부가 된 사람이 자기가 하고 싶은 걸 남에게 베풀어야지, 가령 마조히즘(masochism)이라는 병이 있지 않습니까? 남에게 학대받기를 좋아하는 사람이 내가

학대받길 좋아하니까 남한테도 학대를 해줘야겠다, 그렇게 되면 세상이 어떻게 되는 거예요? 그러니까 마음공부와 그 공부법이 빠지면 그런 것들이 다 허망해지는데, 스피노자에게 그런 공부법은 약한 것 같아요. 일원상의 경지, 그 텅 비고 청정한 경지에서 자연스럽게 우러나는 통찰이라기보다는 머리로 정리해서 신의 정의는 이러하고, 그다음에는 뭐 하고, 이렇게 유클리드 기하학에서처럼 연쇄적으로 하나하나 정리하다보니까, 거기서 소태산 사상과는 꽤 다른 면이 나타납니다. 참 이렇게 말하면 국뽕이라고 하는 사람도 있겠지만 소태산 사상이 스피노자 사상보다 우월하지요. 저는 그렇게 생각합니다.

방길튼 저도 마음공부가 결여된 이념적 지향이나 규범적 지향의 정교함만을 추구하는 것은 피곤하고 힘겹습니다. 그렇기에 좋고 싫음에 물들지 않는 일원상 자리에 기반한 소태산의 마음공부는 정말로 앞으로 많이 살펴야 할 내용이라고 보고, 이를 염두에 두지 않으면 저부터 단순한 좋고 싫음의 문제에 빠질 수 있다는 각성을 합니다.

오늘날 삼동윤리의 의미

백낙청 마지막으로 정산 종사님의 삼동윤리(三同倫理) 얘기를 좀 해보면 좋겠는데요. 물론 정산 종사의 사상이 기본적으로 소태산 사상을 이어받아서 발전시킨 것이긴 합니다. 삼동윤리는 정산 선생 스스로 굉장히 중요하다고 생각하신 유훈 같은 거 아닙니까? 삼동윤리의 내용과 그것이 오늘날 갖는 의미에 대해서 논의해봤으면 하는데요. 허 교수님께 설명 부탁드립니다.

허석 삼동윤리는 정산 종사께서 세가지 대동화합해야 할 윤리를 말씀하신 겁니다(『정산종사법어』 도운편 34~37). 이것은 대종사님의 일원주의 사상에서 비롯되었는데, 백선생님이 말씀해주신 대로 그냥 윤리가 아니라 그야말로 일원의 진리를 공부하는 마음공부에 바탕한 윤리라고 할 수 있겠죠. 세가지 윤리로, 첫번째는 동원도리(同源道理), 두번째는 동기연계(同氣連契), 마지막에 동척사업(同拓事業)이 있습니다. 동원도리는 모든 종교가 그 근본은 다 같은 한 근원인 도리를 알자는 것이고, 두번째 동기연계는 모든 인류와 모든 생명이 한 기운으로 연결되어 있다는 것을 깨달아서 전세계 인류와 모든 생명을 평등으로 통일하는 데 앞장서자는 이야기입니다. 마지막 동척사업은 중정(中正)의 정신을 투철하게 체득하여 이 사회의 모든 사업 주체들이 서로 화합하는 가운데 하나의 세계를 건설하기 위해 일꾼이 되자는 이야기입니다. 아까 윤리 말씀을 잠깐 드렸는데, 먼저 윤리라고 표현하신 것부터가 심상치 않은데요. 세가지 윤리 안에 일원의 도를 체득하는 공부가 전제돼 있어야 한다는 점에서 우리가 일반적으로 말하는 도덕·윤리 같은 개념은 분명 아니고요. 종교라는 말을 대신할 수 있는 표현으로 택해서 종교 간의 울을 트는 문제뿐 아니라 종교와 비종교 간의 구획에 대한 통령(統領)에까지 도전하는 말씀이 아닌가 생각하게 됩니다. 이 내용은 사실 동척사업에 가서 더 극명하게 드러나는데요. 모든 사업의 주체들, 종교뿐 아니라 종교를 벗어나 인류 전체가 하나의 세계를 건설하는 일꾼이 되어서 나아가자고 하는 이 말씀이 바로 삼동윤리의 이야기입니다. 저희에게 굉장히 각성을 주는 말씀이지요.

백낙청 윤리라는 표현은 일원대도(一圓大道)와 동일한 차원의 개념은 아닌 듯해요. 다만 요즘 사람들이 흔히 윤리 또는 도덕 얘기를 할 때는 서양식 개념을 다루기 때문에 거기에는 도라든가 도가 나투는 위

| 정산 종사 송규 | 소태산 박중빈의 법통을 계승한 종법사로서 '원불교'라는 교명을 공시했다. 『원불교 교전』의 편수를 친재하였으며 '삼동윤리'를 제창하여 일원세계를 건설하자고 제안했다.

력으로서의 덕의 개념이 다 지워져 있어요. 그런 윤리 개념과 삼동윤리라고 하셨을 때의 윤리는 다르다 말할 수 있지만 윤리 자체가 소태산의 일원대도와 같은 차원의 개념은 아니고 그 실천강령 중의 하나죠. 실천강령 중에서는 아주 중요한 것이지만요. 제가 교무님들이 삼동윤리 무서운 걸 잘 모르신다고 그랬는데, 교무님들한테 제일 껄끄러운 대목이 아마 동척사업일 겁니다. 왜냐면 동원도리, 모든 진리가 하나다, 한 근원이다, 또 동기연계, 세계와 모든 생령은 한 가족이다, 이건 뭐 흔히들 하는 얘기니까요. 사실 따지고 보면 그것도 그렇게 간단한 얘기는 아니지만요. 그런데 동척사업에 이르면 원불교의 재가나 출가나 아니면 원불교 교도가 아닌 다른 종교의 교도거나 심지어는 아무 종교도 없는 세속적인 일꾼들이나 다 한 일터 한 일꾼이라고 하니까, 그중에서 자신이 원불교 교무라고 해서 따로 특권을 자랑

할 게 없는 거예요. 물론 공도자로서 더 헌신을 하고 더 능력을 발휘해야 되지만, 어떻게 보면 그런 일만 잔뜩 시키고 기껏 보상해준다는 게 공도자숭배인데, 공도자숭배를 받을 수 있는 사람이 꼭 교무여야 하는 것도 아니지 않습니까? 그야말로 세속적인 일꾼도 공도에 헌신하면 공도자가 되는 거고요. 그러니까 이건 교무님들이 참 수용하기가 어려운 윤리가 아닌가 싶고, 지금도 제대로 수용하고 계신지 잘 모르겠어요.

방길튼 백선생님께서 이 동척사업을 얘기하시면서, 종교주의 또는 사제주의에 빠지는 순간 동척사업과는 영 멀어지므로, 동척사업의 길을 가기 위해서는 마음공부를 열심히 해서 공도를 이뤄가고 또한 지혜로우면서도 더 자유로운 실력자가 되기를 바라는 등 요구사항이 많으세요.(웃음) 그래서 나는 여기까지만 할 거야, 나는 더이상 못해, 그렇게 농담 삼아 얘기를 하곤 합니다. 저는 원불교 내부의 삼동윤리 해석보다 백선생님께서 해석해주시는 것에 굉장한 충격을 받습니다. 이를 안 들었으면 좋았을 텐데 듣게 되었잖아요. 처음엔 이와 같은 새로운 해석을 들었을 때 이걸 어떻게 하지 싶었지만, 숙제가 분명한 것은 좋은 거라고 생각합니다. 제 앞에 숙제가 정확하게 있는 것. 그래서 백선생님을 뵐 때마다 정산 종사의 삼동윤리를 보는 저의 견해와 태도에 많은 영향을 받게 됩니다. 백선생님 덕분에 더 많은 공부를 하게 되었고요.

백낙청 감사합니다.

방길튼 부담스러우면서도 또 한편으로는 이게 나에게 선물 같은 내용도 될 수 있다는 생각입니다. 왜냐하면 이 사제주의, 우리로 말하면 전무출신주의·교무주의를 경계해야 하기 때문입니다.

백낙청 근원은 교단주의죠. 교단주의를 하다보면 사제주의가 생기게 돼 있고 사제주의를 하다보면 사제들 간에 권력 갈등이 생기고.

방길튼 교단주의·사제주의에 따른 권력 갈등이 발생했을 때 삼동윤리로 정화는 못한다 할지라도 최소한 자신들의 가치관만 옳다고 주장하는 것을 중화시키고 좀 약화시킬 수는 있다고 여깁니다. 그러할 때 대종사께서 제시한 남에게 위함을 바라기보다는 남을 위하는 전무출신의 역할과 자긍심이 부각될 것입니다(『대종경』 교단품 7).

백낙청 저는 사실은 동원도리, 동기연계도요, 우리가 그냥 멋있는 말로 보면 큰 부담이 안 되지만 동원도리야말로 소태산 대종사의 대각일성이 아닙니까. 만유가 한 체성(體性)이며 만법이 한 근원이로다. 이것이 동원도리이고, 여기에 또 동기연계도 들어가 있어요. 이것도 제대로 하려면 소태산이 대각한 그 자리에 우리가 한번 서봐야 하는 것이고, 그 자리에 섰을 때 동척사업의 참뜻도 저절로 드러난다고 보거든요. 길산님께서는 내 말을 안 들었으면 좋았을 테지만 듣고 나니까 충격을 받았다고 하셨는데, 사실 교단 내에서 이 비슷한 얘기를 여러번 하고 다녔어도 제가 교단에선 국외자여서 그렇겠지만 사실 교무님들 가운데 듣는 분도 많지 않고 충격받은 분도 별로 많진 않은 것 같아요. 그중의 하나가 동척사업에 따라오는 출·재가 평등 문제고, 출·재가 평등에 핵심이 되는 원칙은 사요 중에서 지자본위 아니에요? 아까 지자본위 얘기를 했는데, 지자본위가 현재 교단에서 제대로 안 이루어지고 있는 대표적인 사례가 출가냐 재가냐는 게 지자냐 아니냐는 것보다 더 중요해진 일인 것 같아요. 이에 대해서는 교단에 오래 몸담고 계신 길산님 어떻게 생각하시나요? 조심스러우시죠?

방길튼 조심스럽죠. 분명 교단주의·교무주의가 있습니다. 그래서 대종사님의 친제인 『정전』과 그분의 언행록인 『대종경』의 가치로 단호하게 돌아가서 털어낼 건 털어내는 작업이 이 시기에 반드시 필요하다는 생각을 하게 됩니다. 원불교도 이제 2023년(원기 108년)을 지나고, 원불교 역사 구분으로는 36년씩 끊어서 일대(一代)를 삼으니 2024년이면 3대를 마치고 4대에 진입합니다. 새로운 분기점에 와 있는데, 이 동척사업의 시각, 대종사께서 당부하고 부촉하신 일원상과 사은·사요·삼학·팔조의 시각에서 정리할 건 정리하고 더 키워갈 건 키워가야 하는 과제가 있습니다.

백낙청 지금 마무리할 시간이 됐으니까 허교수님도 꼭 이 문제가 아니라도 말씀하시면서 전체적인 마무리 발언도 해주시고, 또 길산님도 지금 그 얘기 말고 전반적으로 마무리해주시고 끝맺으면 될 것 같습니다.

허석 이 자리에 와서 말씀을 듣는 것만으로도 많은 공부가 되었고요. 서두에 제가 대종사님을 원불교의 교조만이 아니라 한국이 낳은 세계적인 사상가로 말씀을 드리고 싶다고 했는데, 사실 이건 제 인생의 숙제이기도 합니다. 제 역할이기도 하고요. 그래서 늘 저도 소태산을 원불교 안에 머물러 계시도록 할 것이 아니라 우리가 정말 지금이 시대에 그의 말씀을 다시 경청해야 되고 그의 지혜를 다시 꺼내서 현실의 삶의 문제와 직접 맞닥뜨렸을 때 정말 이 사회가 조금이라도 발전될 거라고 생각을 해요. 아까 백교수님께서 한국 교육의 현실에서 마음공부 문제가 중요하다고 말씀해주셨는데, 제가 당장 한국 교육계에 몸담고 있는 한 사람으로서 종교 이야기를 꺼내는 것 자체가 참 어려울 때가 많습니다. 근데 저는 종교를 이야기하자는 것이 아니라 그야말로 마음공부를 말씀드리려는 것이고, 사실 어떻게 보면 물질개벽 시대에 정말 우리가 이에 잘 적응하면서도 이를 극복할 수 있는 지혜로서 그리고 그 실천으로서의 이 마음공부를 통해서만 지금 제가 만나는 그 젊은 학생들 그리고 이 사회를 구성하는 많은 분들이 현실의 문제를 슬기롭게 극복할 수 있을 거라고 저는 생각합니다. 그래서 저희가 지금 정신개벽이라든지 일원상, 사은·사요·삼학·팔조, 여러가지 말씀을 드렸지만, 이것들에 대해서 시청자 여러분께서 어느 한 부분에라도 관심이 생기셨다면 소태산의 말씀도 한번 꺼내어보시고, 이런 기회를 통해서 정말 100년 전에 이 문제를 누구보다 더 깊이 고민하고 그것에 대한 더 큰 해법을 제시한 분이 우리 안에 있었음을 알아가는 저희들이 되면 좋겠습니다.

방길튼 저 자신에 대한 반성부터 하면, 제가 교무 생활을 현장에서 교도님들과 할 때 혹여 후천의 가치가 아니라 선천적 가치를 더 잘 다듬고 잘 보이도록 해서 그걸 가지고 박수를 받지 않았나 싶어요.

백낙청 선천적 가치라는 용어는 선천시대의 가치라는 말씀이죠. 일반적으로 쓰는 선천적＝생래적이 아니고요.

방길튼 맞네요, 선천시대의 가치. 소태산 대종사가 우리에게, 저 같은 교무에게 선물을 주셨어요. "물질개벽 시대에 타당한 정신개벽을 하자. 그 방법을 내가 체계적이면서도 강령적인 교법으로 제시해줬다." "이는 일원상의 진리에 근원한 사은·사요와 삼학·팔조의 공부법이다." "일원상 진리에 근원해서 사은에 보은하고, 사요를 실천하며, 또 정신수양, 사리연구, 작업취사의 삼학 수행을 열심히 해봐라. 그리고 거기에 신·분·의·성의 동력을 동원하여 잘 써봐라." "물질문명이 발달되는 시대를 향도할 수 있는 정신개벽의 공부법에 앞장서봐라." "물질문명을 선용하는 동시에 항복시킬 수 있는 정신개벽에 뛰어들어봐라." 이러한 소태산의 정신개벽 공부법을 제가 후천개벽 시대의 가치라고 이름지어보면, 이 일에 얼마나 노력하고 있는가 하는 점에서는 저도 재고의 대상입니다. 그리고 저 자신이 재고품이 될 가능성이 높아요.(웃음) 재고품은 정리해야 하는데요. 저도 정리가 안 되려고 노력해야겠고 저와 관계된 분들도 이 일에 함께 마음을 모아주시면 고맙겠습니다. 오늘 백낙청TV에서 소태산의 가르침에 대해 말할 수 있는 기회를 주셔서, 저도 이 회화(會話)로 저 자신을 돌이켜볼 수 있어서 좋았습니다. 소태산 박중빈, 저로서는 대종사님이라고 부르는 인물에 대해서, 저도 더 공부해야 할 것이지만 많은 분들이 관심을 가져주시면 고맙겠다는 말씀을 드립니다.

백낙청 오늘 제가 두분 교무님을 모시고 초대석을 하면서 사실 조금 걱정했던 것은 두분이 다 교무님이셔서 어떻게든지 원불교 교리 위주로만 말씀하시지 않을까 하는 점이었습니다. 그렇게 되면 혹시 교무님 설법을 들으려고 교당에 오신 분도 아니고 또 일부러 책을 사보시는 분도 아닌 유튜브 시청자 여러분들이 언제든지 클릭 한번 하고서 그냥 가버릴 수 있는데, 과연 이분들의 관심을 끌 수 있는 얘기를 할 수 있을까 약간 걱정을 했는데요. 결과에 대해서는 시청자 여러분께서 판단을 하시겠지만, 저는 그래도 훨씬 더 보편적인 이야기를 하는 데 우리가 좀 성과를 거두지 않았나 생각을 하고, 두분 교무님들께 감사의 말씀을 드리겠습니다.

4장

기독교, K사상의
가능성을 모색하다

백낙청

사회.

이은선

세종대학교 명예교수. 여성주의 신학자. 통합학문연구가. 한국
신듬연구소 소장. 저서로 『한국 여성조직신학 탐구』 『한국 생물
生物 여성영성의 신학』 『동북아 평화와 聖·性·誠의 여성신학』
『한국 페미니스트 신학자의 유교 읽기』 등이 있음.

이정배

감신대 은퇴교수. 조직신학·종교철학 전공. 顯藏아카데미 원
장. 저서로 『한국적 생명신학』 『생태학과 신학』 『개신교 전위 토
착 신학 연구』 『유영모의 귀일신학』 등이 있음.

2023년 8월 24일, 8월 31일 창비서교빌딩 스튜디오

———

*이 좌담은 유튜브 채널 백낙청TV에 공개된 '백낙청 초대석'
17편(2023년 10월 13일), 18편(2023년 10월 20일), 19편(2023년 10월 27일),
20편(2023년 11월 3일), 21편(2023년 11월 10일)을 글로 옮긴 것이다.

기독교 초대석

백낙청 백낙청TV에 오신 시청자 여러분 반갑습니다. 그리고 감사합니다. 오늘은 초대석 형식으로 모였는데요. K사상과 기독교로 주제를 잡고 여기 이은선, 이정배 두분을 모셨습니다. K사상이라고 할 때 K라는 접두어를 붙이면, 이게 한국산이란 뜻만은 아니고요, 발신지는 한국인데 그것을 바깥 세계에서 널리 수용하고 있다는 뜻이거든요. 팝의 경우, 수용이 안 되면 K팝이라고 할 수 없지요. 사상이나 문학의 경우 K리터리처니 하는 얘기를 더러 외부 세계에서도 하고 있습니다. 비슷한 취지로 K사상이란 말을 썼고요. 그걸 기독교 사상과 연결해보는 것은 우리가 K사상을 할 때 기독교 또는 기독교 신학이 얼마나 어떤 의미로 중요한가, 그런 데 부응하는 기독교를 'K-Christianity'라고 해도 될까, 그렇게 부를 만큼 준비되어 있는가, 이런 것들을 두분께 여쭤보려고 하는 겁니다. 그럼 먼저 간단한 자기소개를 하시면서 이 좌담에 임하시는 포부랄까, 기대를 간략히 말씀

273

| 왼쪽부터 이은선, 백낙청, 이정배 |

해주시면 감사하겠습니다.

이정배 오늘 이렇게 백낙청TV에서 기독교 초대석을 만들어주셔서 정말로 감사드립니다. 저는 감리교신학대학교에서 30년 가르치다가 한 5년 먼저 명예퇴직을 하고, 자유롭게 신학 활동을 하며, 때로는 농사도 짓고 또 글도 쓰면서 살고 있습니다. 평소에 『흔들리는 분단체제』(창작과비평사 1998)를 비롯한 백낙청 선생님의 저서들을 제법 많이 따라 읽어왔습니다. 이렇게 기독교에 대해 질문하고 그에 대한 생각을 나눌 수 있는 시간이 저에게는 아주 소중한 기억으로 남을 것 같고, 또 두렵기도 합니다. 기독교가 '개독교'라는 소리를 듣는 상황에서 어떤 이야기를 나누면 좋겠는가 고민도 함께하고 자극도 받고자 오늘 이 자리에 임했습니다. 초대해주셔서 고맙습니다.

이은선 안녕하세요. 저는 이은선입니다. 오늘 이렇게 뜻밖에 백낙청 TV 기독교 초대석에 자리하게 되어서 정말 영광이고 한없이 감사드립니다. 오늘은 제가 이 자리에서 한국 여성신학자로 역할할 텐데, 사실 요즘은 저 자신을 좁은 의미의 여성신학자라기보다는 '한국 통합학문 연구가'라고 생각하고 있습니다. 이는 한국 사상, 그중에서도 유교와 기독교와 대화하면서, 이 문명전환의 시대에 기독교도 한국 사상 안에 포함해 한국사상사를 이야기해야 함을 말하려는 것입니다. 또한 지금까지 지구에서 인간 문명이 전개한 대표적 사상들이 한반도에서 집약적으로 통합되었기에 여기서 배출되는 사상이야말로 오늘날 지구를 대표하는 사상이라는 생각을 표현한 것입니다. '통합학문 연구가'로서 저는 평소에 남성의 언어가 아닌 여성의 언어로 연구해나가야 한다는 생각을 가지고, 가정을 일구고 사회활동도 하면서 남편과 더불어 농촌에서 지내고 있습니다. 세종대학교에서 오랫동안 학생들을 가르치다가 퇴직을 해서 지금 명예교수로 있고, '한국 신(信)연구소'를 개소해 소장으로 일하고 있습니다.

백낙청 지금 남편이라는 말을 쓰셨던데, 혹시 모르셨던 분이 계실 수 있겠네요. 두분은 부부이십니다. 그래서 두분을 함께 모실 때 진행자로서는 매우 끌리는 바도 있고 욕심도 나면서, 다른 한편으로는 부담이 되기도 했는데요. 두분 다 스위스 바젤대학의 신학박사님들이에요. 그러나 그후의 경로는 좀 다르고 생각도 똑같지 않으시며 젠더도 서로 다르기 때문에, 오늘은 부부니 이런 걸 떠나서 굉장히 유익한 토론이 가능하리라고 생각합니다. 또 이은선 교수께서 겸손하셔서 자기소개에서 생략했는지 모르겠는데, 이교수님은 스위스에서 신학박사를 하고 오신 후 한국 사상을 제대로 공부하기 위해 성균관대학에 들어가서 유학 박사를 하셨죠?

이은선 네, 특히 조선유교사를 여성주의적 시각에서 새롭게 보고자 했습니다. 임윤지당(任允摯堂)과 강정일당(姜靜一堂)의 유교 사상을 연구했죠.

왜 신학이 중요한가

백낙청 두분 다 신학박사 논문에서 기독교 신학과 동아시아 사상가를 함께 다루셨어요. 이정배 목사님은 주희(朱熹), 퇴계(退溪), 율곡(栗谷) 세 사람을 하셨고, 이교수님은 왕양명(王陽明)을 다루신 분입니다. 그래서 오늘 K사상과 기독교를 이야기하는 자리에 굉장히 어울리는 분들이라고 저는 믿습니다. 그런데 신학이 왜 중요한지 이야기하고 출발해야 될 것 같아요. 저는 기독교도도 아니고 신학에는 문외한인데, 우리 같은 사람에게 왜 신학이 중요한가 이야기를 좀 해보죠. 물론 기독교라는 종교는 지금 우리 사회에서 아주 막강한 세력을 갖고 있습니다. 그런 의미에서 중요하지요. 그런데 제가 알기로는 세력이 큰 대형교회일수록 신학에는 별 관심이 없는 것 같아요. 물론 자기들 나름의 '케리그마'(kerygma), 기독교를 기독교로 만드는 독특한 메시지가 있는데, 제가 이런 말을 하면 실례가 될지 모르겠지만, 그것은 상품이고, 진지한 학문으로서의 신학에는 별 관심이 없어 보여요. 그래서 우리 사회에서 기독교가 중요한 세력이니 신학에도 관심을 가져야 한다는 자동적인 논리가 성립하긴 어려워 보이고요. 기독교인들이 신학에 관심이 없을지라도, 기독교 바깥의 사람들이 왜 신학에 관심을 갖고 이를 배워야 하는지 이야기하며 오늘 대화를 출발하면 좋겠어요. 먼저 이정배 목사님.

이정배 저는 신학의 울타리, 교회의 틀 안에서 교수이자 목사로서 활동을 했습니다. 이런 상황에서 자기 얼굴에 침 뱉는 이야기를 하는 것 같아 안타깝습니다. 여러 종교들이 있는 것 같아도 실상은 자본종교밖에는 없다는 말이 회자되고 있죠. 그중에서 기독교의 자본화 경향성이 두드러진다고 하니 부끄럽기 짝이 없고요. 이은선 교수는 주로 교회 밖에서 활동했기에 저보다 더 할 말이 많을 겁니다.

백낙청 목사님께서 상당히 과격하게 말씀하시는데, 이은선 교수님이 더 과격한 분이시라는 내부고발도 들었으니 지켜봐야겠네요.(웃음)

이정배 네,(웃음) 현실에서 이념이 실현되지 못하면 그 이념 자체가 재고되어야 한다는 것이 포스트모던 담론의 특징이지요. 그렇다면 종교도 예외 없이 왜 현실에서 실패했는가를 되묻는 자기반성을 해야 합니다. 하지만 아무런 반성이 없는 것이 오늘의 현실이죠. 우리 사회가 경제성장, GDP 위주의 성장 숭배주의에 빠져 있듯이, 종교와 교회도 성장이라는 원리에 지배당하고 있기 때문이지요. 그렇기에 백선생님이 해주신 질문은 기독교인인 저희가 뼈아프게 받아들여야 합니다. 신학이 교회 안에서도 무용지물로 여겨지고 세상 사람들도 신학을 별로 중요하게 여기지 않는 현실이 참 안타깝습니다.

그럼에도 신학은 촉각을 가지고 교회의 갈 길을 알려주는, 하나의 더듬이 역할을 해야 합니다. 오히려 요즘은 교회가 성장에 방해가 된다고 신학을 부정하는 추세입니다. 아무 성찰이 없으니 교회가 세습도 되고, 그 막강한 자본으로 신학교의 정신을 지배하죠. 본디 자기부정이 종교의 본질인데 교파의식을 앞세운 편협한 타자 부정을 통해서 자기 정체성을 유지하려는 모습이 참 마음 아픕니다. 신학과 교회 간에는 건강한 긴장과 갈등이 있어야만 합니다. 그래야 교회도 신학도 제 역할을 충실히 할 수 있습니다. 하지만 요즘은 무조건 교회 현장에 신학을 맞추라거나 교회의 방해거리가 되는 신학은 필요 없다는 주장이 횡행하죠. 자본화된 교회 현실이 신학을 무용지물로 만

| 프리드리히 슐라이어마허와 그의 저서 『종교에 대하여』의 1799년 초판 표지 |

들었다는 아픈 반성을 합니다.

이은선　예를 들어보겠습니다. 19세기가 동틀 무렵인 1799년, 유럽 계몽주의가 한창 꽃피어서 철학과 윤리가 굉장히 활성화되는 동시에 많은 교양인들과 사회 지도층에 의해 종교가 대단히 무시당하는 상태에서 슐라이어마허(Friedrich Daniel Ernst Schleiermacher)라는 30대의 젊은 사상가가 나타났습니다. 그는 신학의 본래성과 역할에 대한 이야기를 하면서 『종교에 대하여』(Über die Religion)라는 유명한 책을 썼죠. 거기서 그는 이렇게 주장했습니다. '종교는 형이상학도 아니고 윤리도 아니며 그 나름의 고유한 역할과 사명이 있다. 종교는 우주에 대한 직관과 감각이고, 무한자에 대한 절대 의존의 감정이다. 종교는 과학과 달리 우주 전체에 대한 의미 혹은 역사의 어떤 뜻, 전체지(全體知)를 추구하는 것이다.' 다시 말해 종교는 초월자를 단지 사변적인 형이상학적 추구나 윤리적 행위를 위한 도덕 원리로 만나는 것이 아니라 깊은 내면의 감각과 감정으로서 느끼는 것이고, 그로 인해 세상의 모든 개별자를 전체의 일부분으로, 모든 한정된 것을 무한자의 표현으로 받아들인다는 거죠. 절대자 앞에서 우리 자신을 한없이 상대화하면서요.

신학에 대한 무시와 멸시는 오늘날 한국 교회만의 문제는 아닌 것 같습니다. 한국 교회는 이 과학시대에 인류의 모든 학문 활동과 교회의 신앙 활동에서 궁극적으로 그것이 무엇을 지향하고 어떤 의미가 있는가에 대한 생각은 모두 탈각해버렸죠. 때문에 신학 역시 필요 없다고 생각하고요. 그래서 앞에서 이정배 목사님이 얘기한 것처럼 기독교가 자본기독교로 전락했고, 오늘날 과학이 자기를 절대화하는 현상이 나타났다고 생각합니다. 하지만 저로서는 근대 이후 세속화 시대에 한국 교회가 설령 서구처럼 비어가더라도 오늘날과 같이 인류 문명 전체가 기독교적인 사유의 세례를 받은 상황에서는, 하나의 인문학, 통합학문을 지향하는 기독교 신학 관점의 연구가 한국사상사에서 계속 필요하다고 봐요

백낙청 '전체지'라는 말씀을 하셨는데, 저는 상식적으로 전체적인 앎, 총체적인 앎, 그런 뜻으로 이해가 되네요. '궁극적인 의미'라는 뜻으로 쓰신 겁니까?

이은선 제가 많이 얘기하는 통합학문의 차원에서 개별 현상에 대한 분석적이고 분별적인 '지'를 넘어선 '전체지'를 말합니다. 인간의 사유가 갖는 개별적이고 분석적인 분별지를 통합하고 궁극적인 의미를 추구하는 '전체지'죠.

현대 서구 신학의 거장들

백낙청 저도 통합인문학, 통합학문 이야기를 해왔던 사람이라서 '전체지'라는 말씀이 굉장히 인상적이에요. 말씀하셨듯이 오늘날 한국사회가 굉장히 파편화되어 있죠. 원래는 철학이 이런 걸 다 통합했는데, 20세기에도 철학의 거장들이 있습니다만, 그들을 빼고는 철학도 점점 파편화되잖아요. 한국철학계가 특히 그렇고요. 한국에서 한국어를 쓰는 분들에 국한해서 보더라도, 저는 한국의 소위 철학자라는 분들 중에 뛰어난 신학자나 기독교 사상가들만큼 치열하게 사상적인 탐험을 하고 실천도 하며 현실적인 댓가를 치르신 분들이 있을까 하는 생각이 듭니다. 이신 목사님 같은 분, 감신대에서 두분의 스승이셨던 변선환(邊鮮煥) 선생 같은 분이 그렇죠. 변선환 선생은 학장을 하다가 갑자기 이단으로 몰려 쫓겨나지 않으셨습니까. 그래도 학문적인 소신을 굽히지 않으셨고, 계속 자기 학문을 치열하게 하다가 돌아가셨는데요. 또 신학자라고 하기 어떨지 모르겠습니다만 함석헌(咸錫憲) 선생 같은 분을 봐도, 철학자보다 신학자나 기독교 사상가들이 참으로 우리 사회에 소중한 존재다 싶습니다. 그런데 신학이라 하면, 아직도 본거지가 유럽이나 미국이라고 생각하지 않을 수 없고 그쪽에 더 긴 전통이 있지요. 그래서 우선 저같이 모르는 사람이 서구에서 20세기 이래로 어떤 중요한 신학자가 있었는지 쭉 거명을 하고, 그다음에 두분이 각기 두명씩 선별해서 자세히 말씀해주십사 부탁을 드리고 싶습니다.

　저한테도 친숙하고 또 한국의 일반 독자에게도 어느정도 알려진 분들을 얘기한다면 알베르트 슈바이처(Albert Schweitzer), 카를 바르트(Karl Barth)도 있고, 삐에르 떼야르 드 샤르댕(Pierre Teilhard de Chardin), 루돌프 불트만(Rudolf Bultmann), 폴 틸리히 등이 있죠. 폴 틸리히는 독일 사람이니까 파울 틸리히(Paul Johannes Tillich)가 맞겠지만 미국에서 활동하셨죠. 디트리히 본회퍼(Dietrich Bonhoeffer), 또 두분의 스승이신 프리츠 부리(Fritz Buri)도 있습니다. 이중에서 카를 바르트는 우리가 그분한테 배울 거야 많지만 사실 K사상에 귀일하기는 힘든 분 같은데요. 그러나 한국 교회에서는 그분이 여전히 압도적인 영향력이 있는 것 같습니다.

이정배 저희가 공부했던 스위스 바젤대학교는 카를 바르트가 강의했던 곳이고, 저희가 당시 거주했던 곳이 카를 바르트의 아들, 크리스토퍼 바르트의 집이었기 때문에, 바르트 패밀리와는 아주 친하게 지냈습니다. 아주 특별한 인연이었지만 저희는 카를 바르트와는 다른 사유를 했고요. 카를 바르트는 한국사회 내 급진 신학 계열에서 여전히 존중되고 있고 아주 보수적인 기독교 그룹에서도 마찬가지입니다. 지금껏 양 극단에서 바르트의 영향력이 지대한 건 그가 강조했던 소위 '계시실증주의' 때문이었습니다. 카를 바르트는 '계시실증주의'라는 이름으로 인간 이성, 감정 그리고 인류의 문화 전반을 부정했습니다. 신적 계시만이 절대적이며 세상과 인간을 전혀 다르게 만들 수 있는 유일한 실재라 여겼죠. 당시 유럽은 제1, 2차 세계대전을 경험했던 상황에서 서구 문명에 대한 불신과 걱정이 컸습니다. 더욱이 국가사회주의를 표방하는 독재자 히틀러의 출현에도 불안을 느꼈지요. 이 점에서 계시실증주의는 전쟁을 야기한 서구 문명을 총체적으로 비판할 신학적 토대가 되었고 정치 비판의 원리로 사용됐습니다.

이런 배경에서 본회퍼란 신학자도 출현할 수 있었습니다. 그는 바르트의 계시실증주의가 지나치게 기독교 중심적이고 전쟁 후 신이

| 카를 바르트 | 스위스 바젤 출신의 신학자로 기독교에 대한 관념적 이해를 배격했으며 당대의 정치적 현실을 외면하지 않고 나치와 대결했다.

사라진 세속사회를 설명하는 데 지나침이 있다고 비판했습니다만, 결국은 1, 2차대전을 경험한 후 계시가 이 땅에 내려와 세상 전체를 바꿔야 한다는 계시실증주의의 맥락 속에서 본회퍼라는 윤리신학자도 나온 셈이죠. 계시실증주의를 비종교적 상황에서 재해석했다고 볼 수 있습니다. 그런 점에서 카를 바르트는 여전히 정치 문제에 대해서는 급진적인 비판력을 갖고 있습니다.

백낙청 카를 바르트가 그런 주장을 한 것이 히틀러 때죠? 히틀러에 저항하는 의도에서 주장한 것이었겠네요?

이정배 예. 앞서 말씀드렸듯이 카를 바르트 신학은 히틀러를 낳은 정치적으로 불의한 구조와 맞설 때 힘이 있습니다. 히틀러의 국가사회주의가 카를 바르트 신학을 확장시켰다고 역으로 말할 수도 있겠습니다. 반면에 계시실증주의는 바르트 자신의 의도와 상관없이 성서 절대주의, 성서무오성(無誤性)을 강조하는 보수 기독교의 근간이 되기도 했습니다. 그렇기에 그는 당대 사상가들과 많이 불화했습니다. 에밀 부르너(Emil Brunner)라는 취리히 신학자와 자연신학을 주제로 토론했고 바젤대학의 동료였던 철학자 카를 야스퍼스(Karl Jaspers)와는 계시신앙과 철학적 신앙의 관계를 주제로 논쟁했으며 슈바이처의 생명외경론을 부정한 것도 그의 계시실증주의에서 비롯했습니다. 좀더 덧붙이면, 에밀 부르너의 경우 인간이 타락했더라도 그의 이성과 책임성은 신과 접촉할 수 있는 근거와 토대가 된다고 했던 반면 바르트는 그것마저 부정하고 자연신학을 거부합니다. 카를 야스퍼스가 조르다노 브루노(Giordano Bruno)를 예로 들어 지구가 돈다는 확신을 가지고 죽을 수 있는 철학적 신앙을 말했으나 바르트를 납득시킬 수는 없었죠. 마찬가지로 슈바이처가 생명외경론을 주장하며 삶의 의지를 가지고 새로운 문명을 재건하겠다고 했을 때 바르트는 계시실증주의에 입각해 인간 의지를 무용지물로 만들어버렸고요. 이렇듯 바르트의 계시실증주의는 정치적인 측면에서의 장점도 있지만 세속문화 및 인류의 종교성을 부정하는 신앙적 보수성을 낳았다는 점에서 공과 과가 모두 있다고 말할 수 있습니다.

말씀하신 대로 신학자 중 두 사람을 꼽으라 하시면 불트만과 틸리히를 언급하겠습니다. 우선 루돌프 불트만은, 성서 언어가 오늘 우리의 입장에서 본다면 신화인데, 그 신화라는 것이 당시 사람들에게는 과학의 언어였던바, 오늘 이 시대에 사는 사람들은 그 신화를 '비신화화'해야 성서의 뜻을 제대로 알 수 있다고 말한 성서학자입니다. 이 점에서 그는 성서에 대한 카를 바르트의 절대적 시각, 곧 계시실

| **루돌프 불트만** | 슐라이어마허, 바르트의 영향을 받은 불트만은 성서 주석가로서 현대인이 성서를 이해할 수 있도록 해설하려 노력했다.

증주의를 상대화한 공헌이 있습니다. 하지만 불트만은 다른 성서 언어는 다 비신화화해도 그리스도의 십자가와 부활 문제, 곧 기독교를 기독교이게끔 하는 결정적인 케리그마만큼은 비신화화할 수 없다고 이야기했습니다. 이런 논리적 불철저성 때문에 불트만은 유럽은 물론 미국에서도 그리스도 자체를 비신화화해야 한다는 도전에 직면했습니다. 서구인들과 달리 제3세계의 사람들, 아시아 사람들에게는 신화 없는 그리스도(Christ without Myth)를 말해야 하지 않느냐는 거였죠. 여기에 불트만 신학의 장점과 한계가 다 있습니다. 불트만은 실증주의적 성서관을 벗겨내는 공을 세웠죠. 동시에 실존적 차원에서 기독교적 절대성을 포기하지 않은 신학자로 평가받고 있습니다.

반면에 파울 틸리히라는 조직신학자가 있습니다. 틸리히는 신학을 교회 안의 언어로 가두기보다는 교회 바깥에 있는 인간 이성의 질문을 중시했습니다. 이성의 물음에 대해 신학이 답을 해야 한다고 생각

| 파울 틸리히와 『19~20세기 프로테스탄트사상사』 | 파울 틸리히는 원시교단에서 종교개혁 직후까지 개신교 사상사를 강연하고 이를 책으로 묶었다.

했던 것이지요. 교회 경험만 갖고 신학을 전개할 수 없다고 생각했습니다. 이성은 묻고 신앙은 답한다며, 이성적으로 제기할 수 있는 모든 질문을 던졌습니다. 심지어 신을 '궁극적 관심'(ultimate concern)이라는 말로 바꾸기도 하면서 전통신학의 언어를 이성의 언어로 바꾸어놓았습니다. 신앙과 이성의 상관성을 신학의 본질로 여겼거든요. 틸리히는 '자율의 문화' '타율의 문화' '신비주의의 문화'가 있다고 했습니다. 자율의 문화는 세속사회의 특징입니다. 세속사회는 '아우토노미'(Autonomie), 즉 자율성을 절대적으로 보고, 그 아우토노미 속에서 자신들의 궁극적인 이야기를 하기 때문입니다. 틸리히는 반면 기독교 같은 종교는 타율의 문화라고 말합니다. 절대타자를 선정해놓고 그 타자를 '궁극적 관심'이라고 믿으며 그 타자에 대한 신앙을 수용하는 것이 타율의 문화로서 기독교의 현실적인 모습이라는 거죠. 마지막으로 동양의 종교들을 신비주의의 문화라

는 틀로 이해했습니다. 틸리히는 자율, 타율, 신비주의 외에 '테오노미'(Theonomie), 즉 신율(神律)의 문화가 있다고 강조합니다. 이것을 새로운 존재로서의 기독교의 탄생이라 봤습니다. 신율의 문화는 이성을 깊게 파고들어갔을 때 거기에서 불거져나오는 영성 곧 성령의 역사라고 말합니다. 그 깊은 이성에서 발현되는 신율의 문화를 새로운 기독교라 주장했지요. 이런 방식으로 틸리히는 이성과 신앙, 교회 안팎의 관계를 연결하려고 노력했습니다. 이 점에서 틸리히는 교회 내의 신학을 강조하는 바르트나 불트만과 변별됩니다.

백낙청 제가 잠시 개인적인 얘기를 채워 넣으면, 미국의 브라운대학 다닐 때 하바드대학이 그렇게 먼 곳이 아니었어요. 근데 하바드 신학대학원에서 틸리히가 강의하셨잖아요. 하루는 그분이 브라운대에 와서 강연을 하셨어요. 제가 그 강연에서 꽤 많은 감명을 받았습니다. 그분 저서 중에서 우리말로는 『19~20세기 프로테스탄트사상사』이고 영문 제목으로는 *The Protestant Era*(1948)라는 책이 있는데 굉장히 감명 깊게 읽었지요. 오늘 이목사님 말씀 들어보니 제가 일찍이 굉장히 중요한 신학자를 접했던 거군요. 이정배 목사님이 제1라운드 지명을 가져가셨으니 이은선 교수님이 두분만 더 좀 말씀해주세요.

이은선 앞에서 이정배 교수님이 말씀하신 세분은 현대 신학을 공부하는 사람들이라면 누구나 빼놓을 수 없는 분들이고, 현대 기독교의 정체성이 여전히 그분들의 영향 아래 있죠. 저 자신도 굉장히 많은 영향을 받았고요. 그러나 세분의 신학은 여전히 교회와 인간과 실존에 함몰되어 있죠. 그런데 이러한 신학을 완전히 새로운 차원으로 전복한 분이 떼야르 드 샤르댕입니다. 제가 대학교 4학년 때 5·18민주화운동이 진압되고 모든 대학은 다 휴교령이 내려진 굉장히 암울한 시절에, 서남동(徐南同) 교수님이 쓰신 『전환시대의 신학』(1976)이라는

| 서남동과 『전환시대의 신학』 | 민중신학자 서남동은 유신체제를 거슬렀다는 이유로 1975년 연세대학교 교수직에서 해임되었고 1976년 자신의 신학을 담은 글을 모아 『전환시대의 신학』을 펴냈다.

책을 아버지에게서 소개받고 그중에서 제일 감동 깊게 읽은 것이 바로 이분에 대한 글이었습니다. 떼야르 드 샤르댕은 가톨릭 신부이면서 뛰어난 고생물학자였죠. 그는 그때까지의 신학과 종교가 철저히 교회와 인간과 실존의 차원에 머물러 있던 것을 훌쩍 뛰어넘어서 1859년에 다윈(C. R. Darwin)의 『종의 기원』이 나온 이후로 현대 과학과 신학이 갈등하는 가운데 우주, 그리고 생성과 진화의 차원에서 그것을 다시 한번 종합하고 뛰어넘을 수 있는 신학의 경지를 연 사람이지요. 뛰어난 종합의 사상가였습니다.

백낙청 선생님이 아까 말씀하신 파울 틸리히의 유명한 저서가 『19~20세기 프로테스탄트사상사』인데 사실 틸리히 같은 사람도 셸링(F. W. J. von Schelling)이라든가 헤겔(G. W. F. Hegel) 같은 분들의 영향을 받아서 'The Great Synthesis'라는, '큰 종합'이라는 사상을 굉장히 중히 여겼어요. 그 큰 종합의 새로운 주자가 저는 떼야르

| 떼야르 드 샤르댕 | 신학자이자 고생물학자였던 떼야르 드 샤르댕은 신학과 현대우주론 및 진화론을 종합하고자 했다.

드 샤르댕이었다고 생각합니다. 세계 종교계에서 이제까지의 하나님이 위에서 또는 옆에서 이끄시는 하나님이라면, 그는 하나님을 앞에서 이끄시는 하나님으로 보았습니다. 그러나 그도 역시 서구 기독교 신학자인 탓에 앞이라는 상징을 '오메가 포인트'라고 하는 예수 그리스도 상징에서 봤다는 점은, 나중에 제가 한국적이고 민족적인 의식이 깨면서 서구 중심성, 기독교 중심주의를 한번 더 넘어서는 계기가 됐습니다.

백낙청 이은선 교수 말씀 들으니까 제가 점점 더 '자백'을 하게 되는데, 떼야르 드 샤르댕을 읽기로 치면 제가 훨씬 선배예요. 1960년대 후반에 아마 함석헌 선생께서 떼야르 얘기를 하셨을 거예요, 어디서. 그래서 아, 참 재밌겠다 해서 그때 영어로 된 『인간현상』(원제 *Le phéomène humain*)을 찾아서 읽고, 1969년에 쓴 저의 「시민문학론」(『창작과비평』1969년 여름호)에서 제법 길게 언급을 했죠.

그때 저는 잘 모르면서도 오메가 포인트에 대해선 조금 거리감을 느꼈습니다. 「요한계시록」에 나오는 식의 우주 종말은 아니지만 기독교적 종말론의 영향이 미치고 있는 것 같더라고요. 동양에서는 사실 '무시무종(無始無終)'이거든요. 불교에서는 '불생불멸(不生不滅)'이라고도 하고요. 함석헌 선생님은 역사 속의 뜻을 강조하시는데, 그 역사의 뜻이 있다는 것과 역사의 어떤 최종 목표지점이 있다는 것은 조금 다른 얘기 아녜요? 그래서 그때 떼야르를 읽고 많은 감동을 하면서도 오메가 포인트에 가서는 약간 고개를 기우뚱했는데, 오늘 전문가 말씀을 들으니까 제가 굉장히 기분이 업되었습니다. 다음 얘기 해주시지요.

이은선 이어서 제가 말씀드리고 싶은 또 한분의 신학자는 프리츠 부리입니다. 저희 부부의 지도교수님이셨고 저희를 스위스 바젤로 보낸 변선환 선생님과 신옥희 교수님 부부의 지도교수이기도 했는데요. 프리츠 부리 교수님은 불트만 신학에서 비신화화할 수 없다고 얘기했던 십자가와 부활을 두고 그것도 비신화화해야지 왜 남겨두느냐고 비판합니다. 불트만 신학의 요체가 '비신화화'라면 프리츠 부리 선생님의 신학은 '비케리그마화'(Entkerygmatisierung)라고 얘기할 수 있죠. 비케리그마화를 더 극단까지 밀고 나가서 카를 바르트 등의 비판을 받았어요. 바르트 교수는 프리츠 부리를 "불트만이 걸쳤던 수영복까지 벗어던진 사람이다"라고 비판했습니다. 하지만 부리 교수님은 십자가와 부활까지도 비케리그마화해서 그것이 궁극적으로 종교나 기독교가 할 수 있는 실존적 자기이해의 표현이며, 우리 인간의 어떤 고유한, '진정한'(authentic) 실존의 한 상징이라고 했습니다. 그러므로 불교는 불교대로 유교는 유교대로 그 참된 자아의 상징을 여러가지로 가질 수 있다고 보셨죠. 그래서 부리 선생님의 대표적인 저서 중에 『붓다와 그리스도, 참된 자아의 주』(*Der Buddha-Christus als der Herr des wahren Selbst*, 1982)라는 책이 있습니다. 그렇게 비케리그마화를 통해서 학문과 세계의 모든 영역으로 그의 신학과 책임의식이 퍼져나갔는데, 1988년 서울올림픽 기념 국제학술대회 때 윤리학 분야에서 선생이 제출하신 논문이 「도(道)와 십자가 상징 안에서의 윤리」(Ethik im Zeichen von Tao und Kreuz)였습니다. 덧붙이자면 부리 교수님은 제가 여성신학을 할 수 있도록 메리 데일리(Mary Daly)도 소개해주셨고, 앞에서도 이야기했지만 서구사상사

The **Buddha -**
Christ
as the **Lord**
of the **True Self**

The Religious Philosophy
of the Kyoto School
and Christianity

by Fritz Buri
translated by Harold H. Oliver

| 프리츠 부리와 『붓다와 그리스도, 참된 자아의 주』 | 프리츠 부리는 인간의 보편적 실존에 근거해 '철학적 신앙'을 이야기한 카를 야스퍼스의 철학을 슈바이처의 신학과 연결지었으며 기독교와 동양사상의 대화에도 관심이 많았다.

의 토마스 아퀴나스(Thomas Aquinas)와 연결될 수 있는, 주희의 사상을 대변혁한 왕양명이라는 사상가도 소개해준 분이십니다.

이정배 너무 부리 선생님 자랑하지 마세요.(웃음)

백낙청 말씀대로 프리츠 부리는 '탈케리그마화'의 신학자로 알려져 있잖아요. 그런데 이 케리그마 문제가 우리가 K사상과 기독교를 이야기할 때 아주 핵심적인 문제이자 난제인 거 같아요. 왜냐하면 케리그마가 꼭 예수의 십자가라든가 부활을 지칭하지 않더라도 무언가 기독교로 하여금 기독교이게 하고 역사적으로 큰 영향을 미치게 만든 그런 사건을 말한다면, 그걸 빼버리면 기독교가 기독교 아닌 게 되잖아요. 그런데 또 그걸 너무 고집하면 K사상이나 다른 신학과의 귀일이랄까 소통이 불가능해지고요. 그래서 어떻게 두마리 토끼를 동시에 잡을까 하는 게 난제입니다. 그 얘기는 나중에 더 하시기로 하죠.

기독교, K사상에 기여할 가능성

백낙청 한국의 기독교가 K사상에 기여할 가능성을 더 구체적으로 검토해보면 좋겠습니다. K크리스차니티, K기독교라는 말도 쓰는데 사실은 우리 사회에서 기독교라고 하면 개신교를 주로 생각하니까 천주교까지 포함하면 K그리스도교가 되겠죠. 그 K그리스도교가 소위 K사상에 얼마나 기여할 수 있을지 얘기를 조금 더 하고, 그다음에는 한국 사상의 관점에서 그리스도교 신학이나 그리스도교 사상가들을 어떻게 볼 것인지 방향을 바꿔 논의해볼까 합니다. 이번엔 이은선 교수님 먼저 말씀해주실까요?

이은선 프리츠 부리 교수의 '탈케리그마'의 의미성 측면에서 제가 말씀을 드렸는데, 저는 그 이후로 한국에 돌아와서 새롭게 대학교수로서 두 아이의 엄마로서 실제적인 가족 경험을 하며 여성의 현실적인 상황에 대한 의식을 갖게 됐습니다. 그러면서 본격적으로 한국 여성 신학적 사유를 넓혀가기 시작했습니다. 저는 서구 신학을 먼저 공부하면서 한국인이자 여성으로서 나름의 사유의 체계를 구성하기 위해서는 결국 기독교가 이야기하는 십자가, 기독론, 부활 같은 것들을 다시 바라보고 대안적인 역사와 우주, 인간 삶의 의미, 새로운 지향점을 찾아내는 것이 제일 중요한 문제라고 보았습니다. 그때부터 저는 한국 사상가로서 서구 기독론 해체와 재구성이 제일 관심이 가는 주제가 되었는데요. 그럼에도 저는 한국 여성들 내지는 한국인들에게 어떤 동아시아 종교 체계도 마련해주지 못했던 경험, 다시 말해

슐라이어마허가 말한 궁극적인 초월자와 직접적으로, 인격적으로 만나는 경험을 가장 보편적이고도 폭넓게 일으킨 것이 기독교라고 생각합니다. 또 기독교의 큰 특징 중 하나는, 부리 교수님이 그의 스승이자 대화의 파트너였던 철학자 카를 야스퍼스에게서 들었던 이야기에도 나타나 있습니다. 부리 교수님이 바젤의 뮌스터교회 목사님이시기도 했는데, 카를 야스퍼스 교수가 이렇게 이야기하셨다고 해요. "다른 것보다도 프리츠 부리 당신에게 굉장히 부러운 점은 내가 갖지 못한 교회공동체를 당신은 가지고 있다는 것이다. 그것이 나는 철학자로서 너무나 부럽다." 자신은 철학자로서 철학적 신앙을 얘기하고 이성의 한계 내에서 종교를 얘기하지만 자신의 모든 이야기가 구현될 공동체를 실제로 갖고 있지 못했으며, 예배 시간을 정해놓고 규칙적으로 신앙을 연습하고 실천할 수 있는 기회를 갖지 못하는 점을 아쉬워하신 거죠. 저는 그런 면에서 한국 기독교가 아주 구체적인 일반 대중의 삶 속에 정해진 시간과 또 규칙적인 활동을 통해서 초월자와 만날 수 있는 기회를 많이 주었다는 것, 그런 힘은 정말 대단하다고 봐요. 한국 기독교에 많은 문제가 있지만 오늘날 새로운 변혁을 고민하는 시점에서 이런 점을 굉장히 귀중하게 여겨야 한다고 생각합니다.

이정배 사실 기독론 해체는 함부로 쓰는 말이 아닌데, 이은선 교수님께서 그런 표현을 쓰셨습니다. 제가 K기독교를 이야기하는 동시에 서구 기독교 사상가를 소개하는 이유가 있습니다. 그 사상들의 흐름에 몇가지 특징이 있다는 것이죠. 일단은 '배타적 절대성'이라는 말을 '무제약성'이라는 말로 변화시켰습니다. 배타성은 어느 한 사람이 독점하는 것이지만 무제약성은 모든 실존이 저마다의 방식으로 가질 수 있는 경험들이기 때문에, 배타성·절대성의 개념을 다르게 이해한 것이라는 공헌이 있지요. 결국 이런 신학의 흐름 속에서 제가 강조하고 싶은 것은, 그 결과 첫번째로 우리가 아시아적인 주체성, 아시아적인 종교성을 자각하게 되었으며, 두번째로 자연의 신적 차원을 새롭게 발견하게 되었으며, 세번째로는 여성의 경험이 종교를 이해하는 데 얼마나 소중한 자산이며 교리적 차원의 기독교 종말론이 얼마나 폭력적인지도 깨닫게 되었다는 점입니다. 덕분에 기독교 종말론의 상대화라는 개념도 알게 되었고요. 더 근본적으로는, 성서가 실증적인 것이 아님을 깨닫고 성서 자체의 무오성이라는 개념에서 어느정도 벗어나는 과정이 있었기 때문에 우리가 'K크리스차니티'를 말할 수 있는 토대를 얻게 되었다고 생각합니다.

이런 일련의 과정을 신학 개념의 변천사로 다시 정리할 수 있습니다. 우주에 대한 직관과 감정을 강조하며 한 개인의 신앙적 경험에 방점을 둔 슐라이어마허는 신학을 신앙론(Glaubenslehre)이라 불렀습니다. 반면 개인이 아닌 교회공동체 경험을 중시한 카를 바르트의 경우 신학을 교회교의학(Kirchliche Dogmatik)이라 일컬었지요. 파울 틸리히에 이르면 신학은 교회 밖의 이성의 물음에 대해 체계적으로 답하는 조직신학(Systematic Theology)이란 이름을 갖게 됩니다. 이후 포스트모던 상황에 이르러 틸리히의 이성은 서구적 이성을 보편으로 여겼다고 비판받으며 제3세계의 토착적 이성, 흑인의 경험, 아시아적 주체성을 앞세운 구성신학(Konstruktive Theologie)을 탄생시켰습니다. 구성신학의 특징은 소유격의 신학이란 점입니다. 그간 홀대받고 폄하된 주체들이 재주체화되는 과정에서 여성의 신학, 자연의 신학, 흑인의 신학, 아시아의 신학과 같은 신학의 파편화가 생겼죠. 현재 신학은 파편화된 신학을 재통합하는 과제에 직면했습니다. K기독교, K신학의 과제도 여기서 찾아야 할 것입니다. 이 점에서 저는 한국의 개벽사상을 아주 소중하게 생각합니다.

이제는 '재구성의 신학'을 어떻게 가능하게 할 것인가, 파편화된 신학을 통합의 신학으로 다시 만드는 보편의 신학으로 어떻게 나갈 것인가가 큰 과제가 되었습니다. 한국인 수용자의 시각에서 파편화된 신학에 만족하지 않고, 동아시아 신학, 그러나 동시에 세계에 공헌할 수 있는 신학을 창발시켜내야 합니다. 이를 위해 개벽사상이 상당히 소중하다 생각됩니다. 이 개벽의 경험을 통해 우리만의 것이 아니라 세계 차원의 보편적인 신학을 만들어가는 작업을 해야 한다는 취지에서 'K크리스차니티'의 의미를 중히 여기고 있습니다.

한국적 기독교 사상의 선구자들

백낙청 그런 한국적 기독교의 가능성을 열어오신 구체적인 인물들, 동시에 두분의 선학이기도 한 분들에 대한 논의를 해야겠습니다. 이번에는 제가 몇분을 거명하고 그중에서 특별히 중요하다고 생각하시는 분들 얘기를 해주시면 좋겠어요.

먼저 최초의 감리교 목사이셨죠, 정동교회의 최병헌(崔炳憲) 목사님. 백영서(白永瑞) 교수가 엮어낸 『개벽의 사상사』에 그분에 관한 글이 한편 있습니다. 또 유영모(柳永模) 선생님, 함석헌 선생님이 계시고요. 함석헌 선생, 김재준(金在俊) 목사님, 김교신(金敎臣), 이 세분은 다 동갑이시죠. 그리고 두 내외분의 스승이셨던 일아(一雅) 변선환 선생. 이신 목사님은 모르는 분들이 계실 텐데, 이은선 교수님의 선친이시고 이정배 교수님한테는 장인 되십니다. 저는 두분 덕에 뒤늦게 이신 목사님을 알게 됐습니다만, 참 대단한 선각자셨다는 생각을 합니다.

이렇게 거명한 분들의 개별적 성과를 검토하면서 서로 비교 평가도 할 필요가 있을 것 같아요. 이분도 저분도 훌륭하다고 하다보면 정작 그분들의 어떤 점이 얼마나 훌륭한가 하는 데 대한 정밀한 인식이 빠져버릴 수 있거든요. 그래서 이정배 교수님, 그동안의 선구적인 작업에 대해 간략히 말씀해주시면 어떨까요.

이정배 간략하게 이야기하되 변선환 박사님에 무게중심을 두고 말씀을 드리겠습니다. 저는 지금은 교파의식에서 자유로우나 여태껏 감리교단에 속해 있었습니다. 오늘의 감리교와 달리 초창기 감리교는 여타 교단과는 다른 점이 많았습니다. 과거 서세동점의 시기에 조선에서 서구 기독교를 처음 받아들일 때 감리교를 수용한 사람들은 이를 주체적으로 받아들이고자 애썼습니다. 대륙의 합리론이 아니라 영국 경험론의 영향을 받았기에 경험적으로 확신하지 못하는 것을 진리로 인정하지 않겠다는 흐름이 감리교에 있었기 때문입니다. 감리교에서 활동한 탁사(濯斯) 최병헌은 정통 유학자였습니다. 당시 기독교를 받아들인 많은 유학자들이 유교를 버린 반면에 이분은 유교의 바탕 위에서 기독교를 수용코자 노력했습니다. 유교와 기독교를 단절이 아닌 연속선상에서 보려고 했죠. 물론 기독교에 우위를 두셨지만 '서양지천은 동양지천이다(西洋之天卽東洋之天)'라는 유명한 말을 남겼으며, 『만종일련(萬宗一臠)』이라는 책을 썼습니다. 여기서 '련' 자는 고기 맛이라는 뜻으로 만가지 종교가 있지만 그 종교의 맛은 다 한가지라는 뜻입니다. 탁사 최병헌은 당시에 조로아스터교, 즉 배화교(拜火敎) 등 굉장히 다양한 종교들을 열거하면서 그런 글을 쓰셨습니다. 그리고 정동교회에서 서양 선교사였던 아펜젤러와 동역하면서 그에게 한국인의 하나님 개념을 일깨워준 분이었습니다. 그 때문에 『개벽의 사상사』에서 탁사 최병헌을 한계가 있음에도 중요하게 다뤄

유교에서 기독교로 이행한 탁사 최병헌

근대이행기 동서문명을 접목하고 나아가야 할 방향성을 제시하고자 고심했던 탁사는 신학자, 목회자로서뿐 아니라 사상가로서도 중요한 행적을 남겼다. 따라서 그의 활동이 기독교 내에 한정되지 않고, 사회적으로 폭넓은 영향력을 행사했다는 점을 고려한다면 그의 시대적 과제 인식과 새로운 문명론에 대한 연구는 유교 지식인의 기독교 이행이라는 점뿐 아니라 한국 근대사상사를 읽는 데 중요한 실마리를 제공할 수 있을 것이다.

탁사는 종교를 문명의 근원으로 파악하고 서구 문명(器)뿐 아니라 서구 종교(道)의 수용을 주장한 대표적 인물로 알려져 있다. [⋯] 탁사는 서구 문명의 원천을 기독교로 파악하고 기독교를 수용했지만, 그 기독교를 유교와의 연속선상에서 이해했다는 점에서 '유교적 기독교인' 혹은 '유교적 토착화 신학자'로 불리기도 한다. 이는 탁사가 서구 문명의 수용을 주장했지만 '전통'을 부정하지 않았다는 것을 의미한다. '개벽'을 전통을 새롭게 해석하고 서구 근대성과의 접목과 융합하려는 태도로 바라본다면, 탁사의 사상을 개벽의 시선으로 읽을 수 있는 자리는 마련된 셈이다.

— 허남진 「탁사 최병헌의 문명론과 국가건설사상」, 백영서 엮음 『개벽의 사상사』, 창비 2022, 46~47면

준 것이겠지요.

이어 변선환 선생님에 대한 이야기를 드리고 싶습니다. 변박사님과 그의 부인이신 신옥희 선생님 그리고 저희 부부의 지도교수가 모

두 같은 분입니다. 앞서 말한 프리츠 부리 교수시지요. 두분은 각기 토오꾜오학파의 선불교와 원효사상을 기독교와 연계해 학위논문을 쓰셨기에 저희에게는 나중에 이야기할 해천(海天) 윤성범(尹聖範) 선생님의 뒤를 이어서 유교를 공부하고 오라고 하셨습니다. 처음부터 저희는 학문적 자유가 없었던 셈입니다. 선생님이 감신의 학문적인 맥락 속에서 저희에게 과제를 주셨기 때문에 저희는 그 뜻을 받들었던 것이지요. 변학장님은 앞서 말씀드린 서남동 교수처럼 '안테나 신학자'라고 불릴 만큼 서양의 모든 신학을 소개했어요. 특히 기독교의 배타성을 벗길 수 있는 서양 이론은 물론 아시아적 사유를 모조리 소개하려고 애를 썼습니다. 자신의 신학 작업이 독백이 아닌 세계의 추세임을 강변할 목적에서였습니다.

선생님은 국내에 아시아 신학자들을 소개하면서 이런 말씀도 하셨어요. 서구 기독교가 한국과 아시아에 들어오려면 아시아의 요단강, 즉 갠지스강에서 세례를 받고 들어와라, 서구 기독교의 옷을 입은 채로 자신들 문화를 입력시키는 기독교라면 우리는 '노 생큐'다. 아시아의 요단강에서 세례를 받는다는 것은 아시아의 종교성과 민중성의 세례를 받고 들어와야만 한다는 뜻이었죠. 그때까지 감리교 토착화 신학자들은 문화적인 자각에는 앞섰지만 민중 개념이 상대적으로 취약했는데, 선생은 민중성과 종교성의 두 축을 함께 부여잡고, '종교해방신학'이라는 말로 자신의 토착화 신학을 진일보시켰습니다. 종교해방신학이라는 말 속에는, 민중을 해방한다는 의미도 있지만 종교 자체도 해방되어야 한다는 뜻도 담겼습니다. 선생님은 종교의 해방을 역설하면서 아시아의 종교해방신학을 전개하셨죠. 심장마비로 돌아가시기 전까지 마지막으로 쓰시던 논문이 원불교와 관계된 것이었습니다. 그 글을 제가 원불교 소태산 탄생 100주년 기념

| **일아 변선환** | 감리교신학대학 원장을 역임한 목사이자 신학자인 변선환은 종교다원주의 신학을 제창하다가 감리교 교리를 위배했다는 이유로 1992년 서울연회 재판위원회에서 최고형인 출교를 선고받았다.

식에 가서 대독하고 왔는데, 그때 원불교 교무님들이 변선생님을 성심껏 기리는 방식에 감동을 했습니다. 변박사님이 「일원상의 진리와 존재 신비주의」(『한국종교』 4·5권, 1980)라는 글을 쓰시면서 '원(圓)기독교'라는 이야기를 한 것에 교무님들이 감격하셨기 때문입니다.

이렇듯 변선환 선생님은 기독교를 아시아적 토양에서 수용하려고 애썼습니다. 그분께서 원기독교를 말한 것은 그분 신학의 논리적 귀결이라 할 것입니다. 그럼에도 아쉬운 점이 있습니다. 원불교를 그 자체로 이해하기보다 서구의 존재신비주의 사상에 근거하여 설명했기 때문입니다. 원불교를 서구 존재신비주의 사조와 같게 본 것은 일리가 있으나 전리(全理)일 수는 없지요. 변선생님 신학이 수용자의 입장을 강조했지만 여전히 전달자의 차원을 온전히 벗겨내지 못한 것 아닌가 조심스럽게 평가해봅니다.

'종교해방신학자' 변선환

신학자 변선환은 초기 축의 종교들, 소위 선(禪)을 포함한 유교, 불교로부터 민중불교, 원불교로 관심을 이전시켰다. 아시아 종교신학자들과 의견을 공유하면서 서구 기독교에 이 땅의 요단강, 즉 민중성과 종교성의 세례를 받고 들어올 것을 요구하고 역설했다. 이곳의 종교성과 민중성을 본문(text)으로, 서구 신학을 각주(footnote)로 삼을 것을 주장한 것이다. 하여 그의 신학은 이웃 종교의 신학이 되었고 때론 '종교해방신학'이라 불렸다. 종교가 처한 현실을 변혁할 뿐만 아니라 개벽사상이 그랬듯 종교 자체를 해방시키려 한 것이다. 급기야 변선환은 '일원상의 진리'를 주제로 한 논문에서 '원(圓)기독교'의 가능성을 제시했다. 서구의 존재신비주의사상에 잇대어 설명한 한계는 있었으나 이 땅의 개벽사상, 민중종교들에서 기독교를 달리 해석한 것이다. 이로써 그는 토착화와 변별된 토발(土發) 신학자의 길을 내딛게 되었다. 아래 인용문에서 서구 신학과 변별된 개벽사상으로서 원기독교의 일면을 살필 수 있다. "신은 우리를 위해 존재하거나 우리 안에 존재하고 있거나 우리 밑에 계시는 분이 아니라 바로 우리 자신입니다."*

* 변선환 「일원상의 진리와 존재 신비주의」, 『불교와 기독교의 만남』, 한국신학연구소 1997, 332면.

— 이정배 「기독교의 개벽적 전회」, 『창작과비평』 2023년 겨울호 300~301면

백낙청 감리교가 교리 면에서 새로운 가능성을 탐구하는 데 더 큰 역할을 하셨다는 말씀은 저도 동감인데요. 김재준 목사님 같은 분은 토

착화 신학에 직접 관여하시진 않은 것 같고, 그 대신 그분의 중요한 업적은 토착 교단을 만드신 거예요. 토착 신학교를 만드시고, 기독교 장로회를 만드시면서 조선신학교, 오늘의 한신대학교를 설립하셨고요. 그 덕분에 종래의 보수적인 기독교 교단만 있었다면 감리교에서 변선환 선생님이 쫓겨나셨듯이 출교를 당했을 분들이 마음 놓고 활동하셨습니다. 그래서 서남동 목사나 안병무(安炳茂) 박사, 문동환(文東煥) 박사 같은 분들이 여러분 나오실 수 있었죠. 김재준 목사님은 진짜 일을 만들어내시는 분이었던 같아요. 그런 일을 해내신 분도 기억하고자 제가 중간에 끼어들었습니다.

이정배 김재준 선생님은 어린 시절부터 한학을 많이 공부하셨어요. 그것이 그분의 사고 지평을 구성했는데 김재준 선생님은 함석헌 선생님 같은 분들과 만나 사상적인 지평을 더욱 넓혀가셨지요. 하지만 김재준 목사님을 토착화 신학의 관점에서 보는 일은 다소 무리인 듯 싶습니다. 김재준 목사님은 성서 비평에 근거하여 한국 문화에 대한 이해에 앞서 기독교를 옳게 세우는 일에 더 마음을 쓰셨죠. 그렇기에 감리교 토착화 신학을 자유주의 전통으로, 김재준 학장님의 성서비평학을 진보적 관점에서 서로 대별해 이해하는 것이 좋겠습니다.

백낙청 저도 1970년대 민주화운동 과정에서 함선생님이나 김재준 목사님을 깊이 알진 않아도 여러번 뵀어요. 함께 집회도 했는데요. 그때 함석헌 선생님은 스타 기질이 있으시다는 인상을 받았는데, 김재준 목사님은 참 겸손하시고 조용히 일을 해내시는 분 같더라고요. 아까 한국의 감리교가 영국에서 왔기 때문에 그 덕을 좀 본 게 있다고 하셨는데, 저는 한경직 목사님 쪽과 김재준 목사님 쪽의 큰 차이 중 하나는 누가 그 지역에서 선교를 했는가 하는 점이라고 봅니다. 김목사님이 성장하신 함경도 지역은 북장로교회의 선교 지역 아닙니까.

| 김재준 | 한국기독교장로회와 한신대학교를 설립한 진보적 신학자이자 목회자였다.

| 진보적 신학자들 | 왼쪽부터 안병무, 서남동, 문동환.

캐나다 등에서 온 그들은 남장로교회 같은 배타적인 케리그마를 덜고집해서 김목사님이 덕을 보셨다고 생각해요.

이은선 백낙청 선생님 말씀대로 김재준 목사님이 어떤 신앙이나 학문으로서 한국적 토착화 신학을 내세우지는 않았어도 교단을 만들고 교회와 대학을 세우신 것은 바로 유교가 가지고 있는 큰 실천력, 한마디로 '성(誠)'에서 비롯됐다고 생각합니다. '성'은 말씀 언(言) 변에 이룰 성(成) 자로 이루어져 있죠. 생각한 것을 구체적으로 현실 속의 열매로 만들어내는 걸 굉장히 중요하게 여긴, 이 '성'의 한국 신학을 이루려고 하신 분이 바로 제가 말씀드리려는 윤성범 선생님입니다. 윤성범 선생님은 변선환 박사님보다 먼저 1950년대에 스위스 바젤로 유학을 가서 카를 바르트 신학과 율곡의 성학(聖學)을 연결해 그 유명한 '성(誠)의 신학'이라는 것을 구성해내셨습니다. 윤성범 선생님은 하늘의 신을 지극한 아버지라고 부를 수 있을 정도로 가깝게 여긴 예수야말로 전통적인 효 의식을 지닌 효자였다고 하셨어요. 나아가 가족 관계나 가족적인 삶을 구성하는 구체적인 몸의 관계를 중시했던 한국의 토양에서 나온 그 '효'와 '성'을 생각할 때 기독교는 결코 서양 종교가 아니고 동양 종교라고 말씀하신 분이죠. 『성의 신학』(1976)과 『효』(1973)라는 유명한 책을 1970년대에 내셔서 유교와 기독교의 대화를 본격적으로 시도하셨고, 칸트(Immanuel Kant)의 『순수이성비판』을 처음으로 번역해내셨을 정도로 서양의 사상과 신학에도 깊이가 있는 분이셨죠. 그러면서 서양 종교의 한계로 종교를 너무 형이상학화하고 윤리가 부족하다는 점을 지적하셨고, 대신에 한국의 유교는 너무나 윤리화됐기 때문에 종교성이 많이 떨어진다고 보셨습니다. 단군신화도 굉장히 의미화하셨는데, 제가 보기엔 그 과정에서 초창기의 기독교 학자들이 행하는 우를 또 범하셨어요. 단군신화의 삼신(三神)사상이 기독교의 삼위일체에서 영향을 받은 것이라며 이를 설명하기 위해 5~6세기에 중국을 통해서 넘어온 경교(景

| 해천 윤성범과 『성의 신학』 | 감리교신학대학 교수였던 윤성범은 신학의 토착화를 주장하며 한국의 전통을 바탕으로 서구 기독교 전통을 소화하고자 했다.

敎)를 억지로 끌어들이기도 한 것입니다.

이것을 다시 뒤집은 분이 박순경(朴淳敬) 선생님입니다. 지금까지 우리가 남성 신학자 얘기만 했는데, 이들과 같은 수준에서 얘기할 수 있는 한국이 낳은 대신학자이시지요. 이분도 카를 바르트를 출발점으로 신학을 시작하셨죠. 그러나 우리 민족에 대한 사랑이 너무나 크셔서 1970년대에 카를 바르트 무덤 앞에 찾아가 내가 이제부터 민족의 문제, 분단의 문제를 해결하기 위해서 당신 신학으로부터 떠나겠다고 고한 이야기는 아주 유명합니다. 이후 한국에 오셔서 분단의 문제를 아주 치열하게 다루면서 민족과 민중과 여성의 시각을 통합해 여성통일신학을 이루신 분입니다. 박순경 선생님은 윤성범 선생님이 말했던 단군신화와 삼위일체의 관계를 뒤집어서, 오히려 기독교의 삼위일체가 바로 단군신화에 영향을 받았다고 보셨어요. 정말 뛰어

| 박순경 | 대표적인 여성신학자로 활약하며 서구의 신학 전통과 민족, 통일을 종합한 '한국 여성통일신학'을 쌓아올렸다.

나게 전복적으로 사고하는 분이었죠. 그러나 이분도 다시 바르트의 영향 안에서 한민족의 환인의식이라든가 삼신의식의 한계를 지적하고, 그것이 유대 기독교의 야훼 하나님의 역사 섭리에 의해서 결국은 포괄되어야 한다고 말씀하십니다. 이런 점에서 저는 그분 다음 세대의 토착화 여성신학자로서, 「한국 여성신학자 박순경 통일신학의 세계문명사적 함의와 성(聖)·성(性)·성(誠)의 여성신학」(『동북아 평화와 聖·性·誠의 여성신학』, 동연 2020)이라는 글에서 그분이야말로 그간의 해석을 넘어섰다는 점에서 중요한 토착화 신학자지만 그 한계 또한 있음을 지적했습니다.

마지막으로 말씀드릴 이신(李信) 목사님은 한국 기독교의 토착적이고 민중적인 두가지 성격을 자신의 삶으로 전유한 분입니다. 앞으로의 인류 문명 전체에 대한 큰 전향을 지향하셨는데요. 그래서 기독

| **이신 목사와 그의 그림** | 목사이자 신학자였으며 화가이기도 했던 이신은 자신의 사상과 영성을 초현실주의적인 그림으로 표현했다.

교 문명의 시작점으로 다시 돌아가 그 문명의 근본과 핵심이 무엇이었는지 살피기를 원하셨습니다. 즉, 신·구약 중간기 묵시문학의 사상과 그 시기를 집중적으로 연구하셨죠. 그리고 그 속에서 2천년의 교회와 신학과 체제 속에서 굳어져버린 기독교 본연의 역동성과 저항성을 다시금 찾아내고자 하셨어요. 동시에 그는 한국인으로서 신앙에서마저 다른 사람, 즉 서구 신학의 종노릇을 할 수는 없다고 하시며 한국인으로서의 자각을 가지고 원래 기독교의 복음 회복과, 서구 기독교 역사에서 무수한 교파로 갈라진 교회가 아닌 초대교회적 '그리스도의 교회'로의 환원을 주장하는 선언을 하셨습니다, 1974년에 나온 '한국 그리스도의 교회 선언'이 그것입니다.

이분은 화가이면서 시인이기도 하셨어요. 서구에서 20세기에 막 일어났던 다다이즘, 초현실주의, 미래파 선언 같은 눈에 보이는 현실 영역 너머에 있는 예술가들의 '쉬르레알리슴'(surréalisme), 즉 초

자동기술법으로 초월과 연결되는 글쓰기를 시도한 이신

1) 하나님은 영(靈)이시다

(1) 성경 가운데 하나님을 정의한 성경 구절이 여럿이 있지마는 "하나님은 영靈이시다"(요:4:24)는 말씀처럼 뚜렷한 하나님의 정의가 드물고 또 우리가 논하려는 '카리스마적 신학'을 말하려는 마당에 이보다 하나님을 잘 말한 좋은 성경 말씀은 없었다.

— 이신 『슐리얼리즘과 영(靈)의 신학』, 이은선·이경 엮음, 동연 2011, 269면

현실의 사고를 연결해 인류 전체가 더 큰 보편으로서 지향해야 하는, 지금 여기에 보이는 단차원적인 사실을 넘어선 세계를 향한 이상을 꿈꾸셨죠. 원래 감리교신학대학에서 공부하셔서 윤성범 선생님과 굉장히 친하게 지내셨고, 변선환 선생님과도 호형호제하셨는데, 한국전쟁 당시 전라도 지역에서 일어났던 한국의 자생적인 성령운동을 만나서 감리교단을 나오셨어요. 그후 한국적인 그리스도의 교회를 만들려고 고투하시고, 그 비전을 당신의 언어와 그림, 시 등으로 말씀하시다가 1981년 쉰네살이라는 이른 나이에 돌아가셨습니다.

1960년대에 이미 한국적 묵시문학가로서 수운 최제우의 파격적인 동학사상의 의미를 밝히고자 하셨고 '포이에티스트'라는 문화인·시인들의 모임을 결성하여 창조적 이상을 나누고자 하셨으며, 그의 저술을 엮은 『슐리얼리즘과 영(靈)의 신학』(이은선·이경 엮음, 동연 2011)에 나타나 있듯이 띄어쓰기까지 다 파괴한 자동기술법을 활용해 가장 평범한 일상의 언어로 초월과 연결되는 경험을 적는 글쓰기를 시도

하신 점도 선구적이었다 하겠습니다. 이른 나이에 돌아가신 탓에 풍성하고 구체적인 결실 대신 씨앗만 던져두고 가셨지만, 한국사상사의 흐름 속에 이런 사유와 삶이 있었다는 것을 또다른 'K크리스차니티'의 의미로 발굴해내려고 저희 부부가 노력하고 있습니다.

이신과 역사 유비의 신학

백낙청 아까도 말씀드렸지만 두분 덕분에 이신 목사님을 뒤늦게 알게 돼서 그분에 관한 책과 그분의 글을 좀 보았습니다. 그림은 도판으로밖에 안 봤습니다만, 정말 뛰어난 분이라고 여겨져서 이렇게 백낙청 TV에서 미력하나마 그분을 세상에 알리는 데 역할을 하게 되어 참 기쁘고 영광스럽게 생각합니다. 이정배 목사님께서는 최신 저서로 『'역사 유비'로서의 이신의 슐리얼리즘 신학』(동연 2023)이란 책을 내셨는데, '역사 유비'라는 그 단어는 이목사님이 처음 만들어내신 거예요?

이정배 가톨릭 신학은 그리스 철학, 특히 아리스토텔레스의 영향을 받았고 토마스 아퀴나스에 이르러 '존재 유비'의 신학으로 정초되었습니다. 자연 속에 초자연이 담겨 있으므로 그 둘을 분리하지 않고 유비적 관계로 본 것이 존재 유비의 신학입니다.

백낙청 유비(類比)는 우리가 자주 쓰는 말은 아닙니다. 영어로 하면 'analogy'고요. 그대로 쓰면 혼동이 되니까 그냥 영어 그대로 '아날로지'라고 하는 사람들도 많이 있어요. 원래 가톨릭에서는 라틴어로 'analogia entis', 존재 유비라고 하지요?

이정배 예, 그렇습니다. 앞서 살핀 카를 바르트 신학과 달리 자연을 부정하지 않았죠. 자연에 초자연의 흔적이 담겨 있다고 본 아리스토텔레스적 요소를 간직한 것이지요. 이에 반해 개신교 신학은 한마디로 아리스토텔레스의 요소를 지워버린 것이 특징이죠. 자연을 부정한 겁니다. 대신 독일 신비주의의 사유 틀을 받아들여서 개인과 하나님의 관계로 또다른 유비를 만든 게 '신앙 아날로지'입니다. 인간은 신앙이 있어야 비로소 신과의 관계가 생기지 신앙이 없는 자연 상태의 인간은 하나님과는 아무런 관계가 없다는 거죠.

이렇듯 지금까지 가톨릭은 존재 유비의 신학, 개신교는 신앙 유비의 신학을 근간으로 했습니다. 종교개혁자 루터(Martin Luther)가 신앙 유비의 신학을 만든 장본인이었지요. 신학에서 아리스토텔레스적 요소, 곧 자연의 능동성을 부정하면서 말이지요. 장 깔뱅(Jean Calvin)을 따랐던 카를 바르트는 이 점을 더욱 강조했습니다. 제 문제의식은 과연 이 두 도식으로 오늘의 세계를 설명할 수 있고 오늘의 세계와 여실하게 만날 수 있겠는가 하는 데 있습니다. 가톨릭의 존재 유비의 신학은 포괄주의적 입장을 취합니다. 자연 및 타 문화를 긍정하고 수용하지만 기독교 하나님 개념 속에 모든 것이 포함되어 있다고 생각한 것이지요. 가톨릭이란 말이 보편적이란 뜻을 갖는 것도 이런 연유에서입니다. 일종의 가톨릭 중심의 보편성이 견지되는 것입니다. 이에 반해 개신교의 신앙 유비의 기본 틀은, 너는 다 틀리고 잘못되었어, 우리만 옳아, 이렇게 말하는 배타주의를 표방합니다. 그래서 가톨릭을 개신교보다 좋게 말하는 사람도 많지만, 가톨릭의 포괄주의 입장에 배신감을 느끼는 사람들도 있습니다. 가톨릭의 입장에서 볼 때 자신들은 그들의 일부이자 부분집합으로 평가받기 때문이지요.

백낙청 가톨릭이라는 말이 원래 보편적이란 말인데, 사람들이 정작 찾아가보면 가톨릭교회가 시키는 대로 해야 구원받는다고 하죠.

이정배 네, 그렇습니다. 그래서 저는 이 두 아날로지의 신학 구조로 오늘의 세계를 설명할 수 없다고 여겼고 이신과 발터 베냐민(Walter Benjamin)을 공부하면서 '역사 유비'라는 말을 떠올렸습니다. '역사 유비'라는 말은 아직 어느 쪽에서도 사용하고 있지 않으나 성서를 이해할 때 아주 핵심적 개념이라 생각합니다. 흔히 신약성서와 구약성서를 연결할 때 고난받는 종 이사야와 예수를 연결하기도 하고, 유대적 성향이 짙은 「마태복음」에서는 예수를 구약성서 모세와 연결하며, 요즘 유물론적 신학자 지제크(Slavoj Žižek) 같은 사람은 고통받는 욥의 고난을 십자가 예수의 사건과 연결시키면서, 주로 인물과 인물로 신·구약 성서를 연결해 성서의 의미를 풀어왔습니다. 이와 견줄 때 제가 보기에 구약에서 정말 중요한 것은 '희년(禧年)사상'이라 생각합니다. 인간이 살다보면 삶의 균형이 깨져 계속해서 부자가 있고 가난한 자가 생기며 지배자가 있고 억압자가 있기 마련인데, 희년 사상은 처음으로 돌아가 삶을 다시 시작하라는 명령입니다. 첫 창조 시 하나님 보기에 좋았던 상태로 체제를 되돌리라는 정언명령이죠. 이를 실현하려 했던 이들이 예언자들이고, 반면에 그것을 부정하며 기득권을 지키려 했던 이들이 왕과 성전 지도자였음을 성서가 말하고 있습니다. 이런 바탕에서 외세의 침략을 받으며 하나님 나라 사상이 발현됐고 예수가 탄생한 것인데, 그렇게 본다면 역사의 유비라는 것이 신·구약을 연결짓는 중요한 하나의 틀이 될 수 있다고 봅니다. 오히려 그것이 오늘 우리 시대에 더 정합성 있겠다 싶고요.

주지하듯 이신 박사님과 발터 베냐민은 쉬르레알리슴을 함께 공유하고 경험했어요. 이후 이신은 동양의 종교에 관심을 두었고, 발터 베냐민은 자신의 근원인 유대주의로 넘어갔죠. 이 점이 쉬르레알리

| 발터 베냐민 | 베냐민에게 세계 자체를 포괄할 수 있는 궁극적인 이념이란 존재하지 않는다. 그에게 이념이란 인식하는 자가 과거와 만나 이루는 별자리, 즉 성좌다.

슴 사조를 공유한 두 사람의 결정적인 차이를 낳았습니다. 이렇듯 서로 방향이 달랐지만 실패한 역사 속에서 인류를 어떻게 구원하고 오늘날 실패한 이들의 삶에 이유와 미래를 부여할 것인가 하는 것이 두 사람의 공통된 과제였습니다.

백선생님이 말씀하신 로런스도 초월의 지평을 역사의 지평에서 찾으려고 부단히 애를 썼다고 생각합니다. 발터 베냐민에게는 '성좌', 별자리 개념이 있습니다. 서로 무질서하게 존재하는 것 같지만 사실 질서가 있는데, 그것이 별자리, 즉 성좌인 것이지요. 파편적인 무수한 역사 경험들 또한 이와 비슷하다는 것이 베냐민의 생각이었고, 이신도 이에 공감했습니다. 무관한 듯 보이는 역사 경험 역시 어떤 연관 속에 있다는 것이 이들의 생각이었습니다.

이신 목사님은 후썰(E. Husserl)의 현상학 이론을 바탕으로 자신의 생각을 전개했습니다. 역사적인 차이나 조건에 대해서는 일단 판단 중지를 하고 그 속에서 어떤 의식이 출현했는지 중요하게 살폈지요. 예컨대 기독교 안에서 하나님 나라 사상의 전조인 '묵시의식(默示意識)'이 출현했다면 수운에게도 역사를 살려내려는 종교체험이 있었다는 것이죠. 창조적인 고뇌와 현실의 고통 속에서 미래를 전망하는 의식지향성에서 친족 관계성을 보았습니다. 즉, 판단 중지를 거친 의식의 지향성 속에서 양자의 유사성들을 발견했던 겁니다. 저는 거기에서 '역사 유비'라는 말을 생각했습니다. 다른 듯 보이지만 실패하고 잊힌 의식들을 역사 속에서 발견하여 오늘 우리의 의식으로 재현해나가는 노력들을 재건할 목적에서입니다.

동학을 신학적으로 이해하려 할 때 한신대 김경재(金敬宰) 선생님의 작업이 의미가 있습니다. 그분은 범재신론(汎在神論)의 개념을 가지고 동학의 신관을 이해하려고 했습니다. 이신 박사님은 그보다 이른 시기에 수운의 종교체험에 총체적인 관심을 갖고 주목했으며 그것을 아방가르드 의식, 초월적인 의식으로 여기면서 기독교의 모체인 묵시의식과 유사성이 있다고 봤습니다. 시대도 다르고 역사적 배경도 달랐지만 의식에 있어 친족 관계성이 있다고 했습니다. 이렇게 그는 동양적인 주체성에 바탕하여 쉬르레알리슴의 신학을 시도했고, 저는 묵시사상과 수운의 영향을 받은 이신의 생각을 좀더 발전시켜보겠다는 차원에서 다소 생경하지만 역사 유비 신학의 첫발자국을 뗐습니다.

백낙청 저도 그 취지에는 공감을 하면서, 용어가 좀 익숙하지 않은 분들을 위해서 설명을 덧붙이겠습니다. 묵시문학 하면 사람들이 먼저 「요한계시록」을 생각해요. 그걸 영어로는 'Apocalypse'라고 하는데, 아포칼립스의 원뜻이 묵시, 계시지만, 거기서 세상의 종말, 최후의 심판 얘기가 길게 나오기 때문에 'apocalyptic'이라고 하면 세상의 종말을 뜻하기도 합니다. 그런데 지금 말씀하시는 묵시문학이라는 것은 구약성서의 마지막 부분이죠,「다니엘서」라든가. 그분들이 묵시문학을 할 때는 천지의 종말이라는 종말론이 아니고 일상생활에 매몰되어 있다든가 성서의 문자에 얽매이면 알 수 없는 더 깊은 의미 같은 것을 말씀하시지 않았나 싶습니다.

이정배 묵시의식에 대해 부연하자면, 바벨론에 포로로 잡혀간 사람들이 이스라엘로 되돌아왔으나 함께 귀국한 성전 지도자들은 주변 강대국에 의존하는 포로 시절의 노예의식을 벗지 못하고 있었습니다. 멸망한 이스라엘을 자신들 방식으로 개척할 힘을 잃은 것이지요. 이에 당시 서기관들, 오늘로 말하자면 신학자들이 성전에 반기를 들며 새로운 신학운동을 일으켰습니다. 이를 '서기관들의 반란'이라 일컫습니다. 이때 발현된 신학운동을 묵시문학이라 하지요. 이신 박사님은 이런 묵시운동을 흔히 말하는 신약성서 끝자락에 있는 「요한계시록」차원에서가 아니라 신·구약성서 중간기 4, 5백년 동안 생성, 집적된 묵시문학 자료들에 관심을 갖고 연구했습니다. 이런 묵시의식의 본질을 '영적 양극성'이라 명명했지요. 누구보다 철저하게 현실을 부정하는 방식으로 당면한 현실을 개조하려 했던 것입니다. 수운 같은 분들도 유불선 모두 운이 다하지 않았느냐, 희망이 없다는 절망 속에서 새로운 종교체험을 하셨듯이, 이신 목사님은 부정과 긍정의 두 차원을 지닌 영적 양극성의 빛에서 역사를 이해한바 바로 거기에 묵시의식의 본질이 있다고 본 것입니다.

백낙청 역사 유비와 관련해서 발터 베냐민 얘기를 하셨는데, 요즘 유럽 사상을 보면 무신론자 신학자들이 꽤 많이 활동을 한다는 점이 재미있어요. 지제크도 그렇고, 알랭 바디우(Alain Badiou)란 사람도 그렇

| 무신론적 신학자들 | 왼쪽부터 알랭 바디우, 조르조 아감벤, 슬라보이 지제크.

고, 아감벤(Giorgio Agamben)도 「로마서」 연구서를 내고요. 어떤 면에서는 그 효시가 역시 무신론적 신학자인 베냐민이라고 할 수 있죠. 저는 역사의 실패를, 실패한 역사를 구원할 필요가 있다는 그의 말에는 일면 동조하고 역사 속의 많은 실패와 폭력과 그 많은 희생자들을 구원할 필요는 인정하지만, 역사를 통틀어서 실패한 역사로 규정하는 것은 우리 동아시아 사상이 아닙니다. 유교만 하더라도 항상 요순시대라는 표준이 있고 거기에 비해서 지금 우리가 못하다는 것이지 이걸 통째로 실패한 역사라고 보지 않죠. 물론 시대에 따라서는 정말 다른 시대보다 우리가 더 실패했다고 볼 수 있고, 특히 조선조 말기에 가면 그건 누구나 인정할 수밖에 없는 현실이 되지요.

원불교에는 법률은(法律恩)이라는 게 있습니다. 법신불 사은(法身佛四恩) 중에 천지은(天地恩), 부모은(父母恩), 동포은(同胞恩), 법률은이 있는데, 그중 법률은은 그것 없이는 우리가 살 수 없는 인도·정의(人道正義)의 법칙이고, 역대 성자들이 출현하시면서 우리한테 가르쳐준 그런 은혜거든요. 그런데 베냐민의 사상은 그것과 정반대예요. 법률은을 부정하는 사상입니다. 제가 보기에 수운도 베냐민과는 그 점에서 다릅니다. 이분이 당신의 시대에 와서 유불도가 모두 수명이 다했다고 인식했고 그 시대의 역사가 실패한 역사라는 인식은 있지만, 삼황(三皇) 이래로 우리가 이런 좋은 법을 가지고 살아왔는데, 요즘 와서 말세가 되어 각자위심(各自爲心), 자기 생각밖에 모르는 난세가 됐다는 거니까 베냐민의 사상과는 다른 거 같아요. 이신 목사님에 대해 인상비평 정도의 말씀을 드리면, 그분의 역사 유비 이론은 베냐민처럼 일방적으로 실패한 역사를 구원하기 위한 메시아 개념이 아니고, 성령이 옛날에도 작동했고 지금도 작동하고 있으니까 그런 역사와 지금의 역사 또는 서로 배경이 다른 민족의 역사 사이에 유비가 가능하다는 사상입니다. 기독교 사상을 우리 관점에서 받아들이는 과정에서 베냐민한테도 너무 끌리지 않는 게 필요하다고 생각합니다.

이정배 제가 말하지 못한 핵심 요점을 선생님이 잘 지적해주셨습니다. 그럼에도 한마디 보태고 싶은 점이 있습니다. 성서의 역사 이해는 동양의 역사관처럼 원형을 소중히 여기는 측면도 있지만 회귀가 아니라 전적인 새로움을 향한 동경도 있습니다. 그럴수록 현실 역사가 본뜻에서 멀어진 것에 대한 관심 역시 동양보다 컸다고 생각합니다. 기독교를 원죄의 종교로 보는 입장에 동의하지 않지만 원죄의 중요성을 부정하고 싶지는 않습니다. 은총의 상태가 깨진 현실을 이해하려 할 때 중요한 관점을 제공하기 때문이지요. 이 점에서 아시아 종교들이 서구로부터 배울 점도 있다고 생각합니다.

이은선 저는 세속화 시대를 사는 한국 여성신학자로서 한편으로는 유대 기독교 문명이 가지고 있는 시간의 종말에 대한 의식을 세속화하고 실존화하면서 여기 지금의 내적이고 질적인 차원을 지시하는 의미로 해석하는 것에 일면 동조합니다. 동시에 그 본래적인 날것의 의미도 놓쳐서는 안 된다고 생각합니다. 특히 역사에서 고통을 많이 당하고, 현재 삶에서의 위안과 회복을 기대할 수 없는 사람들일수록 더욱 그러하다고 봅니다. 그런 맥락에서 예수도 하늘나라를 기다리면서 드러냈던 그 묵시의식이, 두분이 얘기하신 것처럼 날것의 물성적인 의미에서의 어떤 이 세상의 끝이라는 의미를 모두 탈각해버린 것은 아닌지, 저는 그렇게 생각하진 않아요. 그것도 항상 동시에 의식하고 있어야 된다고 생각해요. 한편 두번째로 백낙청 선생님이 이정배 교수님의 역사 유비를 비판하신 점에 저도 동의하는 측면이 많다고 말씀드리고 싶습니다. 수운 선생님도 서학을 공부하다보니 기독교인들이 맨날 하나님 얘기를 하고 하나님 중심적으로 사는 거 같지만, 그들에게 진정으로 하늘을 위하는 마음이 없다고 비판하셨죠.

다시 말하면 이것은 기독교인, 특히 남성들이 역사에 대한 비판과 함께 그것을 고쳐야 한다는 자아 중심적 의지를 끝까지 버리지 못하는 것과 관계있다고 하겠습니다. 제가 기억하기로 이신 목사님은 어려운 상황에서 살았어도 전 역사와 삶에 대한 마음의 기본적인 정조가 남달랐습니다. 그분에게는 유교의 왕양명과 퇴계 선생님이 이야기한 '낙(樂)', 즉 기쁨이 있었습니다. 그는 현재의 많은 문제를 근본적으로 고치고 싶을지라도 순간순간의 현실의 기쁨과 평안함을 인정하셨던 거죠. 반면 기독교나 남성문화는 이런 것을 잘 인정하지 못해서 결국은 내 의지를 관철시키겠다는 결론에 이른다는 겁니다. 나중에 하이데거를 비판하는 한나 아렌트(Hannah Arendt) 같은 사람도 서구 정신사의 최종 모습이 헤겔이나 하이데거 등에서 "의지하지 않기 위한 의지"(will-not-to-will)를 말하는 차원으로 갔다고 비판했습니다. 의지를 포기하기 위해서도 다시 의지를 이야기하는, 결국은 자기중심적, 인간 중심적인 사유의 한계에서 벗어나지 못했음을 지적했다고 생각합니다. 이런 맥락에서 이신의 종말론이나 쉬르레알리슴 이해를 해석할 때 신중해야 한다고 보고, 그의 의식에 포괄된 동양적·한국적 성격들에 더 주목해야 한다고 봐요.

백낙청 지금까지 우리가 검토한 분들 중에 탁사 최병헌 목사님을 빼면 다른 분들은 다 다석(多夕) 유영모 선생보다 뒤의 분들이죠. 그런데 유영모 선생은 우리가 기독교 얘기를 할 때 빼놓을 수 없는 분이고 중요한 사상가죠. 신학자라고 할 수는 없겠지만요. 그래서 나중에 거론하기로 했는데, 이제 유영모 선생님과 그 제자인 함석헌 선생 얘기로 넘어갈까 해요. 이정배 교수님께서 특히 다석 선생에 대한 연구도 많이 하셨고 관심이 많으시니까 먼저 말씀 부탁드립니다.

유교에서 출발해 한글신학을 펼친 다석 유영모

백낙청 이정배 교수님은 유영모 선생님에 대한 단행본만 세권을 내셨죠. 처음에는 『없이 계신 하느님, 덜 없는 인간』(모시는사람들 2009)이란 책이었고, 두번째로는 유영모 선생님의 독특한 언어인데 『빈탕한데 맞혀 놀이』(동연 2011), 최근에는 『유영모의 귀일신학』(밀알북스 2020)이라는 책을 또 쓰셨는데, 사실 다석 선생은 기독교계나 다석학파 바깥으로 나오면 모르는 분들이 참 많습니다. 그래서 되도록 간략하게 기본적인 소개를 부탁드립니다.

이정배 사실 다석에 대한 책을 썼지만 다석을 안다고 말씀드리기에는 턱없이 부족하다 느낍니다. 제게 다석은 머리로 이해해야 할 사상가로서뿐 아니라 버겁더라도 감당해내야 할 과제로 생각되는 분이기도 합니다. 그렇다고 저를 다석 추종자로 자리매김하는 것도 가당치 않습니다. 저는 다석 연구자로서 살아갈 뿐입니다. 알려진 대로 다석의 형제들이 참 많았습니다. 모두들 일찍 죽었고 마지막 남은 동생 영묵이 있었는데 그마저 죽습니다. 숱한 죽음을 경험했기에 다석은 인생관 자체가 많이 달라졌습니다. 그가 죽음을 강조하는 이유도 이와 관계될 것입니다. 아시는 대로 다석 유영모 선생님은 함석헌 선생과 나눠 생각할 수 없는 관계입니다. 오산학교 시절 함석헌의 스승이었죠. 선생님이 한글을 가르친다는 이유로 학교에서 쫓겨날 때 함석헌이 교문 밖까지 따라오니까 하셨던 말씀이 지금껏 회자됩니다. '나는 너 하나 만나려고 여기에 온 거 같다'는 말을 남기셨죠. 함석헌 선생도 자기 글에서 선생이라고 부르는 분은 유일하게 다석 한 사람뿐이었는데, 불행히도 그 제자들 사이에서는 서로 우리 선생님이 더 좋으니 어쩌니 하는 안타까운 상황이 벌어졌어요. 그럼에도 2008년 서울대학교에서 열린 세계철학대회에서, 불교에서는 원효, 지눌(知訥), 유교에서는 퇴계와 율곡, 그리고 짧은 역사지만 기독교 사상가로는 함석헌과 다석 이 두분을 세계 철학자로 공식 자리매김하는 행사

| 이정배 교수가 저술한 다석 유영모에 대한 책들 |

가 있었습니다. 하지만 그후에도 유영모 연구는 함석헌에 비해 많이 이루어지지 않았습니다.

하이데거를 연구하면서 다석을 좋아하는 한국외대의 이기상(李基相) 교수님은 다석 선생님의 사상을 '태양을 꺼라' '이성을 꺼라' 등의 한마디 말로 표현했습니다. 태양을 끄라는 말은 의식을 끄라는 말입니다. 우리가 태양 덕분에 모든 것을 다 본다고 생각하지만 실제로는 그 때문에 정말 있는 것을 보지 못하는 것처럼, 우리는 의식으로 모든 것을 다 파악하며 안다고 생각하지만 사실은 주객 관념에 사로잡힌 의식 때문에 있는 그대로의 것을 다 놓치고 산다는 것이죠. 태양을 끄고 의식을 끄면 보이지 않던 모든 것들이 드러난다고 보았습니다. 다석에 따르면 바로 그것을 불교는 '진공묘유(眞空妙有)', 유교는 '무극이태극(無極而太極)'이라고 가르쳤고, 자신은 기독교의 하나님을 '없이 있는 분'이라 불렀습니다. 무극이 근본이고, 진공이 근원처이며, 없음이 더 본질적이라 한 것입니다. 하이데거 말로는 존재자(Seiendes)가 아니고 존재(Sein)가 이에 해당될 것입니다. 사람들은

| 유영모와 제자 함석헌(왼쪽) |

존재자만 생각하나 허공이 없으면 어떤 것도 존재할 수가 없지요. 허공이야말로 모든 것에게 존재자를 내어주는 존재입니다. 하지만 사람들은 꽃병에 있는 꽃을 보고 꽃이 예쁘다고 하면서 견물생심으로 꽃을 따서 가지려는 마음을 일으킵니다. 실상 꽃은 허공이 없으면 존재할 수 없음에도 말이지요. 그러니 꽃을 보지 말고 허공을 보라는 것이 다석의 가르침입니다.

다석은 10대 중반에 기독교를 받아들였습니다. 주일날 아침에는 새문안교회, 주일날 오후 예배는 연동교회, 저녁 예배는 승동교회를 나갈 정도로 한때 기독교에 성심을 다했죠. 그랬던 분이 38년이 지난 어느 시점에 기독교와의 절연을 선언하고, 불교식으로 말하면 오도송(悟道頌)을 짓습니다. 「믿음에 들어간 이의 노래」라는 제목으로요. 정통기독교 대신 자신이 앞서 말한 허공의 품에 완전히 안겼다고 고백합니다. 자신의 모든 것, 체면, 명예, 욕망, 의지 일체를 버리고 비로소 믿음에 들어갔다는 겁니다. 이는 예수를 구속주로 믿은 것과는 차원이 달랐습니다. 이 오도송 속에 비정통적이지만 새로운 기독교

믿음에 들어간 이의 노래

나는 실음 없고나,
인제붙언 실음 없다.
님이 나를 차지(占領)하사,
님이 나를 맡으(保管)셨네.
님이 나를 갖이(所有)셨네.
몸도 낯도 다 버리네,
내 거라곤 다 버렸다.
〈죽기 전에 뭘 할까?〉도
〈남의 말은 어쩔까?〉도
다 없어진 셈이다.
새로 삶의 몸으로는
저 말슴을 모셔 입고
새로 삶의 낯으로는
이 우주가 나타나고
〔…〕
님 뵈옵잔 낯이요,
말슴 읽을 몸이라.
사랑하실 낯이요,
뜻을 받들 몸이라. 아멘.

— 다석 유영모가 『성서조선』 1940년 8월호에 기고한 오도송

이해가 담겨 있습니다.

다석의 한글 이해도 독특합니다. 소리글자라고 하는 한글을 뜻글자로 풀어냈지요. 다석은 한글이 세종이 훈민정음이라 했듯이 백성을 가르치는 글자가 아니라 우리 백성을 하늘로 이끄는 '천문(天文)'이라고 이야기했죠. 한글 창제의 원리를 보면, 천지인(天地人) 삼재(三才)는 모음을 구성하고, 음양오행론은 자음을 구성합니다. 선생님은 천지인 삼재라는 이 개념을 『천부경(天符經)』에서 찾아서 풀어냈습니다. 천지인 삼재를 보면 세상이 'ㅡ'잖아요. 수평선 모양입니다. 하늘은 아래에서 위로 올라가는 획(ㅣ)이고요. 수평선인 세상을 뚫고 올라가려는 사람은 얼마나 고통스러울까요. 오르다가 하늘을 만나는 지점에서 '아!' 하는 고통의 소리가 나는데, 그것이 아래 'ㆍ'지요. 이런 천지인 삼재를 어미소리, 즉 모음(母音)으로 삼았습니다. 삼재론에 대한 부연 설명이 필요할 것 같은데요, 주지하듯 삼재사상은 동물을 살생하며 먹고사는 시베리아 수렵문화에서 생겨난 것이라고 합니다. 방금까지 살아 있던 호랑이의 목숨이 사라져버린 것을 궁금하게 생각했습니다. 호랑이를 살게 했던 것은 무엇이며 그 생명이 도대체 어느 곳으로 떠났는가를 물었습니다. 한마디로 보이지 않는 세계에 깊이 관심했다는 사실입니다. 즉, 삼재론은 보이지 않는 세계에 대한 관심을 담고 있죠. 한글 창제에서 모음이 중요한 것도 이 때문입니다. 다석이 한글을 뜻글자로 읽었던 이유 또한 여기에 있었던 것이고요. 반면 음양오행론은 농사를 짓던 중국 문명에서 비롯했습니다. 이것이 자음, 곧 아들소리의 창제 원리가 되었습니다. 다섯개의 자음을 대표하는 ㄱ ㄴ ㅁ ㅅ ㅇ은 오행에 따른 것으로 각기 아·설·순·치·후(牙舌脣齒喉) 소리들입니다. 일종의 땅의 소리로서 위를 향하도록 하는 어미의 부름에 따르라 해서 아들소리로 명명되었다 했습니다. 이

흔 올 닿일쪽 실줄

흔실. 너나·없! 비롯. 흔 푸리·셋:가장.
── 못 다흘 밑둥 ──
흔늘 흐느 흔. 따 흐느 맞들 스룸 흐느 세옷

흐느 그득, 밑썰되: 다흠 없이 된 셈임.
흐늘:맞섯. 땅:맞섯. 스룸:맞섯.
흔셋 맞든 여섯스니:일곱·여둛엡·아엡. 생
기다.
옮기어 셋. 네모른치. 이룬 고리:
다섯·이룸·흐느. 그히 노 니롤.
잘가고:잘온데: 갈리어 쓰이나, 꿈적않는
밑둥 ──
밑둥 몸. 밑둥히: 뜨렷 뷁아:
── 스룸 곤뒤: 흐늘·땅 흐느 ──
── 스룸:흐늘·땅. 드러 맞흔:흐느:흔
── 마침·없:긑. 흔실.

│「『다석일지』에 나타난 『천부경』 풀이의 일부」│ 1964년 1월 21일의 기록으로, 『천부경』이 하늘과의 약속이자 하늘이 내려준 말씀의 실줄이라는 의미에서 '흔 올 닿일쪽 실줄'이라고 풀이해놓았다.

처럼 선생님은 한글 속에서 뜻을 찾는 노력을 많이 하셨고, 철자법을 연구하는 어느 한글학자의 출판비까지 지원했습니다. 방언, 사투리도 찾아서 글 쓰는 데 활용하셨기에 우리가 그분의 글을 읽을 때는 난해하기 짝이 없는데, 이 모두는 뜻을 찾기 위한 과정으로 이해하면 좋을 겁니다.

다석에게 민중성이 있는가

백낙청 저는 사실 다석 사상의 문제점 중 하나는 너무 많은 해설을 필요로 한다는 것이라는 인상을 갖고 있습니다. 다석에 대해서는 이 정도로 설명하시고 더 궁금하신 분들은 이목사님의 저서를 읽어보시라고 권하고 싶습니다. 다만 이정배 목사님이 다석의 열렬한 지지자이시지만 그렇다고 맹목적인 지지자는 아니시잖아요. 그의 비판받을 점이나 한계도 말씀해주시면 시청자들이 아, 저 사람이 무슨 다석 신도만은 아니구나 할 것 같습니다.

이정배 예, 앞서 말씀드렸듯이 저는 다석 추종자는 아닙니다. 단지 부족한 대로 다석 사상의 연구자로 제 삶을 의미화하며 살고 있습니다. 사실 다석이 제일 좋아한 분야가 물리학이었어요. 천체를 보고 하늘을 살피며 별을 연구하는 물리학을 좋아했습니다. 그만큼 그의 사유도 합리적인 면이 있고요. 그러다보니 자기 틀에 맞지 않는 비합리성에 대한 인정과 이해가 부족한 측면이 있었을 것입니다. 그 예로 유불선에 통달한 위대한 사상가인 다석의 동학에 대한 몰이해가 안타깝지요. 언급 횟수도 적을 뿐 아니라 긍정적 평가가 전혀 없습니다. 동학에서 최초로 한글로 경전을 펴냈음에도 그에 대한 평가가 없는 것이 낯설기도 합니다. 함석헌은 더 비판적인 동학 이해를 보여줍니다. 소위 다석학파의 흐름에서 볼 때 동학은 무가치한 종교처럼 평가되었고요. 하지만 제가 볼 때 다석의 사유는 동학의 사유구조와 아주 흡사합니다. 양명학을 비판했던 퇴계가 사실은 양명의 심학적(心學的) 요소를 많이 갖고 있었듯이 동학을 홀대했지만 동학적 요소를 가장 많이 지닌 사상가가 바로 다석이었던 것이죠. 그에 대한 논문을 제가 별도로 써서 발표한 적도 있습니다. 다석은 자본주의와 사회주의 양대 이념을 모두 비판한 사상가입니다. 특별히 사회주의 이념에 대한 비판이 적실치 못한 점은 있습니다. 민족주의에 경도된 탓에 사회주의자들의 역사적 공헌에 인색했던 것 같습니다. 마지막으로는 여성관이랄까 남녀관이 여전히 가부장적인 틀을 벗어나지 못했습니다. 여러편의 '한글시'에도 나오지만, 어머니란 것은 '어' '멀리'하라고 어머니다, 그래야 우리는 아버지라는 허공으로 갈 수 있다고 하면서, 부자유친(父子有親)의 관계를 강조했습니다. 여성을 부정하고 비하하려는 의도는 아니었지만, 워낙 허공으로 향하려는 구도자의 관심 때문에 불가피하게 여성과 어머니에 대한 이해가 부정적이었다고 봅니다. 이런 점은 오늘날의 젠더 관점에서 한계가 있다고 정리하겠습니다.

백낙청 그 대목에 대해서는 이은선 교수님도 동의하실 것 같은데 전반적인 평가를 내려주시죠.

이은선 네, 굉장히 자세하게 잘 설명해주셨죠. 감리교신학대학에서 훈련을 받은 이정배 교수는 동학이나 최제우, 유영모, 함석헌 등에 대한 이야기를 그곳에서 한번도 들어보지 못했다고 해요. 그러면 언제 의식을 갖게 됐을까요. 아까 말씀드렸듯이 저는 어떻게 하면 남성주의적이고 서구적인 기독론을 해체하고 여성의 힘으로 재구성하는가가 학문적 연구의 제일의 관건이었기 때문에 굉장히 다양한 것을 찾으려 노력했어요. 그래서 스위스에서 돌아와 여성신학을 공부했고, 제가 공부한 양명학의 영향을 굉장히 많이 받은 다석 유영모, 함석헌 두분도 공부했지요. 사실 저의 그런 관심이 이정배 교수님이 유영모와 함석헌에 입문하는 계기가 된 건 아닐까요. 본인이 인정할지 안 할지 모르지만 저는 그렇게 역할했다고 생각합니다.

제가 앞에서 메리 데일리 이야기를 했지요. 원래 가톨릭 수녀였다

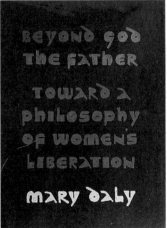

| 메리 데일리와 『하나님 아버지를 넘어서』의 1973년 초판본 표지 |

가 파계하고 나온 메리 데일리가 래디컬한 여성철학자이자 신학자로서 『교회와 제2의 성』(*The Church and the Second Sex*, 1968)이나 『하나님 아버지를 넘어서』(*Beyond God the Father*, 1973) 등에서 말하기를, 페미니즘이 등장하면서 여성들이 자기 정체성을 정립하는 문제에 너무나 골몰하느라 그것보다 더 큰 문제, 예를 들면 우주나 존재 자체에 대한 문제 등은 여전히 남성한테 다 맡기고 사는데 그러면 안 된다는 것입니다. 저에겐 그 말이 굉장히 충격으로 다가왔죠. 그래서 어떻게 하든지 여성의 손과 눈으로, 여성의 말로 지금까지 남성들이 주로 해온 존재론이나 형이상학, 신학적 인식론 등의 물음을 재구성하는 것이 저의 주된 관심이었어요. 당시에 일반적인 페미니즘은 '여성의 경험'을 굉장히 강조하고 '사유'보다는 '실천'을 말하며, 철학적이고 신학적인, 좁은 의미의 학문과는 거리를 두기가 십상이었는데, 저는 오히려 그런 편향성을 비판하면서, 여성들 자신의 경험과

실제적인 삶이 매우 중요하지만, 동시에 우주론과 존재론, 철학과 신학을 여성의 언어로 다시 구성하는 일이 아주 중요하다는 얘기를 많이 했어요.

제가 다석 유영모를 좋아하는 이유 중 하나는, 다석 유영모가 '염재신재(念在神在)' 또는 '궁신지화(窮神知化)' 등을 말하면서 우리 '생각'이 있는 곳에서 결국은 초월이 드러나고 하나님을 만날 수 있다며 인간 '사유'의 중요성을 강조하기 때문입니다. 그런 다석은 '심지관즉사(心之官則思)', 즉 우리 마음과 존재의 핵심 과제는 사유하는 일이라고 한 동아시아 유교의 맹자의 전통 안에 놓여 있습니다. 그런데도 제가 이해하기에는, 다석을 비롯해 윤성범 선생님 등 한국의 남성 신학자들은 여전히 서구의 전통적 기독교 사유 안에 머물러 있습니다. 그래서 저는 이런 것들을 넘어서기 위해서는 다석의 지난한 일기라든가 글들의 해석에 매달리기보다는 다석이『다석일지』를 써서 오늘날에 큰 의미를 주었듯이 여성인 나 스스로의 일지를 쓰겠다고 생각했습니다. 개벽사상가 김일부(金一夫)는 일부(一夫)라는 호가 말해주듯이 평범한 한 사람으로서 동아시아적 우주관이 담긴『주역(周易)』을 다시 전복해『정역(正易)』으로 그려냈는데, 저는 그런 그의 웅지를 좋아하죠. 그래서 한문 독해보다도 더 어려운『다석일지』읽기에 매달리기보다는 나 스스로가 매일의 삶에서 깨달은 바를 적어나가는, 예를 들면 여성 내지는 이은선의『정역일지(正易日誌)』를 써서 이 우주와 존재론, 종교에 대한 생각을 다시 한번 올바르게 하고자 (rectify), 정(正)하게 하고자 시도하는 게 진짜 다석의 사상을 따르는 것이 아닌가 생각했습니다.

백낙청 저도 다석 선생에 대해서 조금 비판적인 시각을 갖고 있어서 말씀을 드릴까 합니다. 함선생님도 그렇지만, 이분이 동학에 대해 부정적이었다는 게 저는 우연이 아니라고 봅니다. 다석이 기독교를 완전히 쇄신하고 유불선을 통합하려는 노력은 하셨지만, 과연 얼마나 민중적인 분이었나 싶습니다. 생활도 그렇지 않으셨고 사상도 민중종교와는 거리가 꽤 있는 엘리트적인 사상가였기 때문에, 동학처럼 완전히 전복적인 사상에 대해서 냉담했다는 생각이 듭니다. 또 그분이 『천부경』의 삼재론을 가지고 귀일의 포인트로 삼으셨다고 하는데, 우선 천지인(天地人) 삼재 아니에요? 근데 이분의 사상 속에 '지(地)'가 얼마나 있는지, 우리가 흔히 어머니 대지라고도 하는데 그런 점이 별로 안 보여요. 하나님과 당신만 있어요, 하느님의 아들하고.

아까 기독론의 해체는 잘 안 쓰는 말이라고 하셨는데, 제가 자세히 들어보니까 이은선 교수님은 서구 남성 위주로 구성된 기독론의 해체와 재구성을 하겠다는 말씀 같아요. 그러니까 그렇게까지 과격한 분은 아니시지 않나 하는 생각이 드는데요.(웃음) 어쨌든 다석이 십자가의 그리스도가 유일한 스승이다, 또 최고의 스승이다 이렇게 말씀한 것을 두고 이목사님이 두번째 쓰신 책에서는 그가 '탈케리그마' 했다가 '재케리그마' 했다고 말씀하셨는데 이번 책에는 '재케리그마'란 말을 안 쓰신 것 같아요. 어쨌든 저는 그 대목에서 일정 정도 '재케리그마화'가 이루어지고 있다고 봐요. 그런데 저는 그렇게 애써서 '탈케리그마'를 해놓고, 굳이 '재케리그마' 할 필요가 뭐 있냐 싶습니다. 케리그마가 없으면 종교가 성립하기 어렵지만 이 케리그마를 상대화하는 작업은 필요한데, 예수님이 제일 훌륭한 스승님이라고 말하는 건 좋지만 그분만이 거의 유일한 스승처럼 또는 아주 특별한 스승이라고 말씀한다면 상대화가 어려워지겠죠. 아까 말씀드린 원불교의 '법률은'은 역대 성자들이 인도·정의의 법칙을 밝혀주시고 이 문명 건설에 기여하신 바가 전부 일원상 사은의 발현이라는 것이므로 그 결과들을 놓고 우리가 상대평가를 할 수 있어요. 나한테는 기독교나 유교 쪽 성자들의 은혜가 귀중하지만 다른 사람들한테는 안 그럴 수도 있겠다, 또 인류사 전체로 볼 때 기독교의 케리그마는 그것대로 고유한 의미가 있다, 이런 식으로 말하면 배타적인 '재케리그마'는 아닌데, 다석에게는 배타적인 면이 좀 있지 않았나 싶고요. 그래서 저는, 귀일을 얘기할 때 귀일하는 그곳, 즉 귀처(歸處)가 어디냐가 중요한데, 다석 선생은 전통적인 기독교는 아니지만 역시 다석식 기독교로의 귀일을 말씀하신다는 점에서는 기독교의 국한을 완전히 벗어나지 못하신 분이 아닌가 합니다.

이정배 앞에서 다석이 민중지향적이지 않다고 하셨습니다. 다석이 자신을 '생각하러 온 사람'이라 여겼으니 일면 그렇게 보일 수도 있어요. 그의 글이 대중적이지 못한 것도 그런 평가를 받을 수 있는 이유고요. 사실 그의 사상을 잉태한 『다석일지』는 다석이 자신을 위해 썼던 일기입니다. 다석이 그것을 풀어 설명할 때는 청중이 누구냐에 따라 난이도를 달리했습니다. 또한 다석은 『대학(大學)』의 친민(親民)을 '씨올어빔'이라 풀 만큼 민중을 우러러봤습니다. 자신을 상놈이라 여겼으며 상놈을 위한 사상을 펼치고자 했지요. 1950년대부터 70년대까지 쓰여 있는 『다석일지』를 보면 다석은 4·19를 언급하거나 이승만정권에 대한 비판을 자주 합니다. 그러면서 역사 문제, 피를 흘리는 젊은이들, 노동자들의 삶에 대해 안타까움을 드러냈습니다. 때론 노동자들의 고통이 민족을 위한 속죄 행위라 언급한 적도 있지요. 다만 60년대 후반부터 70년대로 넘어가면 다석이 역사의 문제보다 내면의 문제에 집중한 측면이 있긴 합니다. 그러니 다석이 민중지향적이지 않다는 백선생님 말씀을 부정할 수 없는 면도 있음을 잘 압니다. 그렇지만 함석헌이 이후에 했던 모든 말들이 다석의 생각에 내포되어 있었다는 사실을 간과할 수는 없습니다. 후기로 갈수록 다석이 인간의 내면에 더 집중한 이유가 있을 것이라고 생각합니다. 다석의 전기를 말하지 않고 후기만을 이야기하면 문제가 있지요.

이은선 저도 한 말씀을 더 보태면, 다석과 함석헌 모두 조선 신유교 전통에서 나올 수 있는 정말 뛰어난 사상가라는 점에는 의문의 여지가 없다고 봅니다. 그러나 비판을 위한 비판일지 모르겠지만, 제가 표제어로 삼아 많이 쓰는 언어 중의 하나가 '사유하는 집사람'인데 사실 다석에게 그렇게 깊이있게 사고하고 사유할 여유와 시간 등이 허용된 것은 집사람으로서 그 부인이 수행한 역할이 뒷받침되어줬기 때문이거든요. 물론 당시 명확한 밖에서의 일을 직업으로 갖고 살던 사람들에 비하면, 다석도 그 시대의 선택적인 집사람이죠. 일상성 속에 들어가서, 평범성 속에 들어가서 살면서 궁극을 이야기하고 교통할 수 있다는 의미에서이지만, 사실 또 남성으로서의 그의 삶은 사모님이 철저하게 집사람의 역할을 해줬기 때문에 가능했죠.

다석이 '부부유별(夫婦有別)'보다는 '부자유친'을 굉장히 선호했다거나 어머니에 대한 해석 속에서 지극히 남성주의적인 면들을 드러냈다는 점을 보면 그가 민중성에서 멀어질 여지가 있었던 것인데, 저는 시대의 한계였다고 생각합니다. 그런 한계도 없으면 다석이 하늘에서 뚝 떨어진, 어떤 절대적인 존재가 되는데, 그런 점을 들어 다석이 가진 긍정성을 부정하기는 힘들지 않을까 생각합니다.

백낙청 저는 긍정을 전제로 비판적인 대목을 찾아낸 것이지 그분을 부정하려는 건 아니고요. 오류에 대해서도 제가 말을 별로 안 했습니다만, 그분이 오류 중에서도 그냥 '부자유친' 위주로 말씀하시며 예수가 하나님 뜻에 따라서 십자가에 못 박혀 죽은 것을 최대의 효로 생각하시는데, 그에 대해 하나하나 무슨 까탈을 잡자는 게 아니고,

| 다석과 부인 김효정 | 51세 때 유영모는 아내 김효정과 해혼(解婚)을 선언하고 식색(食色)을 절제했다. 그러나 그가 충분한 사유의 시간을 확보할 수 있었던 데에는 그의 부인 김효정의 역할이 컸다.

그분의 유불선 활용이 정말 진정한 귀일이라기보다는 다분히 그분 위주의 활용이 아니었나 하는 점을 지적하고자 했던 것입니다. 가령 오륜만 하더라도 '부부유별'이라든가 '붕우유신(朋友有信)' 얘기는 별로 없으시잖아요. 그리고 삼재론을 가져왔지만 아까 대지에 대한 인식이 별로 없으시다는 얘기를 했고요.

민중성의 부족도 엘리트 지식인이 갖고 있는 민중지향성과 진정한 민중성은 다르다는 생각에서 한 말이에요. 최제우 선생은 엘리트 출신이지만 그분의 행위를 보면, 노비 둘 중의 하나는 양딸을 삼고 하나는 며느리로 삼은 것은 사실 과거 유교에서는 생각할 수도 없는 일 아니에요. 그런 것과 대비해 볼 때 그리고 종교 자체를 보더라도 원불교나 동학이나 증산도가 모두 민중종교인데 다석은 그런 민중성이 없다는 이야기였지, 그분이 민중을 무시했다는 이야기는 아니었습니다. 그리고 유교 얘기를 하자면, 유교에서 '큰 공부'가 『대학』 아닙니까. 수신 제가 치국 평천하. 그런데 이분은 수신 얘기는 많이 하시는데, 평천하의 경륜이 얼마나 있으셨는지는 모르지만, 치국에 대해서는 별 말씀이 없으신 것 같아요. 그래서 유교의 활용도 굉장히 선택적이라는 말을 하려고 했던 거죠.

이정배 다석이 기독교에서 벗어났다가 다시 돌아오는 과정을 철저히 겪은 사람이었다는 말을 제가 드리고 싶은 이유는, 어쨌든 다석이 기독교를 떠나지 않으면서 전혀 다른 기독교를 말했는데, 그때의 기독교는 대속적(代贖的) 기독교가 아니라 수행적 기독교라는 점 때문입니다. 그다음에 다석의 민중성을 얘기할 때 그가 똘스또이(Lev N. Tolstoy)의 영향을 받아, 나중에 자기 재산을 사회복지기관인 동광원에 다 기증해서, 지금도 동광원이 유지되면서 그 뜻이 펼쳐지고 있다는 것도 우리가 알아야 할 일 같습니다.

그리고 다석에게 귀처는 철저하게 마음입니다. 기독교가 아니에요. 불교도 기독교도 유교도 귀처는 철저하게 이 마음(바탈, 本性)으로, 이 바탈에서 다시 하늘이 주신 본래의 바탈로 어떻게 돌아가느냐가 문제입니다. 다석은 바탈을 그 본연의 자리로 돌리는 방식에 기독교적인 방식, 유교적인 방식, 원불교적인 방식이 있으나 나는 기독교적인 방식으로 그 길을 걸어간다는 이야기를 하신 것이지, 그것만이 유일한 길이라고 그가 말한 적은 없습니다. 또 마음이 귀처로 돌아가는 것은 인간 내면의 일이지만, 그것의 바깥 면은 대동사회거든요. 마음이 귀처로 돌아가면 대동사회가 절로 일어난다고 했으니 귀일사상과 대동사상은 동전의 양면처럼 다석에게 함께 있는 것입니다. 물론

당연히 다석이 내면적인 종교, 엘리트적인 어려운 사상을 추구하고 세련되었다(sophisticated)는 면은 있지만 앞서 말씀드렸듯 그의 사상을 전기와 후기로, 시기적으로 구별해서 이해할 필요가 있습니다.

함석헌 언어의 생생함

백낙청 다석 선생과 함선생님이 멀어진 것은 아까 이목사님 말씀처럼 제자들 간에 우리 선생님이 더 훌륭하다는 다툼이 벌어졌기 때문이 아니고, 어떤 의미에서는 다석 선생님이 함선생을 파문한 거예요. 사실 이목사님도 『개벽의 사상사』란 책에 함석헌론을 쓰시면서 그 점을 인정하셨잖아요.

이은선 예, 논란이 많은 부분이지요. 그러나 아까 우리가 민중 얘기를 했지만, 오늘 우리 시대는 모두가 다 중보자(仲保者) 없이 스스로의 힘으로 구원을 찾아 나서는 자속(自贖)의 의미가 더욱 강조되는 보편종교의 시대라는 점에서 다석 선생의 언어보다 함석헌 선생의 언어가 훨씬 더 강력한 힘을 가지고 있다고 저는 생각합니다.

백낙청 중보자라는 것은 중개하고 보증하는 사람을 뜻하지요?

이은선 네, 중개자, 브로커라고 말하기도 하죠. 그리스도라는 중개자가 있어서 인간이 하나님과 관계하고, 그런 중개 덕분에 인간이 하나님의 자녀가 되어 구원받을 수 있다는 이야기인데, 나중에는 그 예수가 중개자에서 유일하신 신까지 된 것이 서구 기독론의 역사입니다. 그런데 그 중개자의 역할이 더는 필요 없게 되었다고 슐라이어마허가 이미 19세기 초에 얘기를 했죠. 인류는 앞으로 중개자 없는 종교의 시대로 들어갈 거라고요. 저는 이 말에 굉장히 동의하는데, 이런 관점에서 다석 유영모 선생님의 언어라든가 삶은 일반 대중들에게 다가가기 어려운 측면이 많습니다.

그런데 함석헌 선생은 현대 서구 사상의 언어를, 특히 떼야르 드 샤르댕을 이미 1960년대에 섭렵하셨고, 철저하게 서구 기독교와의 대화에서 나왔으며 굉장히 현대화된 언어인 마하트마 간디의 사상도 깊이 체화하셨습니다. 함석헌 선생은 그 언어로 역사의 진행이라든가 씨올에 대한 이해를 전개하셨죠.

선생이 풀어낸 언어 가운데 '선비 사(士)' 자의 개념이 있습니다. '선비 사' 자가 십(十) 자 아래 일(一) 자가 들어가 있잖아요. 오늘날의 배운 사람은 바로 열개를 보고서 그것을 하나의 의미로 딱 포착해낼 수 있는 사람이라고 풀이하신 겁니다. 참으로 배운 사람이란 낱개의 사실들을 영화(靈化, spiritualization)나 '이화(理化)'라고 하는 관점

| 함석헌 | 생명과 평화 사상이 담긴 300여편의 종교시를 남긴 문필가이자 종교사상가였을 뿐만 아니라 군사독재에 저항한 민주수호 세력의 중심 인물이었다.

에서, 그 낱개 사실 너머에 있는 하나의 원리 내지는 의미로 포착해 낼 수 있는 사람을 의미한다고 하신 것이죠. 이런 관점은 오늘날 AI 등 가상세계(virtual world)가 점점 확산되는 상황에서 매우 의미있 다고 생각합니다. 저는 추상화하고 보편화할 수 있는 인간의 생각하 는 능력을 강조하고, 그것을 통해서 현실을 넘어서 다른 세계를 꿈꿀 수 있도록 하는 함선생의 이런 사유가 추상의 가상세계에 익숙한 젊 은이들에게 강력하게 가닿을 거라 생각합니다. 실제로 대학에서 제 자들에게 함석헌의 책을 읽히고 공부 모임을 해보면, 젊은이들이 그 의 사상을 접하고 정말 삶에서의 변화를 찾고, 스스로 생각하고 자기 의 삶에서 뜻을 찾고자 노력하는 것을 많이 보았습니다. 함석헌 선 생의 언어가 동아시아의 여러 전통과 더불어 기독교, 그것도 대안적 인 기독교와 간디, 똘스또이 등의 언어를 두루 체화한 것이기 때문에

우리의 삶과 사회를 변화시키는 힘이 매우 강하다고 봅니다. 앞서 백 선생님께서 다석 선생님이 함선생님을 파문했다고 얘기하셨는데, 다석 선생님이 조금 더 큰 어른이셨다면, 공중 앞에서 그렇게 하는 것은 삼가셨으면 어땠을까, 그게 더 큰 대인의 모습이 아니었을까 하고 저는 나름대로 생각해봅니다.

백낙청 함선생님의 언어가 아주 생생하고 중요하다는 점은 이정배 선생님도 동의하시죠?

이정배 네, 동의하죠.

백낙청 사실 저는 현대 한국어를 가장 자연스러우면서도 생동감 있게 쓰시는 분이 함석헌 선생 같아요. 그래서 저도 그 말씀에 동의합니다.

한반도의 개벽사상과 기독교

백낙청 동학이 이룩한 한국 사상의 전환에서 출발해서 이번에는 한국 개벽사상의 관점에서 기독교 신학 사상을 바라보는 방향전환을 해볼까 하는데요. 이정배 목사님이 이신 목사님에 대해 쓴 글에서 그분 사상의 특징을 창조성, 민중성, 토착성이라고 말씀하셨죠. 그러면서 토착성이 곧 보편성이라고 얘기하신 게 인상적이었고 오늘 우리들의 접근법과도 어울리는 거 같습니다. 흔히 보편적인 것은 전세계에 통용되고 있는 걸 말하고, 그걸 토착화한다고 하면 특수한 지역에 맞게 더 구체화할 때를 얘기하는데, 그게 아니고 토착성이야말로 보편성이라고 주장하셨다는 거죠. 사실 기독교만은 아니고 어느 나라 어느 종교나, 어느 학문이나 그 나라의 전통과 풍토, 언어에서 나오지 않으면 보편적인 것이 될 수가 없거든요. 그래서 오늘 우리의 시도는 한국의 사상, 그중에서도 개벽사상의 관점에서 기독교 신학을 어떻게 볼 것인가 하는 쪽으로 가는데요. 이목사님은 이에 대해 전달자와 수용자라는 관점에서 말씀하시고 있죠. 이제부터는 전달자의 입장이 아니라 수용자의 입장에서 보자는 것인데, 사실 저는 한국이 수용자 중에서도 보통 수용자가 아니라고 믿거든요. 두분 다 동조하시리라고 보는데, 그렇기 때문에 수용자의 관점에서, 더 구체적으로는 우리 개벽사상의 전통을 일종의 잣대 삼아서 기독교 사상을 평가해보는 게 필요한 순서 같습니다. 그럼 이정배 목사님이 먼저 시작하시고 다음에 이은선 교수님 말씀해주시면 되겠습니다.

이정배 지금 보편과 특수의 문제, 수용자와 전달자의 문제를 잘 정리해주셨습니다. 이제 이 땅에 들어온 기독교는 개벽사상, 서세동점 시기 우리 민족에게서 발아한 사상을 포착해서 그 의미를 자신과 동화시키는 모험을 할 때가 되었습니다. 지금처럼 내세나 개인만을 위하는 차원에 머무르면 우리 민족에게서 퇴출될 수밖에 없는 큰 위기에 봉착해 있다고 저는 생각합니다.

사실 개벽사상을 이렇게 환원해서 말할 수 있을지 모르겠으나 유교의 민중화 혹은 실천적인 유교라고 정의해도 좋을 듯합니다. 기복적인 종교를 이 세상과 삶을 바꾸는 생활종교로 만드는 기폭제가 되었다는 점에서 개벽의 의미를 생각합니다. 특히 동학 개념에서 '시천주(侍天主)'의 '시(侍)'라는 개념을 장일순(張壹淳) 선생님 같은 분은 '이 세상에 시 아닌 게 하나도 없다'고 말할 정도로 굉장히 중요하게 여기셨지요.

수운 선생의 '시'자 풀이를 보면 '내유신령(內有神靈)' '외유기화(外有氣化)' '각지불이(各知不移)' 이렇게 세 측면이 있습니다. 수운 선생은 '내유신령'을 두고 우리 안에 거룩한 영이 깃들어 있고 그 동일한

무위당 장일순의 '시' 이해

해월 선생님의 말씀을 보니까 '천지만물 막비시천주야(天地萬物 莫非侍天主也)'라. 하늘과 땅과 세상의 돌이나 풀이나 벌레나 모두가 한울님을 모시지 않은 것이 없다. 그래서 제비 알이나 새알을 깨뜨리지 말아야 하고 풀잎이나 곡식에 이삭이 났을 때 꺾지 말아야 되거든요. "새알이나 제비 알을 깨뜨리지 않으면 봉황이 날아 깃들 것이고, 풀의 싹이나 나무의 싹을 자르지 않으면 숲을 이룰 것이고, 그렇게 처세를 하면 그 덕이 만물에 이른다. 미물까지도 생명이 함께 하신다고 모시게 되면 그렇게 된다"고 말씀하셨더란 말이에요. 그러니까 새알을 깨고, 팀을 나눠 경쟁해서 남이 안 보니까 남의 밭에 나는 콩 싹을 잘라버리는 것들이 제국주의보다 나은 것이 하나도 없어요. 제국주의란 것이 바로 이런 데 있는 것 아니겠어요? 그러니까 모신다는 기본적인 이야기는 아주 자연스러운 작은 것부터 이야기가 되어야 되지 않겠나 하는 생각이 들더라구요.

〔…〕 그러니까 옛날에 착한 분들이 써놓은 책들을 보면, 특히 우리나라의 성인이라 할 수 있는 수운(水雲) 최제우(崔濟愚) 선생이나 해월(海月) 최시형(崔時亨) 선생의 말씀을 보면 그 많은 말씀이 전부 시(侍)에 관한 말씀이라. 그러니까 이 구석을 들여다봐도 시(侍)고 저 구석을 들여다봐도 시(侍)고 시(侍) 아닌 것이 없어요. 그래서 어느 구석에 가서도 그저 하나만 보고 앉아 있으면 편안한 거라.

— 장일순 「시에 대하여」, 『나락 한알 속의 우주』, 녹색평론 2016, 80~81면

영이 우주에는 기화로 펼쳐져 있으며, 우리들 안에 있는 영과 우주의 기는 사실 부분과 전체의 관계로서 절대로 나누거나 떼어놓거나 할

수 없는 것이라고 말씀하셨어요. 그러나 하늘(天)에 대한 해석은 하지 않았습니다. 저는 '시'의 개념을 보면서, 유교가 '내유신령'을 모른다는 수운 선생의 말씀을 유교에 인격적인 신의 개념이 부족하다는 의미로 받아들이고 싶었습니다. 반면에 기독교를 향해서는 '외유기화', 즉 우주 속에도 인간 내면의 영과 같은 거룩한 신성이 내주한다는 점을 간과했다고 비판한 것으로 보입니다. 한마디로 애니미즘 차원을 제거, 탈각했다는 뜻입니다. 자연을 오로지 사적 욕망을 위한 물적 토대로 여겼다는 문제의식이 녹아 있지요. 각지불이는 이를 극복하기 위한 지혜이자 방책으로서 우주를 사사화(私事化)할 수 없다는 뜻으로 이해합니다. 전체와 인간 개체의 공속성(共屬性)에 대한 이해라 봐도 좋겠습니다. 전체와 부분을 거듭 분리해 이기적인 종교, 개인 및 국가의 영달을 위한 종교로 치닫는 서구에 대한 경고일 수도 있고요. 여하튼 저는 이 개념을 종래의 제 종교를 통합할 수 있는 사상적 기본이라 생각합니다. 결국 '시천주'의 시는 인격과 비인격, 전체와 개체를 아우르는 종교적인 미래를 열어놓은 것이죠.

백낙청 저는 동학이 유교의 민중화라는 말씀이 적중한 말씀 같아요. 이은선 교수님이 자주 쓰시는 표현으로 '성(聖)'의 평범화랄까요. 누구나 성자가 될 수 있다고 했지만 유교 자체로 보면 성인은 공자님 한분밖에 안 계시잖아요. 그래서 후학들이 누구나 배우면 성인이 될 수 있다는 소위 성인가학론(聖人可學論)을 송대에 와서 많이 펼치지만, 유교가 정말 민중을 포함한 모든 사람이 성인이 될 수 있는 길을 열어준 종교는 아니었던 거 같아요. 그래서 동학에 이르러서 유교의 민중화가 이루어졌다는 말씀이 참 중요한 듯합니다. 이은선 교수님은 실제로 「한국 페미니스트 신학자의 동학 읽기」(『한국여성신학』 66호, 2007년 가을·겨울호; 『한국 생물 여성영성의 신학』, 모시는사람들 2011)라는 글도 쓰셨잖아요. 이어서 말씀해주시죠.

이은선 이번 대담을 위해서 제가 예전에 썼던 글이라든가 최근의 동학 관련 논의들을 다시 봤습니다. 백낙청 선생님, 도올 선생님, 박맹수 선생님의 대담에서 도올 김용옥 선생님은 한마디로 수운 최제우의 고유성은 인간과 하나님을 평등화하는 일을 통해서 나타난다고 하셨습니다. 저는 그 말이 유교의 민중화나 보편화라는 의미에는 들어맞지만, 잘못하면 오해의 가능성이 있다고 생각합니다. 이정배 교수님이 '시' 자를 중심으로 동학을 해석하셨지만, 앞에서 지적한 대로 수운 선생은 서구 기독교가 하나님을 위한다고 하면서도 진정 하나님을 위한 단서가 도무지 없는, 다시 말하면 오직 자기 한몸만을 위한 종교라고 비판하셨죠. 서구의 기독교가 너무나 인간화되고 의지화된 것을 지적하셨다고 봅니다. 그런 의미에서 수운 선생의 개벽이란 오히려 진정으로 하나님을 하나님 되게 하고, 그 하나님이 우리 속에 모셔지는 것이기 때문에, 오히려 진정한 의미의 하늘과 인간의 하나됨, 인간에 의해서 조작되거나 마음대로 될 수 있는 하나님이 아니라 하나님이 하나님 되시는 것을 가르치셨는데고, 그런 인간의 행위는 굉장히 자연스러운 것이어서 수운 선생님이 '무위이화'를 얘기하셨다고 저는 봅니다.

한말의 저항적 유학자 해학(海鶴) 이기(李沂) 같은 사람도 수운 최제우의 문제의식과 유사한 생각을 가졌는데 대구의 베네딕트 수도원을 찾아가서 프랑스 신부와 대화합니다. 그는 그 대화를 『천주육변(天主六辨)』이라는 책으로 펴내면서 마지막으로 기독교 교리의 핵심인 기독론에 대해서 언급합니다. 그는 말하기를, 서방에서는 '사람으로서 천주인 자가 있다'라고 하지만, 우리 유가에서는 요(堯), 순(舜), 우(禹), 탕(湯), 공자 등 '성인의 도덕과 신명이 천과 더불어 하나'임을 말해도 '그것이 곧 천이라고 말하지는 않는다(不曰天)'고 합니다. 즉, 이것은 인간 예수를 그대로 하나님과 일치시키지 않는다고 밝히고 그 예수를 유일한 하나님으로 만드는 기독론의 독단을 유교적 인본 주의로 맞선 것이라 할 수 있습니다. 저는 이 '불왈천(不曰天)'이라는 말로 오늘날 동아시아의 개벽사상과 기독교의 차이도 얘기할 수 있고, '다시개벽'이라는 의미를 온전히 파악하기 위해서라도 이 점을 한번 더 인지해야 한다고 생각합니다. 그러지 않는다면, 나중에 제가 여성신학의 기독론을 얘기하면서도 비슷한 언급을 하겠지만, 진정 하나님을 위한다고 하면서도 철저히 인간만을 위하는, 자기 한몸만을 위하는 모략으로 빠지는 계기가 바로 거기 있지 않을까 하는 생각을 했습니다.

그리고 잠깐 언급하면, 백낙청 선생님이 유교에서는 공자만을 성인이라고 한다고 말씀하셨는데, 그 말은 맞기도 하지만 틀리기도 합니다. 이미 16세기에 왕양명도 '만가성인(滿街聖人)'이라고 해서 길거리에 다니는 모든 사람이 다 성인이라고 했죠. 이 주제는 서구의 기독론 논쟁처럼 누구를 성인으로 할지 계속 논쟁이 이어졌기에 그렇게 단순하게 이야기하기는 좀 어려워 보입니다.

백낙청 공자님 스스로 내가 성인이라든가 나만이 성인이라고 말씀하신 적이 없지요. 그런데 제도화된 유교에서는 공자님은 성인이지만 맹자가 아무리 훌륭해도 아성(亞聖)에 불과하고, 그래서 나중에 주렴계(周濂溪)를 비롯한 여러분들이 송대에 와서 '성인가학(聖人可學)'이라며 성인 되는 건 배울 수 있다고 얘기했지만, 그건 어떤 가능성을 얘기한 거지 그게 실현될 수 있는 사회를 만들지 못했잖아요. 왕양명은 좀 다르고 그래서 주류에서 배제되었지만, 뭐니 뭐니 해도 전통적인 유교라는 것은 선비들의 '도'이고, 아무리 '성인가학'이라고 해도 이론적으로 누구나 성인 공부를 할 수는 있지만 일반 대중들이 그렇게 하지 못하는 사회제도와 유교는 결부돼 있었잖아요. 그걸 전복하고 민중화의 길을 열어놓은 것이 동학 아닌가요?

이은선 거기까지만 비교하면 그렇겠지만 동학이 민중을 얘기했어도 실질적으로는 여성들의 삶에서도 그렇고, 하나님과의 직접적인 관계를 맺는 데서도 정말 그랬나 하는 현실 문제의 측면에선 다른 이야기를 할 수 있다고 생각합니다.

백낙청 물론 현실에서 동학의 공적을 너무 과장할 필요는 없지만, 동학만 달랑 떼어내서 기독교라는 이 어마어마한 위력을 가진 세계적인 종교와 비교하는 건 약간 불공정경쟁 같아요. 동학은 최제우 선생이 겨우 3년간 공적으로 활동하시다가 처형당하고 줄곧 그대로 탄압을 받았고, 해월은 35년인가를 내내 수배자로 돌아다니면서 포교했기 때문에 할 수 있는 일이 극히 제한돼 있었는데, 반면에 기독교는 조선에 들어올 때 서양 제국주의 세력의 지원을 받은 거 아닙니까. 1882년의 조미수호통상조약(朝美修好通商條約)도 그렇고요. 그에 따라 조선에 들어온 서구의 문물이 훨씬 여성들에게 기회를 많이 주는 성격을 띠었기 때문에 엄청난 기여를 한 건 사실이죠. 그러나 교리 자체로 보면 기독교 교리가, 오늘의 여성 신학자들의 재해석을 떠나서 원래 그렇게 남녀평등적인 교리가 아니잖아요. 그런 교리를 가진 종교가 외세의 힘을 빌려서 들어왔다는 것이 초기에도 이미 문제가 됐고, 오늘날 우리 기독교에 대해서 두분이 지적하시는 여러 문제점이 최근에 와서 갑자기 생긴 것은 아니라고 보거든요. 교리의 근거도 있고 배경에 외국 선교사가 있었다는 사실도 있고요.

그렇다고 해서 제가 그 공적을 무시하려는 것도 아니고, 더구나 이교수님 말씀하신 대로 하나님을 제대로 모신다는 것, 하나님

| 장터 전도 | 1891년 새뮤얼 A. 모핏 선교사가 평양 장터에 모인 여성들에게 전도하는 모습.

이 하나님답게 되도록 우리가 도와준다는 요즘 일부 신학자의 사상은 굉장히 혁신적이지요. 그런데 이것이 지금 정통 교리는 아닐 겁니다. 떼야르 드 샤르댕의 신적인 영역(le milieu divin), 또는 울리히 벡(Ulrich Beck) 같은 사람이 말하는 자기 자신만의 신(der eigene Gott)을 이미 오래전에 수운이 말한 거 아니에요? 그러나 '시천주'를 얘기하는 수운이나 해월은 다 처단을 당했고, 그 추종자들은 갑오농민전쟁 때 대량 학살을 당했고요. 거기에 반해서 새로 들어온 기독교의 선교사들은 그 당시에, 첫째는 그런 얘기를 안 했고요. 그들의 활동은 전혀 처벌받지 않았거든요.

이은선 그런데 기독교의 발생기인 로마시대의 기독교인 박해, 그다음에 우리나라에서 천주교인들이 여러 사옥을 통해서 받은 박해 등 모든 새로운 개벽의 사상은 그 발생기에 박해받았죠.

백낙청 동학이 박해받았으니까 봐주자 그런 게 아니고요. 저는 우리의 삶, 특히 여성들의 삶을 동학이 실질적으로 얼마나 바꾸었는가를 기독교가 얼마나 바꿔놨는가와 단순 비교하는 것은 비역사적인 생각이 아닌가 해요.

이정배 이 문제에서 하나 꼭 짚고 넘어가고 싶은 게 있는데요. 사실 『천주실의(天主實義)』『서학변(西學辨)』『동경대전』은 나름의 사상적인 연계성이 있는 책이라 생각합니다. 『천주실의』는 중국이라는 거대한 나라에 한 가톨릭 신학자가 와서 적응해보려고 하는, 중국의 사상에 기독교를 적응시켜보려는 뜻으로 썼던 책이거든요. 그래서 둘 간의 공통점을 많이 부각했지만, 정작 예수, 기독론 문제는 너무나 달라서 『천주실의』의 맨 마지막에 조금 붙여놨어요. 그건 의도적으로 숨겨놓은 주제라는 생각이 들거든요. 그러다보니까 실제로 마떼오 리치(Matteo Ricci)가 이딸리아 말로 모국에 중국을 소개할 때는 자기가 『천주실의』 같은 책을 쓰고 있다는 말을 전혀 하지 않았습니다. 마떼오 리치도 이중과제를 수행한 거예요. 모국에다가 적응주의적 입장에서 기독교를 논할 수는 없었던 것이지요. 이후 『천주실의』 등 서구에서 들어온 서적들을 일일이 논박한 신후담의 『서학변』도 그렇고 『동경대전』의 경우도 신에 대한 고민과 논의만 있었을 뿐 정작 기독교계에서 중요하게 여기는 기독론에 대한 논의는 생략되어 있습니다. 사실 불필요하다 여겼겠지만, 기독교 입장에서 그런 논의도 한번 있었으면 좋았겠다는 아쉬움이 있습니다.

이은선 저는 동학의 문제는 지금 말씀하신 기독론의 문제로 볼 수도 있겠지만 신론의 문제이고, 소태산 원불교의 개벽은 오히려 기독론의 문제 내지는 성령론의 문제라고 생각합니다. 백교수님이 실제 현실에서 여성을 얼마나 해방했느냐는 문제로 동학과 기독교를 직접 비교할 순 없다고 하셨는데, 저도 그 말에 일면 동의합니다. 하지만

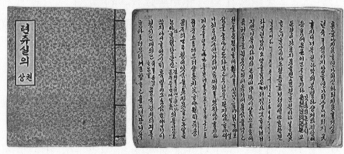

| 마떼오 리치와 『천주실의』 한글본 | 이딸리아 출신의 예수회 신부 마떼오 리치는 30여년간 중국에 거주하며 유창한 중국어와 깊은 유교 이해를 바탕으로 가톨릭 교리 및 중세 철학과 유불도 사상을 비교 고찰한 『천주실의』를 저술했다.

수운이 동학을 생각하고 진정한 의미에서 동아시아의 하나님을 생각하게 된 계기는 당시 민중들을 보니까 유교는 역할을 다하지 못하고, 자신이 상상하지도 못할 정도로 사람들이 기독교에 의해 질풍노

도를 겪는 것을 보면서 현실에서 왜 이런 일이 일어났을까 고뇌한 데 있다고 봅니다. 오늘날 개벽사상에서 많이 이야기되는 동학도 그런 의미에서 보면 서학이 일으킨 거라고 할 수 있겠죠.

백낙청 그건 의심의 여지가 없죠.

이은선 다시 말하면 현실의 효과나 실질적 변화가 그런 결과를 낳은 것이죠. 물론 기독교와 동학의 단순 비교는 여러 차원에서, 특히 학문적인 논의에서 많은 문제점이 있지만, 제 입장에서는 현실에서의 실제적인 효과와 열매라는 면을 강조하며 살피는 것이 중요하고, 그것이 여성주의적인 사고에 더 가깝다고 생각합니다.

백낙청 서학이 동학 발생의 자극이 됐다는 것에는 의심의 여지가 없어요. 하지만 침략자로서 자극한 면도 간과하지 말자는 거지요. 천주교, 그리스도교가 일으킨 현실의 변화를 보고자 할 때 커다란 세계사적인 변화에 주목해봐야 될 거고요. 그 변화를 일으키는 데는 유교의 전통도 작용을 했지요?

이은선 당연하죠.

백낙청 예, 그러니까 동학이 생긴 것도 서학 덕 아니냐, 이렇게 말씀하시는 것도 어폐가 있지 않나 싶습니다. 저는 거기에는 좀 토를 달고 싶고요. 또 하나는 당시 서학에 확 휩쓸린 사람들이 있는데, 선각적인 일부 지식인들만 그런 것이 아니고 민중도 많이 따라갔고, 특히 중국에서는 동학농민전쟁 비슷한 '태평천국(太平天國)의 난'이 일어났을 때 자기들의 독특한 기독교를 수용했던 거 아니에요. 근데 수운은 그 시점에서 사람들이 서학에 쏠리는 것을 보고 자기 나름대로 깊이 연마하셔서 서학 가지고는 안 된다는 판단을 내리셨는데, 지금 그 판단이 그 시점의 그리스도교를 두고 말한다면 정확했다는 것을 많은 기독교 신학자들, 여성신학자들이 인정하고 계시는 거 아닌가요.

그래서 수운 때도 그렇고 해월을 따른 사람들도 그렇고, 교조신원운동(敎祖伸冤運動)이나 동학농민전쟁 때 그렇게 사람들이 죽음을 각오하고 구름같이 모인 것은, 한편으로는 유교가 인격신을 인정하지 않아서 너무나 삭막하고 쓸쓸했는데 동학이 그런 빈틈을 채워준 면이 있었기 때문이겠고요, 시천주를 얘기하니까요. 또 하나는 민중해방을 추구했기 때문에 사람들이 그렇게 몰려들고 또 죽기를 두려워하지 않았던 거죠.

이은선 저야말로 이제 동학을 유교사상사 쪽에서 같이 보려고 하는 입장인데, 수운 선생님이 돌아가시기 얼마전에 우리가 잘 알고 있는 「탄도유심급(歎道儒心急)」이라는 글을 지으셨잖아요. 유교의 유(儒) 자를 가져와서 거기서 분명하게 스스로를 유자라고도 하셨고요. 그 도를 따르는 유자들이 너무나 급하게 생각해서 이런 뜻과 도가 곧 이루어질 거라 여기지만, 아까도 말한 것처럼 수운이 '무위이화'라고 하셨듯이, 각자 천주와의 관계성 속에서 인격과 사회가 변하는 만큼 너무 조급하게 생각하지 말라고 하신 말씀이, 저는 동학이 조선의 오랜 사상사 전통에서 나왔다는 점을 확실하게 보여주는 것이라고 생각합니다.

백낙청 「탄도유심급」에서 '도유(道儒)'란 말은 동학의 도를 따르는 우리 선비들이랄까, 교우, 도우(道友)라는 뜻으로 쓰신 거 같고요. 수운 선생 자신이 『동경대전』에서 부자(夫子), 선생님이라는 말을 쓸 때 공자를 말씀하시는 것이 분명해요. 그런데도 유자들은 절대로 안 쓸 말을 쓰는데, 공자의 도와 자신의 도, '오도(吾道)'를 대등하게 말할 뿐아니라, 자신의 도가 더 새롭고 더 나은 것처럼 얘기한단 말이죠. 그래서 동학이 유교와의 연속성을 갖는 동시에 굉장한 단절이 있다는 걸 우리가 인정해야 되고요. 「탄도유심급」이라는 문장은 매우 의미심장한 문장입니다. 수운이 처형당한 뒤에 '이필제의 난'도 있었고 전봉준이 주도한 전쟁이 벌어졌는데, 수운이 그런 사태를 경계하신 게 아닌가 하는 생각도 들어요.

이정배 네. 저는 기독교적인 입장에서 이은선 선생님처럼 이야기할 여지가 있다고 생각하면서도, 백영서 선생님의 최근 책에서 배운 것 중의 하나는, 우리가 동학을 이해할 때는 문화론 차원도 있지만 정세론 차원도 있다는 건데, 당시에 유교 이상의 동학적 사유를 요청할 수밖에 없는 현실이 있었다는 점을 같이 본다면 지금 백선생님 말씀과 그렇게 대립되지는 않는다는 생각이 들어요.

기독교의 개벽, 원불교의 개벽

백낙청 제가 달랑 수운만, 동학만 떼어놓고 얘기하지 말자고 하는 것은, 후천개벽사상은 수운이 시작했지만 한반도 안에서 하나의 전통을 형성했다고 보고, 그래서 그 전체를 볼 필요가 있다는 것인데요. 수운을 직접 이어받은 분은 해월이고, 해월에게서 교주의 정통을 이은 것은 의암 손병희 선생이며, 그후에 천도교인데요. 그것과는 달리 개벽사상을 독자적으로 더 밀고 나간 분이 소태산인 것 같고요. 그 사이에 앞에서 말씀하신 일부 김항 선생, 또 증산 강일순(姜一淳) 선생이 계신데, 이런 분들의 계통은 좀 다르죠. 수운, 해월에서 시차를 두고 소태산으로 이어지는 계통과는 또다를지 모르지만, 소태산이 증산을 직접 계승한 면도 많아요. 그의 초기 교도들 중에 증산교도들이 많았고요. 동학이 일어난 것은 서학의 영향이 크지 않았나 이은선 선생이 말씀하셨는데, 증산도는 동학과 노선은 다르지만, 사실은 동학을 거치면서 너무나 많은 사람들이 죽고 이 땅에 원귀들이 가득찼을 때, 증산 선생이 나와서 지금 그런 식으로 다시 싸울 때가 아니고 해원상생을 하고 천지의 기운을 바꿔놓겠다 하셔서 동학 하던 사람이 증산도로 많이 갔지 않습니까. 또 그 사람들이 원불교로 온 거고요. 그래서 저는 원불교에 와서 한반도의 후천개벽사상이 어떤 새로운 높이에 다다랐다고 보는데, 두분은 어떻게 보시나요.

이정배 조선조 말에 개벽사상의 흐름이 있었고 그것이 우리 종교사상을 바꿔놨다는 것의 의미는 아무리 강조해도 지나침이 없다고 생각합니다. 기독교가 이런 흐름과 잘 만나지 못했고 오로지 개화의 입장에서 자기의 길을 독자적으로 걸어간 것이 큰 패착이었다, 기독교가 처음부터 개벽에 대한 존중과 깨달음을 갖고 같이 걸어갔더라면, 개벽사상과 불교가 만나 원불교를 태동시켰듯이 이 땅에 들어온 기독교 역시 어떤 새로운 모습을 창발시킬 수 있었을 것이라 생각합니다.

앞서 저는 '시' 개념을 좋아하고 중히 여긴다는 말씀을 드렸습니다. 주지하듯 수운이 이 개념에 근거해서 민중성을 말하고 다시개벽을 주장했다면, 반면 해월 신사(神師)는 후천개벽이라는 말을 사용하셨는데 향벽설위(向壁設位)가 아니라 향아설위(向我設位)가 핵심 내용입니다. 전통적 유교가 그랬고 서구 기독교가 그래왔듯이 자기 밖의 대상을 향해 제사 지내는 행위는 그만하고, 자기 안의 하느님을 경배하고 사랑하라는 뜻이지요.

그러다보니 일부 동학 연구자들은 해월이 수운의 초월성 개념을 완전히 탈각시켜서 내재화했다고 비판합니다. 초월의 의미를 탈각시키면 혁명성·개벽성이 약화된다는 이유에서입니다. 수운의 시각에서 해월을 비판하는 것이지요. 동학을 연구하는 민중신학자들이 그런 경향성을 띠고 있습니다. 주지하듯 해월 신사는 '베 짜는 하느님'

이란 말씀을 남겼습니다. 해월이 어느 집에 갔다가 며느리가 베를 짜고 있는 모습을 보고서 그를 '베 짜는 하느님', 일하는 하느님이라고 말했습니다. 이은선 교수가 말한 대로 일하는 하느님을 며느리에게서, 여성에게서 봤던 것이지요. 이에 더해 해월은 경천(敬天)하듯 그렇게 경인(敬人), 경물(敬物)을 강조했습니다. 소위 삼경사상을 통해서 사물과 자연까지 공경하도록 해석하여 초월을 철저하게 내재화했던 것입니다.

이어 강증산은 도가 및 도교와 개벽사상을 접합했습니다. 이 과정에서 천상의 세계를 지나칠 정도로 신비적으로 그려놓고 자신을 상제라 호칭했습니다. 강증산의 개념 중에 소중한 것은 '천지공사(天地公事)', 천지가 새롭게 평가되고 또 평가받아야 한다는 말씀입니다. '천지비(天地否, ䷋) 괘'가 '지천태(地天泰, ䷊) 괘'로 바뀌는 전환, 음양이 도치되는 세상을 꿈꾸면서, 이를 후천의 의미로 수용한 것입니다. 강증산은 고판례(高判禮)라는 제자에게 도통을 전수하는 과정에서 그로 하여금 자신의 배 위에 올라타 발로 짓밟게 하는 의식을 거행했었지요. 선천, 곧 양의 시대가 가고 이제는 여성이 도통을 계승하는 음의 시대, 후천의 시대가 도래했음을 선포하고 이를 천지공사라 말했던 것이지요. 신비화한 세상을 이야기하면서도 천지공사라는 주제를 내세워 음의 시대라고 가치의 변화를 주려 했다는 점에서 의미가 큽니다.

원불교의 소태산은 '물질이 개벽되니 정신을 개벽하자'는 개교표어를 만드셨습니다. 원불교는 사실 동학과 증산교의 덕을 많이 입었다고 말할 수 있습니다. 동학의 실패에 절망하고 좌절한 사람들이 원불교로 많이 넘어왔다는 의미겠죠. 소태산 대종사가 개벽사상을 완성했는가 아니면 더 큰 개벽을 기다려야 하는가의 질문은 열려 있지

해월의 '향아설위'

〔해월〕 신사 물으시기를 "제사 지낼 때에 벽을 향하여 위를 베푸는 것이 옳으냐, 나를 향하여 위를 베푸는 것이 옳으냐." 손병희 대답하기를 "나를 향하여 위를 베푸는 것이 옳습니다."

신사 말씀하시기를 "그러하니라. 이제부터는 나를 향하여 위를 베푸는 것이 옳으니라. 그러면 제물을 차릴 때에 혹 급하게 집어 먹었다면, 다시 차려서 제사를 지내는 것이 옳겠느냐 그대로 지내도 옳겠느냐." 손천민이 대답하기를 "그대로 제사를 지내는 것이 옳겠습니다."

— 해월 최시형 「향아설위」의 일부, 『해월신사법설』

베 짜는 하느님

사람이 바로 한울이니 사람 섬기기를 한울같이 하라. 내 제군들을 보니 스스로 잘난 체하는 자가 많으니 한심한 일이요, 도에서 이탈되는 사람도 이래서 생기니 슬픈 일이로다. 나도 또한 이런 마음이 생기면 생길 수 있느니라. 이런 마음이 생기면 생길 수 있으나, 이런 마음을 감히 내지 않는 것은 한울님을 내 마음에 양하지 못할까 두려워함이로다.

〔…〕 내가 청주를 지나다가 서택순의 집에서 그 며느리의 베 짜는 소리를 듣고 서군에게 묻기를 "저 누가 베를 짜는 소리인가" 하니, 서군이 대답하기를 "제 며느리가 베를 짭니다" 하는지라, 내가 또 묻기를 "그대의 며느리가 베 짜는 것이 참으로 그대의 며느리가 베 짜는 것인가" 하니, 서군이 나의 말을 분간치 못하더라. 어찌 서군뿐이랴. 도인의 집에 사람이 오거든 사람이 왔다 이르지 말고 한울님이 강림하셨다 말하라.

— 해월 최시형 「내인접물」의 일부, 『해월신사법설』

만, 개벽사상이 원불교에 이르러 좀더 구체화된 것은 틀림없는 듯합니다. 모든 곳에 부처가 있다고 말씀하신 것이나 일원상의 진리로써 대상적인 것을 다 없애버린 점은 향아설위의 완성이라 봐도 좋겠습니다. 익히 알듯 차축 시대(車軸時代, die Ächzenzeit)를 언급한 카를 야스퍼스와 캐런 암스트롱(Karen Armstrong) 같은 서구 사상가들은 첫번째 시기(B.C. 900~B.C. 200)에는 종교들이 분화되었지만 두번째 차축시대에 이른 지금은 종교들이 하나가 되는 시대가 되어야 한다고 말했습니다. 이와 견줄 때 소태산은 훨씬 앞서서 모든 종교의 귀일처는 하나, 곧 일원상 진리라는 사실을 밝혔습니다. 이 점에서 종교의 귀일처가 있다고 말한 것은 개벽 차원에서는 아주 중요하다 생각합니다.

저는 원불교와의 관계성을 보면 수운보다는 해월이 더 밀접하다 싶습니다. 그럼에도 개벽사상을 말할 때 원불교는 수운보다 해월에 상대적으로 관심을 덜 두는 것 같습니다. 수운에게서 볼 수 없었던, 해월에게서 싹이 튼 취사(取捨)의 문제, 노동의 문제를 원불교가 중요하게 여기면서도 말입니다. 원불교에 관해서 두가지만 더 말씀드리고 이야기를 줄이겠습니다. 하나는 이 세상을 '은(恩)'의 관계로 본 것, '사은사상'에 관한 것입니다. 일원상의 법신불을 전제로 '은'의 개념으로 세상을 이해한 것은 상극적인 세상에서 천지공사를 말하는 강증산의 흐름을 겪은 후에 나온 생각이겠습니다. 천지공사 이후의 새로운 개벽 세상을 은의 개념으로 표현한 것이죠. 다른 하나는 종교와 정치를 분리하는 근대 서구와 달리 원불교는 정치와 종교를 동심(同心), 같은 마음으로 봤다는 사실입니다. 이 상이한 둘을 하나로 만들려는 것은 대승적인 싸맴, 포용을 지향했다는 의미일 것입니다. 이 점에서 원불교가 개벽사상을 일정 부분 완성했다고 말할 수 있을지도 모르겠습니다.

백낙청 개벽사상이 소태산에게든 누구에게서든 완성될 수는 없을 것 같아요. 완성이라는 것은 우리가 다 그 완성에 이바지를 해서 개벽사상을 완전히 실현했을 때일 텐데, 그때도 그걸 완성이라고 부를 수 있을지 모르겠습니다. 이은선 교수님 말씀 좀더 들어보고 제 얘기를 할게요.

이은선 이정배 교수님이 아주 종합적으로 잘 설명해주셨지요. 시작점부터 비교를 한다면, 동학은 서학, 기독교가 가지고 있는 신론을 개벽했고, 원불교는 기독론을 개벽했다고 보고 싶습니다. 다시 말하면 더이상 그리스도에 대해 얘기할 의미도 없어지고, 모든 사람이 다 그리스도이기도 한 것을 밝힌 거죠. 동아시아 전통에서 보면 성인을 얘기할 필요도 없어진 것입니다. 사실 유교에서도 그렇고 아까의 강증산 얘기에서도 나타났듯이, 후계자에게 도통을 전수하는 전통이 있었죠. 그런데 원불교에 와서는 누구에게 이 도가 넘어갈 것인가 하는 제자들의 질문에 대해서 모든 사람이 도를 받을 수 있다는, 이 도통이라는 개념 자체를 가질 필요도 없다는 소태산 선생님의 답이 있었죠. 그런 면에서 민중화가 급진적으로 이루어진 것 아닌가 합니다.

동시에 백낙청 선생님이 나중에 좀더 설명해주시겠지만, 증산교가 도교와 관계됐고, 동학이 유교와 관계됐다면, 소태산의 원불교는 불교와 관계된 것인데, 특히 어떤 신에 대한 개념이나 그리스도의 개념이 없는 불교의 법이라는 개념은 거룩함(聖)을 훨씬 더 보편화할 가능성을 가지고 있지요. 인간의 사유할 수 있는 이성, 그다음에 인간 누구나가 가질 수 있는 공부의 문제, 누구나 어떤 역할을 하든지 간에 그 사람을 공적 인간으로 볼 수 있다는 개념 면에서 봤을 때, 소태산의 기독론 해체나 성학(聖學)에 대한 해체는 정말 래디컬하고, 인류의 정신사에서 어떤 극점에 도달한 것이 아닌가 싶습니다. 원불교는 불교와 대화하면서 유교는 갖지 못했지만 불교가 가지고 있는 종교성도 담지하려고 하고요. 기독교 신앙은 탈신화화를 추구했지만 다시 그것의 벌거벗은 모습을 보면서 재신화화를 얘기했잖아요. 개벽사상은 종교와 탈종교의 두 측면을 두루 포괄한 원불교가 종교성을 담지하고 있는 불교와의 대화에서 얻은 이점이 아닐까 싶습니다. 저는 모든 개벽운동, 모든 인간의 일은 다 '이중과제'이고 '일원상의 과제'라고 생각합니다. 어느 체제나 인격, 단체가 두가지 과제 모두를 긴장을 유지하며 놓치지 않을 수 있을까 하는 것이 핵심 관건이지요. 유교적으로 이야기하면 '불상잡(不相雜)·불상리(不相離)'의 '이기묘합(理氣妙合)'인데, 퇴계 선생도 계속해서 그 두가지 측면을 놓치지 않으려고 고투하셨지요. 저는 그런 명멸하는 매순간의 과정에서 창조적으로 개벽의 일이 일어나는 것이지, 그 긴장성이 사라지고 고착화되면 항상 타락이 일어난다는 점을 강조하고 싶습니다.

백낙청 원불교는 동학과 달리 불교를 적극 수용했다는 것이 굉장히 중요한데, 그 점을 잘 지적해주셨어요. 아까 인격신 얘기도 하셨고 은사상 얘기도 하셨는데, 사실 유교가 원래는 인격적인 상제가 있다가 점점 거기서 탈각하면서 나중에 신유학에 오면 '이(理)'와 '기(氣)'가 있는 것이지 인격신은 없잖아요. 이것은 기독교적인 입장에서 볼 때는 하나의 단점일 수도 있고, 또 일반 민중의 입장에서 보더라도 뭔가 허전해요. 상제님이 안 계시거나 너무 멀리 계시니까요. 그러나 유교의 위대성이 끝까지 공자를 신격화하지 않았다는 데 있듯이, 인격신의 개념을 점점 탈각해서 결국은 '이기'의 개념으로 바꾼 것도 유교의 아주 독특한 성취인 거 같아요.

그런데 퇴계 선생은 인격신이 없어져서 세상이 좀 삭막해진 것을 잘 느끼신 거 같아요. 그래도 끝까지 인격신을 다시 들여놓지 않는 대신 '이'라는 것에 무언가 온기가 돌게 만드셨다는 점이 퇴계 선생의 훌륭한 면이라고 봅니다. '이기' 논쟁의, 사단칠정(四端七情) 논쟁의 자세한 내용을 저는 모르는데, 결과적으로 보면 그때는 서학이 들어오기 전이지만 이분이 상제 개념을 도입한다든가 하는 생각으로 끝까지 기울지 않으시면서도, 원래 유교의 위대한 성취를 지키시면서도, 거기에 온기가 돌게 만드신 게 아닌가 합니다.

수운 선생도 상제와 대결하는 과정에서 인격신을 끌어들였다가 자기점검을 해서 신의 존재를 자기 안의 신으로 바꿔버린단 말이죠. 다만 천주란 말을 서학에서 쓰고 동학에서도 쓰니까 오해가 있고, 또 그것 때문에 수운 선생이 피해를 보기도 했지만, 천주 개념이 서로 다르다고 봐요. 서학에서 'Deus', 하느님을 천주라고 번역했을 때는 하늘에 계신 우리 아버지, 하느님 아버지, 이런 뜻이고, 동학에서 말하는 천주는 하늘, 천인데, 여기서 '주'라는 건 그냥 님이란 뜻 아니에요. 천주=하늘님, 부주=아버님, 그런 뜻으로 쓰인 거니까 의미가 다르고요, 그것을 내 안의 하늘님으로 만들어내셨죠. 불교에는 석가모니를 신격화하지 않는 한 그런 게 애초에 없거든요.

이은선 오히려 유교보다 불교에서 부처는 거의 그리스도 수준 아닌가요.

백낙청 부처님을 신격화하는 경우에는 그것이 상제 개념을 대체하는 게 되는데, 그렇지 않고 원래 석가모니의 가르침대로 석가모니는 신이 아니고 각자(覺者), 깨달은 분이다, 이렇게 나가면 신이 없다는 말이에요. 불교에 신이 아주 없는 건 아니죠. 온갖 신들이 많은데, 다만 그것은 서양에서와 같은 불멸의 존재가 아니고 육도(六道) 변화 속에서 천상에 올라갔다가 복이 다 되면 내려오기도 하는 신이니까 서양의 신 개념과는 다릅니다. 원불교가 불교를 주체로 삼아서 법을 짜다 보니까 결과적으로 상제가 들어갈 여지가 더 없어졌죠. 그 대신에 들어간 게 말씀하신 은사상이죠. 은사상엔 온기가 있단 말이에요. 그러나 일원상 진리를 깨닫고 사방을 잘 둘러보니까 내가 부모 은혜도 받았고 타인의 은혜도 받았다는 경험적 사실에 근거해서 은혜를 갚자는 게 아니고, 일원이 곧 사은이라는 깨달음이거든요. 이건 좀 차원이 다른 얘기예요. 사실 여기서 나는 굉장히 어려운 문제가 발생한다고 봅니다. 기독교에서 모든 것이 하나님의 역사하심이고 하나님의 은총이라고 할 때 사람들이 자기 삶에서 납득할 수 없는 일들이 너무 많이 벌어지잖아요. 세월호참사로 자식을 잃은 부모한테 이 사태를 은총으로 받아들여라 하면 많은 분들이 교회를 떠나지 교회에 남아 있겠어요? 마찬가지로 모든 것이 다 은혜라고 하는 것도 정신승리를 유도하는 말이 아니면 받아들이기 어려운 말이죠.

그래서 저는 이걸 「욥기」와 연결시킨 적이 있어요. 욥이 더할 수 없는 고생을 할 때 주변의 친구들은 그게 다 네가 죄를 지어서 받는 거라며, 어떻게 보면 굉장히 불교적인 논리로 설득을 하는데, 욥은 그게 말이 되냐, 내가 완벽한 인간이 아니고 잘못한 것도 있지만 이렇게까지 당해야 할 이유는 없다, 내가 고생하는 이유를 하나님한테 좀 들어봐야겠다 합니다. 「욥기」에서는 하나님이 마지막에 나타나셔서 논리로 설명해주는 게 아니라 제압을 해버리시죠. 저는 그 대목을 읽을 때마다, 하나님은 참 훌륭한 시인인데 논리적인 변증가는 아니로구나 하고 느껴요. 하나님이 내가 세상 창조하고 이 우주를 운영할 때 네가 뭐 보태준 거 있냐, 너 거기 있었냐 하셔서 욥이 할 말이 없게 만드는데요. 그 하느님의 존재를 빼고 생각한다면 현세의 차원에서는 욥의 말이 맞는 말이고, 친구들의 말이 맞으려면 그들이 불교도가 되어야 합니다. 그러니까 네가 금생에 잘못한 게 없을지도 모르지만 전생에는 어떤 잘못을 지었을 것이라는 거죠.(웃음)

이은선 백낙청 선생님께서 직접 시인을 하시네요, 불교가 가지고 있는 맹점을.(웃음) 그런 면에서 퇴계 선생님 이야기로 다시 넘어가면, 그가 선조라는 왕에게 보낸 편지이긴 하지만 『성학십도(聖學十圖)』에서 인격적인 천주의 사랑을 끊임없이 느끼게 하면서도 그것을 '이(理)'라는 용어로 표현했다는 점에서 이중과제를 누구보다도 훌륭하게 수행해내신 분이라고 저는 생각해요. 그런 의미에서 불교도 아니고 좁은 의미에서 중국 '이학(理學)'과도 다른 한국적 성리학을 구축해가셨다고 봅니다. 그 두가지를 동시에 담지하면서도 끊임없이 퇴계 선생님이 '나는 이 세상에 선한 사람이 많았으면 좋겠다(所願善人多)'고 하셨는데, 이때의 '선(善)'이라는 것도, 어떻게 보면 '성(聖)'보다 한단계 더 보편화된 언어라고 할 수 있을 것 같습니다.

백낙청 그렇죠. 기독교적인 선악 개념이 아니죠.

이은선 퇴계 선생님이 그런 식으로 한국의 고대 사상, 고사상부터 쭉 이어져 내려오는, 중국과도 다르고 서구와도 달리 하늘을 부모처럼, 구체적인 삶에서 우리의 원을 들어주고 사랑하는 부모처럼 느끼는 측면과 성리학의 '이(理)'와 '기(氣)'라는 오묘한 언어를 얻어서 그것을 '이'로 표현하면서도 둘을 같이 연결하려고 한 것이 큰 의미를 지닌다고 봅니다. 퇴계 사상은 그 두가지를 동시에 담고 있기 때문에, 뒤에 더 얘기하겠지만 오늘날 21세기에 불교도 아니고 기독교도 아니고 좁은 의미의 고대 유교도 아니면서 어떤 오묘한 긴장과 포괄을 동시에 가지고 있는 큰 보물이 아닌가 생각합니다.

이정배 저는 퇴계를 이해할 때 하나 더 중요한 관점을 덧붙일 필요가 있다고 생각합니다. 율곡과 비교해서도 그리고 당대의 그 누구와 견줄 때도 퇴계는 학자로서 비애와 절망, 좌절을 크게 겪은 사람이란 사실입니다. 퇴계의 사상을 이해할 때 그가 사화로 형제를 잃고 절망했던 감정들을 알아야 합니다. 이것들이 그의 사상의 후경을 이루고 있는 까닭이죠. 이 점을 간과하고 논리적인 차원으로만 파악하려 하면 백선생님이 말씀하신 따뜻한 온기를 그에게서 느낄 수 없을 겁니다.

오늘 저는 백선생님의 「욥기」 해석에 탁월한 점이 있다는 걸 새롭게 느끼면서 아주 많이 배웠습니다. 그럼에도 「욥기」가 「신명기(申命記)」 사관을 부정하는 책이라는 사실 역시 중요합니다. 욥의 친구들은 「신명기」 사관을 금과옥조로 여기던 학자들이었습니다. 그것이 이스라엘 민족의 정체성인 까닭이지요. 하나님의 계명을 잘 따르면 복을 받고, 그것을 어기면 자손 몇대까지 화를 입는다는 게 그들에게 통용되던 역사관이었습니다. 그런데 욥의 실존에서는 이것이 전혀 맞지 않았어요. 욥이 정통 유대인이 아니라 구스 지역에 살던 이방인이란 것도 의미심장합니다. 하나님의 계명을 지키면서도 고통을 받는 사람이 존재한다는 실상을 말하고 싶었던 것입니다. 「신명기」만으로 해결되지 않는 현실이 존재하는 것이 사실 아니겠습니까? 욥은 이것을 끝까지 포기하지 않았던 반면 그의 세 친구들은 「신명기」 사관을 읊조리는 교리 지상주의자들이었다는 것입니다.

백낙청 우리 현대인의 입장에서 보면 「욥기」의 결론이 만족스럽기가 힘들어요. 그러나 그 세계에서는 통하던 거고, 또 그런 이스라엘의 하나님, 아브라함의 하나님을 인정하면 그 말까지도 받아들이지 않을 수 없다고 봐요. 친구들이 물론 불교도는 아니지만 그런데도 「신명기」의 그런 어법을 그대로 쓴 것은 욥의 실상을 알고 「신명기」와 대비하는 게 아니라, 「신명기」의 계명을 먼저 갖고서 여기다 갖다 붙이려고 한 것인데, 욥이라는 사람이 아니다, 내가 하나님 계율을

100퍼센트 안 지켰는지는 몰라도 이렇게 당해야 할 만큼 어긴 건 아니다 한 것이니까, 사실은 굉장히 울림이 있는 말이지요. 제가 얘기한 것은 욥 친구들의 충고가 말이 되려면 「신명기」를 가지고 와서는 안 되고 불교를 갖다 대면 될 것이라는 건데, 불교의 전생관이나 윤회관 얘기를 우리가 나중에 좀더 해도 좋을 듯합니다. 이은선 교수께서 제가 스스로 불교의 맹점을 인정했다고 말씀하신 건 조금 성급하셨던 것 같고요.(웃음) 저는 「욥기」가 제기하는 문제에 관해 불교에 다른 학설이 있고 윤회설을 통한 다른 합리적 해석이 가능하다고 보니까요.

정교동심, 삼동윤리 그리고 세계윤리

백낙청 아까 이정배 선생님이 '정교동심(政敎同心)' 얘기를 하셨죠. 그건 중요한 지적 같아요. '정교동심'이라는 것은 근대세계의 정교분리와도 다르지만, 그 이전 시대의 신정체제 또는 정교일체와도 다른 거지요. 정교동심은 마음은 같은 마음인데 몸은 따로따로라는 것이죠. 그게 정산이 처음으로 한 얘기는 아니고, 소태산이 정치를 엄부(嚴父)에 비유하고 종교를 자모(慈母)에 비유했어요. 어떤 사람은 가부장적인 발상 아니냐고 하지만, 저는 오히려 정반대라고 봐요. 왜냐면 소태산이라는 분은 종교가 정치보다 더 중요하다는 확신을 가진 분인데, 종교를 어머니에 비유하고 나쁜 짓 하는 놈을 법과 제도로 다스리는 궂은일 하는 것은 아버지로 비유했으니까 여성비하 사상은 아닌 거 같아요.

이은선 정교동심은 현대사회에서 너무도 당연한 가르침이라고 생각하고, 오늘 우리에게 더 큰 문제는 종교와 정치의 관계에 대한 물음보다 정치와 경제 관계에서 일어나는 혼종과 야합이라고 봅니다. 서구에선 종교와 정치를 분리하기 위한 많은 투쟁이 있었고 이제 그 문제는 어느정도 정리가 된 것 같습니다. 그러나 신자유주의 시대에는 정치가 온통 경제에 함몰되어서 인간의 일이 오로지 먹고 사는 일로만 축소되고 있는 듯합니다. 일찍이 프랑스대혁명도 자유·평등·박애의 정신을 이루기 위한 정치혁명이 빵과 경제 문제의 조속한 해결을 둘러싼 요구와 물음으로 치달으면서 타락했지요. 노무현정권에서도 유사한 전개가 이루어졌다고 봅니다. 종교와 정치가 서로 역할은 다르지만 인류를 구제하고 삶에 평화와 안정을 가져오려는 목표는 같다는 정교동심의 가르침이 저는 정치와 경제의 관계에도 그대로 적용될 수 있다고 봐요. 하지만 그러지 못해서 오늘의 많은 불행과 불평등의 문제가 야기되고 있고요. 종교가 정치화되고 사회사업화되며, 개인의 삶이 공적인 의미로만 채워지게 됐을 때의 문제도 많이 목격되죠. 정교동심의 문제는 결국은 이 두가지 영역과 일을 묘합하는 일이라고 생각합니다.

이정배 정교동심을 개벽에 중요한 것으로 말했던 사람으로서 한 말씀 덧붙이겠습니다. 근대 이후로 서양에서는 정치와 경제가 분리되었습니다. 그러다보니 필연적으로 생겨나는 경제의 불평등을 해결할 길이 없었습니다. 모든 것을 개인 차원으로 돌려버린 까닭입니다. 정치와 경제가 분리된 상태에서 경제 불공평은 가중될 수밖에 없고 민중들의 고통은 지속되었습니다. 앞서 저는 원불교의 중요한 점을 취사라고 보았습니다. 종교라는 제도를 만들면서도 취사의 문제, 노동의 문제를 굉장히 중시했기 때문이에요. 불평등한 현실 속에서 삶의 종교, 생활의 종교 자리로 내려온 원불교로서는 정교동심의 입장을 취

소태산의 정교동심

대종사 말씀하시기를 "종교와 정치는 한 가정에 자모(慈母)와 엄부(嚴父) 같나니 종교는 도덕에 근원하여 사람의 마음을 가르쳐 죄를 짓기 전에 미리 방지하고 복을 짓게 하는 법이요, 정치는 법률에 근원하여 일의 결과를 보아서 상과 벌을 베푸는 법이라, 자모가 자모의 도를 다하고 엄부가 엄부의 도를 다하여, 부모가 각각 그 도에 밝으면 자녀는 반드시 행복을 누릴 것이나 만일 부모가 그 도에 밝지 못하면 자녀가 불행하게 되나니, 자녀의 행과 불행은 곧 부모의 잘하고 못하는 데에 있는 것과 같이 창생의 행과 불행은 곧 종교와 정치의 활용 여하에 달려 있는지라 제생의세(濟生醫世)를 목적하는 우리의 책임이 어찌 중하지 아니하리요. 그러므로, 우리는 먼저 우리의 교의(教義)를 충분히 알아야 할 것이요, 안후에는 이 교의를 세상에 널리 베풀어서 참다운 도덕에 근본한 선정 덕치(善政德治)를 베풀어 모든 생령과 한가지 낙원의 생활을 하여야 우리의 책임을 다하였다 하리라."

—『대종경』교의품 36

할 수밖에 없었다고 생각합니다.

백낙청 서양 근대가 정교분리의 원칙을 이룩하기 위해 치열하게 싸웠고 그로 인해서 많은 사회발전이 이루어진 것은 사실이죠. 그런데 정교분리의 원칙이 오래가다보면 어떤 폐단이 생기냐면, 오히려 종교인들이 종교는 열심히 안 하고 정권을 잡으려고 그래요. 왜냐면 종교를 통해서 직접 정치를 움직이는 것은 옛날 신정체제고 정교일치 체제인데, 지금은 분리가 돼 있으니까 종교인들이 어떻게든지 자기 교

삼동윤리		
동원도리(同源道理)	동기연계(同氣連契)	동척사업(同拓事業)
모든 종교와 교파가 그 근본은 다 같은 한 근원의 도리인 것을 알아서 서로 대동화합(大同和合)하자.	모든 인종과 생령이 근본은 다 같은 한 기운으로 연계된 동포인 것을 알아서, 서로 대동화합하자.	모든 사업과 주장이 다 같이 세상을 개척하는 데에 힘이 되는 것을 알아서 서로 대동화합하자.

| 삼동윤리의 내용 |

단에서 대통령을 내고 국가의 요직을 많이 장악하려는 식이죠. 예를 들어 지금 인도는 힌두교도로서 특별히 경건하거나 뛰어나지도 않은 사람들이 소위 힌두교 민족주의를 만들어서 정권을 잡고 그걸로 타 종교를 탄압하잖아요. 그래서 정교분리도 문제고 정교일치도 문제인데, 그것을 잘 정리한 것이 정치와 종교는 '동심일체가 아니라 이체동심(異體同心)이다' 하는 원칙이지요. 원불교 사람들 중에는 동심이체가 다 이루어진 것처럼 얘기하는 분도 계시는데 이는 절대로 지금 이루어지지 않았고 또 앞으로도 쉽게 이루어지지 않을 겁니다. 왜냐하면 종교도 더 종교다워야 되고 나라도 더 민주화되어 인권이 보장되는 정치가 이루어질 때 가능하기 때문이죠. 그래서 이것도 장기적으로 우리가 추구해야 할 목표라고 봐야 될 것 같고요.

삼동윤리 중에서는 현실적으로 교단 입장에서 제일 받아들이기 어려운 건 '동척사업' 대목이에요. 다 똑같은 일꾼이라고 하니까 교무의 특권이 없어져버리죠. 앞의 두가지 강령, 동원도리·동기연계는 첫째 모든 종교가 원리로서는 하나라는 것인데, 모든 종교가 하나라는 얘기는 아닙니다. 그리고 둘째로 모든 사람들이 다 한 핏줄이고 한 식구라는 뜻인데, 이 내용은 사실 『대종경』 서품의 1장 내용과 같아요. 즉, 『대종경』을 처음 펼치면 만나는 내용인데, 대종사께서 대각

| 한스 큉 | 전통적 신학의 경직성에서 벗어나 다원화된 사회의 조화를 강조했다. 한스 큉의 '세계윤리구상'에 따라 '세계윤리재단'이 설립되기도 했다.

한 후의 제일성이 "만유가 한 체성이며 만법이 한 근원이로다"라는 말씀이었어요. 바로 동원도리·동기연계 얘기거든요. 이어서 소태산 이 "이 가운데 생멸 없는 도와 인과보응되는 이치가 서로 바탕하여 한 두렷한 기틀을 지었도다"라고 말씀하셨는데 사실 이게 맞는지 여부는 그 경지에 가본 사람만 아는 거겠지요. 함부로 모든 종교는 하나다, 이렇게 떠든다면 그걸 속화하는 것밖에 안 됩니다. 그래서 그런 깨달음이 이루어진 사람들이 많아졌을 때 동척사업도 원활하게 되는 것이지요. 이 삼동윤리 역시 제대로 실현되려면 아주 멀었다고 봅니다.

이정배 삼동윤리를 생각하다보면 기독교 배경에서 떠오르는 가톨릭 신학자가 있는데 한스 큉(Hans Küng)이란 분입니다. 이분의 저서가 『세계윤리구상』(*Weltehos*, 안명옥 옮김, 분도출판사 1992)이란 제목으로

'전지구적 윤리'의 허점

〔…〕종교인들이 나서서 전세계가 공유할 수 있는 보편윤리를 제정하려는 움직임들이 있습니다. 그중에서 제일 유명한 것이 1993년 시카고에서 세계종교의회가 채택한 '전지구적 윤리를 향한 선언'(Declaration Toward a Global Ethic)입니다. 이 선언은 독일의 한스 큉(Hans Küng) 교수 — 그분이 한국에도 다녀가지 않았습니까? 어쨌든 한국에도 알려진 분인데, 큉 교수 주도로 몇 사람이 초안을 해서 1993년에 채택이 됐습니다. 그 취지는 여러 종교를 믿는 사람들이 모여서 교리문제를 앞세우면 서로 싸움이 되니까, 초월적인 진리에 대한 해석이나 교리는 떼어내고 각 종교가 가르치는 윤리 중에서 공통된 점을 뽑아내어, 그중 특히 오늘날의 세계가 살아남고 환경과 평화를 지키고 인간다운 생활을 하는데 뭐가 필요한가 하는 것을 조목조목 정리한 것입니다. 그래서 정치를 하건 뭘 하건 대체로 이런 방향으로 나아가야 되겠다, 또 많은 사람들이 여기에 동참해서 힘을 실어주자 하는 그러한 운동입니다.

〔…〕그러나 보편윤리의 내용을 들여다보면 삼동윤리처럼 무서운 건 못 된다는 생각입니다.

제가 보기에 무섭지 않은 가장 큰 이유는, "모든 종교의 근본이 되는 일원대도의 정신을 투철히 체득"하는 지난한 과제를 회피하고 있기 때문입니다. 그게 너무 어려우니까, "우리의 마음 가운데 모든 종교를 하나로 보는 큰 정신을 확립"하라는 '동원도리'의 강령을 따르기보다 여러 종교들의 윤리 계명 가운데서 공통분모를, 아무도 거부하기 힘든 좋은 말씀들을 골라서 '전지구적 윤리'의 강령으로 삼은 것입니다. 그러다 보니 이게 다 좋은 말씀이지만 이걸 갖고서 과연 뭐가 되겠는가 하는 느낌을 지울 수가 없는 거예요.

번역 출판되었습니다. 우리나라에 방문한 적도 있었는데 출교를 당했기에 가톨릭 교단과 관계없이 원광대학교가 초대해서 큰 강좌를 열었습니다. 한스 큉은 인류 보편윤리의 확립을 위해 세계윤리를 구상했습니다. 세계를 구하기 위한 정언명령을 선포한 것입니다. 하지만 이것 역시 보편적이기보다는 너무 기독교적이고 구체적인 수행(실천) 방법을 제시하지 못했기에 아시아 종교들이 수용하기에는 부족하다는 평가를 받았습니다. 이 점에서 동원도리와 동기연계, 그리고 정치 문제와도 관계되는 동척사업을 말하는 삼동윤리는, 한스 큉의 세계윤리와 견줄 때 그보다 훨씬 더 동서양을 아우를 수 있는 개념이라 생각합니다. 나중에 삼동윤리를 한스 큉과 한번 비교, 성찰하는 논리적 글도 써봤으면 좋겠습니다. 물론 원불교 측에서 이룰 과제입니다.

백낙청 제가 「통일시대·마음공부·삼동윤리」라는 글에서 한스 큉의 그 보편윤리, '벨트에토스'라는 것을 참 무식한 용기로 비판한 적이 있습니다. 그는 보편종교를 말한 게 아니죠. 여러 종교가 그대로 있는데 공통되는 윤리가 뭔지 묻는 얘기니까 한 차원 낮은 얘긴데요. 저는 그 말이 틀렸다고 보지는 않지만 보편윤리에 이르는 공부법이 생략되면 별 의미가 없고 악용될 여지도 있어요. 결국은 기독교에서 말하는 황금률이라는 것이 남는 게 아닙니까, 이것저것 다 제하다보면. 그러니까 내가 원하는 것을 남에게도 해주라는 게 예수님 말씀인데, 우리 동아시아에서는 더 좀 소극적이랄까, '기소불욕 물시어인(己所不欲勿施於人)', 내가 원하지 않는 것을 다른 사람에게 베풀지 말라고 하죠. 저는 후자가 훨씬 더 원만한 가르침이라고 봐요. 내가 원하는 걸 남에게 베풀기로 하면 내가 제대로 공부가 된 사람이어야지, 내가 가령 마조히스트라 남이 나를 괴롭히는 걸 좋아한다고 해서 나도 가서 남을 괴롭혀준다면 어떨까요? 이는 제가 희화화하는 것이지만, 그래서 공부법이 따르지 않으면 '벨트에토스'라는 건 별 의미가 없다는 말씀을 드려요.

예수의 복음 선포는 '후천개벽' 선언인가

백낙청 제가 이 대목에서 제기하고 싶은 문제는 예수님의 복음 선포도 일종의 개벽의 선언이 아니었을까 하는 겁니다. 또 그렇게 따지면 세상에 개벽이라는 용어를 안 쓰고도 개벽적인 활동을 하거나 사상을 내놓은 분들이 많은데, 한반도의 개벽사상이 최근에 굉장한 높이에 다다랐다면 이 관점에서 한번 예수님이 얼마나 원만한 개벽사상가이셨는지 하는 점을 우리가 좀 검토해볼 여지가 있지 않나 하는 겁니다.

이은선 아까 해온 이야기와 쭉 연결이 되는데, 물론 당연히 예수도 개벽사상가였고, 특히 1980년대 이후로 2천년 전에 한 청년이었던 예수가 구체적으로 어떤 사람이었을까 탐색해온 서구 신학계의 '역사적 예수' 연구팀들에 의하면 예수는 굉장히 체제 전복적인 젊은이였죠. 예수는 유대 민족의 법이라든가, 이미 세워진 교회 같은 유대교

체제를 통해서만 가능하다고 믿었던 초월자 하나님과의 관계 맺기를 전복해서 누구나 다 하나님의 자녀다, 유대인이나 남자만 하나님의 자녀가 아니고 이 세상에 태어났다는 조건 속에 놓인 모든 것이 하나님의 자녀라는 혁명적인 사유를 가지고 당시 종교체제를 뒤엎으려고 했습니다.

그런데 예수가 거기서 하나님의 '영(靈)'에 대한 이야기를 많이 하죠. 다시 말하면 그 체제전복적이고 새로운 하나님의 나라를 선포하는 예수는 영의 사람이었다는 것입니다. 그 영의 사람이라는 것을 기사이적(奇事異蹟)으로 드러내는 많은 이야기가 성서에 나옵니다. 하지만 영의 사람인 예수의 의식이 실체론화되어서 나중에 2천년의 기독교 역사에서 그를 신격화하는 근거가 되었습니다. 그것도 유일회적(唯一回的)인 배타성의 신성으로 굳어져서 예수가 하나님의 유일한 자녀가 되고, 그 유일한 자녀가 신이 되는 우상론적 기독론이 형성된 것이지요. 그런 가운데 기독교 기독론 논의에서 아직 가장 관건이 되는 문제가 바로 부활 이야기입니다. 그리스도 우상론을 비판하는 일련의 여성신학자들은 기독교 역사에서 바울 등이 예수의 복음을 유대교 밖으로 전파할 때 자신들이 실제로 부활한 예수를 '보았다'는 것, 'Seeing'이라는 자기 체험을 들어서 스스로의 종교적 권위를 주장하게 되었다고 비판합니다. 하나님 나라의 도래라는 복음의 선포자였던 영의 사람 예수가 오히려 선포의 대상과 내용이 되고 예수의 인격이 종교화되었음을 말하는 것이겠지요.

예수가 살던 당시 로마 식민지하에서 빈부갈등, 종교와 삶의 갈등 등이 너무나 심해진 상황에서 하나님의 영에 사로잡힌 예수가 새로운 전복을 꾀한 것이 기독교라는 종교의 시작이라는 점에는 이의가 없는 것 같습니다. 그런데 이 이야기를 전하는 기독교 성서의 번역에서 하나님의 영을 말하는 단어인 'spirit'에 'holy'를 붙였고, 그것을 통해 다른 모든 종교에서의 영은 그냥 영이고, 기독교에서 예수가 받은 영만이 '거룩한' 영, 즉 '성령'(聖靈, Holy Spirit)이라는 주장을 드러내고 있지요. 이런 배타성은 그러나 더는 설 자리가 없다고 봅니다.

예수의 복음이 아주 특별하다는 것을 강조하기 위해서 서구 기독교가 저지른 실책 중 또다른 하나는 유대교의 성서를 '구약'이라고 하고 자신들의 것은 '신약'이라고 하면서 과거를 탈각해버리려는 것입니다. 그래서 피오렌차(Elisabeth Schüssler Fiorenza) 같은 여성신학자는 예수 운동을 '갱신'(renewal) 운동이라고 부르는 것에도 유보적 입장을 취합니다. '갱신'이란 과거가 잘못됐기에 새로운 것을 하겠다는 뜻인데, 그러면 과거에 이루어진 것을 부정하는 기독교 우월주의에 빠지는 셈이 된다는 거죠. 대신 예수는 그 시대에 해방자였으니 그의 운동을 "해방운동"으로 부르자고 제안합니다. 물론 해방이라는 말과 관련해서는 여러 해석이 있지요. 이런 모든 맥락 속에서 저는 과거에 이루어진 것을 놓치지 않으면서도 어떻게 오늘날과 연결하는가의 측면에서 볼 때, 영의 사람 예수의 하나님 의식은 유대 문명이 낳은 또 하나의 전복이자 개벽이라고 봅니다. 거의 2천년 후 한반도에서 이루어진 개벽운동과는 다르지만 동시에 같은 지향을 가진다는 점에서 또다른 '개벽'이었다고 부르는 데 주저하지 않겠고, 또 21세기인 오늘날 인류가 하나가 됐고 지구라는 것이 우리 공유의 집이기 때문에, 이 지구라는 집에서 일어난 기독교 예수운동과 19세기 한반도 개벽운동을 좀더 그 내적 유사성 측면에서 보고자 하며, 이 둘을 전혀 별개의 둘로 나누는 것은 저의 사유에서는 설득력을 갖지 못합니다. 또한 '개벽'이라는 말이 동북아시아 한자문화권에서는 19세기 한반도의 여러 개벽운동들을 지칭하는 고유명사로 쓰이기 전에 이미 아주 오래전부터 하나의 보통명사로 쓰여온 것도 지적하고 싶습니다.

이정배 처음 기독교가 탄생하면서 구약성서와는 단절을 시도했었지요. 성서를 보면 유대인 혐오주의가 많이 배태되어 있습니다. 성서 기자(記者)들 다수가 유대인에 대해 호의적이지 않았던 것이지요. 어느 여성학자는 성서 자체가 유대인 혐오의 책이라고까지 말할 정도고요. 그럼에도 구약을 필요로 하는 이유가 생겼습니다. 당시 기독교가 자꾸만 영지주의(靈知主義, Gnosticism)의 위협에 빠져버렸기 때문이지요. 기독교가 영지주의에서 해방되려니까 구약성서적 뿌리가 있음을 강조할 수밖에 없습니다. 기독교는 구약과의 연관을 끊었다가 영지주의의 도전으로부터 스스로를 구하기 위해 구약을 자신들 성서로 채용하게 된 것입니다. 이은선 교수님 말씀 잘하셨는데, 유대 민족은 B.C. 586년 이래로 500년 이상 남의 나라, 대국의 지배를 받고 살아왔잖아요. 그러니까 예수 탄생 전에도 마카비(Maccabees)혁명처럼 무장투쟁을 통해서 나라를 해방시키려는 시도들이 많았습니다. 세례 요한이 유혈혁명까지도 생각하면서 거칠게 다른 세상을 만들어보려고 했던 사람이라면, 예수는 무혈혁명 쪽에 무게중심을 두신 분입니다. 하나님 나라 운동으로, 또 인간 마음의 운동으로 이전의 해방운동과는 다른 차원의 종교운동을 일으킨 분이죠. 아시겠지만 예수는 안식일이 사람을 위해 있는 것이 아니라고 말씀했는데 이것은 인간을 종교(제도)로부터 해방시킨 선언입니다. 그리고 하나님 나라는 어디에도 없다, 너희들 중에 있다고 하셨고요. 광야에서 사람들이 배고프다고 하니까 예수님께서 떡 다섯개와 물고기 두마리 갖고 5천명을 먹이셨다는 이야기도 있죠.

개벽의 의미와 관련해서 한 말씀만 더 드리고 싶어요. 「패션 오브

| 마카비혁명(BC167~BC142)의 상상도 | 안티오쿠스 4세의 헬라화 정책과 종교탄압에 맞서 일어난 유대인 독립전쟁이다.

크라이스트」(The Passion Of The Christ)라는 영화도 있지 않습니까? 멜 깁슨(Mel Gibson)이 만든 그 영화의 핵심은 수난과 그로 인한 대속사상을 강조하는 데 있습니다. 예수가 십자가를 지고 면류관을 쓰고 피를 흘리며 우리를 위해서 얼마나 많은 고통을 당했는가에 초점을 두고 만든 영화죠. 이제는 그 패션(passion)이라는 단어를 달리 생각해볼 필요가 있습니다. 수난이라는 말 대신 열정이란 뜻으로 말이지요. 전혀 다른 세상을 꿈꾸고 바랐던 그분의 희망과 열정이 바로 십자가의 죽음으로 드러난 것이지, 십자가의 죽음이 대속적인 죽음을 목적해서 일어난 것이 아니라는 것입니다. 하나님 나라를 위한 열정과 희망, 전혀 다른 방식으로 세상을 구원하려고 한 예수님의 삶의 뜻이 표현되었다고 보는 것이 옳습니다. 예수 돌아가실 때를 묘사하는 의미 깊은 문학적 표현이 '성전의 휘장이 찢어졌다'는 것입니다.

당시 성소(聖所)는 아홉겹으로 칸막이가 되어 있는 공간이었습니다. 제일 안쪽 지성소에는 성직자만 들어가고 절름발이나 소경이 된 사람들은 성전 가장자리만 허용되며 그리고 여성은 아예 출입이 불허되는 차별적인 구조로 되어 있었죠. 성전 휘장이 찢어졌다는 것은 차별을 구조적으로 정당화한 성전 체제의 붕괴를 뜻하는 것이겠지요. 이렇듯 예수는 죽음으로 하나님과 인간 사이에 가로막힌 모든 장애물을 다 제거했습니다. 안타깝게도 2천년 기독교 역사는 모든 장애를 철폐하신 예수를, 영어로 말하면 유일한 브로커로 만들었습니다. 울리히 벡은 종교개혁이 왜 실패했는지와 종교개혁 이후의 신학을 말하기 위해서 『자기만의 신』(Der eigene Gott, 2008)이라는 책을 써서 중개자 없는 이후의 기독교를 앞서 논한 바 있습니다.

개벽사상가 예수의 한계

백낙청 예수님이 그 시대에 나름의 개벽사상가가 아니었나 하는 저의 질문에 대해서 두분 다 옳다고 말씀하신 걸로 이해하면 되겠네요. 거기서 한걸음 더 나아가서, 세상의 많은 개벽사상가들이 조금씩 다른 개벽사상을 말씀하셨는데 예수님의 개벽사상은 우리 한반도의 개벽사상이 훨씬 훗날에 도달한 수준에 비할 때 어떤 점이 좀 원만하지 못하다 혹은 부족하다고 볼 것인가 이야기해보면 좋겠습니다. 반대로 한반도의 개벽사상에 없는 중요한 것이 예수님의 개벽사상에 여전히 있다면 그건 무엇일까 하는 이야기도 좀더 해보면 좋겠습니다.

이은선 그것도 여성신학의 입장에서 말씀드릴 수밖에 없는데, 아까도 얘기했지만 제가 연구한 바에 의하면 유교에서도 18세기 이후로 여성 선비가 나왔고, 동학이나 증산교, 원불교도 다 인간의 선험적 가능성과 이 세계에 대한 인정 속에서 나올 수 있었던 동아시아적인 개벽사상이죠. 그런데 20세기 초에 한반도가 개신교 입장의 기독교를 만나면서, 사람들, 특히 여성이나 신분이 낮은 민중들 각자에게 자신이 하늘과 구체적으로 연결돼 있다는 의식을 갖게 해주었다는 측면에서 기독교가 그 어떤 한국의 개벽사상보다도 짧은 기간에 효과적이고 아주 급진적으로 민중적인 변화를 불러일으키는 데 큰 역할을 했다고 생각합니다.

백낙청 기독교가 현실 역사 속에서 어떤 역할을 했는가 하는 문제를 계속 말하기보다는 예수님이 선포하신 그 복음이 가령 한반도의 개벽사상에 없는 어떤 것을 말씀하셨는가 또는 개벽사상의 관점에서 볼 때 예수님이 하신 말씀 중에 어떤 점이 미흡한가, 그런 이야기를 했으면 합니다.

이은선 저는 그 두가지 문제가 결코 서로 분리되지 않는다고 생각합니다. 기독교가 그만큼 빠른 시간에 민중적으로 퍼질 수 있었던 과격성과 급진성을 그 복음 안에 담지하고 있었고, 동아시아의 개벽사상은 그보다 훨씬 더 온건하고 중도적이었다고 할까요? 그러나 기독교는 그런 급진성으로 인해 타락할 가능성도 굉장이 컸습니다. 앞서 이야기했다시피 예수만을 유일한 그리스도이자 구원자로 본 것이라든가, 한국 기독교가 행한 '믿음'이라는 것의 과격한 오용이 그랬죠.

백낙청 기독교가 그렇게 변질되었다고 보시는 건가요? 아니면 예수님의 가르침 속에 이미 그렇게 변질할 수 있는 어떤 가능성이랄까 위험성이 내포돼 있었다고 보시나요?

이은선 그 두가지가 다 있다고 생각해요.

백낙청 저는 예수님을 위대한 성인 중의 한분이라고 생각해요. 그런데 이분은 다른 성인에 비할 때 아주 독특해요. 생애도 독특하고요. 부처님은 고생을 많이 하셨지만 결국은 편안히 열반하셨잖아요. 공자님도 그렇고요. 그런 점에서는 수운과 예수님은 비슷하죠, 두분 다 비교적 젊은 나이에 처형을 당했으니까. 이은선 선생님 말씀대로 예수님의 가르침은 대부분의 성인들에 비해서 굉장히 과격해요. 그가 제시한 실천윤리라고 할까, 가령 오른뺨을 때리면 왼뺨을 내주라는 것은 아무나 따라 할 수 있는 게 아니에요. 그대로 따라 하면 상대방을 더 약 올리는 효과도 있잖아요. 그런데 저는 그것을 어떤 명령이나 계명의 차원에서만 보지 않고 그야말로 해탈을 하라는 예수님의 가르침이라고 이해해요. 그런데 그 언사가 굉장히 과격하신 거죠. 돈이 있는 친구가 제자가 되겠다고 하니까 너 빨리 집에 가서 있는 재산 다 팔고 나를 따라오라고 해요. 많은 성인들이 그렇게 가르치지는 않거든요. 이런 언사도 좀 극단적이라면 극단적인데요.

저는 그런 가르침을 해탈하고 다 벗어나고 비우라는 말씀으로 이해하는데, 그 비움에 이르는 공부길, 공부법에 대해서는 말씀이 많지 않으세요. 몇가지 새로운 계명을 주시고 내가 가고 나면 성령이 와서 이끌어줄 거라고 하시죠. 유교나 불교, 원불교, 동학, 또 천도교까지도 어떻게 공부하면 그 경지에 갈 수 있는가에 대한 지침이 있는데 기독교에는 그런 게 없어요. 개벽사상가로서 예수님이 너무 일찍 돌아가시다보니까 미처 말씀을 못 했을 수도 있지만, 슈바이처에 따르면 예수님은 세상의 종말이 곧 올 거라고 믿으셨다잖아요? 그래서 그런지 이 세상 속에서 어떻게 해야 하는지 말씀이 없고, 특히 교회에 대해서는 너희들 다 형제가 돼라는 말씀은 있지만, 더 자세한 말씀은 없죠. 사도 바울에 비하면 그 점이 굉장히 대조적인데, 어떤 사람들은 그래서 바울을 비판하잖아요, 예수님은 교회 얘기를 안 했고 교회에 대한 관심이 별로 없으셨는데 하면서. 하지만 예수님이 교회 조직에 대한 생각을 별로 안 하셨기 때문에 훗날 교회가 타락할 여지가 더 생기지 않았나 싶어요. 가령 아까 이목사님이 증산이 고판례를 후계자로 삼았다고 하셨는데 증산도의 후계자로 삼으신 건 아니고 수제자로 인정하신 거죠. 그런데 증산 선생 자신은 교단을 만들 생각이 전혀 없으셨던 것 같아요. 그러니까 후계자 지정도 안 하고 증산 교회랄까 증산도회 조직도 안 만들고 가셨죠. 그래서 제자들이 서로 나서서 자기가 정통이라며 싸우게 된 나머지, 증산 선생이 수제자로 낙점한 고판례를 제치고 결국 차경석이 일단 교단을 차지하잖아요?

증산 선생은 자신이 할 일은 교단을 만들어서 세상 속에서 새로운 운동을 벌이는 게 아니라고 생각하시지 않았을까 싶어요. 세상 기운을 한번 돌려놔야 할 만큼 심각한 상황인데, 상제인 자신이 이렇게 돌려놓고 가면 그런 운동은 다른 사람들이 하면 된다는 생각이었던 것 같고요. 예수님의 생각이 어떠셨는지는 모르겠지만, 어쨌든 교회에 대한 관심, 조직에 대한 관심은 별로 없었던 것 같습니다. 그래서 바울이 본격적으로 교회를 조직하는 일을 했고 베드로는 베드로대로 그런 일을 했고요. 저는 그런 점이 개벽사상가 내지 개벽운동가로서 예수님이 좀 미흡했던 면이 아닌가 합니다.

이은선 전 그것이 예수의 미흡한 면이라기보다는 그 발생의 시간이 엄청나게 달랐다고 보는데요. 아시겠지만 예수는 유대교가 가지고 있던 묵시문학적 세계관, 다시 말하면 이 세상이 곧 끝날 거라는 세계관 속에서 자란 사람이기 때문에 오랜 유교 전통에서 자란 수운이나 강증산 같은 분들과는 세계관 자체가 달랐다고 봐요.

백낙청 세계관 문제를 떠나서 예수님이 세상이 곧 끝날 거라고 생각을 했는데, 당신의 독자적인 생각이든 전통에서 온 생각이든 그런 생각을 했는데, 세상이 안 끝났으면 그 점은 사상가나 운동가로서의 한계 아니에요?

이은선 아시다시피 바울이나 아우구스티누스가 지체된 종말에 대한 나름의 아폴로기(Apologie, 변론)를 세웠습니다. 그 아우구스티누스에 의해 천년간의 중세가 열리면서 수도원이 생기고 그곳에서 예수 복음의 핵이 전해졌고요. 로런스도 계속되는 중세 교회의 역할에 내재한 선함을 인정했습니다. 그렇기 때문에 저는 기독교도 그렇고 불교나 유교도 마찬가지로 시작점이 되는 한 사람이 굉장히 중요하지만, 우리가 오늘날 그 종교를 말할 때는 그것이 다가 아니며, 그후의 맥락 속에서 이루어진 새로운 변화와 창조도 함께 이야기해야 한다고 봅니다.

백낙청 네, 저도 그 점에는 동의합니다. 제가 확인하고 싶은 것은, 예수 이후의 변화를 타락이라고 보는 사람들이 있는데 이교수님은 거기에 동의하시는가 하는 겁니다.

이은선 아니오. 저는 양 측면이 다 있다고 생각합니다. 하지만 우리가 듣기를, 어느 사상가가 자신의 깨달음을 책상에 앉아 글로 써서 책으로 남기려는 순간 그는 2류 사상가로 전락하는 것이라는 얘기가 있는데, 그런 면에서 스스로 책을 쓰지 않은 예수나 부처는 일류 사상가였지만, 후에 그분들에 대한 책이 쓰였다면 그것은 타락이라고도 할 수 있겠습니다. 그러나 또, 『주역』「계사전(繫辭傳)」에 '일음일양을 도라고 한다면, 그 도를 잘 이어가는 것은 선한 일이며, 그것을 완성하는 것은 본성이다(一陰一陽之謂道 繼之者善也, 成之者性也)'라는 말이 있잖아요. 도를 이어주는 것은 아름다운 일이라는 거죠. 그러니 누군가 사상을 책으로 남기고 그 이후에 많은 사상가들에 의해 그 사상이 계속 이어지는데, 이것이 타락인가 아니면 전개인가를 따지는 것이 꼭 기독교에만 해당되어야 할 일도 아니므로, 거기서 기독교의 장점과 단점을 논하는 것은 그리 현명한 일은 아닌 듯합니다.

이정배 신학자로서 책임이 발동되는 지점입니다. 저는 원불교 교무님들, 기독교 신학자들, 불교 스님들과의 대화를 수십년간 지속해왔습니다. 함께 자고 먹으며 상대방의 종교 예식에 참여하면서 속 깊은 대화도 나눠봤습니다. 이런 맥락에서 말씀드려보겠습니다. 사실 이제 100년 된 원불교와 2천년 역사 속에서 온갖 것을 다 경험한 기독교를 단순 비교하기는 어렵습니다. 원불교도 조금 더 시간이 흐르면 어떻게 변할지 누구도 알지 못합니다. 원불교가 기성 종교를 좇는다고 걱정하는 교무님들도 여럿 만났습니다. 누구도 이런 걱정을 부정할 수는 없겠지요. 단지 백선생님 말씀하신 대로 기독교가 기본적으로 믿음의 종교이기 때문에 수행적인 차원의 공부법을 발전시키지 못한 건 백번 인정해야 옳습니다. 제가 다석에 관심을 두는 것도 수행적 기독교로의 변화를 꿈꾸기 때문입니다.

지금껏 기독교에 대해 부정적 이야기가 많았으나 그럼에도 동양 종교에 견줘 되살려내야 할 긍정적 요소도 적지 않습니다. 예수께서 신의 내재성을 강조했지만, 기독교는 초월의 의미를 결코 탈각하지 않았습니다. 이 점에서 원불교 등 동아시아의 개벽사상과 맞닿아 있는 면도 있습니다. 물론 초월을 절대화하려는 의도에 대해서는 맞서야 할 것입니다. 하지만 초월에 대한 감각이 없으면 현실을 극복하고 넘어설 힘이 부족해지는 것도 사실입니다. 현실을 상대화할 여지가 줄어드는 것이겠지요.

종말에 대해서도 같은 맥락에서 말할 수 있겠습니다. 예수도 기독교가 말하는 임박한 종말을 믿고 하나님 나라 운동을 시작했습니다. 바울 역시도 임박한 종말을 믿었으나 그 지연 탓에 교회를 세웠다고 말했습니다. 지금도 기독교는 종말, 세상의 끝이 임박했다는 이야기를 거듭하고 있습니다. 초월이 현실을 비판하는 힘이 되었듯이 임박한 종말의식 역시 현실을 개혁하고 상대화할 수 있는 힘을 지녔습니다. 물론 목하 목도하듯이 세상을 타락시킬 가능성도 많지만 말이지요.

그런 점에서 저는 종말의식과 초월의식은 동아시아의 우리 개벽종교가 소중하게 생각해야 할 자산이라고 믿고 싶습니다. 이런 의식을 지닌 기독교가 동아시아 사상과 접목될 때 우리가 지금껏 볼 수 없었던 개벽 기독교를 탄생시킬 수 있을 겁니다. 기독교의 개벽적 전회라 말할 수도 있겠지요. 사실 종교의 발생과 풍토의 관계가 결정론적이 되면 안 되지만, 사막 풍토에서 생겨난 종교와 목장형 풍토에서 생겨난 종교, 그리고 몬순 풍토에서 생겨난 종교의 성격이 같을 수는 없습니다. 사막 풍토에서 생겨난 종교가 윤회나 업 같은 개념을 가질 수가 없고, 몬순 풍토에서 생겨난 불교 같은 종교에서 종말의식 같은 것을 생각할 여지가 없거든요. 이질적 풍토에서 생겨난 기독교의 특이성이 어떤 식으로든 동아시아 종교 속에서 받아들여질 때 새로운 모습이 잉태될 것입니다.

개벽사상가 로런스와 기독교

백낙청 풍토와의 관련은 중요한 지적이라고 생각합니다. 다만 그게 그냥 참고사항이어야지 그걸 더 밀고 나가면 그야말로 결정론이 되는 거고요. 아무튼 동아시아 사상과 기독교는 초월 개념이 다르죠. 불교에서는 깨달음의 경지가 초월의 경지거든요. 사실 초월이 도입

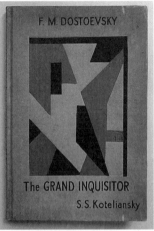

| 코텔리안스키가 쓴 『대심문관』과 D.H. 로런스(왼쪽) |

되는 건 원불교도 마찬가지입니다. 수운의 경우는 말할 것도 없고요, 바로 접신을 해서 상제와 대화를 하셨으니까요. 그렇지만 원불교에서도 깨달음이라는 것은 이 현실의 진부한 세계를 깨고 다른 뭔가가 침입해 들어오는 과정 아니겠어요. 그러니 동양에 초월의식이 없다고 보는 건 과한 얘기고요.

　교회 문제와 관련해서 로런스가 기독교에 대해서 평생을 고민하고 여러가지 흥미로운 말을 남겼는데, 그중에 하나가 도스또옙스끼(Fyodor M. Dostoevsky)의 『까라마조프의 형제』(*Bratya Karamazovy*, 영역본 *The Brothers Karamazov*)에 나오는 이반이 자기 동생인 신부 알료샤한테 들려주는 이야기로 '대심문관'(The Grand Inquisitor) 챕터가 있습니다, 잘 아시겠지만. 대심문관은 유럽에서 종교개혁 이후에 반종교개혁 운동이 일어났을 때 교리 단속을 하던 사람인데요. 대심문관 얘기를 모르시는 분들을 위해서 조금 설명하면, 어느날 갑자기 예수님이 세상에 돌아오셨어요. 군중이 구름같이 몰려들어서 예수님을 따라다니니까, 대심문관이 조용히 예수님을 만났어요. 아니 주님 어쩌자고 오셨습니까? 주님이 세상에 도저히 맞지도 않는 가르침을 주고 가셔서 그걸 이 세상에 맞춰 토착화하느라고 우리가 죽을 애를 썼는데 이제 와서 그걸 또 뒤엎으려고 그러십니까? 그러면서 민중들에게는 당신이 필요 없소, 나는 내일 당신을 불태워 죽일 거요 하면서 예수를 처형하겠다고 하지요. 이런 대심문관의 이야기가 소설에 있는데 로런스의 친구이고 러시아 출신인 코텔리안스키(S. S. Koteliansky)라는 사람이 그 대목만 새로 영역해서 별도의 단행본으로 냈어요. 로런스가 거기에 서문(Introduction)을 써줬어요. 예수님이 참 거룩하고 깨끗하고 훌륭한 분이지만 세상에 안 맞는 가르침을 남겨놓고 가셨고 그것을 현실에 뿌리박도록 만들어놓은 것이 중세 교회다 하는 인식이 담긴 글이에요. 중세 교회가 빵에 대한 대중의 현실적 욕구를 중시한 것 자체를 타락으로 보지 않았죠. 『까라마조프의 형제』의 이반 까라마조프는 무신론자죠. 신이 없는 세상에 대한 고민이 많은 무신론자가 그런 얘기를 만들어낸 건데요. 여기에 대해 기독교인으로서 로런스처럼 해석하는 분은 제가 알기로는 거의 없어요. 변선환 선생님도 이 대심문관 얘기에 대해서 관심을 많이 갖고 길게 해석을 하셨지만, 결국은 무신론자 이반에 반해 진정한 신앙을 추구한 신부 알료샤 편에 서신 거지요. 이은선 교수님은 『한국 생물 여성영성의 신학』에서 변선환 선생의 글 「만일 신이 존재하지 않는다면」에 나타난 대심문관 이야기 해석을 길게 언급하셨죠.

이은선 로런스도 여기서는 이반을 편든 것 같지만 그가 '지상의 빵'과 '천상의 빵'을 얘기하고 신비주의자(mystic), 미스터리, 권위(authority)의 측면을 나누는 얘기를 하면서 궁극적으로 알료샤의 입장을 따랐다고 저는 생각해요.

백낙청 저는 로런스가 이반의 입장을 그대로 찬성한 건 아닌데 알료샤의 입장을 따랐다는 말은 좀 납득하기가 어려운데요.

이은선 알료사나 예수를 어떻게 해석하느냐가 좀 다른데, '리빙 라이프'(living life), 진정 생명이 약동하고 바람직한 공동체가 이루어지고 역사에서도 그렇고, 한 개인의 삶에서도 생각하는 그 '라이프', '생명'과 '삶'을 이루기 위해서는, 저는 로런스가 살았던 시기에는 그와 같이 해석하는 게 맞다고 봐요. 왜냐하면 로런스가 살던 그 시대에는 서구 제국주의의 경쟁으로 제1차 세계대전이 날 만큼 자본주의의 탐욕이 심한 상태에서 물질적으로 가난한 사람들의 끔찍한 고통을 보고서는 어떻게 하면 이 민중들이 빵을 얻을까의 문제가 로런스에게는 기독교 신앙인으로서 정말 절실했을 것 같아요. 아까도 이야기했지만 우리가 일반적으로 알고 있는 오병이어(五餅二魚)의 빵 이야기가 예수의 핵심적인 기적 이야기로 나왔다는 것 자체가 예수가 결코 천상의 빵(heavenly bread)만을 위한 존재가 아니라는 것이지요. 예수야말로 진짜 지상의 빵도 구했지만, 그 지상의 빵이 참된 천상의 빵이 되기 위해서, 그리고 그것이 서로 연결되어서 진정한 의미의 '리빙', 생명과 삶을 위한 빵이 되기 위해서는 단순히 사물적인 지상의 빵으로만 이해되어서는 안 된다는 것을 로런스가 굉장히 강조하잖아요. 그런 의미에서 저는 로런스의 이야기가 '사람이 빵만으로는 살 수 없다'는 예수의 메시지와 다르지 않고, 이것이 알료사 등의 기독교 해석과 그렇게 다른 것이 아니라고 봅니다.

백낙청 로런스의 얘기가 이반을 지지하는 게 아니라는 점은 저도 동의해요. 왜냐하면 그 대심문관의 말은 사람들이 빵 없이 살 수 없어서 우리가 빵을 먹게 해줬는데, 지금 와서 그걸 흩트려놓으시면 어떡

하느냐는 항변인데요. 로런스는 지상의 빵이 중요한 이유는 지상의 빵이야말로 천상의 빵이기도 하기 때문이라는 건데, 그게 동학과 통하는 말이죠. 동시에 그렇기 때문에 로런스는 그 당시에 민중의 비참을 보고 민중에게 빵을 나눠주려고 했던 사회주의 운동에 대해서는 천상의 빵이라는 개념이 없이 지상의 빵만 나눠주다보니까 빵 맛이 다 없어졌다는 비판도 하잖아요.

이은선 네, 그렇죠. 그래서 볼셰비즘이라든가 레닌을 비판하는 내용이 적절했다고 봅니다. 로런스가 살았던 시기에 나올 수 있는 예수의 복음에 대한 새로운 해석이었는데 당시의 자본주의나 그 이후의 공산주의가 따르지 못했기 때문에, 오늘날 우리는 빵과 물질의 관계가 로런스가 강조한 것처럼 물질과 영으로 양분되는 것이 아니라 진정한 의미의 라이프, 생명과 삶을 펼치기 위해 서로 깊이 연결되어 있다는 것을 받아들이고 이해해야 할 것입니다.

이정배 여기서 로런스는 예수의 사랑이 구체적이지 못했기에 옳지 않았다고 말하는 것 같습니다. 배고프고 약한 사람이 빵을 구했는데 그들에게 빵을 주는 것이 참된 사랑이라 봤던 거죠. 일리 있는 의견이라 생각합니다. 하지만 로런스 시대의 상황과 예수의 상황이 너무 달랐는데 이를 일반화해 로런스의 상황에서 예수를 바라보는 것은 좀 무리라고 생각합니다. 앞서 언급되었듯이 예수는 결코 빵을 부정하지 않았습니다. 안식일 규례를 어기며 밀 이삭을 먹었던 제자들을 나무라지 않았던 점을 생각할 필요가 있습니다. 단지 예수는 빵만을 구하는 삶에 대해 이의를 제기하셨던 것이지요. 에리히 프롬(Erich Fromm)의 『자유로부터의 도피』(*Escape from Freedom*)라는 책을 통해서도 같은 생각을 얻을 수 있습니다. 프롬은 이 책에서 위대한 철학의 나라 독일에서 히틀러와 같은 미치광이가 나올 수 있는지를 물었습니다. 사람에게는 누구나 자신의 자유를 유보하고 빵을 얻고자 하는 노예성이 있음을 발견했습니다. 내 자유를 맡길 테니 당신은 나에게 빵을 달라고 하는 데서 독일의 상황을 이해했던 거죠. 이 점에서 로런스가 레닌도 비판했지만 잘못하면 다시 그런 위험에 빠질 염려가 있겠다는 생각이 듭니다. 그리고 아울러 저는 로런스가 기독교 중세에 대해 과한 긍정을 하고 있다고 생각됩니다. 이에 대해 토론이 필요할 듯합니다.

백낙청 사실 로런스 얘기를 길게 하자고 우리가 모인 것은 아니지만, 한가지만 더 얘기하자면 로런스는 기독교의 역사에서 예수와 바울을 대립되는 인물로 보는 것에 찬성하지 않아요. 두 사람 다 그 시대가 요구하던 커다란 전환을 이루려 하는데, 그 이전까지의 역사를 로런스는 '법칙'(Law)의 역사라고도 하고 구약 하나님의 역사, 성부의 역사라고도 하며, 또 여성적인 역사라고 합니다. 그 이유는 하나님이 남자로 설정돼 있지만, 그분이 하시는 걸 보면 제 식구를 아주 끔찍하게 챙기고 돌보는 면에서 오히려 어머니 같은 면모가 강하잖아요. 로런스는 그런 식으로 자기 몸의 법칙에 따라서 사는 것을 여성적이라고 설정했어요.

그런데 예수나 바울의 시대에 오면 사람들이 좀 진력이 났다 할까 뭔가 큰 전환을 바라는데, 그 전환은 자신이나 자신과 가까운 사람만을 돌보지 않는 보편적인 사랑, 아가페라고도 말하는 그런 사랑을 요구하는 것이었고, 그런 시대적 요구에 예수와 바울이 모두 부응했기 때문에 그렇게 대대적인 민중의 호응을 얻었다는 거예요. 하지만 그런 시대도 이제는 지나갔고, 그래서 여성적인 원리가 지배하던 시대, 남성적인 원리가 지배하던 시대에서 이제는 그 두 원리가 종합되면서 우리 동양적인 표현을 쓴다면 음양의 조화가 이루어지는 시대로 가야 되는데, 그것을 로런스는 '성령의 시대'라고 부르죠. 신학자로서 또는 여성신학자로서 그런 역사해석에 대해서는 어떻게 보시나요.

이은선 저는 그런 역사의 전개에 대한 관점을 굉장히 긍정적으로 봐요. 다만 그 언어적 서술에서 로런스가 자기 가족을 챙기며 몸으로 더 관계를 맺는 시대를 '여성적'이라고 하면서도 그 시대를 '성부', 곧 하나님 '아버지'의 시기라고 표현하고, 그후에 예수가 좁은 가족과 친족의 경계를 넘어서 사회를 좀더 공적으로 포괄하고, 좁은 혈연관계에서 벗어나 인간의 의식으로 가족과 사랑의 범위를 넓히는 시기를 '성자'의 시대라고 명명한 것은 어색하긴 합니다. 하지만 로런스 언어가 피할 수 없었던 당시 가부장주의 시대의 한계라고 생각합니다.

백낙청 로런스는 유태 유일신교가 생기기 이전에 전혀 다른 세상이 있었다는 걸 인정을 하는데 그게 오늘의 역사 인식에서도 여전히 망각되어 있다고 보고 있어요. 유일신 신앙이 대두한 이래로 줄곧 그렇다는 거예요. 그런데 그 유일신을 왜 하나님 아버지라고 부르고 어머니라고 안 불렀냐, 예수가 왜 남자냐는 것은 로런스 책임이 아니고요. 지금 말씀하신 대로 더 중요한 것은 보통 사람들이 구약의 시대야말로 가부장제가 더 강하던 시대고 하나님 아버지가 모든 걸 지배하던 시대니까 그걸 남성적이라고 많이 생각하는데, 야훼가 사실 군신이고 굉장히 전투적이잖아요. 그것을 여성적인 원리가 지배하던 시대라고 말한 게 특이한 거죠.

이정배 제게는 이런 시대구분이 어머니·아버지가 바뀌고 구약·신약이 바뀌고 정신·육체의 관계가 우리가 알고 있는 통념과 바뀌어서 조금 낯설지만 그렇게 볼 수도 있겠다 싶습니다. 저 나름대로 추론하자면 백선생님 말씀에는 물질이 개벽되니 정신을 개벽하자는 원불교 개교표어를 이 시대를 성령의 시대로 보는 로런스의 시각과 일치시켜 이해하려는 의도가 담겨 있다고 생각합니다.

백낙청 그러니까 물질개벽은 이미 진행 중이고요. 저는 그것이 자본주의 시대와 더불어 시작됐다고 보니까 이제부터 물질도 개벽하고 정신도 개벽하자는 절충적인 논리가 아니고 물질이 개벽되어 좋은 점도 있지만 지금 너무나 심각한 사태가 왔다, 인간이 물질의 노예가 되어가고 있지 않냐, 여기에 부응해서 이걸 감당할 수 있는 정신개벽을 하자 이런 뜻으로 해석합니다.

이정배 그걸 로런스가 말하는 성령의 시대라는 용어로 이해를 할 수 있지 않겠나 싶습니다.

백낙청 저는 연결 가능하다 보는데요.

이은선 저도 거기서 말하는 영이라는 게 두가지 측면을 묘합한다는 의미에서 충분히 그러리라 봅니다.

K여성신학의 전개: 신학(神學)에서 신학(信學)으로

백낙청 거기에 대해서는 다 동의를 해주셔서 감사합니다. 이어서 여성신학 얘기를 좀 해봐야겠어요. 우리가 특별히 이 자리에 여성신학자를 한분 모셨고 그 여성신학자가 우리가 말하는 K사상에 대해서 많은 연마를 하셨습니다. 그러면서 기독교, 그리스도교 자체가 확 바뀌어서 그야말로 한국적이고 새로운 그리스도교가 돼야 한다고 얘기하시죠. 그걸 이목사님은 'K크리스차니티'라고도 표현하시는데, 여성신학이 굉장히 다양하기도 하고 업적이 많이 나와 있잖아요. 그

| 이은선 교수의 여성신학 관련 저술들 |

래서 그 얘기를 다 할 수는 없겠습니다만 이은선 교수님이 성(聖)·성 (性)·성(誠)의 여성신학이라는 걸 말씀하셨어요. 첫째 성은 거룩할 성 자고, 둘째는 성품 성 성자인데 이것은 원래 유학에서 말하는 성도 되고 또 여성이라는 뜻도 있고 그렇죠. 그다음의 성은 우리말로 발 음하면 짧은 단음입니다. 성은 정성 성 자죠. 성실성이라고 번역하는 데, 원뜻은 그럴지 몰라도 요즘 쓰는 'sincerity'는 아니에요. 어떤 개 인의 진정성을 요즘은 성실성이라고 하는데, 그게 아니고 『중용(中 庸)』에서 말한 성이죠. 하늘의 도 자체가 성이고, 그 도를 따라가려 고 하는 인간의 정성스러움 또한 성이라는 겁니다(誠者天之道 誠之者人 之道). 이런 성은 유교에서도 계속 강조돼왔고, 동학에서도 성(誠)·경 (敬)·신(信)을 얘기했으며, 성·경·신은 원불교에도 나옵니다. 그리고 윤성범 교수님이 정성 성 자를 써서 성학(誠學)이라는 표현을 사용하 셨잖아요. 그래서 어떻게 보면 우리 동아시아에서 아주 일관된 전통 을 이룬 개념인데요. 이교수님이 성(聖)·성(性)·성(誠)의 여성신학을 말씀해오셨는데 간단하게 설명해주시죠.

이은선 성·성·성의 여성신학이라는 개념은 제가 스위스에서 유교와 기독교의 대화를 통해 신학을 하다가 한국에 와서 어느날 우연히 귄터 그라스(Günter Grass)의『양철북』(*Die Blechtrommel*)을 원작으로 하는 영화를 봤습니다. 바로 그『양철북』과 하인리히 뵐(Heinrich Böll)의『어느 어릿광대의 시선들』(*Ansichten eines Clowns*)이라는 두 소설의 작가들이 다 제1, 2차 세계대전을 일으킨 서구 문명의 결과를 겪고 나서 거기에 대해서 아주 치를 떠는 소설을 쓴 것을 보며 저도 정말 거기서 드러난 인간의 가식과 위선에 고개를 흔들면서 불현듯 떠오른 것이에요.

그후로 하나님이라는 개념을 사용하기보다는 동아시아에서 나온 '거룩할 성(聖)' 자를, 예를 들면 서구 기독교만이 인류를 구원할 수 있다는 생각을 버리고, 온 존재와 의미를 조건 없이 포괄하시는 우리 시대 초월의 '통합성'이라는 뜻으로 쓰게 됩니다. 중간에 있는 '성(性)' 자도 신유교에서는 이 세상에 내재하는 하늘적 궁극을 지시하는 언어로 쓰이는 것이지만, 동시에 오늘날은 특히 몸적 섹슈얼리티의 개념으로도 쓰이잖아요. 그래서 저는 이때까지 비천하다고 여겨지고, 타자라고 여겨진 것들이 실은 거룩한 것임을 주장하는 의미로 '타자성'이라는 개념으로 썼습니다. 그다음 마지막으로 말씀 '언(言)' 변에 이룰 '성(成)' 자의 '성(誠)'은 기독교와 유교의 대화에서 윤성범 선생님이 쓰시기도 한 개념인데, 저는 이 비속하고 천한 대상과 세상 속에서 거룩함의 영역을 확장하기 위해 인간과 여성, 우리 살림이 지속적으로 인내하고, 끊임없이 자기를 비우며 뜻을 실행하는, 요즘에는 'integrity'라고도 쓰고 'authenticity'(진정성)라는 말로도 쓰는 '지속성'이라는 의미로 그 글자를 가져왔습니다. 그래서 '통합성' '타자성' '지속성'을 의미하는 동아시아 유교 전통의 세 언어 성(聖)·

성(性)·성(誠)이 서구 기독교가 이제까지 써온 개념을 쓰지 않고도 복음과 지향의 원래의 의미를 잘 밝혀주는 언어가 될 수 있다고 생각했고, 저 나름대로 그 언어로 '한국 여성 조직신학'을 새로이 구성하려고 했지요.

이후 1996년에 연구년을 맞아 노스웨스턴대학 시카고 캠퍼스로 갔는데, 당시 '어른의 삶도 계속해서 변화할 수 있는가?'라는 물음과 관련하여 심리학이나 성인발달심리학 분야에서 남성과 여성 인생의 사계절이 연구되는 것을 보면서, 이런 주제야말로 열다섯살의 지학(志學)에서 시작해 칠십의 종심소욕불유구(從心所慾不踰矩)까지 인생 성숙을 말하는 공자의 인생 단계들이 더 적실하게 의미있는 답을 줄 수 있겠다는 생각을 하며 유교 공부에 더욱 진력하겠다고 다짐했죠. 우스운 얘기지만, 그때 노스웨스턴대학의 어느 영문과 교수가 개설한 대학원 여성학 수업을 들어갔어요. 그 수업에 참석한 15명 정도의 여성들한테 내가 이 방에 들어왔을 때 여러분들은 한 여성이 들어온다고 생각했는지, 아니면 저기 한 아시아 여성이 들어온다고 생각했는지 물었더니, 대부분의 학생들이 아시아 여성이 들어온다고 생각했다는 대답을 하는 거예요. 이 경험에서 저는 페미니즘의 물음에서도 '민족'의 문제를 탈각시키면 안 되겠다는 의식을 더하면서 한국에 돌아왔습니다. 그후에 성균관대 한국철학과 박사과정에 들어가서 과거 유럽에서 주로 2차 자료(secondary source)를 통해 공부했던 유교에서 한 단계 더 나아가 한국 사상, 특히 한국 신유교를 공부하게 됐습니다.

그러면서 『중용』 등에 더 관심을 가졌어요. 18세기에 『중용』을 나름대로 해석한 임윤지당과 강정일당이라는 여성 선비들도 알게 됐죠. 그들이 유교사회에서 여성도 남성과 똑같이 성인이 될 수 있다고

한국 '생물' 여성영성신학

〔필자는〕특히 『중용』에서 연원하여서 퇴계 선생이 자신의 「성학십도 (聖學十圖)」 안의 '인설도(仁說圖)'를 여는 구절로 삼은 "인(仁)이란 천지 가 만물을 낳는 마음(天地生物之心)이요 사람이 그것을 얻어서 마음으로 삼은 것(而人之所得以爲心)이라는 언술에 주목하여, 한국 여성신학의 창 조적 영성을 "한국 '생물(生物)' 여성영성"으로 표현하고자 한다. 여기서 '생물'이라는 개념은 '생명'보다 더 포괄적으로, 소위 물질과 무생물의 영역까지도 모두 포함하여 진정으로 '만물(萬物)'을 '낳고 살리는(生)' 일을 말해주는 일로 이해한다. 그것은 자칫 서구적이고 인간 중심적이 될 수 있는 '생명(신)학'의 관점보다 더 포괄적이고 더 구체적으로 인간 의 창조적 영성을 지시해주고, 그리하여 만물을 살리는 뛰어난 살림꾼 으로서의 한국 여성들의 창조적 살림 영성을 이 용어로 잘 표현할 수 있 다고 보는 것이다.

— 이은선 「한국 생물(生物) 여성영성의 인간론과 교회」, 『한국 생물 여성영성의 신학』,

모시는사람들 2011, 98면

강조하고 실제로 그렇게 되고자 노력한 삶과 사유를 만나면서, '천 지생물지심(天地生物之心)'과 '생물(生物)'이라는 언어에 주목했습니 다. 당시에 기독교 신학에서 생명신학을 많이 얘기하고 이정배 교수 님도 한국적 생명신학을 얘기했지만, '생명'이라는 단어보다 '생물' 이라는 말이 훨씬 더 포괄적이라고 생각했지요. 생명이 좁은 의미로 인간 중심적이고, 의지적 측면을 강조하는 서구 기독교적 개념이라 면, 생물의 '생(生)'은 '만물을 낳고 살리다'의 동사가 되어 특히 한국 전통 여성들의 살림의 영성과 잘 상통한다고 보았습니다. 한국 전통의 여성들이 끊임없는 역사의 질곡 가운데서도 생명을 낳고 삶을 이어가기 위해서 애써온 삶의 영성이야말로 바로 오늘날의 세계가 다시 찾아내서 의미화해야 하는 참된 영성이라고 본 것입니다. 그래서 '한국 생물 여성영성의 신학'을 강조하며 '성·성·성'에서 '천지생물지심'이라는 개념으로 한단계 더 나아가고자 했습니다.

이후 요즘 제가 모토로 삼는 것은 '신학(神學)에서 신학(信學)으로'라는 또다른 개벽과 전환입니다.

백낙청 믿을 신 자를 쓴 신학이죠.

이은선 네. 사람 인(人) 자에 말씀 언(言)이 들어 있는 신(信) 자를 씁니다. 그 전환의 과정에서 우리 사회는 세월호 사건을 겪었습니다. 또한 이명박정부 시절부터 세계 신자유주의 자본경제의 패악이 점점 더 심각해졌고, 지구 환경과 기후 위기가 현실화되었는데, 이런 상황을 접하면서 오늘날 우리 인간이 지나치게 많은 물질 그리고 자연과 어떻게 관계 맺을지가 핵심 과제로 떠오른 것을 보게 됐어요. 세월호 사건을 겪은 부모들이 교회를 떠날 수밖에 없는데 기성 교회는 그들을 위해 어떤 역할도 해주지 못하는 장면을 목격하면서 기독교 신학과 교회가 근본적으로 변해야 한다는 것을 더욱 체감했고, 우리 주변의 만연한 물질, 그리고 자연과 지구의 관계를 새롭게 맺어가는 문제를 '신뢰'와 '우정'의 관계, 즉 '신(信)'의 관계로 풀어야 한다는 것을 깨달았습니다.

오늘 우리의 상황은 더는 우리가 하늘과 초월이 어떠한 모습인가를 논하는 전통적 신학(神學)이 문제가 아니라 우리가 도대체 그런 초월과 하늘의 차원이 있음을 믿을 수 있고 알 수 있는가(信學) 하는 것이 문제이고, 작금의 세계에서 인간의 주관과 자아의 한없는 욕망으로 인해 큰 위기에 처한 객관과 물질의 세계가 결국에는 그 존재와 어떻게 연결될 수 있는지가 관건임을 포착한 것이지요. 그래서 다시 만물의 존엄성의 근거를 알아보는 일에 관심을 쏟았고, 그러면서 우리 일상의 언어로 그 존재를 향한 존숭과 진실됨을 표현하는 언어생활에서의 신뢰가 문제이며, 그런 경(敬)과 신뢰를 지속적으로 지켜서 그 관계에서 참된 생명과 삶의 열매를 구체적으로 맺는 실천이 긴요하다고 보았습니다. 이렇게 모든 일이 신뢰〔信〕와 존숭〔敬〕, 지속함〔誠〕의 신학(信學)의 일이라고 본 겁니다.

신학(信學)은 언어철학의 문제인 동시에 지극히 초월적이고 영적인 일이기도 하고, 가장 평범한 일상과 정치, 교육, 문화의 일이기도 합니다. 지금까지 동서고금에 신학(神學)도 있었고, 성학(聖學)과 이학(理學)도 있었지만, 신학(信學)은 처음이라고 생각합니다. 신(信)이라는 언어를 통해서 종교와 학문이 같이 연결되며, 형이상학과 윤리, 정신과 몸, 자아와 세계, 인간과 자연, 초월과 일상 등 지금까지 나뉘어 논의되던 영역들을 같이 연결할 수 있다는 의미에서 하나의 '믿음을 위한 통합학'(Integral Studies for Faith)을 말하며 '신학(神學)에서 신학(信學)으로'의 전환을 주장하는 것이지요.

백낙청 이교수님은 본인의 이야기니까 좀 쑥스러울지 모르시겠다고 했는데, 이목사님은 또 부인의 경우라고 너무 추켜주는 것도 이상하지만 또 그렇다고 사실 이상으로 비판만 하실 필요도 없으니까, 전통적으로 써온 말대로 지공무사한 입장에서 간단히 코멘트를 좀 해주시죠.

이정배 간단하게 하겠습니다. 사실 저희들은 무척이나 다투며 토론합니다. 심지어는 예배 보다가 성경을 해석하며 의견이 차이가 나면 예배를 중단한 적도 있죠.(웃음) 부끄럽고 삼갈 일이지만 가끔씩 그런 일도 생겼습니다. 서로 격려하는 부분도 물론 있고요. 사실 의논도 없이 『스승의 손사래』(늘봄 2023)에 이은선이라는 존재를 한 사람의 선생의 자리에 위치시키는 글을 썼습니다. 마음이 동해서 그리한 것이었지요. 미리 의논하고 쓸 성격의 글도 아니었고요. 몇차례에 걸쳐 논거를 접하면서 그동안 이은선 교수가 지난한 논리적 작업을 지속해왔다는 사실을 인정하지 않을 수 없었습니다. 사실 유학과 여성학 사이에서 끊임없는 대화를 시도하려는 노력을 남들이 반갑게 여기지 않았습니다. 때로는 불문학을 전공했으니 불어 능력을 활용해서 요즘 각광받는 프랑스철학을 공부해 발전시켰으면 좋지 않겠는가 생각했지요. 그러나 이은선 교수는 전생에 유교 선비였다는 말을 들을 정도로 유교의 본류를 파헤치는 일에 정성을 쏟았습니다.

백낙청 좀 쉽게 살지……(웃음) 우리말의 발음에 장단이 있잖아요, 길고 짧은 게. 요즘은 그런 구별이 많이 없어졌지만, 이 경우에는 짧은 소리로 나는 신학(神學)과 긴소리 신학(信學)을 좀 분명히 구별해서 발음하시는 게 좋을 것 같아요. 이은선 교수가 기독교 신학에서 출발해서 멀리 딴 데로 간 것 같지만 사실 어떤 면에서는 핵심은 그대로 간직하고 계시죠. 하나는 믿을 신 자의 신학, 이것도 물론 새로운 해석이지만 원래 기독교는 믿음의 종교고 불교는 깨달음의 종교라고 말하잖아요. 그런데 그 믿음을 새로 해석해서 중심에 뒀다는 건 기독교 신학의 입장에서도 환영할 일인 것 같습니다.

또, 세월호 이후에 쓰신 글에서 몸의 부활 얘기를 많이 하시는데, 이거야말로 기독교 케리그마의 핵심 아닙니까? 바울 같은 분은 「고린도전서」(15장 13절)에서 죽은 자의 부활이 없으면 우리가 전파하는 것도 전부 헛것이라고까지 이야기하죠. 사실 2천여년 전에 팔레스타인의 한 청년이 사형당했다가 몸으로 되살았는지 안 살았는지는 지금 아무도 몰라요. 그렇지 않았다고 우리가 단정할 필요도 없다고 봅니다. 그러나 어쨌든 그분이 몸으로 살아났다고 했고 그걸 많은 사람들이 믿었기 때문에 그리스도교라는 엄청난 세계사적 사건이 벌어질 수 있었던 거고요.

또 하나는 영의 부활 그러면 사람들이 쉽게 받아들이겠지만 몸의 부활이라고 하면 죽었던 시체가 어떻게 다시 살아나냐는 의문을 갖게 마련인데, 그게 비유적인 부활이나 영가(靈駕)로 살아 있다는 뜻이 아니라 몸의 부활이라는 게 기독교의 핵심적인 메시지지요. 이건 우리가 곱씹어봐야 할 대목이에요. 가령 힌두교 같으면 기독교에서 말하는 사람의 영혼처럼 불멸의 영혼이 있어서 계속 새 몸을 받아간다고 하고, 전통적인 기독교에서는 예수님 말고는 죽었던 사람이 되살아날 일은 없지만 나중에 최후의 심판의 날에 몸이 되살아날 거라고 하잖아요. 이은선 교수님은 『세월호와 한국 여성신학』(동연 2018)에서 몸이 죽는다고 해서 모든 게 다 끝난 게 아니라고 주장합니다. 이게 기독교의 아주 중요한 메시지인데 불교도 마찬가지라고 봅니다. 불교는 힌두교와 달라서 개령(個靈)이 계속 새 몸을 받는다는 게 아니고 우리의 영적 존재 자체도 연기(緣起)에 의해서 결집된 거니까, '무아론적 윤회'라고 해서, 불멸의 똑같은 영이 계속 새 몸을 받는 건 아니지만 살면서 어떤 뭉친 기운 같은 게 있잖아요. 그 기운이 새로운 육신에 합해져서 새 생명이 탄생한다고 하는데, 사실인지 아닌지는 모르겠지만 훨씬 더 합리적인 얘기 같아요. 그리고 몸이 끝났다고 해서 모든 것이 끝난 것이 아니라는 메시지를 굉장히 합리적으로 해석한 입장 같아요. 그래서 이교수께서 몸의 부활이라는 케리그마를 되살려놓으신 것, 또 믿음에 대한 해석과 그 믿음의 중심성을 회복하신 것은 기독교 신학계에서 좀 알아줘야 되는 점 아닌가 하는 생각을 했습니다.

생태위기 앞의 신학과 K사상

백낙청 더 할 얘기가 많겠습니다마는 지금 기후변화를 포함해서 생태위기는 거의 누구나 피부로 느끼고 있습니다. 생태위기에 신학 그리고 K사상이 어떻게 대응하고 있으며 앞으로는 어떻게 대응해야 되는가 하는 얘기를 마지막으로 하고 끝내면 좋겠습니다. 생태신학을 한다는 분들이 자연을 강조하고 어떤 의미에서는, 범재신론이라고 해서 조금 구별하기도 하지만, 범신론적인 인식을 많이 보이시는데, 이것은 우선 불교의 진공묘유 사상과는 다른 것이고 또 우리 전통에서도 다석 선생의 '없이 계신 하나님' 개념과는 안 맞는 게 아닌가 하는 생각이 들었어요. 이정배 목사님이 다석 사상의 권위자시니까 그 점을 말씀해주시죠.

이정배 제가 어찌 권위자란 말을 들을 수 있을지요? 다석을 따르지만 거리를 두고 그분 사상의 독특성, 한국적 의미를 연구하려고 애를 쓰고 있을 뿐입니다. 저는 생태 문제에 대해서 30년 강의를 해왔습니다. 서남동 교수 이후 생태신학의 맥을 이은 신학자로 평가받고 있지요. 오랜 세월 수권의 책도 펴냈지만 교회 안에서 제 생각이 제대로 반영된 적은 없는 것 같습니다. 오히려 교회 밖에서 더 많은 주목과 관심을 보내주셨지요. 지금 시점에서 우리의 작은 노력이 생태계 문제를 크게 바꿀 수 있을 것 같지 않아 더 안타깝습니다. 하지만 무의미한 것은 아니기에 여전히 기독교의 역할을 강조하는 데 힘을 쏟고 있습니다. 물질이 개벽되니 정신을 개벽하자는 개교표어를 백낙청 선생님께서는 대단히 중히 여기셨습니다. 그런데 물질개벽은 앞서도 말씀하셨듯이 오늘날에는 자본의 문제와 떼려야 뗄 수 없는 관계를 맺고 있습니다. 생태계 위기를 걱정하는 이들은 우리 인류가 인류세를 넘어서 자본세 속에 살고 있다고 말하고 있지요. 생태계의 적은 탄소가 아니라 자본이라는 말이 널리 회자되는 상황입니다. 탄소라는 말이 가치중립적(neutral)이라면 자본은 당파적 발언입니다. 반다나 시바(Vandana Shiva)와 같은 생태여성학자들이 세계의 부유한 1퍼센트가 지구를 망치고 있다고 말하고 있습니다. 실제로 자본가들은 지구 성층권에 에어로졸을 뿌려 온난화를 늦추는 어마어마한 기술에 투자를 하고 있지요. 기후위기 상황을 여전히 돈벌이 기회로 만들려고 하는 겁니다. 유전공학, 인공지능, 나노기술 등 첨단과학을 이용하는 초인류, 즉 호모데우스(homo deus)를 꿈꾸기도 하고요.

백낙청 정신개벽으로 이 문제를 해결하려는 게 아니고 물질개벽을 더욱 촉진하는 방식이죠.

이정배 네, 그렇습니다. 원불교의 동척사업을 백선생님께서 강조하셨습니다. 이 정신에 따라 역사 속의 모든 종교가 함께 실현할 동척사업이 바로 생태계 위기 극복의 길이라 생각합니다. 자본주의보다 더 오랜 역사를 갖고 있으면서도 자본에 굴복하는 종교의 모습은 안타깝습니다. 그러면서도 우월성과 절대성을 주장하는 종교의 현 실태가 한심스러워요. 이제 축(axis)의 종교를 비롯하여 이 땅의 개벽종교들이 힘을 합해 생태위기를 극복하는 동척사업을 실현해야 할 카이로스(Kairos)적 시점이 되었습니다. 백선생님이 말씀하신 대로, 저를 비롯한 많은 이들이 범재신론, 범신론 혹은 신의 여성성 등의 개념을 사용하여 기독교의 초월적이고 가부장적인 유신론을 대체하고 생태신학을 마련하기 위해서 그동안 많은 노력을 경주했다는 사실을 말씀드립니다. 그러나 신학의 재구성만으로는 교회 안팎의 자본의 힘을 극복할 수 없었다는 사실도 함께요.

여기서 하나님을 여성, 곧 어머니 메타포로 이해했던 생태신학의 입장을 간단하게 부연코자 합니다. 주지하듯 하나님과 세상을 모자 관계로 이해하면 하나님을 아버지라 부를 때보다 세상과의 친밀성을 강조할 수 있습니다. 세상이 어머니 하나님의 몸으로 이해되기 때문입니다. 세상을 신적인 몸의 현실태라 본다면 자연파괴는 곧 신의 죽음이자 고통이 될 테죠. 다석 신학이 지닌 생태적 의미도 제게는 중요하게 보입니다. 다석은 허공을 말했고 원불교는 '일원상의 진리'를 말했으나 의미상 다르지 않을 것 같습니다. 이들은 모두 '진공묘유'와 '무극이태극'과 같은 뜻을 지녔다 보입니다. 서구가 시도한 범재신론·범신론 차원을 뛰어넘고 있죠. 이들이 여전히 있음, 곧 유(有)의 차원을 떠날 수 없는 까닭이지요. 신의 여성성 또한 궁극적으로 정신과 몸을 구별하는 이원론에 빠질 수도 있습니다. 다석은 이렇게 묻고 답을 주십니다. "꽃병의 꽃만 보고 꽃을 예쁘다고 말하느냐. 그러면 견물생심이 생긴다. 견물불가생(見物不可生), 보고도 마음을 일으키지 않는 그런 지경에 이르러야 한다. 그러려면 그 꽃이 허공 속에 있음을 알아야 한다." 저는 여기서 다석이 허공을 먼저 보라고 한 말씀에 주목합니다. 생태계 위기에 대응하는 동척사업을 위해서입니다. 물론 있음과 없음은 상통하는 것이니 허공을 먼저 생각하는 발상의 전환, 있음보다는 없음을 우선하는 허공의 종교성이 필요하다 생각합니다. 다석과 원불교 모두 이것을 가르치고 있다고 보고요.

백낙청 제가 다석을 많이 공부해보지 않아서 모르겠는데, 흔히 다석 사상을 얘기할 때 있음보다 없음이 더 중요하다는 얘기를 하지요. 그 말도 다시 생각해볼 여지가 있어요. 왜냐하면 가령 '무극이태극'이라고 할 때 무극이 먼저 있고 거기서 태극이 나왔다는 얘기가 아니잖아요. 보기에 따라서 무극이기도 하고 태극이기도 하다는 것이고, 없이 계신 하나님도 먼저 없으시다가 계시게 됐다는 순서가 있는 게 아니잖아요. 그러니까 이것은 사람의 머리로, 우리의 합리적인 이성으로는 도저히 이해할 수 없는 경지이고 오직 깨달음을 통해서 도달할 수 있는 경지인데, 그 깨달음을 제쳐놓고 마치 진공에서 묘유가 나오고 무극에서 태극이 나오는 것처럼 얘기하면 이것은 오히려 기독교적인 발상이에요. 하느님이 무에서 유를 창조하셨잖아요.

조금 아까 제가 하던 얘기를 범신론과 관련해서 좀 구체적으로 말씀드리면, 이목사님 책에서 읽은 이야기인데 생태신학을 말씀하시는 분들 중에 생체모방, 바이오미미크리(biomimicry)라는 용어를 만든 재닌 베니어스(Janine M. Benyus)라는 분이 있고, 또 에코지능(ecological intelligence)을 얘기한 대니얼 골먼(Daniel Goleman) 같은 분도 있는데, 그럴 때 그들이 생각하는 자연은 우리한테 도움을 주고 혜택을 주는 어머니 같은 대자연을 가리켜요. 그런데 우리 동양에서는, 가령 노자가 '도법자연(道法自然)'이라고 할 때의 자연은 그런 실체를 가리키는 명사가 아니고 '스스로 그러함'이지요. 스스로 그러함이라는 것이 꼭 우리한테 좋은 것만은 아니지요. 굉장히 무섭기도 하잖아요. 지금 산불이 나고 쓰나미나 지진이 일어나는 것도 다 '스스로 그러함'의 일부거든요. 그래서 그런 자연을 그대로 모방한다는 건, 첫째는 인간이 할 수가 없고, 둘째는 인간이 따를 도가 아닌 것 같아요. 그래서 도법자연은 도가 자연에 법해 있지만 사람은 도를 따르라는 것이지 자연을 따르라는 얘기가 아니거든요. 원불교에서도 '천지은'이라는 걸 얘기하는데, 천지은에 보은하는 길이 천지의 '도를 체받아서' 보은한다고 해요. 천지를 체받는 것은 인간으로서 할 수 있는 것도 아니고, 천지가 하는 일을 보니까 막 사람도 죽이는데 그런 식으로 체받으면 큰일나잖아요. 천지의 '도'를 체받는 게 중요한데, 그 도가 뭐냐를 깨닫는 것은 굉장히 힘든 일이고 수행이 필요한 일이 아닌가 싶습니다.

이은선 그 말씀에 동의합니다. 지구의 생태위기가 회자되면서 인류세 개념에 대한 논의가 많이 이루어지죠. 그런데 저는 생태 문제보다 더 근원적이고 앞으로 더 위험한 문제가 엄청나게 빠른 속도로 다가오고 있는 가상현실 같은 기술들이란 생각이 들어요. 인류가 구체적인 몸으로 살아가는 세계를 넘어서 가상현실이나 AI 기술을 적극 활용하는 사회를 지향하고 있는데, 저는 이 세상에서 실체로서의 몸으로 존재한다는 것, 그리고 '의식'을 갖고 살아간다는 것이 앞으로 급박하게 다가올 세계 속에서 어떤 의미가 있는지 놓치지 않고 새로운 길을 찾을 때 진정한 의미의 생태 문제의 해결도 이루어질 수 있다고 봅니다. 좀더 부연하자면, 저는 인류세를 부정적인 의미만으로 전망하기보다는 '참인류세'(authentic Anthropocene)를 지향하는 관점에서 말합니다. 예를 들면 평생 타자를 향한 존중심, 즉 경(敬)을 품었으며, 삶을 마치는 순간에도 선물 받은 매화꽃에 누를 끼치지 않으려 했던 퇴계 선생님 같은 마음이 어떻게 하면 우리에게도 생겨날까 하는 물음입니다. 그런 마음으로 참인류세를 열 수 있다고 생각합니다.

아까 백낙청 선생님이 끊임없이 불교적 각(覺), 깨달음을 얘기하셨지만, 저는 그것은 또 하나의 엘리트주의적 사고가 될 수 있다고 봅니다. 그대신에 민중들이 보다 쉽게 다가갈 수 있는 방식으로, 우리가 『논어(論語)』의 유명한 '경사이신(敬事而信)'을 실천하듯이 자신의 구체적인 일상의 삶 속에서 만나는 일과 사물을 존중하고 그것들이 구체적인 물성의 몸으로서 세상에 존재하게 되었다는 것이 얼마나

귀한 일인지를 지속적으로 경(敬)하게 되면, 그리고 그런 기(氣)가 축적이 되면, 거기서 진정한 의미의 믿음이 생긴다고 봐요. 그렇게 물질을 진정 소중히 여기게 되면, 함부로 생산하지 않고, 하나를 만들어도 정성으로 좋게 만들어서 오래 쓰려고 하고, 또한 사람의 일에서도 이미 태어난 사람을 두고 종족이나 집안, 성별, 학식 유무에 상관없이 그의 존재를 존중하는 일을 말하는 것이지요. 히브리 성경 「신명기」에 보면, 인간의 경우 신원이 분명하지 않은 사람의 시신이라도 함부로 다루어서는 안 된다고 강력히 경고했는데, 이렇게 몸과 형체로 시공간에 존재하게 된 대상에 대한 존숭이야말로 그것들이 진정 '천상의 빵'이 되게 하는 길이라 생각합니다. 그런 삶의 방식이 오랫동안 축적되어야 새로운 참인류세가 도래할 수 있고 지구와 전우주도 구원되는 것이지, 일론 머스크가 외치듯 다 써버린 지구를 떠나서 다른 곳으로 가자는 것은 해법이 아닌 듯합니다.

백낙청 그야말로 물질개벽의 극치에 이른 노예적인 생각이죠. 참 좋은 말씀 해주셔서 동감인데, 다만 깨달음이 엘리트주의적이라는 지적에는 조금 토를 달고 싶어요. 원래부터 깨달음은 누구나 부처님이 가르쳐주신 대로 '팔정도'를 따르면 가능하다는 사상이 있었죠. 그런데 옛날에는 출가해서 수도에 전념하지 않고는 깨달음에 이르지 못한다고 생각했으니까 그 점에서 엘리트주의라고 할 수 있지만, 만약에 누구나 깨달을 수 있고 일상생활 속에서 깨달음에 이르는 공부가 가능하다고 하면서 그 공부법을 또 자세하게 제시했다면 그것은 엘리트주의는 아니지 싶어요.

마지막으로 한 말씀 드리고 싶은 것은, 한반도의 개벽사상이 나온 지 얼마 안 됐다는 겁니다. 불과 백몇십년밖에 안 되니까 다른 역사적인 종교들이 이룩한 업적에 많이 미달하지만, 그것이 도달한 사상적인 경지는 다른 사상가들도 벤치마크로 삼을 만하지 않은가 하는 게 저의 생각입니다. 동시에 기독교라고 하든 서학이라 하든 동척사업의 일꾼으로 이 개벽사업에 가세해서 큰 역할을 안 해주면 말로만 정신개벽이지 제대로 성과를 못 낼 것 같다는 생각이 두분과 대화하면서 더 굳어졌습니다. 제가 마무리를 미리 해버린 셈인데, 두분 각기 짧게 말씀해주시고 정리하면 좋겠습니다.

이은선 제가 얼마 전에 감동 깊게 읽은 책 중에서『소태산 평전』을 쓴 김형수 작가의『김남주 평전』(다산북스 2022)이 있는데, 그 결론이 21세기 인류는 지금까지 타자 앞에서 기술과 의지의 힘, 남성적인 힘으로 유능함만을 추구해왔다면, 이제부터는 유능하기 위해 더 힘을 쓰는 것이 아니라 스스로가 자발적으로 무능하기 위해서 뼈를 깎는 고통을 치러야 한다는 것이었습니다. 저는 그런 요구가 서구 문명과 남성에게 해당되며, 자연 앞의 인간에게도 해당된다고 생각합니다. 저 스스로에게도 많은 생각을 하게 하는 강한 요구입니다.

한마디 더 하자면, 지금 성주에서 모든 힘의 상징인 미국의 사드에 대항하는 운동을 이끌고 있는 주체가 원불교라는 얘기를 들었습니다. 이제 민중운동·민주화운동·생태운동 등 다양한 사회운동을 기독교나 서구만 한다고 생각하지 말고 동아시아의 원불교 등이 앞장서서 하는 시대로 가야 한다고 생각합니다. 앞으로 그것을 어떻게 실질적으로 해낼 수 있을지 굉장히 기대가 되고, 참된 인류세를 위해서 우리 각자가 역할을 해야 한다고 할 때 원불교를 비롯한 개벽종교에 거는 기대가 큽니다.

이정배 백낙청 선생님이 말씀을 평안하고 따뜻하게 해주셔서 저희가 긴장하면서도 포근하게 모임을 끝낼 수 있게 됐습니다. 백선생님께서 때로는 날카로운 비판을 해주셨지만 또 긍정도 해주셔서 저희에게 많은 힘이 되었습니다. 백낙청 선생님의 이러한 담론들이 우리 사회 속에서 사리연구의 한 결과로서 중요하게 드러나고 있고, 거기에 저희가 이렇게 배움의 한발을 들여놓게 돼서 참 감사드립니다. 저희는 전라남도 신안군에 소재한 어느 교회에서 열린 워크숍에서 「워메리카의 운명」이라는 영화를 봤습니다. 워메리카(WARmerica)라는 전쟁광 미국을 고발하는 내용을 담았습니다. 전세계를 멸절주의·전쟁주의로 이끌어가는 미국에 맞서서 종교들이 적절한 역할을 하면 좋겠다는 바람을 가지면서 이 영화를 관람했습니다. 인류의 동척사업을 위해 저는 불교의 연기(緣起), 원불교의 사은, 동학의 이천식천(以天食天), 그리고 일상을 대속이라 보는 다석 사상이 함께 협력하여 인류를 같은 길로 나서게 했으면 좋겠습니다. 동척사업도 시대에 따라 성격이 달라지겠으나 이 시대에 적합한 방향과 목표는 이제 분명해졌다고 생각합니다. 지구 생태계를 구하는 일이 그것입니다.

백낙청 목사님의 축도(祝禱) 같은 말씀을 해주셨는데, 이 말씀을 우리가 잘 받아들이면서 끝맺을까 합니다. 감사합니다.

강일순 姜一淳, 1871~1909 증산사상의 창시자. 호는 증산(甑山). 동학농민혁명 후 일어난 사회적 혼란과 참상을 보고 인간과 세상을 구원할 새로운 종교를 창시할 결심을 함. 유불선과 음양·풍수 등을 연구하고 도술과 과거·미래를 알 수 있는 공부를 하며 수도함. 1901년 깨달음을 얻고 전북 고부의 집으로 돌아와 증산사상의 핵심인 천지공사(天地公事)를 행한 후 포교에 힘씀. 1907년 의병 모의 혐의로 체포되었다가 석방되었고 1909년 추종자들을 모은 후 스스로 세상의 모든 병을 대속하고 사망했다고 전해짐.

강정일당 姜靜一堂, 1772~1832 유학자. 『정일당유고』를 지은 문인으로 빈한함 속에서도 지극한 효도와 공경으로 살림하며 학문과 정신수양에 힘씀. 임윤지당보다 50여년 후에 출생했으나 평생 그의 삶을 흠모하며 같은 길을 가고자 했음. 인간의 도리와 성정(性情)을 통솔하는 '경(敬)'을 중시했으며 학문 탐구가 수양 공부와 병행되지 못하면 올바른 공부가 아님을 역설함. 정일당 사망 후 한 만장은 "한양성 남쪽 여성 선비 있으니 (…) 3천가지 예법에 모범이 되었다"라고 그의 인물됨을 기록함.

고판례 高判禮, 1880~1935 증산교 최초 교파인 선도교의 창시자. 고부인 또는 고수부라고 불렸고 일찍이 동학을 받아들임. 신씨 집에 출가하였으나 29세에 남편을 잃음. 1907년 강증산이 친척 차경석의 집에 들렀을 때 수부로서 그와 혼인했고 이때 증산은 "천지대업을 네게 밝히리라"라고 말함. 증산 사망 후 1911년 증산의 탄신 기념 치성을 드리던 중 갑자기 졸도했다가 깨어난 후 증산의 영을 입은 것을 계기로 태을교를 창시함.

김기전 金起田, 1894~? 종교인. 어린이운동을 전개한 교육운동가이자 여성해방운동가. 동학 대접주로 활약한 부친의 영향으로 어린 시절부터 동학 교리강

습소에서 공부함. 1920년 우리나라 최초의 종합월간지 『개벽』 창간 작업을 주도했으며 초대 편집국장 겸 주필로 활동함. 천도교인으로서 '어린이를 때리지 말라. 어린이를 때리는 것은 한울님을 때리는 것'이라는 동학의 인내천 사상에 뿌리를 두고 어린이해방이야말로 민족해방의 열쇠라고 주장함. 『개벽』에 30여편의 글을 기고해 당시의 여성 차별을 강력히 비판하기도 했음.

김일부 金一夫, 1826~1898 종교사상가. 본명은 항(恒). 정역(正易)사상의 창시자. 생애 전반기의 기록은 거의 남아 있지 않으며 36세부터 노력과 정진을 거듭하여 진리를 찾았고 정역팔괘의 세계상을 정립해 마침내 54세 되던 1879년에 『정역』을 저술함. 주나라의 역인 『주역(周易)』을 '유불선합일지정(儒佛仙合一之精)', 즉 유불선 삼교의 정수가 합일된 것으로 재해석한 『정역』의 후천변화론은 개벽사상의 이론적 배경이 되어 동학을 비롯해 증산교, 대종교 등 한국 민족종교 성립에 영향을 미침.

김재준 金在俊, 1901~1987 목사. 한국기독교장로회와 조선신학교(오늘날의 한신대학교) 설립에 공헌한 종교인이자 대표적인 진보 신학자. 1947년 신학노선 문제로 정통 시비에 휘말려 1952년 장로교총회에서 제명되었고 이를 계기로 기독교장로회 창립에 참여해 이 교단의 주도적 신학자로 활동하기 시작함. 반독재 민주화투쟁에 깊숙이 참여하였으며 강원룡, 안병무 등의 제자들을 길러냄. 주요 저서로는 『낙수』『요한계시록주석』 등이 있음.

까뮈, 알베르 Albert Camus, 1913~1960 프랑스의 작가, 언론인. 소설가로서 부조리한 세계에 던져진 인간의 삶과 운명을 탐구했고, 이에 인간이 할 수 있는 최선의 반항은 자살이 아니라 그 삶을 똑바로 직시하며 끝까지 이어나가는 것임을 밝히면서 명철한 의식과 반항에 대한 열정을 강조함. 43세의 젊은 나이로 노벨문학상을 수상하지만 3년 후 파리로 가는 길에 자동차 사고로 목숨을 잃음. 저서로 『페스트』 『이방인』 『시지프 신화』 등이 있음.

데일리, 메리 Mary Daly, 1928~2010 미국의 신학자. '하나님 아버지'를 섬긴 기독교에 내재된 여성 억압을 폭로하고 비판함. 메리 데일리 이후 여성신학이 생겨나고 여성 목사가 출현하는 등 남성 중심적 교회제도와 교리들을 뒤흔드는 변화를 낳았다는 평가를 받음. 저서로 여성신학과 종교운동의 고전으로 자리매김한 『하나님 아버지를 넘어서서』 『교회와 제2의 성』 등이 있음.

로런스, 데이비드 허버트 David Herbert Lawrence, 1885~1930 영국의 소설가, 사상가. 탄광부의 아들로 태어나 노동계급과 강한 유대감을 느꼈으며 생애 많은 시간을 여러 외국을 다니며 보냄. 다양한 탐구의 도정 속에서 존재와 진리를 향한 관심을 추구했으며 소설은 사유의 모험이고 인간은 사유의 모험가라는 생각에서 출발해 '진정한 실체'에 대한 사유와 서양 철학 전통의 존재론, 형이상학에 대한 본질적인 문제제기로 나아감. 대표작으로 『무지개』 『연애하는 여인들』 『날개 돋친 뱀』 등이 있음.

리치, 마떼오 Matteo Ricci, 1552~1610 이딸리아 출신의 예수회 신부. 중국 가톨릭 선교의 개척자. 중국어 이름은 이마두(利瑪竇). 1582년 뽀르뚜갈 식민지였던 마카오에서 중국 선교사 활동을 시작했으며 이후 30여년간 중국에 거주하며 서구의 다양한 과학기술과 사상을 전파함. 유창한 중국어와 깊은 유교 이해를 바탕으로 가톨릭 교리 및 중세 철학과 유불도 사상을 비교 고찰한 『천주실의』를 저술하였고 자신이 이해한 동양 사상을 서구에 소개하기도 했음.

바르트, 카를 Karl Barth, 1886~1968 스위스 출신의 개혁교회 목사. 20세기 가장 영향력 있는 개신교 신학자 중 한명. 예수를 도덕적 인간으로, 성서를 윤리적

지침서로 이해하던 자유주의 신학에 반대하며 성서의 권위를 재확립하고 그리스도 중심 신학을 주장함. 히틀러의 국가사회주의에 저항했으며 신학자로서 정치적 의무 또한 다하려 노력함. 저서로『로마서강해』『교회교의학』등이 있음.

박광전 朴光田, 1915~1986 본명 길진(吉眞). 법호 숭산(崇山). 전남 영광군 백수읍 길룡리에서 소태산 박중빈의 장남으로 출생. 1941년 전무출신의 길을 서원한 후 1972년 원광대 초대 총장을 역임, 일생을 원광대학교의 설립과 발전에 헌신한 교육자임. 원불교의 해외 포교에도 힘썼으며 원불교사상연구원장을 지내고『대종경강의』『일원상과 인간과의 관계』등 활발한 저술 활동을 통해 원불교 교리 연구의 체계화에도 힘씀.

박순경 朴淳敬, 1923~2020 신학자. 호는 원초(原草). 이화여대 기독교학과 교수, 한국여신학자협의회 초대 회장, 한국여성신학회 초대 회장 등을 역임하였으며 전국민족민주운동연합, 자주평화통일민족회의 결성에 참여하였고 6·15공동선언실천 남측위원회 상임고문으로도 활동함. 반공신학·분단신학을 타파하고 민족신학·통일신학을 세우는 것을 일생의 과제로 삼았으며 평화통일운동에 헌신함. 저서로『통일신학의 미래』『삼위일체 하나님과 시간』등이 있음.

박중빈 朴重彬, 1891~1943 호는 소태산(少太山). 원불교의 교조로 대종사(大宗師)라 불린다. 전남 영광군 백수읍 길룡리 영촌에서 출생했으며 어릴 때부터 인간의 생사와 존재 문제를 탐구하는 소년이었다고 전해짐. 구도에 힘쓰다 1916년 대각을 이루었으며 '물질이 개벽되니 정신을 개벽하자'는 표어를 내걸고 인류의 정신 구원을 위한 종교운동과 사회운동을 시작함. 1924년 전북 익산에 '불법연구회'라는 임시 교명을 내걸고 종교 교화 활동을 시작했으며 1942년에는 기본 경전인『불교정전』을 발행한 후 이듬해 열반함.

방정환 方定煥, 1899~1931 아동문학가, 소년운동가. 일본 토오요오(東洋)대학 철학과에서 아동예술과 아동심리학을 연구하였고 김기전 등과 함께 천도교소년회를 조직해 본격적으로 소년운동을 전개함. 1923년 3월 우리나라 최초의 아동잡지『어린이』를 창간하고, 1923년 5월 1일 '어린이날'을 제정함. 동화작가, 동화연구가로도 활약해 창작동화를 남겼으며 윤석중, 이원수 등 아동문학가의 발굴, 육성에 힘씀.

베냐민, 발터 Walter Benjamin, 1892~1940 철학자, 비평가. 20세기 독일어권의 중요한 지식인. 베른대학에서「독일 낭만주의의 예술비평 개념」에 관한 연구로 박사학위를 취득하였고, 브레히트와의 교류로 유물론적 사유에 영감을 받음. 좌파 지식인으로서 파시즘에 대항했고 나치의 위협 속에서 미국으로 망명하려다 좌절되어 스페인에서 자살함. 저서로『기술복제시대의 예술작품』『아케이드 프로젝트』등이 있음.

변선환 邊鮮煥, 1927~1995 신학자, 목사. 진보주의 신학자로 초기에는 서구의 신학을 국내에 소개하는 작업을 했으나 미국과 스위스 유학을 다녀온 후 토착화 신학과 종교 간 대화 신학에 몰두함. 그의 종교다원주의 신학은 1991년 감리교 특별총회에서 교리 위배라는 평결을 받았고 1992년 5월 서울연회 재판위원회에서 최고형인 출교를 선고받음. 이 사건 이후 교수로 재직 중이던 감리교신학대학에서 은퇴한 후 집필과 강연에 전념하다가 1995년 원고 집필 중 뇌일혈로 쓰러져 별세함. 그의 사후 논문과 저술을 묶은『변선환 전집』과 유고 설교집『인생은 살 만한가』가 간행됨.

부리, 프리츠 Fritz Buri, 1907~1995 스위스의 신학자, 목사. 신학의 지평을 동양으로 확대한 현대 신학의 거장으로 오랫동안 바젤대학교 교수로 재직함. 야스퍼스의 철학을 신학화했으며 불교와 유교, 기독교를 주제로 많은 글을 쓴 슈바이처의 영향을 받음. 루돌프 불트만의 제자로 비신화화론을 넘어서 비케리그마화를 주장함으로써 영성적인 인간의 실존을 드러내려 했으며, 유교, 불교 등 동아시아 종교와의 적극적인 대화를 통해 인간 생명과 정신의 실존에 이르려 함. 저서로 『책임의 신학』 『붓다와 그리스도, 참된 자아의 주』 등이 있음.

불트만, 루돌프 Rudolf Bultmann, 1884~1976 독일의 신학자. 하이데거의 실존주의 방법론을 활용해 성서의 비신화화를 주장하며 신약성서의 신화적 표상들을 신앙의 대상이나 믿음의 수단으로 만드는 것은 지성의 희생을 강요하는 오류라고 지적함. 바르트, 슐라이어마허 등의 영향을 받았으며 주석가로서 성서를 현대인이 이해할 수 있도록 해석하고자 노력함.

샤르댕, 삐에르 떼야르 드 Pierre Teilhard de Chardin, 1881~1955 프랑스의 신학자, 신부, 고생물학자. 18세에 예수회에 입회하여 1911년 신부가 되기까지 신학, 지질학, 고생물학 등을 연구함. 1929년 중국 저우커우뎬(周口店)에서 베이징원인(北京原人) 화석을 발굴하는 성과도 거둠. 진화론적 우주관과 기독교적 가치관, 과학과 종교의 종합을 시도하였고 오메가 포인트(Omega Point)라는 개념을 고안해 우주의 최종 지향을 예고함. 저서로 『자연 안에서 인간의 위치』 『신의 영역』 등이 있음.

서남동 徐南同, 1918~1984 신학자, 목사. 민중신학의 선구자. 대구에서 목회 활동을 했고 한국신학대학(오늘날의 한신대학교) 신학 교수로 일하다 캐나다의 진보적 개신교 교회의 지원을 받아 토론토대학교에서 유학함. 귀국 후 연세대학교 교수로 일하면서 세계 신학을 한국 교회에 알리는 '안테나 신학자' 역할을 함. 1975년 박정희 유신독재에 저항하다가 연세대에서 해직되었으며 자신의 신학을 '방외신학(方外神學)'이라 하여 기존 신학의 상투성과 기득권과의 유착에 비판을 가함. 저서로『전환시대의 신학』『민중신학의 탐구』등이 있음.

손병희 孫秉熙, 1861~1922 종교인, 독립운동가. 호는 의암(義菴). 동학교도들은 그를 성사(聖師), 천도교 제3세 교주 등으로 부름. 22세에 평등사상에 매료돼 동학에 입도하였으며 3년 후 최시형을 만나 착실한 신도가 됨. 1894년 동학농민혁명에 참여하였으며 1897년에는 최시형에게 도통을 전수받음. 최시형이 처형당한 후 동학 재건에 헌신했고 1905년에는 동학을 천도교로 개칭함. 1919년에는 3·1운동의 주역으로 나섰다가 일제에 자진 검거되어 징역 3년 형을 선고받은 후 병보석으로 풀려나 가족들이 보는 앞에서 임종함.

송규 宋奎, 1900~1962 원불교 제2대 종법사. 본명은 송도군(宋道君), 호는 정산(鼎山). 1918년 박중빈의 설법을 듣고 감복해 원불교에 귀의, 그의 수제자가 됨. 원불교 중앙총부 건설에 참여하였고 원불교 지도자로서 활동하다가 1943년 박중빈이 사망한 뒤 44세에 법위를 계승함. 해방 후 일제에 의해 훼손된 원불교 교서를 재정비하고 원불교(圓佛教)라는 교명을 선포했으며 원광대학교를 설립하는 등 교육사업에도 힘씀. 1961년 4월 삼동윤리(三同倫理)를 제창한 후 이듬해 사망함. 저서로『불법연구회창건사』『건국론』등이 있음.

슈바이처, 알베르트 Albert Schweitzer, 1875~1965 독일과 프랑스의 접경지대인 알자스로렌 지방 출신의 신학자, 의사. 본래 목사이자 바흐 연구가로서 명성을 날

렸으나 프랑스령 적도 아프리카에 의사가 필요하다는 보고서를 접하고 30세에 의학 공부를 시작, 38세에 아프리카로 떠나 의학봉사를 실천함. 신학자로서는 '철저한 종말론'의 맥락에서 당시 예수는 곧 세상에 종말이 오리라고 믿던 후기 유대교 종말론에 철저한 종교지도자였다고 주장함. 인도와 중국 사상에도 심취했고 특히 자이나교의 불살생(不殺生)에 영향을 받아 생명경외의 원칙을 세움.

슐라이어마허, 프리드리히 Friedrich Schleiermacher, 1768~1834 독일의 종교철학자, 신학자. 종교와 신앙을 계몽주의적 시각에서 탐구했으며 종교의 본질을 우주에 대한 직관과 감정으로 이해함. 능동적 주체성을 강조하며 종교공동체의 형성을 제안했고 개인의 고유성과 자유를 강조한 철학적 윤리학을 확립함. 교회제도 개혁과 예배 개혁을 국가와 교회에 맞서 추진했으며 그의 교의학은 교회 통합에 이론적 토대를 제공함. 저서로『종교론』『기독교신앙』『변증론』등이 있음.

스피노자, 바뤼흐 더 Baruch de Spinoza, 1632~1677 네덜란드 출신의 유대인 철학자, 렌즈 세공사. 스콜라철학과 데까르뜨 철학을 접하고 유대교와 단절함. 정통적 교리와 성서 해석에서 벗어나 천사의 실존, 영혼 불멸 등을 뒷받침할 근거가 성서에는 없다고 주장했으며 신은 곧 자연이라는 범신론을 펼침. 이에 유대교회가 그를 파문하자 렌즈 세공으로 생계를 유지함. 성서에 대한 역사적·철학적 비판을 통해 카를 야스퍼스가 훗날 '철학적 종교'라고 부르게 되는 영역을 개척했으며 신에 대한 올바른 이해가 인간을 해방시킨다는 것을 알리기 위해 쓴『신학·정치론』은 '극악무도한 책'이라는 평가를 받으며 금서로 지정되고 폐기 선고를 받음.

안창호安昌浩, 1878~1938 교육자, 독립운동가. 교육 및 언론 활동을 통해 민족의 각성과 자강을 이루려 했으며, 여러 교육기관과 흥사단운동을 통해 이를 실천하고자 했음. 독립협회, 신민회 등에 참여하며 항일투쟁을 전개하였고 3·1운동 직후에는 상해로 건너가 임시정부의 내무총장 겸 국무총리 대리직을 맡았고 중국과 미국 각지를 순행하며 독립운동을 지속함. 1962년 건국훈장 대한민국장을 받음.

야스퍼스, 카를 Karl Jaspers, 1883~1969 독일의 철학자, 심리학자, 신학자. 정신병리학자이자 정신의학자의 삶을 살다가 철학자가 된 야스퍼스는 동서양을 막론하고 문학, 정치, 신학 등 다양한 분야에 영향을 미친 사상가들을 자신의 철학적 사유에 포괄해 독특한 사상을 정립함. 그에게 존재와 의미는 그 자체로는 전혀 인식될 수 없고 단지 실존 안에서, 실존을 통해서만 조명될 수 있다고 보았으며 실존이 마주할 수 있는 '한계상황'에서의 개인 선택의 중요성을 강조함. 저서로『정신병리학총론』『실존철학』『계시에 직면한 철학적 신앙』등이 있음.

유영모柳永模, 1890~1981 종교사상가, 교육자, 영성가. 성경을 근본으로 불경, 동양 철학, 서양 철학에 두루 능통했으며 평생 진리를 좇은 사상가. 우리말과 글로써 철학을 한 최초의 인물로서, 그리스도교를 줄기로 불교, 노장 사상, 공자와 맹자 등을 두루 탐구하면서 모든 보편종교와 사상을 하나로 꿰는 한국적이면서 세계적인 통합사상 체계를 세움. 본래 정통 기독교인이었으나 똘스또이의 사상적 영향으로 무교회주의적 입장을 취하면서 독특한 한글 연구를 바탕으로 예수, 석가, 공자, 노자 등의 말씀을 우리말과 글로 알리는 일에 힘씀.

윤성범 尹聖範, 1916~1980 신학자. 호는 해천(海天). 감리교신학대학 조직신학 교수로 활동했고 국제종교사학회 실행위원, 한국종교사학회 회장, 한국기독 교학회 회장 등을 역임함. 강화·이천 등지에서 감리교회 목사로 시무하기도 함. 1950년대 말부터 많은 논문을 발표하여 신학의 토착화를 강조하는 독특 한 신학방법론을 제시함. 토착화 이론의 선구자로 여겨지며 감리교신학대학 의 토착신학적 학풍을 형성한 인물로 평가받음. 저서로『기독교와 한국사상』 『성의 신학』『효』 등이 있음.

이공주 李共珠, 1896~1991 종교인. 본명은 이경자(李慶子), 법호는 구타원(九陀 圓). 이화학당, 동덕여학교, 경성여자보통학교에서 공부했으며 1924년 박중 빈을 만나 제자가 된 후 원불교에 입교함. 소태산의 많은 법설을 수필했으며 1927년에는 원불교 최초의 교과서인『수양연구요론(修養硏究要論)』을 편집 하고 출간함. 서울교당 교무, 중앙총부 교감 등을 역임하며 교단 설립 초창기 부터 교리와 제도 정비에 기여했고, 서울수도원과 보화당한의원 등 경영에 도 참여함.

이신 李信, 1927~1981 신학자, 화가, 목사. 본명은 이만수(李萬修). 은행원으로 일하다 직장을 그만두고 감리교신학대에 입학해 신학을 공부함. 졸업 후 감 리교에서 활동했으나 초대교회의 순수한 믿음 회복을 지향하는 '그리스도 의 교회 환원운동'을 접한 후 한국 그리스도의 교회에서 목사 안수를 받고 헌 신함. 그러나 성서 해석과 이해의 차이로 있던 곳을 떠나 40세의 나이로 도미 해 밴더빌트대학교 신학대학원에서 박사학위를 받음. 귀국 후 대한기독교신 학교(서울기독대학), 이화여자대학교, 중앙신학교(강남대학교) 등에서 강의 하는 등 활발히 활동했으나 연이은 설교, 번역 작업을 강행군으로 이어가다

병환으로 사망함. 저서로 『산다는 것·믿는다는 것』 『슐리얼리즘과 영의 신학』 『李信 시집, 돌의 소리』 등이 있음.

임윤지당 任允摯堂, 1721~1793 유학자. 오빠 임성주에게 글을 배우며 학문의 길로 들어섬. 구체적 마음[心]의 선한 능력을 강조하며 모든 사람의 윤리적 실천능력이 평등함을 명료하게 주장함. 생가와 양가의 두 어머니를 모시며 집안의 큰어른으로서 모든 가사를 처리해야 하는 그 시대 여성의 고단한 삶을 살았으나 밤 시간을 이용해서 쓴 「이기심성설」 「인심도심사단칠정설」 등은 당시 조선 지성세계의 주요 안건들을 한 자리에서 논한 논설문임. 그가 남긴 글들은 사후에 남동생과 시동생에 의해 유고로 정리되었고 50년 후 강정일당에게 영향을 미침.

장일순 張壹淳, 1928~1994 교육가, 사회운동가. 호는 무위당(无爲堂). 최시형의 동학사상과 노자철학의 영향을 받음. 1960~70년대 강원도 원주에서 지역협동조합운동을 주도하였고 생명운동을 제창함. 1983년 한살림 창립으로 생활협동조합운동을 본격화했고 1991년 지방자치제 선거를 앞두고 시민운동단체와 생명운동 진영이 연대하여 발족한 '참여와 자치를 위한 시민연대회의'의 고문직을 맡기도 함. 서화에 능하여 많은 작품을 남겼으며 『도덕경』을 생명사상의 관점에서 풀이한 『장일순의 노자 이야기』 등을 펴냄.

최병헌 崔炳憲, 1858~1927 신학자, 목사. 호는 탁사(濯斯). 부패한 사회에 분노를 느끼고 사회개혁 운동에 관심을 두던 중 1888년 선교사 존스(G. H. Jones)에게 한국어를 가르치고 배재학당의 한문교사로 일하면서 외국인 선교사들과 교제함. 일제강점기에 정동교회 목사로 활동했으며 YMCA 운동에도 참여함. 감리교 협성신학교 교수로 초빙되어 사망할 때까지 비교종교론과 동양

사상을 강의하였으며 해박한 한학 지식을 바탕으로 한국의 재래종교와 기독교 사상의 접합점을 선구적으로 모색함. 저서로『만종일련』『성산명경』등이 있음.

최시형崔時亨, 1827~1898 종교인. 초명은 경상(慶翔), 호는 해월(海月). 35세 때인 1861년에 동학에 입교한 후 최제우의 설교를 듣고 명상과 수행에 힘씀. 포교에 힘써 많은 성과를 거두었으며 1863년 8월에는 도통을 물려받아 동학 제2대 교주가 됨. 이듬해 최제우가 처형되자 도피 생활을 하며 동학 재건을 위해 노력함. 교조신원운동과 동학농민운동에 참여했으며『동경대전』과『용담유사』등 동학 경전을 간행해 교리 체계화에 힘씀. 1897년 손병희에게 도통을 전수하였고 이듬해 백성을 현혹했다는 이유로 원주에서 체포되어 교수형에 처해짐.

최제우崔濟愚, 1824~1864 종교인, 동학의 창시자. 초명은 복술(福述), 관명은 제선(濟宣), 호는 수운(水雲). 조선 말기의 체제 붕괴 및 불안정은 그의 유년기에 큰 영향을 미침. 1860년에 도를 깨치고 동학을 창시하였으며 '시천주(侍天主)'의 사상을 전파하기 시작함. 동학교도가 급증하자 각지의 신도를 다스리는 접주제를 만들고 조직함. 교세 확장에 두려움을 느낀 조정에서는 최제우를 체포해 사도난정(邪道亂正)의 죄목으로 참형에 처함. 그의 가르침은 이후 최시형에 의해『동경대전』『용담유사』로 간행되었으며, 이는 동학의 기본 경전이 됨.

퀑, 한스 Hans Küng, 1928~2021 독일의 신학자. 오늘날의 다원사회에서 전통신학의 경직성에서 벗어나 종교·종파를 뛰어넘은 연대와 평화를 실천하기 위해 '세계윤리구상'을 제창함. 인공 피임을 금지하는 등 가톨릭교회의 보수적인 입장에 반기를 들고 교황무류성 교리에 의문을 제기한 결과 교황청의 미움을 사 튀빙겐대학교 교수직을 박탈당함. 여성 서품, 해방신학, 안락사 등에 개방적인 입장을 보여주었으며 여러 종교의 긍정적 가치를 한데 모아 세계 평화를 추구함. 저서로는 『세계윤리구상』『그리스도교 여성사』 등이 있음.

틸리히, 파울 Paul Johannes Tillich, 1886~1965 신학자, 목사. 제1차 세계대전 중 군목으로 참전하면서 유럽 문화의 끝과 인간의 잔인성을 목도하고 사상적 변화를 겪음. 신학을 교회 안의 언어에 가두지 않고 인간의 이성으로 새로운 기독교를 재정립하고자 함. 기독교와 동양 종교 특히 불교와의 대화에 크게 공헌했으며 그 영향으로 기독교의 인격주의 중심 신관을 초인격주의적 신관으로 바꾸어놓음. 저서로 설교 모음집 『흔들리는 터전』과 『조직신학』『19~20세기 프로테스탄트사상사』 등이 있음.

하이데거, 마르틴 Martin Heidegger, 1889~1976 독일의 철학자. 프라이부르크대학에서 철학을 공부하던 중 후썰을 만나 현상학을 본격적으로 탐구함. 1918년부터 루터 전집뿐만 아니라 개신교 신학서들을 탐독하기 시작했으며 1927년에는 현대 철학의 새로운 장을 연 『존재와 시간』을 출간해 서구의 전통 존재론적 사유와는 다른 방식으로 존재의 의미를 해명함. 『철학에의 기여』에서는 현대적 의미의 새로운 신 개념을 고찰했으며 이러한 그의 사유는 루돌프 불트만, 파울 틸리히, 자끄 라깡, 장-뽈 싸르트르 등에게 많은 영향을 줌.

함석헌 咸錫憲, 1901~1989 종교사상가, 언론인, 민주화운동가. 탁월한 문필가였지만 그의 핵심은 진리구도의 종교사상가, 거짓과 비겁에 저항하는 시대의 지식인이었음. 중심 사상은 민중 중에서도 순수한 사람됨을 지향하는 우리말 표현인 '씨올'로, '역사의 담지자의 주인은 씨올'이라고 보는 민중사관을 제창함. 주체적으로 기독교 신앙을 흡수하고 동양의 고전과 대화시키면서 독창적이고 토착화된 기독교 사상을 이룩함. 저서로『성서적 입장에서 본 조선역사』등이 있고 잡지『씨을의 소리』를 통해 자기 사유를 담은 문필 활동을 전개함.

화이트헤드, 앨프리드 노스 Alfred North Whitehead, 1861~1947 철학자, 수학자. 수학자로서는 버트런드 러셀과 공동 연구를 통해 수리논리학의 발전에 기여했으며 철학자로서는 근대 과학과 철학에 철저한 비판을 수행함. 그의 철학은 '유기체 철학'이자 '과정철학'으로, 모든 존재들은 서로 협력적이고 유기적인 의존관계 속에서 완전을 향한 과정적 상태에 있음을 말함. 존 캅 등 과정 신학자들에게 영향을 주었고 저서로는『과정과 실재』『과학과 근대 세계』, 그리고 버트런드 러셀과 함께 쓴『수학원리』등이 있음.

이미지 출처